献给天津考古 70 周年

（1953～2023）

天津考古四十年
资料汇编

（1956～1996）

天津市文化遗产保护中心 编

天津社会科学院 出版社

图书在版编目（ＣＩＰ）数据

天津考古四十年资料汇编 ： 1956～1996 / 天津市文化遗产保护中心编. -- 天津 ： 天津社会科学院出版社，2023.10
ISBN 978-7-5563-0919-1

Ⅰ．①天… Ⅱ．①天… Ⅲ．①考古发现－资料－汇编－天津－1956-1996 Ⅳ．①K872.21

中国国家版本馆 CIP 数据核字(2023)第 191919 号

天津考古四十年资料汇编 ： 1956～1996
TIANJIN KAOGU SISHI NIAN ZILIAO HUIBIAN ： 1956～1996
选题策划：韩　鹏
责任编辑：吴　琼
责任校对：李思文
装帧设计：高馨月
出版发行：天津社会科学院出版社
地　　址：天津市南开区迎水道 7 号
邮　　编：300191
电　　话：（022）23360165
印　　刷：北京盛通印刷股份有限公司
开　　本：889×1194　　1/16
印　　张：16.25
字　　数：293 千字
版　　次：2023 年 10 月第 1 版　　2023 年 10 月第 1 次印刷
定　　价：198.00 元

出 版 说 明

　　2023 年对于天津考古来说是值得纪念的一年。70 年前的 1953 年，中国科学院考古研究所安志敏等调查原宁河县四处先秦时期遗址，就此拉开了天津考古的序幕。70 年来，通过几代考古人的不懈努力，已初步构建起天津地区距今 10 万年以来的考古遗存编年序列，在旧石器考古、大运河考古、城市考古、明清人骨考古、明清海防遗存考古等领域取得重要发现和成果，在《考古》《考古学报》《文物》等刊物公开发表报告、简报和简讯数百篇，为延伸和拓展天津历史文脉作出了应有的贡献。

　　《天津考古四十年资料汇编（1956 ~ 1996）》编印于 20 世纪 90 年代，鉴于当时条件所限仅作为内部资料交流使用。这本凝聚了前辈考古人心血的资料集已存数寥寥，弥足珍贵。值此天津考古 70 周年之际，为更好宣传天津文化遗产保护成果，梳理天津考古发展历程，天津市文化遗产保护中心本着尊重历史、致敬先贤的态度，将《天津考古四十年资料汇编（1956 ~ 1996）》视为一个时期的重要历史文献重新影印出版，仅对油印本中异体字、错别字、标点符号、数字等明显讹误和遗漏进行了修改，最大程度还原和保留原书原貌，以便使这批学术资料更好地惠及学界。该书的出版既表达了对天津考古前辈及其取得考古成果的崇敬之意，也见证了天津考古 70 年周年几代考古人所走过的路，薪火相传、传承发展。

　　为接续前人的工作，在《天津考古四十年资料汇编（1956 ~ 1996）》基础上，天津市文化遗产保护中心已于 2023 年 4 月编辑出版《天津考古资料汇编（1997 ~ 2020）》，与此次影印出版的考古文献一同向天津考古 70 周年献礼。

天津市文化遗产保护中心

2023 年 10 月

目　录

天津市文物考古工作三十年（节录）

《天津市文物考古工作三十年》编写组

天津是祖国首都的东大门，习称"津门"。它位于华北平原的北部，北及燕山，东临渤海。海河五大支流汇聚于此，通过市区，注入渤海。

天津地区的文物考古事业是新中国成立以后才发展起来的。解放前，原河北博物院、北疆博物院、天津广智馆曾收藏过一些传世文物以及一部分文物标本。但几经日本军国主义者和国民党反动派盗窃，到了解放初期，这几家博物馆早已名存实亡了。解放后，人民政府先后成立了文物管理机构和博物馆，公布了两批市级文物保护单位共三十一处，大力开展了流散文物的征集和考古发掘工作。三十年来，收集了大量的历史文物，发现和发掘了一批古代文化遗存，做出了一定的成绩。

下面，让我们简要回顾一下三十年来天津市考古工作和流散文物征集工作的主要收获。

一

天津地处海滨，境内分布许多洼淀。文献资料对天津的记载又不甚详备，尤其是元以前更是寥寥数语，甚至不见一字。因此天津历来被人们认为是成陆很晚的"海滨弃壤"，"无古可考"。地下的古代遗存亦不为人所知。当时最有代表性的是丁啸在《华北平原的生成》[①]一文中提出的论点。他认为九百年前的渤海湾西岸线在今天津市区以西，宋代以后才成陆。这些传统认识一直延持到五十年代中期。

山重水复，柳暗花明。1956年在公路工程中发现并发掘了天津东郊张贵庄战国墓。年轻的考古工作者以确凿的考古资料打破了传统观点，以科学的考古方法开始了对天津古代史的研究。这次发掘的意义，远远超出了这几座墓葬本身。它不仅第一次证实了战国时期天津市区以东一带已有人居住生息，而且由于这次发掘中发现墓葬坐落在南北向分布的贝壳堆积上，使得天津的考古工作从一开始就触及了渤海湾西岸线和天津成陆过程这一新问题。二十余年来，随着整个考古工作的深入开展，对这一课题逐渐得出了较为完整的结论，成为天津市考古工作中具有特色的一个方面。

在天津平原上，分布着一堆堆各种海生介壳动物的遗骸，堆积往往厚达三米左右，宽几十米至一百余米，长达数百米至十余公里不等，断断续续，形成一道道贝壳堤。贝壳堤是在长期的海潮推动下形成的，它是海水在某一时期内的高潮线的位置所在。因此，贝壳堤就是古海岸线的遗迹。根据实地调查，对照

平面分布的古文化遗存的年代区别,我们复原出三道不同年代的壳堤。自东向西顺序是:

第一道:北起天津汉沽区双桥子,经塘沽区高沙岭,至黄骅县歧口、贾家堡、狼坨子,这一线与现代海岸接近。

图一　石　耜

第二道:北起东郊白沙岭至南郊泥沽,黄骅县歧口至武帝台、西刘庄。

第三道:自东郊张贵庄,经南郊巨葛庄至黄骅县苗庄。

二十多年来的田野资料证明,天津平原在全新世海侵中,曾全部沦为渤海的浅海。到距今约四千年时,海岸线退回到第三道贝壳堤一线,并在这里稳定了相当一个时期,在这一时期内发育形成了第三道贝壳堆积。海水回降至这里是因为这一线在地质构造上位于沧县隆起的高处,而往西的冀中凹陷则成为泻湖。约当夏商之际,黄河第一次北流到天津入海,以其巨大的携带泥沙的能力开始了新的造陆过程。海岸线逐渐向大海推移,第三道贝壳堤停止了生长。此次黄河与其主要支流古漳河、古滹沱河分别在天津张贵庄、南郊沙

井子和黄骅伏漪城(汉章武故城)一带造成了三个河口冲积扇。至周定王五年(前602年)黄河迁离后,海岸线即在第二道贝壳堤一线稳定下来,开始发育贝壳堆积。这个历史过程与古文化遗存的年代和贝壳堤取样碳14数据吻合:第三道贝壳堤上古文化遗存的年代上限为西周,贝壳堤取样碳14年代为距今3400±115年[2];第二道贝壳堤以西古文化遗存的年代上限为战国,商周黄河形成的黄土堆积叠压在东周文化遗存之下和碳14年代为距今3800±85年的牡蛎堆积之上[3]。商周黄河在这里不仅推进了成陆过程,而且垫高了在海退中露出水面的那部分土地,改善了这一带的自然条件,为战国时期的迅速开发铺平了道路。西汉黄河在汉章武县(今黄骅县南部)入海,又造就了从黄骅县武帝台到海边的一块陆地。宋代黄河由泥沽口入海,造就了天津军粮城至今海边的陆地。金章宗明昌五年(1194年)黄河南迁离去以后,渤海湾西岸就稳定在第一道贝壳堤附近。由于第一道贝壳堤南段从汉以后开始发育,北段从金以后开始发育,因此坐落在两段贝壳堤上的古文化遗存的年代也就不相同。黄骅一线为唐宋,天津一线为明清。天津平原陆地,就是在几千年来的海退和黄河造陆的两个性质不同的过程中形成的。

由考古手段获得的这一结论,在近年来已有愈来愈多的河口堆积、地质、古生物资料相印证,纠正了对天津成陆历史的错误看法,改正和确定了古黄河到渤海西岸入海的时间、地点等结论,从而解决了天津地方史研究中的一个重大问题。同时,也为陆地沉降、地质构造以及城市和海港建设等自然科学和工程设计方面提供了必要的依据。

二十余年来,天津考古调查和发掘研究工作从无到有,迅速发展。在仅有四郊五县的天津滨海平原上,就陆续发现了商周以来的古代遗址二百余处,古墓葬近百处。通过调查

发掘资料，我们得以初步认识了天津地区考古文化发展序列和天津地方历史发展的基本过程，某些专题的研究工作也取得了进展。

近几年来，在宝坻县和北郊等地陆续发现的一批石器，是天津地区目前年代最早的历史遗物④。其中有石磨棒、石斧、石耜等，均出土于距地表深 4~6 米的灰色地层中，同出的有麋鹿角等。虽然至今尚未发现有人类活动的遗迹，但根据出土情况也能确定这些石器并非被水从远方冲来。宝坻县先后出土的两件石耜，形制相同，长 27 厘米左右，用板岩打磨而成，器身扁平，刃部呈尖状，两刃磨光，使用痕迹明显（图一）。从器形上看，这两件石耜与北方地区红山文化石耜较为接近，惟制作比红山文化石耜要精致一些。石耜是北方原始文化中较典型的生产工具之一。因此，初步推断宝坻石耜属于红山文化系统。当然，在没有发现其它遗物共存的情况下判定这些石器的确切年代是困难的。但因它们均出土于三千多年前古黄河在这里形成的黄土层之下，也可以作为上述判断佐证。这些石器的发现，是天津地区新石器时代考古的重要线索。在这一带发现新石器时代遗址是大有可能的。

商周时期文化遗存的发掘是天津市考古工作的重要成果之一。自从在 1964 年发掘大厂县大坨头遗址（当时属天津专区）以来，我们又先后发掘了蓟县张家园和围坊两处遗址⑤，共发现半地穴式房屋遗迹五座，灰坑七个，以及大量的陶、铜、石、骨器。其文化内涵可分上下两层。下层是夏家店下层文化遗存。陶器以夹砂红褐陶为主，夹砂灰陶次之。折腹盆、甗等，与辽宁丰下等地遗物相同；鼓腹鬲和折肩鬲，与琉璃河、大城山等遗址的遗物相同。参照丰下等遗址中各地层陶器变化情况，这里的下层与丰下遗址第二、三层相当。下层中普遍发现的喇叭口形铜耳环与平谷刘家河商中期墓中的金耳环形制相同。这种耳环成

为夏家店下层文化的一种特有的器类⑥。下层的年代相当于商代。上层的文化面貌比较复杂。在这一层中，作为夏家店下层文化的典型因素如甗、鬲等仍继续使用，但形制有较明显的变化。如鼓腹鬲体形变肥，鬲实足尖趋于退化。特别值得注意的是，上层中泥质浅灰陶的比例显著增加，并出现了大量的新因素：器物多饰僵直的交叉拍印的绳纹，在簋的腹部出现了三角划纹。至于高裆柱状足大陶鬲、灰陶大口罐、直领折肩深腹罐、敛口钵、敛口壶等器类，不仅是张家园、围坊遗址上层新出现的器形，而且在其它遗址中也是少见的。张家园的上层中还同出少量的西周折沿浅腹鬲片。上层的年代相当于商后期至西周初期，或延续更晚一些时间。

与同类遗址比较，可以清楚地看出，大坨头、张家园、围坊遗址的下层与燕山以南的北京、唐山地区诸遗址面貌大致相同，而与燕山以北诸遗址差别较大。例如，燕南的遗址中铜器出土情况远比燕北为普遍，燕南流行的鼓腹鬲、簋，燕北的筒腹鬲、鼎等都有各自的特点，燕北的打制石器不见于燕南，等等。可见，夏家店下层文化本身存在着分区的可能性。文化面貌的地域性差异为我们进一步探讨其文化性质提供了宝贵的资料。

从目前掌握的发掘资料又可粗略地看出，燕山以北地区的夏家店下层文化是接续在红山文化——小河沿文化之后的。而天津等地则是以昌平雪山一、二期为先导，雪山三期稍晚于小河沿文化而与天津地区张、围诸遗址的下层相接。可见夏家店下层文化在燕山南北两区域中其渊源和各自的发展的阶段性方面具有基本相对应的特点，各阶段的文化面貌也具有明显的共同性。但其后的发展方向则产生了分歧：燕山以北的夏家店下层文化被面貌完全不同的夏家店上层文化所代替；天津等地则发展成为既承袭了夏家店下层文化的一些主要因素，又出现了许多新因

素的张家园、围坊上层文化，其间没有出现北方地区的那种文化面貌上的突变现象。张家园、围坊上层文化是天津地区近年来的重要考古收获。

天津地区商周文化，目前正处于探索阶段。虽然西周遗物在不少地方还有发现，但其整个面貌尚不十分清楚；张家园、围坊上层文化的下限也需要进一步做工作。在大坨头遗址上层出现有西周文化的灰坑，在张家园遗址上层文化层中则共出有西周陶鬲残片。遗址的上层文化与周文化的关系，也是今后应注意的问题。

考古资料中反映出，春秋战国、尤其是战国时期，是天津地区经济文化全面发展的阶段。这一时期的墓葬和遗址遍布除塘沽、汉沽二区以外的各区县，遗址总共达百处。以南郊巨葛庄为中心，南北不到十五公里的范围里，就分布着二十四处遗址和墓葬。许多遗址出土有战国铁农具、陶网坠和纺轮，反映了这一地区经济生活的特点。不少遗址中发现筒瓦、板瓦、绳纹小平砖和双兽、单虎纹瓦当等建筑材料和燕国明刀币等。如 1965 年发掘的北仓砖瓦厂战国遗址中，出土了方銎铁锄、斧、䦆、凿等多种类型的铁农具，与燕下都、兴隆等地的燕国铁器形制相同。遗址中除发现釜、罐、盆、豆、甑、碗、簋、网坠、纺轮和炭精棒等生活用品外，还发现一处房屋遗迹，半地穴式，由门道和主室组成，室内呈椭圆形，长 2.26、宽 1.87 米。室内堆积中多含草木和烧土，推测房屋顶部和墙壁系草木抹泥结构[7]。再如宝坻县歇马台村一次出土窖藏明刀近千枚，背文种类很多，足见当时商品经济的发达。

天津地区春秋战国考古中目前可初步分析出春秋晚期至战国晚期的墓葬陶器发展序列。其文化面貌则以燕国文化特点为主，同时还存在一些自身的特点，南部地区齐国文化的影响也较明显。除前述燕国铁器和刀币外，陶器中最富燕国特点的是夹砂红陶鬲、釜、

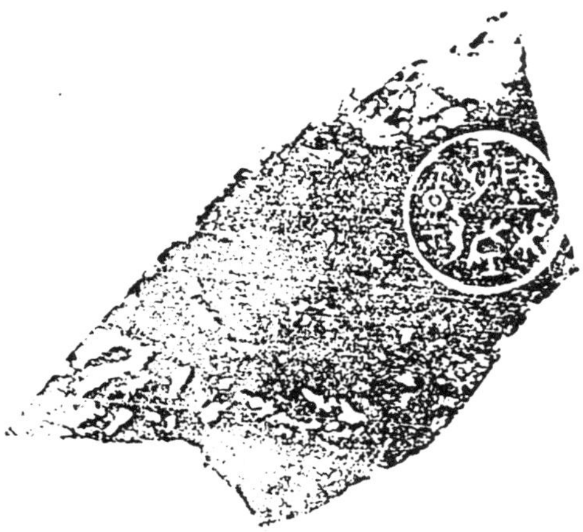

图二　陈和陶量戳记拓片

瓮，灰陶豆、壶、尊。1956、1957 年两次发掘张贵庄战国墓共三十三座，均为小型土坑竖穴墓，多数墓有木制葬具，有的在葬具下放置两根横木。张贵庄墓器物组合可分三种。除随葬一件夹砂红陶鬲以及随葬鼎、豆、壶两种组合形式外，还有一种用厚重的灰陶鼎随葬的类型。墓葬器物的三种不同组合反映了年代的不同。第一种墓的年代可能早到春秋晚期。第二种墓晚于第一种，可能延续时间较长。第三种墓因打破出明刀币的墓，同类的灰陶鼎也出于第二种墓，所以可能与第二种同时，其延续时间更晚。此外，在其他地点还有一种用盖碗（钵）和尊随葬的类型，应属战国晚期[8]。分析本地区一些遗址和墓葬的器物，还可看出它们之间存在着一些差别，估计应是不同地区文化在这一带相互影响所致。特别值得提及的是，最近在静海县西钓台遗址中采集到一块泥质红陶量器残片，印有“陈和忐左敦（廪）”圆形戳记（图二）。陶文中“陈”作“塦”，篆书风格与陈财簋铭文完全相同。这是齐太公陈和代齐即位（前 379 年）以前所使用的家量。这里有些战国陶器的特点和作风，也不见于燕下都。联系到天津南部一些遗址中出土有“区釜”戳记的战国陶器，这一带确实存在过流行齐国量制的一个时期。另外，张贵庄

M8 出一件两耳外撇的浅腹鼎，其形制见于山东平度战国墓中⑥。春秋战国时，燕、齐、赵边界变化较大，文献记载也不够多，因此，随着考古资料的逐步丰富，将会有助于这一问题的解决。

在汉代，这里的经济、文化得到进一步的发展，汉王朝也加强了它的有效统治。多数战国遗址延续使用到汉代。文献记载，自西汉早期以来，汉政府在这里陆续设置了三个县，即雍奴、泉州、东平舒。目前已能找到相应城址的有泉州（武清县城上村）和东平舒（静海县西钓台）。泉州故城平面呈长方形，东西 500 米，南北 600 米，南城墙中部有一城门，城墙夯筑，夯层 10 厘米。在距城十公里处出土过带有"泉州"戳记的陶罐。泉州当时是水运的要津，又是西汉政权设有盐官的郡县之一，地位是比较重要的。东平舒故城略呈方形，边长约半公里。

东汉时期考古材料中比较突出的是数量较多的墓群。蓟县别山墓群一般有较大的封土，以往曾有石门、石椁等遗物出土，门楣上有浮雕白虎，估计是一处贵族墓地。该县邦均墓群为中小型墓地，其年代从东汉初年至东汉末年。1977 年发掘的武清县兰城村东汉鲜于璜墓，是近年来天津的主要考古收获之一⑦。墓室长 14.7 米，最宽处 3.6 米。由墓道、甬道、前室、中室、后室和耳室组成。该墓早年被盗，仍出土有陶、铜、瓷、铁、玉、木、漆器等七十三件。陶仓**楼**模型**建**筑高大，高宽各 85 厘米，单檐五脊，**顶部**前坡设三个天窗。褐釉四系罐一件，肩部四道弦纹，腹部饰小方格纹。漆木器残存漆耳杯两件，朱绘卷云纹鲜明清晰。木笕两件、木梳一件，木质保存尚好，齿部略残。从该墓碑文得知，墓主人鲜于璜生前曾任度辽右司马及徐州东海郡赣榆县令，安边节使，最后任雁门郡太守。他死于延光四年（125 年），立碑时间是延熹八年（165 年）。这种有碑的东汉墓，在全国是少见的。它既为东汉考古提供了一组有确切纪年的器物，又为研究东汉葬制提供了一组有确切社会身分的实物资料。鲜于璜碑是该墓中最重要的一件出土文物。碑呈圭形，高 2.42、高 0.83 米，额中部有穿。碑座为长方覆斗形。碑阳浅刻青龙、白虎，额中部阳刻小篆"汉故雁门太守鲜于君碑"。碑阴仅刻一展翅欲飞的朱雀。四神中惟缺代表北方的玄武。碑两面均有铭文，共八百二十七字，字间有细线方格，字体为方笔隶书。此碑铭文是东汉隶书鼎盛时期的杰出作品，它既不同于飘逸秀丽的曹全碑，又与方劲古瘦的张迁表颂碑有着明显的区别。此碑字体方整，下笔、收笔处不露锋芒，给人以雄浑厚重的深刻印象，其作风与衡方、张寿二碑倒有些接近，可称为方笔隶书中的典型代表（图三）。这通碑保存完好，字口清晰，为解放以来难得的碑石珍品，也是研究我国古代书法和文字演变的宝贵资料。在碑文所记墓主人经历中还反映了东汉政府与我国北方少数民族的关系等史实。

魏晋至隋代的考古发现中，比较重要的是南郊出土的一批北魏时期的铜造像，共计十件。最大的一件是释迦像，延兴五年（475 年）造，由立像、背光和佛座三部分组成。这尊像通高 45 厘米，是目前国内较大的一件。弥勒像，高 30 厘米，佛像面颊清癯，神态生动，属北魏时期美术作品中"秀骨清像"的作风，堪称我国古代雕刻艺术中的珍品。这件造像的座下刻造像人为"章武县人王零珍"。汉魏章武故城即前述黄骅县境的"伏漪城"，距造像出土地点二十余公里，可见这一带当时属章武县所辖。这批造像是堆放着埋在地下的，所镌年款均为北魏太武帝以后、北周武帝以前。因此，它们很可能是北周武帝建德三年灭佛时埋藏的。

分析天津地区汉魏遗存的分布情况，可以看到一个奇特的现象，即天津东部地区，几乎所有的西汉遗存的下限都截止到西汉晚

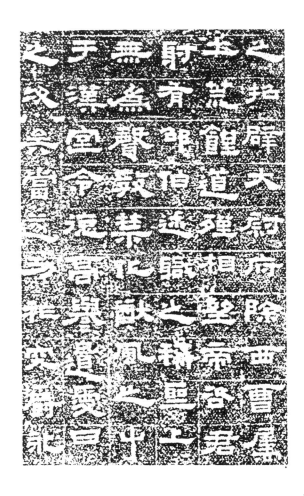

图三　鲜于璜碑拓本（局部）

期，在这区域内，绝少发现东汉和三国两晋时代的遗存。对这一现象的比较合理的解释是，西汉时期渤海湾西岸应该发生过海溢。考察结果证明，西汉末期渤海湾西岸确曾发生过一次大海溢，其剧烈程度远远超过1965年塘沽沿海的海啸，为历史上所罕见。根据钻探和考古资料，在宁河县南部，天津市区和郊区，武清、静海和黄骅的部分地区发现有含零星贝壳的黑土层。静海县境内子牙河床下，汉代文化层之上，叠压着厚约20厘米的黑色淤土，内含海生蚌壳和海螺壳。该层水平位置在海拔二米左右，考古文化上东汉——隋接近空白的情况就是这次灾难所形成的。海溢的成因，除"天尝连雨，东北风，海水溢自西南出"⑪外，很可能加上了渤海湾内地壳剧烈的

构造运动所引起的海啸等因素。考古和文献资料证明，海溢后不久，海水即退回原处，并未发现海水滞留而沦为小海湾的足够依据。依据，沿海的泉州、章武等县治之所虽被迫西迁，但并未撤销；《水经》所记这一地区的河道，到东汉时又出现了。在南郊窦庄子出土一具东汉瓮棺墓，内有王莽货泉和东汉五铢各一枚⑫。这些说明在海溢发生后不久，这里就有少量居民恢复了活动。只是自然条件一时难以复原，加之古"九河"水系更趋集中，使洪水灾害加剧，推迟了这里重新开发的进程。西汉海溢的考古调查和研究，不仅解决了天津地区考古和地方史的一个问题，也为海洋、气象、地质等学科提供了历史资料。

军粮城唐代遗址和墓葬材料证明，当时唐政权对海口一带已经开发经营。1959年发掘的一座砖室石棺墓⑬，石棺用六块大理石板榫合而成，两侧石板刻有浅浮雕。在石棺后侧的砖砌壁龛里，放置有大量反映地主庄园经济生活的奴婢俑和日用家具、家禽家畜模型。军粮城刘台遗址平面呈方形，边长约半公里，地面遗物丰富。唐政权为了加强北方范阳驻军，开辟了海运军需的航线，军粮城一带正是当时的海口重镇。因此，这些唐代考古发现，是研究唐代北方海运的宝贵资料。

宋辽时代天津地处两国交界处。1978年静海县元蒙口宋代河船的发掘，是近年来我市考古工作的重要收获（图四）。船出土于黑龙港河和南运河之间的古河道中。除上部结构外，整个船体保存完好。船身全长14.62、最宽处3.9米。木材结合主要使用铁钉。木材种类较多，底部主要用杉木，舷部有楸、槐、楠木。载重量约为二十吨。船内出土宋白瓷碗、陶钵及草绳、麻绳、苇席残片和"开元通宝"、"政和通宝"钱各一枚。该船结构特点与宋元文献中的记载有不少相同之处。如船舱内用横木支撑两舷成十三个舱，加强了船体内横向结构的承压力；船板用二层木板钉合

而成,既解决了单层厚板弯制加工的困难,又大大克服了木材弯制后残留内应力的弊病。特别是长达 3.9 米的尾舵,系用舵扇和舵嘴两部分组成,舵在水中转动时,由于舵杆两侧的舵扇和舵嘴受到方向相反的阻力,因而减轻了转动舵杆的力量,操纵灵活省力。这具舵的发现,第一次以实物证明了早在宋代,我国就已采用了这种较先进的造船技术。根据地层资料和出土遗物,结合船中发现几处失火点的情况,分析该船可能是在北宋末年兵火或劫掠中沉没的。天津地区水运历史悠久,宋政权曾在泥沽海口置海作务造舟。宋船的发现,在北方地区尚属首次。

图四　元蒙口宋代河船

辽代遗存在海河以北地区多有分布。近来在宝坻城关公社辽金墓中,出土了一批三彩器,有碟、长颈瓶等。胎质为红色。色彩以绿、黄、红色为主,器形见于辽宁省契丹贵族墓出土的三彩器[11]。彩绘图案是先在陶胎未干前用类似"划花"的技法勾划出图案的主要线条,然后再在其间施以各种色彩。三彩瓶腹部绘一条张牙舞爪的巨龙在飞驰,形象逼真传神。碟、碗中绘牡丹、芍药等辽瓷中常用的花卉题材。其艺术风格,表现出辽代工匠的写实手法,具有浓厚的民间生活气息。

坐落在蓟县城关的独乐寺,是唐代始建、辽统和二年(984 年)重建的一处古代木构建筑,主要由高达 20 余米的观音阁和山门组成。观音阁集我国古代建筑技术之大成,采用了二十四种不同类型的斗拱。山门斗拱雄大有力,高度接近柱高的二分之一,屋顶出檐深远,反映了唐宋时代的建筑风格。阁内有一尊 16 米高的观音和两尊侍女塑像,均为辽代原塑。四壁有两层壁画。外层十六罗汉和世俗题材画,为明代所绘。内层尚未剥出,估计为辽代之物。独乐寺于 1961 年被国务院第一批公布为全国重点文物保护单位,1973 年设立了蓟县文物保管所。对独乐寺的保护和修缮,是我市文物考古部门的一项重要工作。经过逐年修缮,千年古寺焕发了青春。1976 年 7 月唐山地震波及天津,独乐寺仍巍然屹立。目前,独乐寺已成为一个游览点,也成了建筑学史、地震考古等学科的重要研究对象。

金元时期,是天津聚落形成和发展的重要阶段。西郊小甸子元代遗址的发掘资料,是元代前期经济发展的生动写照。遗址中出土铁、铜、瓷器八十余件。铁器中有农具、车马器及日常生活用具等。农具的种类繁多,有犁铧、耧铧、犁镜、铲、耙、镰、垛叉、铡刀等。有的犁铧的刃部和铧身分铸套合,既简化了铸造的困难,又可以在刃部用坏后换新刃。犁镜可系在犁架上,视土质而调节角度。月牙形大铲即"凡草莽汗泽之地皆可用"[13]的划,是为适应本地洼淀较多、芦草丛生的土壤条件而制作的锄草工具。出土瓷器多为精品。高 50 厘米的双凤罐等磁州窑系中的珍品,反映出地主经济生活的水平。元统治确立后,世祖忽必烈十分重视农业的恢复和发展。小甸子的这批实物,就是元代前期农业生产水平迅速恢复的可靠例证。

这一时期的考古资料证明,天津地区经济文化的发展与漕运的关系十分密切。元代漕粮从全国各地集聚大都,多数要经这里运去。武清县河西务漕运遗址就是元政府直接派出的一个漕粮管理机构所在地，也是大都外围最大的漕粮仓库和码头。"江南漕船毕从此入……两崖旅店丛集，居积百货，为京东第一镇。"[16]河西务东西仓、龚庄一带，即十四座仓库的所在位置。遗址中不断发现元代遗物和建筑基址。出土有铅权、铁权、铜镜、瓷器和建筑瓦件等。铜权上分别刻有"大德七年 大都路造"和"南京（即南京路）皇甫"，无疑是用于漕粮装运和其它商业活动的遗物。瓷器种类有：浙江龙泉窑，河北磁州窑，河南、河北等地钧窑，江西景德镇或北方的影青瓷器等，与元大都、元上都和河北磁县漕船中发现的瓷器类别大体相同[17]。出土时有的成类放在一起，很象是储存的商品。在十四仓附近还出土一批这时期的银铤，平面呈Ω形，正面砸印或錾刻"平阳路""课税所"等字样。当时各地税银多经这一带运往大都，这些银铤可能就是在沿运河解运途中散落民间的。目前为止，对十四仓遗址仅进行了一般性调查，随着今后发掘工作的开发，必将为元代经济史的研究提供更多的资料。

元代海漕、河漕的兴盛，直接促使天津城镇的形成和发展。自仁宗延祐年间设立"海津镇"以后，人口迅速增长。天津城东，海河西岸的天后宫，就是元泰定三年建造的。元政府因其"护海运有奇应"，于至元年间加封天妃神号，"海漕粮至直沽，遣使祀海神天妃"[18]。天后宫是天津市现存最早的古代木构建筑，它集中反映了天津城市的早期历史。

明清时代，是天津城市发展的重要阶段。不仅漕运，而且商业和手工业、煮盐业也得到迅速发展。解放后在南门外大街出土的明嘉靖二十九年（1546年）碑上记载，"成祖文皇帝入靖内难，圣驾尝由此济渡沧州，因赐名'天津'，筑城凿池，而'三卫'立焉"。由此得知，天津的得名，是因燕王朱棣和他侄子争皇位，于建文二年（1400年）由此南下之故。在

天津设卫之后，于永乐二年（1404年）筑土城，其后又用砖包砌。1973年初，在东门外地下发现城墙基础和门栓石，据《天津卫志》上的天津城图，这应是明城东门外瓮城东南门的遗迹。1976年，又在西马路地下发现西城墙地基：十七行柏木大桩，每根长2米余。这是筑城时加固地基所夯打的。天津城墙的筑起，标志着天津城市的发展成熟。目前，天津市内还保存有多处明清时代建筑，如文庙、玉皇阁、清真寺等，均为市级文保护单位。

1840年以后，天津首当其冲，经受了外国侵略者长期的蹂躏和践踏。在这个背景下兴起的反洋教和义和团运动，为天津历史书写了光辉的一页。解放后，市文博部门对天津近代史上的这些重大史实组织了调查访问，收集了大量的资料和珍贵文物。1962年，天津市人民委员会将具有历史价值的有关建筑列为市级文物保护单位。其中有望海楼，即震惊中外的"天津教案"发生地点，1868年由法国传教士所建，1870年6月第一次被毁于天津群众反洋教的烈火中。修复后，又于1900年被义和团烧毁。其后被修复的望海楼保存至今。吕祖堂，原为供奉吕洞宾的一座道观，主要建筑有前殿、后殿和西侧的五仙堂。义和团著名领袖曹福田的总坛口设在五仙堂内。后殿和五仙堂前的空地，是团民练拳习武的地方。义和团的一些首领，如张德成、刘呈祥等常到吕祖堂拜坛，与曹福田共商大计。红灯照领袖林黑儿的停船处，是红灯照著名领袖林黑儿所设总坛大盐船经常停泊的地方，在今红桥区侯家后中街附近的南运河上。

① 《水利》月刊15卷1期，1947年。
② 《天然放射性碳年代测定报告之二》，《地球化学》1974年1期。
③ 《放射性碳素测定年代报告（六）》，《考古》1978年1期。

④ 《天津北郊和宝坻县发现石器》,《考古》1976 年 4 期。

⑤ 《河北大厂回族自治县大坨头遗址试掘简报》,《考古》1966 年 1 期。

《天津蓟县张家园遗址试掘简报》,《文物资料丛刊》1977 年 1 期。

《天津蓟县围坊遗址发掘报告》,天津市文物管理处考古处,未刊稿。

⑥ 《辽宁北票县丰下遗址 1972 年春发掘简报》,《考古》1976 年 3 期。

《北京市平谷县发现商代墓葬》,《文物》1977 年 11 期。

⑦ 《天津发现战国建筑遗址》,《人民日报》1965 年 8 月 20 日。

⑧ 《天津东郊张贵庄战国墓第二次发掘》,《考古》1965 年 2 期。《渤海湾西岸古文化遗址调查》,《考古》1965 年 2 期。

⑨ 《山东平度东岳石村新石器时代遗址与战国墓葬》,《考古》1962 年 10 期。

⑩ 《天津武清县鲜于璜墓发掘报告》,天津市文物管理处考古队,未刊稿。

⑪ 《汉书·沟洫志》。

⑫ 《天津南郊窦庄子隋墓和汉代瓮棺葬》,《文物资料丛刊》1977 年 1 期。

⑬ 《天津军粮城发现的唐代墓葬》,《考古》1963 年 3 期。

⑭ 《辽瓷选集》,文物出版社,1962 年。

⑮ 王祯《农书》卷十三。

⑯ 蒋一葵《长安客话》。

⑰ 《北京后英房元代居住遗址》,《考古》1972 年 6 期。

《河北磁县南开河村元代木船发掘简报》,《考古》1978 年 6 期。

⑱ 《元史·祭祀志》、《英宗本纪》。

（原载《文物考古工作三十年》）

1979～1989年天津文物考古新收获

天津市历史博物馆考古部

1979～1989年,天津文物考古工作取得了新的成果。完成了全市范围的文物普查,发掘和清理了古文化遗址8处、古墓葬13处(计100余座),获得了一批具有较高历史和艺术价值的文物资料,使本地区考古学文化的发展序列得以初步确立,为文物保护工作提供了依据。

一

1977、1979年两次发掘的蓟县围坊遗址①,是天津地区新石器时代遗存的第一次科学揭露。尽管发掘面积小,出土物不十分丰富,但以此遗址第5、第4层为代表的围坊一期文化的两类堆积,基本反映了天津地区新石器时期的文化面貌。

围坊第5层堆积包含的文化遗物仅见陶片,以质地松软的红褐陶为主,其中夹细砂陶占80%,夹粗砂陶占18%,泥质陶仅占1.7%。器表多素面,占80%,另有少量的附加堆纹、划纹、剔刺纹、弦纹、指甲纹和"之"字形压印纹。附加堆纹通常是在器物的口沿外加一泥条,压成波状。"之"字纹横向环绕器身,线条两端尖细,中间粗宽,常与指甲纹配合使用。器种仅见罐、钵。罐多作直口深腹,口饰附加堆纹,敛口罐较少;钵多敛口折肩,圆肩者少。

与围坊第5层文化类似的遗址,还有1988年发掘的蓟县弥勒院和下埝头两处②。这两处遗址堆积都较薄,包含物少,土质坚硬。弥勒院遗址出土陶器的陶系、纹饰、器种,

与围坊遗址第5层基本相同,只是未见"之"字纹,而有一定数量的"红顶碗"。下埝头遗址发现二室相连房址1座,半地穴式,室内此室外地面低40厘米;内室较外室高12厘米,直径2米;外室地面经火烤,旁有一小坑。出土磨制石斧、石磨棒、圆饼状石砍砸器,另有少量燧石打制的刮削器。陶器群整全面貌与围坊遗址第5层相似,但包含一些新的因素,如器种除罐、钵、盆外,还有褐陶素面夹细砂折腹盆、泥质红陶豆和器座等;肩部以上饰弦纹的敛口罐增多;有数量较多的"红顶碗";一些盆、钵的口部有用红彩画的宽带纹。这些变化与三河县孟各庄遗址早、晚两期的变化基本相似③。

从上述情况看,以围坊第5层为代表的诸遗址,基本上属于燕山地区红山文化的范畴。然而无红山文化常见的彩绘花纹、玉器和陶器中的斜口器等,具有较明显的地方特点。

围坊第4层堆积的陶器群,泥质陶明显增加,达20%,并出现了细泥薄胎黑陶。许多陶器的器壁和底部有轮旋痕迹。纹饰中不见"之"字纹,出现了篮纹和绳纹,有的在绳纹上又加横划纹。器种除罐、钵外,还有平沿折腹浅盘大圈足豆、敞口弧壁碗形细高把豆和直壁深腹杯,以及鸡冠形器耳等。石器有磨制石斧和细石器。细石器中的石镞呈等腰三角形。这一器物群明显呈现出河北龙山文化的因素。

1980年发掘的宝坻县牛道口遗址,进一

步提供了当地龙山文化的资料。此遗址陶器群以泥质灰、黑陶为主,轮制技术发达,纹饰中绳纹占 115,方格纹和篮纹各占 10%,其余均素面,包括磨光黑陶。薄胎的泥质黑陶杯,器壁只有 0.2 厘米厚。碗式的器盖、附有鸡冠形或桥形耳的篮纹陶罐、深腹绳纹平底罐等,都具有较典型的河北龙山文化的器物特征。石器中也有细石器,包括石镞和刮削器。呈等腰三角形的燧石镞。底边有平、凹二种。但与围坊遗址第 4 层一样,也未见陶鬲,比较接近河北唐山大城山以 T₈⑤。层为代表的龙山文化遗存。

牛道口遗址还出土一批制作精良的玉器和石器,是当地窑厂取土时挖出的。石斧有扁平和柱状两种。1 件形似"权杖"的杖首,握手琢磨出指槽,光滑透亮,杖部已残失。玉器有玦和匕两种。其中玦 6 件,按大小可分成 3 对,5 件用白玉制成,1 件为青玉,直径 4~6 厘米不等。匕 4 件,用带灰斑的白玉制成,有浅槽,一端穿孔。

上述新石器时代文化遗存都发现于地势略高的北部山区或山前平原。在海拔 5 米以下的平原地区,新石器时期的文化遗存也有发现,迄今已有 10 多个地点,分布在武清、宝坻、宁河、北郊等县区。这些遗存的共同特点是:(1)出土遗物主要是石器,包括斧、耡、磨棒、磨盘和饼状砍砸器等。伴出陶片的只有武清县小韩村 1 处,埋藏于距地表 2 米深处,都是夹砂或夹云母屑的小块红陶片,无法辨别器种。石耡、磨棒、磨盘的形制接近红山文化同类器物。(2)大多数石器出土于距地表深 4 米左右的黑土层中,这一土层在滨海平原地下分布普遍,内含鹿角、树杆、芦苇、山核桃等自然杂物,还在多处发现成片的树林。其年代 ¹⁴C 测定,宝坻县大白庄的标本为公元前 4730±200 年,辛务屯的标本为公元前 4485±120 年。在这一土层的上面,普遍覆盖海相沉积层,表明黑土层出土的石器是全新世海

侵前遗留在平原上的。(3)石器只发现于天津北郊迤北,不见于市区以南。这是因为全新世海侵的海水,8000 年前已把南部地区吞没,而北部地区是在约 6000 年前淹没的。这也是个地区普遍发现红山文化石器,但缺乏后续文化遗存的原因。

二

全新世海侵使天津滨海平原整整浸泡了 2000(北部)至 3000(南部)年,到距今 4000 年前后,天津平原逐渐成陆。成陆后不久,又逢黄河迁此入海,使天津平原缺乏生产和生活的基本条件达千年之久。但是在北部的蓟县山地,整个夏商时期,土著部落一直十分活跃,留下了丰富的文化遗存。

这几年来,我们发掘了蓟县张家园、邦均及宝坻县牛道口、歇马台等遗址,整理了蓟县围坊遗址的发掘材料,丰富了过去称作夏家店下层文化燕南类型的张家园下层(以遗址第 4 层为代表)类型遗存和在张家园最先发现的张家园上层(以遗址第 3 层为代表)类型遗存的内涵。

1965 年曾经试掘的蓟县张家园遗址,1979 年和 1987 年又进行了两次发掘,堆积内容与过去发掘所见相同④。下层堆积遗存,1987 年又发现半地穴式房址 1 座。平面呈椭圆形,长 3.8、宽 2.04、深 1.96 米。斜坡门道两侧有柱洞 6 个。1979 年还发现袋形窖穴 1 个,口径 0.8、底径 1.2 米,坑壁涂 1 厘米厚的草拌泥,平整光洁。遗迹中最多的是小型圆竖窖穴,直径多在 1~1.2 米左右,个别的达 2 米。1987 年发掘中见到这种窖穴 15 个。陶器除过去见到的敛口鼓腹鬲、束腰甗、盆、罐、钵、瓮外,又增加了簋、豆、尖底器等。

上层堆积也发现房址 1 座。圆形浅穴,直径 3.2~3.55 米。有门道,长 1.1 米。室内有 1 柱洞。陶器除鬲、盆、罐、钵外,又增加了泥质灰陶簋;鬲仍以迭唇高裆柱足鬲为主,并发现在直领外加一圈附加堆纹的高裆袋足鬲,

具有西周文化早期特征的折沿浅腹矮足鬲续有发现。还发现断面作方形的钉状铜器。在遗址台地边缘的一处斜坡地层中，发现较多的鹿、马、猪、鸟、鱼、蚌的骸骨。

张家园遗址在 1987 年发现 4 座铜器墓。4 墓皆位于居住遗址范围内，打破下层文化层，与上层堆积没有明确界线。均为土坑竖穴，东西向。葬式为俯身直肢，有木质葬具，3 座作长方形，1 座作梭形。2 座墓随葬 1 鼎、1 簋和 1 副金耳环；1 座墓随葬 1 鼎；1 座墓随葬 1 副金耳环；各墓都有绿松石串珠。3 件鼎中，1 件深腹，圜底，柱足，饰细线夔纹 1 周，底内有铭文"‖又"字；另 1 件亦为深圆腹、柱足，周身饰蝉纹；还有 1 件为分档鼎，细高柱足，以凤纹为主，辅以夔纹。其年代，前 2 件属晚商，后 1 件属商周之际。簋 2 件中，1 件圜底、圈足，饰以雷纹为地纹的乳钉纹，底部有铭"天"字；另 1 件饰饕餮纹，两侧有立兽形垂耳。前者与蝉纹鼎共出，后者与分档鼎共出。金耳环用粗 2 毫米左右的金丝砸扁两端盘曲而成，形状和过去卢龙闯各庄、平谷刘家河等地出土的金臂钏相同⑤，出土时都紧贴于耳部。尽管随葬铜器皆具商文化铜器特征，但金耳环无疑系燕山地区土著文化所特有。因此墓主人应是土著贵族。其所属考古学文化，应是在年代上介于张家园上、下两层文化之间的围坊三期文化类型遗存。

1985 年发掘的蓟县邦均遗址，进一步丰富了张家园上层类型文化的内容。此遗址系修筑邦（均）喜（峰口）公路时发现的，面积约 6 万平方米，文化层厚度一般在 1 米左右，包含张家园上层类型和战国文化两种遗存。张家园上层类型遗存发现房址 1 座，圆形，直径 2.8 米。室内低于室外地面 0.4 米，有中心柱洞，室外两侧另有 2 个柱洞。窖穴都是圆形竖穴，直径 1~2 米，形制规整。陶器群与张家园遗址相似，代表性的器物有迭唇高档柱足鬲、直领加堆纹鬲，以及方唇折肩的罐、钵等，普

遍施交叉拍印绳纹。西周文化因素较张家园遗址更为突出，如折沿浅腹矮足鬲、折沿浅腹尖足弧档鬲、卷沿绳纹罐和绳纹灰陶簋等，都具有西周早期的陶器特征。地层中出土的木炭，经 ^{14}C 测定为距今 2800~3000 年⑥。

1984 年发掘的宝坻县歇马台遗址，为了解张家园遗址上、下层的关系提供了材料。此遗址是天津地区迄今见到的地点最南的一处商周时期燕山土著文化遗存，位于一条古河道的北侧高地，大部分现为民房所覆盖。发掘部分是村旁的取土坑，面积 250 平方米，包含张家园上、下两个类型和战国遗存。张家园上、下两个类型的遗存又可各自分出早晚。下层类型包含的堆积，分别相当于大厂大坨头遗址在地层上有打破关系的 F_2 和 $F_1$⑦。主要区别是早期陶鬲大多有明显的实心尖足，绳纹细且多继续；晚期变得袋足肥大，尖足消失，绳纹排列整齐。器表磨光或磨光后仍留有绳纹痕迹的器物增多，鬲和罐的口沿常见有三个对称的乳突状装饰，多数器物造型规整，略小于早期同类器。上层类型包含的两种堆积中，除了以迭唇高档柱足鬲为代表的张家园上层陶器群外，另有一种以直领加堆纹陶鬲为代表的器物群。后者始见于蓟县围坊遗址的第 3 期，与辽西地区魏营子文化的"花边鬲"有相通的因素⑧。在歇马台遗址中，它早于张家园上层类型堆积，晚于张家园下层类型。

围坊遗址第 2 期遗存的总体面貌与张家园下层类型接近，包含物也可区分早、晚。此遗址 $T_1$③、$T_2$③、$T_3$③等地层包含的陶片，红褐陶占 80%。陶鬲的口径多接近腹径，鬲足外撇，形制与昌平雪山遗址第 66 号龙山灰坑出土的陶鬲相近⑨。打破 $T_2$③地层的第 2 号灰坑，出土的陶鬲变得敛口鼓腹，足内收；陶色多由红褐变成灰褐，整个文化面貌与张家园遗址下层，以及大坨头遗址 F_2 的器物群接近。这样，过去归入夏家店下层文化燕南类型

的张家园下层类型遗存[⑩],实际上可划分为 3 个阶段:第一阶段以围坊遗址第 3 层为主体的围坊二期文化为代表;第二阶段以张家园下层和大坨头遗址 F_2 为代表,分布广泛,是这一文化的主要形态;第三阶段以大坨头 F_1 和马歇台遗址下层晚期堆积为代表,消失实尖足的陶鬲已接近围坊第 3 期。

围坊第 3 期文化以该遗址第 1、第 2 层堆积为代表,包含大量与张家园上层类型相同的因素,主要区别是迭唇高裆柱足鬲尚未出现。这期堆积也有早、晚区别,在 $T_8$② 等地层中,陶系仍以褐色陶为主,纹饰中有一定数量的竖行排列绳纹,保存较多下层文化因素。但在 $T_5$①、$T_6$① 等地层中,灰陶比例明显增加,交叉拍印绳纹基本上取代了竖行排列绳纹,口沿普遍成为方唇,因而更接近张家园上层类型。因此,围坊第 3 期早晚两种堆积之间的变化,具有从张家园下层类型文化向张家园上层类型文化过渡的特点。

张家园上、下层两个文化类型,以及连接这两个类型的围坊第 3 期遗存,代表了天津地区青铜时代文化上承龙山、下迄春秋的全部发展过程。这是一支土著系统文化,在全部发展过程。这是一支土著系统文化,在当地古文化发展中居主导地位。这支文化在发展过程中,曾受到相邻地区文化的强烈影响。与燕山以北夏家店下层文化、魏营子文化等的关系尤为密切,但始终保持着自身的文化传统,拥有独具特色的器物群,并有清晰的发展脉络可寻。尽管张家园下层类型过去曾被归入夏家店下层文化,然而越来越多的材料表明,其各种遗迹、器物群,乃至文化的渊源和归宿,都有异于夏家店下层文化。至围坊第 3 期及张家园上层类型阶段,与辽西地区的魏营子文化、夏家店上层文化相比较,区别就更为明显。

这支文化的分布范围南到拒马河流域,燕国都城琉璃河古城在它的包围之中。根据文化性质、年代和分布范围判断,这支文化应当是西周和春秋时期活跃在燕山地区的山戎文化,天津一带则应与无终国有关。因为西汉时今蓟县地属无终县,无终县的得名即是由于其地原属山戎集团的无终子国。山戎是一个联合体,“各分散居溪谷,自有君长,往往而聚居者百有余戎,然莫能相一”[⑪]。见于文献记载的还有孤竹、令支等。

这支文化约在春秋时期与姬燕文化融合。就器物群而言,具体说明融合过程目前尚嫌资料不足,但在宝坻县歇马台、牛道口,蓟县邦均等地一些墓葬礼俗的变化中,可以明显看到这个融合的确证。

张家园的 4 座墓属商代,虽因没有随葬陶器,不能与遗址的陶器序列直接对照,但在地层上晚于张家园下层类型,绝对年代又比有西周陶器共存的张家园上层类型较早,大致相当于围坊第 3 期阶段。墓葬的东西向,俯身葬,随葬铜器以鼎、簋为组合,以及缺乏陶器等特点,在年代略晚的歇马台、邦均等地的同类墓葬中一直延续。

歇马台发现墓葬 8 座,属春秋战国时期,其中东西向墓 1 座,南北向墓 7 座,都打破张家园上层类型地层。东西向墓为俯身葬,出土铜、玉质料的圆环 8 个,表现出戎狄习俗的特点,这有助于说明张家园、邦均等地东西向墓的性质。7 座南北向墓的随葬品组合极不一致,有的随葬铜鼎、豆、壶、盘、匜等成套礼器,有的随葬 1～2 个红陶三足器(燕国鬲)或灰陶三足器,有的随葬底部削成三足状的小陶罐,有的只随葬铜带钩。随葬红陶三足器和鼎豆壶的墓葬,在北京和燕下都等地常见[⑫],无疑是燕国人的埋葬习俗。但大多数墓随葬品种类不一致的情况,表露出其中可能有相当一部分墓主人原来并不是姬燕集团成员,而是接受姬燕文化礼俗过程中的土著居民。这一点在邦均和牛道口的墓葬中表现得比较明显。

邦均遗址发现墓葬 52 座,其中东西向墓 6 座,南北向墓 46 座,皆打破张家园上层类型地层,并为战国晚期文化层覆盖。6 座东西向墓与张家园墓一样,墓主皆俯身直肢,其中 2 座墓也随葬以鼎、簋为组合的青铜礼器和绿松石串珠,其余的则无任何随葬品。随葬铜器中,1 座墓的鼎、簋皆饰凤纹;簋有立耳,形制略早于鼎;鼎有铭字"□乍毕鼎",簋有铭"戈父丁"。另 1 座墓的鼎、簋皆素面。两鼎皆下腹部外鼓,属西周中期形制,与张家园墓当同属土著文化系统,只是年代较晚。

邦均南北向墓 46 座,皆仰身直肢。出土随葬品的 8 座墓,除一座随葬 2 件素面灰陶三足器外,其余皆随葬铜带钩、铜泡、铜环和铃形器等小件物品。墓葬虽为南北向,但随葬品中的铜泡、铜环等物品表明墓主人也属戎狄部落。40 多座墓无一出土鼎、豆、壶等铜礼器,82% 以上的墓无随葬品,可视为姬燕文化的礼俗在这里还未流行。

宝坻县牛道口发现 9 座春秋战国时期墓葬,方向极不一致,几乎东南西北都有。随葬品的种类也不统一,其中出土铜带钩的 4 座,铜戈、剑的 1 座,铜尖首刀的 1 座,骨串珠的 1 座,陶簋和陶罐的 2 座,另有 1 座无随葬品。陶簋形制接近张家口白庙葬的同类器物[⑬]。看来墓主也是一支正在接受姬燕文化礼俗的戎狄居民。燕山土著文化经过漫长时期的发展演变,至此与姬燕文化逐渐融合[⑭]。

三

天津滨海平原的开发从战国开始。迄今在滨海平原范围内已发现战国遗址 57 处。

1983 年配合水利工程,在静海县发现了一处规模较大的战国遗存,地点在西钓台古城周围[⑮],遗址堆积埋藏在距地表深约 2 米处。西钓台古城是一座西汉城址,位于静海县城南 11 公里、南运河西岸,现已平整成为高出周围平地 1 米多的土台,东西长 520、南北高 510 米。夯土墙基宽 8 米,压在战国文化层上。城东、西两面都是墓葬区,城北为居住区。城东墓区绵延 1 公里余,以战国墓为主,也有少数西汉早期墓,靠近城址是一片密集的战国瓮棺葬区。城西墓区绵延达 2 公里余,以西汉墓为主,有少量战国墓。城北发现密集的水井,战国和汉代的皆有。战国井有土井和陶井两种,陶井用专门烧制的井圈迭置,直径 1~1.2 米,每节高 0.5 米,每井 5~6 节不等。汉井除土井和陶井外,还有砖井,用专门烧制的弧边绳纹砖垒砌。有的井从井口以下 2 米处伸出陶制水管,直径 0.1、每节长 0.5 米,延续数十米。战国文化层除在城址范围内被西汉文化层迭压者外,在城的西南面还有相当大的一片。这些情况表明,这里在汉初筑城以前是一处规模很大的聚落。

根据《水经注》,西钓台西汉古城应是东平舒故城。东平舒城在战国时已存在,齐威王时是齐国西北部的一座边城[⑯],乐毅伐齐后归燕,后来在公元前 247 年的燕赵易地中又归赵。在西钓台古城一带出土的战国遗物中,齐国文化因素相当突出。这里出土的明刀币,"明"字外笔作方折,即沧县肖家楼大批出土的乙型刀币[⑰],与带有"齐化"背文的齐明刀字体一致。在古城西北 20 公里的王口,还出土一批形制略小的明刀币,类似"博山刀"。这种类型的明刀币在海河以北罕见。因此它虽以燕国刀币的"明"字为面文,但实际上却是齐地的货币,其产生极可能在乐毅伐齐期间[⑲]。城内出土的量器残片上有"陈和志左廪"戳记,这当然是齐器标志。巨葛庄出土的陶釜上印有"区釜"2 字,齐国的量制单位。这一带出土的瓮棺葬,葬具多是圈底深腹厚壁的大瓮,也只见于海河以南的巨葛庄、沙井子等地,海河以北不见,而鲁西北却有发现。最值得注意的是在古城东南 50 公里的沙井子村,战国墓中出土 2 件铜戈,皆有铭文,分别作"平舒筊戈"和"平阳筊戈",第 3 字和传世的"陈散(?)戈"[⑳]同,字体风格也相似,因此是齐国之物。战国的平舒之地应在这一带,极可能就在汉代成为东平舒县治的地方。

天津平原汉代古城现在见到有 6 座。除上述西钓台古城外,尚有宝坻县秦城和武清县城上村古城、丘古庄古城、兰城和大宫城。由于天津平原地势低洼,环境多变,县治设置常常迁移不定,这些古城大部分已不知其原来名称[21]。上述东平舒故城在郦道元时已有人误认为章武故城,即是一例。这种情况给当地历史地理研究带来很多混乱,因此对这些古城址的调查和考证,已成为天津地区的重要考课题。

城上村古城即西汉泉州故城,位于武清县城上村北、永定河南岸。城垣东西宽 500、南北长 600 米,东北角已圮入河中。城址南部有西周至战国时期文化堆积,被城墙打破。从出土虎纹和双兽纹半瓦当看,筑城前已经有较重要的建筑。城内发现带有"泉州"戳记的汉代陶盆残片;城东 10 公里处的双口西汉墓中,出土同样戳记的陶罐[22],知此地确系西汉泉州县治。

秦城位于宝坻县东南 5 公里,城垣东西长 870、南北宽 630 米。除西城墙遭破坏外,其余城墙尚存,最高处达 5 米。城址所在地有张家园下层类型、西周和战国文化层,城墙下压有战国时期的瓮棺葬,知城的年代晚于战国。秦汉时期较重要的遗物有秦塔式纽铜印、汉青铜洗和带有"大富牢罂"戳记的陶瓮等。大宫城位于武清县崔黄口村南,东西长 600、南北宽 500 米。四面城墙皆继续残存,高出平地 1 米多。地面多散布西汉遗物,亦有少量战国遗物。两座城都位于《汉书·地理志》记载的雍奴入海的潞水(今州河)下游,相距 20 公里,其中大宫城可能是西汉雍奴县治,秦城可能是秦右北平郡故城。

东汉时的雍奴县治已远离潞水,迁到了潞县南"相去百里"的地方。潞县故城在今通县东南,往南 30 公里即武清县兰城,接近汉

里百里[23]。城垣方形,边长约 800 米。城内出土卷云纹瓦当和"大乐思富"文字瓦当,属东汉物。从古城的年代和位置看,与东汉雍奴县治相当。

武清县邱古庄村东南 300 米处发现古城址 1 座,北距兰城 12 公里,面积约 500 平方米。地表暴露绳纹砖、瓦和陶片颇多,具东汉特征。明清以来多以此城为雍奴故城,按《水经注》记沽河经雍奴县、又经泉州县的方位,此城应是东汉泉州县治。

另外,1987 年文物普查时发现的东郊务本古城(漂榆邑故城)、宁河西城顶子古城、西郊当城古城和静海程庄子古城,均为西汉古城,规模略小,应属"邑"一级聚落。

由于海侵,天津平原上极少发现东汉遗存,但在平原边缘和北部山区,却有较多墓葬分布。已发现东汉墓葬的有静海东滩头、武清兰城、蓟县别山、邦均等。配合文物保护清理了东滩头和别山墓地部分墓葬。

东滩头墓群位于静海县西南部的东滩头村东,1983 年清理墓葬 3 座。其中 1 号墓墓室结构独特。此墓平面呈长方形,南北长 15.4、东西宽 10.4 米。四面有回廊式建筑环绕,中间为一条贯通前后的中轴线。在中轴线上前后有 4 个墓室,东侧有 2 个耳室。墓室前有 3 条墓道,中间墓道在中轴线上,长 10.4 米。进入墓室处有甬道,长 6.05 米。甬道两侧也有 2 个墓室。墓后也有墓道 1 条,也在中轴线上,长 7 米;进入墓室处也有甬道,长 0.85 米。回廊沿线又建有 14 个小室。故此墓有大小墓室、耳室总计 22 个。墓室、回廊、墓道出入处有许多墨书题记。墓室内题记有"吏舍食"、"太仓"、"车马宄"等;回廊内题记有"徼道东入户"、"徼道西入户"等;前后墓道口题记有"厛事南出门下"、"北出大户"等。由此可知墓室结构模仿了护卫庄园的"徼道"建筑,这一发现,对了解东汉时期的庄园很有意义。

此墓早期被盗,所剩随葬品几乎全是陶

器,共 70 多件,多施绿釉。有壶、盒、灯、灶、仓、楼、井、磨、僮仆俑、陶禽畜等。用菱形花纹砖砌的墓壁,局部用红、黑彩画几何图案壁画。墓室中央出土 1 座方形陶楼[24],通高1.36、边宽 0.7 米。下为高台基,绕楼四面有单坡回廊,中设踏垛。楼身三节六层,每层设平台,上塑守望人物。四阿顶,脊两端各塑一小鸟。另有扁楼出于旁侧墓道,可能象征"望楼"和阙。

别山墓群位于蓟县东南,燕山南麓,与玉田县交界处。1979 年共清理 3 座。

1、2 号墓同属墓地的 2 号冢,早年被盗,仅存玉璏、铜削等少数遗物。1 号墓上层墓室长 16.94 米,有前、中、后三室和左、右耳室。下层还有一组墓室,长 15.66 米,布局与上层墓室基本重合,未见使用痕迹,似为填平后又建造了上层墓室。2 号墓长 15.31 米,后室为石室,在石墙外又用砖包砌。顶用条石垒成覆斗形,中有长方形藻井,浮雕圆形莲花图案。室内陈设石案、石榻等,制作皆精细。

3 号墓距 2 号冢 200 米,墓室结构与 1、2 号墓相似,亦被盗,但保存情况尚好。红漆木质葬具已朽,出土玉、石、铁、铜、琥珀和陶器150 多件。铜器有整套的车马饰件及剑、戟、刀等兵器,还有熏炉和镜等生活用具。玉器除猪、璏外,还有作蝉形的玉唅和眼盖、耳塞、鼻塞等堵塞"七窍"的玉件。另有书刀 1 件,上有错金文字,锈蚀较甚,可辨的有"涑书刀工其□□使工阳□长秘丞□□"字样。

1、2 号墓的年代属东汉末年,3 号墓属东汉中期偏晚。这里在汉代属无终县,东汉末年为曹操征乌桓作向导的田畴即居住在这一带。

四

魏晋至隋唐时期的遗存,除在古滹沱河(今娘娘河)和沽河(今北运河,尾闾为海河)的海口一带有所发现外,天津其他地方极少见到。

在娘娘河畔的大港区窑庄子村附近进行的浚河工程中不断出土铜造像,已积 12 尊,所属年代由北魏至隋。其地距北魏章武县治(今黄骅县乾符村)15 公里。在相邻黄骅县的旧城镇(原北齐盐山县治故址),出土一批石造像。表明北朝时期佛教在沿海地区亦颇盛行。

东郊务本古城北 5 公里、军粮城镇西0.5公里有刘台古城,东距贝壳堤 1 公里。城址方形,南北长 300、东西宽 250 米,城墙已平整为高出周围平地 0.5 米左右的高地。地表暴露遗物较多,包括建筑材料和陶、瓷器。出土的青釉瓷钵、青釉瓷实足碗、黄釉三彩罐等,都具唐代早期特征,年代与"安史之乱"前大规模的河北海运时间相当。其时,"越罗和楚练,照耀舆台躯"的幽燕驻军供给,主要依仗江南海运,入海河转输幽州。此城是军粮转输基地,"军粮城"地名即由此而来。唐时此海口名"三会海口",是因清河(今南运河)、滹沱河(今大清河)、沽河(今北运河)在此汇合入海得名。近年在汇合处的市区三汊河口出土石造像一尊,有"永徽二年"纪年,与城址同时。

宋辽以海河为界,海河南北的文化遗存表现出较大区别。宋朝在海口南岸设置泥沽寨后,海口便以"泥沽海口"闻名。泥沽寨遗址现仅存一土台,紧临截湾取直前的海河旧道,东西长 220、南北宽 180 米,现全为民房覆盖,地表暴露遗物不多。往西 10 公里为双港寨,也有土台,东西长 220、南北宽 190 米,情况略同。相似的寨堡在西郊小南河、当城都有发现,地名都与宋代寨堡名称同。

受塘泺防线的影响,宋地留下的文物不多。近年在静海县西钓台、东滩头等地发现一些小型宋墓,出土一批瓷器。其中西钓台出土的一件白瓷珍珠地钱纹枕较为精致。这里曾是宋钓台寨所在。寨堡位于西汉古城址西北部,东西长 260、南北宽 160 米,墙垣布局不甚规则,呈一"凸"字形。东滩头宋墓被一层厚

1 米多的纯净黄土层覆盖,此黄土层又被元墓打破。结合过去在附近元蒙口发现宋代木船的地层,可看到北宋政和七年(1117 年)河决时当地泥沙的淤积情况。

在大港区沿海村南 2 公里、泥沽—上沽林贝壳堤外侧,发现沉船一艘,长 26 米,舯、舥分别宽 2.4 和 2.8 米。沉船所处地层与元蒙口宋船所处地层相似⑳,被 2.4 米的纯净黄粘土覆盖,年代或许接近。船体窄长,与元蒙口船有较大区别。这里在宋时尚是海滩,附近的贝壳堤上有古遗址一处,出土窖藏钱币 150 多公斤,大多数是宋钱,年代最晚的是金代"正隆通宝"。

海河以北的辽地,是辽国向南进军的基地,经济文化发达,近年多有新的考古发现。

1984 年蓟县独乐寺重建一千周年纪念,对寺院建筑和文物又进行了全面考察。在观音阁暗层楼梯口东侧,发现早年的游人题记墙两块,虽多剥蚀,尚可辨析出题记 20 多条。从墙皮剥落处还发现,题记墙曾经粉刷,可分理外两层。表层题记最早为正德三年(1508 年),最晚为乾隆十八年(1753 年)。内层题记最早为大定八年(1168 年),最晚为成化丙申(1476 年)。据朱彝尊《日下旧闻考》录《刘成碑》记载,独乐寺在辽统和二年(984 年)重建㉑,与大定八年相距 185 年,可证目前梁架确是辽代原物。

与题记墙相关的是观音阁大殿的壁画,也与题记墙同时被覆盖,于 1972 年同时被揭出。初揭出时根据画面判断为明代作品㉒。调查中发现此壁画也是内外二层,外层根据内层描绘,个别地方略有出入,如内层的十六罗汉和二明王赞语,外层全都略去,有的比丘尼竟被改画成信士像。表层题记中的"僧正司僧官玉泉"、内层却是"僧正僧官如演",表明内层壁画不晚于元代。十六罗汉主题和人大于山的表现手法,也属于较早的特点,但穿插其间的情趣盎然的世俗题材,表明此宗教画已

处于从神秘走向现实的转变之中。整个绘画风格和永乐宫三清殿㉓、广胜寺水神庙㉔接近,多具元代特点。外层重描的时间,根据内层壁画被粉刷的情况与题记墙被粉刷相似看,也应在明成化至正德年间。外层壁画重描后又被涂改,主要是重要信士像和题记,时间当在明代万历年间,因题记中的"玉泉"见于万历二十八年《重修观音寺塔记》中㉕。

在观音阁壁画不断重描的同时,十一面观音等塑像也不断更换新装。从局部剥落处观察,辽代的观音像通体贴金,其后经粉刷并画出龙、凤、花卉等衣纹,时间似与观音阁绘制壁画同时,因为塑像上沥粉贴金的技法与壁画相同。元时对独乐寺作如此规模的装修,可能与当时佛教在佛道纠纷中获胜有关,蓟州佛教徒曾是廷对中的主要力量,独乐寺是蓟州的僧正所在。

调查中还发现,在独乐寺的梁架中,有许多是重建时使用的旧料,包括梁、枋、角梁、斗、拱等。观音阁的暗层内更是如此,个别梁枋的表皮已风化成绒毡状,其年代之古老一望可知。因此,刘成碑所记独乐寺的重建也是可信的。至于始建年代,在独乐寺南白塔的修茸中也获得线索。

独乐寺塔在独乐寺南 300 多米处,向乐偏 9°,基本在寺院中轴线上,属同一建筑群体。1976 年唐山地震,该塔震损严重。1983 年拆除震损部分重修,发现自第一层塔檐向上,砌体皆有不同时期的包砌层,辽代原塔被包在里面;而且砌体中拆出具有隋代风格的砖雕佛像,可知里面的辽塔已是重建的。通过对不同砌体中的砖层和木料分别作热释光和 ^{14}C 测定,获得三组数据:第一组,距今 1410～1480 年;第二组,距今 1025～1050 年;第三组,距今 270～330 年。根据这些数据和出土物,大体可认为独乐寺塔应始建于隋。隋时曾有在各州郡普遍建塔的活动,渔阳郡当不例外。与塔同属一个建筑群体的独乐寺

亦当建于此。正因如此,寺和塔才在龙朔二年（662年）已见于记载。

拆修时还发现,此塔辽时重建,但覆钵以上部分辽时已经包砌,并重建了十三天相轮。包砌的原因是覆钵开裂,相轮坍塌。被包砌部分雕砌棱角齐全,涂刷的白粉洁白如新,无风化剥蚀现象,故知包砌距建造时间不远。在被包砌的砌体中发现铜钱数十枚,其中年代最晚的是"太平通宝";包砌层中铜钱的年号是"祥符"和"重熙",相距时间也不长。结合覆钵内发现的清宁四年（1058年）石函,可认为此塔作为独乐寺建筑群的组成部分,在统和年间重建独乐寺时,拆除隋塔重建;重建后不久,即遇清宁三年幽州大地震,遭受严重损坏,因而于清宁四年大修。这一发现对了解清宁三年地震的震中位置和烈度很有意义。

拆除覆钵时,发现金、银、水晶、琥珀、玛瑙、玉、瓷、玻璃等质料的文物100余件。龟形水晶盒、钧窑青瓷刻花碗、波斯玻璃瓶、琥珀雕方形密檐塔和木雕窣堵波式塔模等,都是不可多得的艺术珍品。辽塔除相轮和覆钵下部约1米的砖雕残缺外,其余部分保存较好,参照塔内出土的木塔模等有关资料,完全可以复原。全塔由上中下三部分组成:下部是在一八角形的须弥座上,置中国式的八角亭塔身,须弥座壸门雕歌舞乐会和供养人;中部是在八角亭塔身上又建须弥座,上置一半球形覆钵,须弥座壸门雕一佛二菩萨;上部是在覆钵上建须弥座,再建十三天相轮,须弥座壸门雕狮子、羚羊、犼猊等神兽。全塔上下砖雕密布,除上述内容外,还有假门、塔柱、飞天、花卉、斗拱、栏版等,刀法洒脱,生动流畅。

新发现的较重要的辽代遗存,还有蓟县段庄子塔、官庄和抬头村的两座辽墓。

段庄子塔位于段庄子村东400米,八角楼阁式,用沟纹砖垒砌,通高26米。下为砖石砌的八角须弥座,饰壸门、斗拱;座上即三层楼阁式塔身,每层都雕出斗拱、栏版、门户、窗

棂,以及飞天、花卉等装饰。视其形制,时代约属辽金之际。

抬头村辽墓发现于1984年。墓门南向,有长0.9米的甬道。墓室平面圆形,直径3米,穹隆顶。墓壁上用砖砌出四立柱,柱头各有单抄单下昂五铺作斗拱,斗颌出颐,拱有券杀,上承磨砖瓦檐。墓内随葬品全是陶器,有注壶、长盘、炉、鏊、莲瓣杯等,还有陶剪刀。

官庄辽墓发现于1985年。墓门东向,有长1米的甬道。圆形墓室直径3.3米,穹隆顶高3.5米。墓壁亦砌出四立柱,柱头各有一斗三升斗拱。左侧有壁龛,内置一羊头和趾骨。随葬品较丰富。瓷器有绿釉鸡冠壶一对、白瓷唾盂、水注,青瓷和白瓷的莲瓣形碗、碟。铜器有莲花纹镜、手镯、耳环、耳坠、莲花和鸡心形铜饰,在双手指骨上有鎏金铜指套7枚,右3、左4。铁器有剪刀和熨斗。在一漆盒内置骨笄2枚。从所反映的习俗看,墓主似为契丹人。

在武清县李老村发现一座辽代墓葬,出土应历十四年（964年）墓志1方,记载在宋辽对峙初期,一家三代分散两国的情况。

在蓟县城西15公里的盘山风景区,文物普查中也发现大批唐代和辽代遗迹。

盘山东部千像寺遗址周围山石上摩崖线刻的千佛像,经查有158尊。其中坐像48尊,大多背浮佛光,足踏莲座,褒衣博带,体态丰盈,具盛唐风格。这种佛像在上方寺和古中盘也有零星分布。寺后有盘山境内唯一的石窟,内浮雕菩萨1尊。

西部的天成寺亦始建于唐,现只存辽天庆时建的一座砖塔,八角密檐十三层,是盘山最高建筑。此塔须弥座不雕常见的斗拱,而以三层仰莲承托塔身。八角亭式的塔身南面开门,两旁只雕出直棂窗装饰,显得粗犷古朴。

盘山之巅挂月峰的定光佛舍利塔,建于辽,现存塔基为原建,塔身系明代重建。崖壁上有明代蓟辽总督刘应节的题字。

盘山境内几乎到处都能见到摩崖题记，已发现 96 处，共 8300 余字，行、草、隶、篆各体均有，还有 6 处，八思巴文。

五

天津聚落的形成和向近代城市发展，其过程从金、元开始。这是由于北京成为都城之后，金章宗改凿运河，使原来经信安、永清达于北京的永济渠旧道，改道经天津溯北运河至北京，天津真正成为河海航运的枢纽、首都的门户，天津市最初的名字"直沽寨"也从此时开始见于史籍。

1982 年试掘了元代以漕运著名的武清县十四仓，发现在元代地层之下还迭压有金代地层，包含瓷片以定窑系的白瓷为主。在北运河畔的小河村，出土六耳铁锅和银锭 8 笏，上有"榷场银"等錾刻文字⑰，风格与陕西、山西等地出土的金代银锭铭文相似，应是金代漕运的遗物。在十四仓元代地层中，发现房基和下水管道等遗迹，下水管道用专门烧制的陶管敷设。这里发掘和征集到各种质地的文物近百件，大部分是瓷器，也有铜权和铁权等，其中磁州窑四系瓶、龙泉窑瓷炉和影青瓷狮等，均颇珍贵。

在近年清理的一些小型明墓中，蓟县城关出土的《明故磁州学政敦信先生墓志铭》有一定史料价值。《磁州志》载："敦信，江南苏州人"，与《蓟州志》等有异，今据墓志知敦信为蓟州人，可正其误。

位于蓟县东北黄花山的清"太子陵"，有 6 座墓葬，葬顺治和康熙帝的各 3 个儿子。这里另有一座不知墓主姓名的"相爷陵"。十年动乱期间，陵园全部被毁，墓室被掘；地表只存墓碑、丹墀石等遗物。为保存资料，1981 年对残存遗迹进行了测绘。陵园都有朱墙围绕，一般面积为五六千平方米，最大的理密亲王允礽（康熙帝第二子）陵园达 11000 多平方米。陵园平面都呈马蹄形，东、南、西三面是直墙，北面是弧线墙，前为山门，中为享殿，后为宝顶。其中荣亲王（顺治帝第四子）陵墓的享殿分前后二殿，宝顶周围另有宫墙。允礽陵墓左右还有陪葬墓 3 座。地宫的规模比较接近，皆用加工规整的块石垒砌。进深 5.75、宽8.5 米；卷棚式券顶，高 6.25 米；用 0.9 米厚的石墙封堵两端。有甬道，长 3.2 米，门、楣皆石制，雕工精细。石室外还用砖包砌，包砌层厚 1.9、顶部厚 1.5～1.7 米。四阿瓦顶、鸱吻、角兽齐全。墓门处亦用砖墙封堵，厚 1 米。

明代，蓟州成为边防前线，蓟县境内修筑长城。1985 年配合修复长城进行了全面调查⑱。在全长 41 公里的长城线上，有边墙的地段约 22.5 公里，其余则是利用天然的陡崖作防御，称作"险山墙"。这些地段大多经削坡处理，并将沿线山沟垒墙堵塞。边墙有砖、石两种。砖墙主要分布在泃河两岸，全长仅 2 公里。

黄崖关是蓟县长城唯一的一座关城，位于泃河两岸，随地势修筑，呈刀把形，北枕边墙。南北长 270、东西宽 170 米，面积 38000 平方米，分内城、外城和瓮城 3 部分。东、南、西三面设门，北门是登城门洞，旁有一进深 17、宽 30.5 米的墙台，原有稍具规模的建筑。此城天顺四年（1460 年）建，原是石墙，万历十五年（1587 年）包砌成砖墙。

在长城修复工程中发现一批文物，有各种建筑构件、碑刻、兵器和士兵日常生活用品。最珍贵的是 1 件铜"佛郎机"，由筒、镗、手把和独脚支架成，通长 1 米多，铭文为"胜字二千五百七十陆号佛郎机中样铜镇筒嘉靖甲辰年兵仗局造重五十五斤"。出土于黄崖关西北悬崖上的敌台内，附有铁子铳数枚。在黄崖关城北，出土 1 件小型"佛郎机"铜铳，铭文作"胜字一万七千一百四十号佛郎机中样铜铳万历二年兵仗局造"。有提梁，可持于手中发射。另有一件铁制"佛郎机"，无铭文，有独脚支架和较长的枪筒。可见在明朝后期，佛郎机的使用在长城线上已十分普遍，并且有多种形式。

执笔：韩嘉谷

————————

① 天津市文物管理处考古队《天津蓟县围坊遗址发掘报告》,《考古》1983年第10期。

② 本部发掘材料,报告正在整理中。本文其他未发表过的考古材料,同属这类情况。

③ 河北省文物管理处、廊坊地区文化局《河北三河县孟各庄遗址》,《考古》1983年第5期。

④ 天津市文物管理处《天津蓟县张家园遗址试掘简报》,《文物资料丛刊》第1辑;天津市历史博物馆考古队《天津蓟县张家园遗址第二次发掘》,《考古》1984年第8期。

⑤ 北京市文物管理处《北京市平谷县发现的商代墓葬》,《文物》1977年第11期;唐云明《河北境内几处商代文化遗存纪略》,《考古学集刊》第2集。

⑥ 中国社会科学院考古研究所实验室《放射性碳素测定年代报告(一五)》,《考古》1988年第7期。

⑦ 天津市文化局考古发掘队《河北大厂回族自治县大坨头遗址试掘简报》,《考古》1966年第1期。

⑧ 辽宁省博物馆文物工作队《辽宁朝阳魏营子西周墓和古遗址》,《考古》1977年第5期。

⑨ 邹衡《关于夏商时期北方地区诸邻境文化的初步探讨》,《夏商周考古论文集》,文物出版社,1980年。

⑩ 李经汉《试论夏家店下层文化的分期和类型》,《中国考古学会第一次年会论文集》,文物出版社,1980年。

⑪ 《史记·匈奴列传》。

⑫ 北京市文物工作队《北京怀柔城北东周两汉墓葬》,《考古》1962年第5期;中国历史博物馆考古组《燕下都城址调查报告》,《考古》1962年第1期。

⑬ 张家口市文物事业管理所《张家口白庙遗址清理简报》,《文物》1985年第10期。

⑭ 韩嘉谷《京津地区商周时期古文化发展的一点线索》,《中国考古学会第三次年会论文集》,文物出版社,1984年。

⑮ 华向荣、刘幼铮《静海县西钓台古城址的调查和考证》,《天津社会科学》1983年第4期。

⑯ 刘幼铮《春秋战国时期天津地区沿革考》,《天津社会科学》1983年第2期。

⑰ 天津市文物管理处《河北沧县肖家楼出土的刀币》,《考古》1973年第1期。

⑱ 王毓铨《我国古代货币的起源和发展》图版叁拾壹①。

⑲ 韩嘉谷《天津地区出土的刀币》,《中国考古学会第五次年会论文集》,文物出版社,1988年。

⑳ 罗振玉《三代吉金文存》。

㉑ 韩嘉谷《天津平原的西汉县治和相关历史》,《天津社会科学》1983年第2期。

㉒ 天津市文物管理处《天津北郊发现一座西汉墓》,《考古》1972年第6期。

㉓ 张传玺《从鲜于璜籍贯说到两汉雍奴故城》,《地理环境变迁研究第一辑》,海洋出版社,1984年。

㉔ 赵文刚《静海县东滩头汉墓陶楼》,《天津市历史博物馆馆刊》创刊号。

㉕ 天津市文物管理处《天津静海元蒙口宋船的发掘》,《文物》1983年第7期。

㉖ 韩嘉谷《刘成碑考略》,《辽金史论集》第4辑,书目文献出版社。

㉗ 文展《记新剥出的蓟县观音阁壁画》,《文物》1972年第6期。

㉘ 山西省文物工作管理委员会《永乐宫》,人民美术出版社,1962年。

㉙ 柴泽俊、朱希元《广胜寺水神庙壁画初探》,《文物》1981年第5期。

㉚ 纪烈敏《独乐寺音阁壁画》,《天津史志》1986年第1期。

㉛ 纪烈敏《武清县出土金元时代银锭》,《文物》1982年第8期。

㉜ 方放主编《天津黄崖关长城志》,天津古籍出版社,1988年。

（原载《文物考古工作十年》）

天津蓟县围坊遗址发掘报告

天津市文物管理处考古队

围坊位于蓟县城东 2.5 公里的翠屏湖畔
（图一）。近山傍水，交通方便。遗址南北 3—
5 里均为蜿蜒东去的燕山余脉，周围丘陵起
伏。州河（蓟运河）在南面山脚下流过，东面的
沙河是条季节性小河。京遵（化）公路在围坊
村的北面。遗址是 1960 年文物普查时发现
的。1977 年春复查。1977 年秋配合农田建设
进行发掘。1979 年春又作了补充发掘。

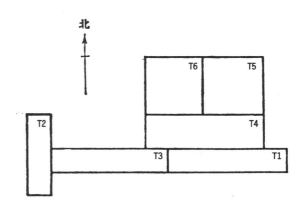

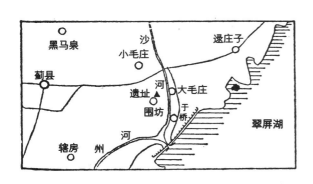

图一　围坊遗址位置图

1977 年秋天的发掘工作由 10 月 11 日
开始，11 月 18 日结束。开探方（沟）七个，依
工作先后次序编号（T1—T7）。1979 年春天
的发掘工作由 5 月 7 日开始，5 月 12 日结
束，开探沟三条（T8—T10）。合计开探沟十条
（图二）。发掘面积共计 164 平方米。

参加发掘和整理工作的人员有马士军、
马大东、梁宝玲和李经汉。

一、遗址概况、文化层堆积和分期

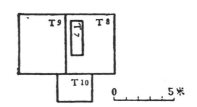

图二　发掘坑位图

遗址在围坊村东北的高岗上。近年来这
里地貌变化较大，遗址的南面已成平坦的耕
地，遗址的东部已被挖掉，现存部分北高南
低，高出地面 3—8 米不等。岗子的平面近长
方形，南北约 70 米，东西约 50 米。经钻探得
知，北面三分之二的地方分布有文化遗存。遗
址破坏严重，顶部已削去许多，南面尤甚。

文化层堆积情况，遗址各处不尽相同，中
部堆积较厚，约 2 米左右，最厚处可达 2.4

米。南部和北部较薄,约 0.5—1 米。整个遗址包括表土在内,文化层堆积共有五层,暂分三期。其中第四、五层为第一期,属新石器时代。第三层为第二期,属夏家店下层文化。第一、二层为第三期,是一种面貌比较新颖的文化遗存。在地表和一些探方的晚期坑中,虽有战国遗物发现,但不见战国和以后时代的文化层堆积,估计是由于遗址上部被破坏的缘故。

围坊一期文化仅见于遗址南部四个探方,即 T7、T8④⑤、T9④、T10②③。文化层堆积厚 0.5—0.8 米。T8 和 T9 的北部,在围坊一期文化层上面,叠压着围坊二期和围坊三期文化层。探方的南部和 T10 表土层下即为围坊一期文化。围坊二期文化分布在北部的五个探方,即 T1③、T2③、T3③、T4③、T5③和南部的 T8③、T9③。文化堆积厚 1—1.5 米。内涵丰富,是遗址的主要文化遗存。围坊三期文化,除 T10 外,各探方均有分布。该层上部虽多遭破坏,内涵仍很丰富。现存部分厚 0.5—1.2 米。一些探方地表即文化层。遗址北部该层下面就是生土。现以 T8 东壁的堆积情况为例,具体说明(图三)。

第一层:表土层,厚 0.1—0.25 米,土质松软,不见遗物。

第二层:围坊三期文化层。黑褐色土,厚 0.2—0.4 米,土质坚硬。陶片以夹砂红褐陶为主,泥质灰陶和泥质褐陶数量也很多。器表多饰交叉僵直绳纹和粗绳纹。出鬲、罐片、甗腰、瓮片、敛口钵等。还出陶纺轮、穿孔石斧及石镞等。

第三层:围坊二期文化层。因土色不同又分为 A、B 两层。A 层为黄灰土,厚 0.1—0.35 米。B 层为黑灰土,厚 0.25 米。二层所出遗物相同。陶片仍以夹砂红褐陶为主,泥质陶的数量很少。器表多饰绳纹,素面和绳纹加划纹的陶片也很多。

还出少量篮纹。器形有鬲足、甗腰、罐片等。还出石斧和数量较多的细石器。

第四层:围坊一期文化层。浅灰土,厚 0.15—0.4 米。陶片以夹砂红褐陶为主,夹砂黄褐陶次之,还有一定数量的泥质陶。器表以素面为主,附加堆纹次之,还出少量的篮纹、绳纹和带鸡冠耳的陶片。器形有敛口钵口沿、罐片、假圈足碗底,不见鬲甗。还出陶环、石镞、石斧等。

第五层:围坊一期文化层。黄灰土,质地较硬,厚 0.3 米。陶片与第四层相近,但泥质陶数量更少。不见篮纹和鸡冠耳,出压印"之"字纹粗陶罐,以及划纹、锥刺纹、指甲纹陶片。

二、围坊一期文化

围坊一期文化所涵的第四层(包括 T10②层)和第五层(包括 T10③层),遗物有变化,故分别进行介绍。

第五层遗物

仅陶器一种。陶质以夹砂陶占绝大多数,砂粒粗细不同。夹细砂陶较多,一般器壁较薄,质地坚硬。夹粗砂陶,质地疏松,砂粒极易脱落,遇水尤甚。颜色均以红褐色为主,黄褐色次之,还有少量棕红色陶。器表以素面为主。纹饰有压印"之"字形弧线纹、指甲纹、锥刺纹、弦纹、划纹等。指甲纹多饰于器物的口部,常与"之"字纹并用。"之"字纹系用略有弧度的片形工具,垂直器口横绕器身压印而成。其特点是两端尖细,中间宽厚。还流行在罐的口部饰一周附加堆纹的作法(表一)。器物均为手制。可辨器形有:大口罐、侈口罐、钵、壶等。

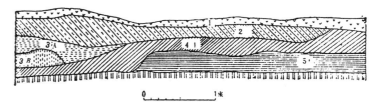

图三　T8 东壁剖面图

①大口罐　1件(T8⑤：1)。残。夹砂褐陶。大口，方唇。腹部有环状钮，口沿下饰两周指甲纹，并贴有小泥条数段。腹部饰竖

"之"字纹三至四周。口径25、残高16.5厘米(图四,10)。

②侈口罐出土数量多,夹细砂黄褐陶。侈

表一　第五层陶器陶质、纹饰统计表(T8⑤,T10③)

纹饰 \ 数量 \ 陶质	夹细砂黄褐陶	夹细砂红褐陶	夹粗砂红褐陶	夹粗砂灰褐陶	泥质红陶	泥质灰陶	合计	百分比
素面	117	122	33	11	3	3	289	83.52
附加堆纹	8	27					35	10.12
之字纹			7				7	2.02
弦纹			5				5	1.44
指甲纹			4				4	1.16
锥刺纹			3				3	0.87
划纹		3					3	0.87
合计	125	152	52	11	3	3	346	
百分比	36.13	43.93	15.03	3.17	0.87	0.87		100

口,圆唇,深腹微鼓。除口沿外边饰一周附加堆纹外,大部素面。有的侈口较甚,有的口部微侈。标本T10③：3,口微侈,口径17.5、残高13.5厘米(图四,11)。附加堆纹的形式多变(图五,5、6、13)。

③钵　二式：

Ⅰ式　出土数量多。夹细砂褐陶,素面。敛口,折肩,腹壁内收。标本T8⑤：6,口径18、残高3厘米。标本T8⑤：7,口径29厘米(图四,1、8)。内蒙乌兰察布盟清水河县台子梁发现的完整器与之相同①。

Ⅱ式　1件(T7：1)。残。夹砂红陶。口微侈,圆唇,折腹。腹上部饰弦纹数周,折棱处饰锥刺纹一周。口径35厘米(图四,9)。

④壶　1件(T10③：7)。残。夹砂灰褐陶。敞口,束颈,鼓腹,素面。残高8.5厘米(图五,9)。

⑤器底　1件(T10③：8)。夹细砂褐陶。平底,底径约12厘米(图四,5)。

⑥器口　器形不明。标本T7：2,夹砂红

陶。敞口,圆唇,口沿下饰压印纹和"之"字纹(图五,10)。标本T10③：6,夹细砂红褐陶。敞口,圆唇,腹壁内收,器表涂有棕红色陶衣。口径约17.5厘米(图四,3)。

第四层遗物

分陶器和石器两类。

陶器

陶质仍以夹砂陶占多数,泥质陶的比例增加,高达19.73%。出现了细泥薄胎陶。在一些泥质陶片上有明显的轮制时留下的同心圆痕迹。器表仍以素面为主,在罐口部饰一周附加堆纹的作法,以及印纹、划纹仍然存在,但不见"之"字纹。新出现了绳纹、鸡冠耳和数量较多的篮纹。还发现了一片绘有红彩的陶片,红彩大部分脱落,图案不清(表二)。可识别的器形中侈口罐和敛口钵与第五层相同。小口罐、高领罐、豆、杯形器等为出现的新器形。

①小口罐　1件(T9④：10)。残。夹砂红褐陶。敞口,圆唇,束颈,鼓腹。腹部饰绳纹加

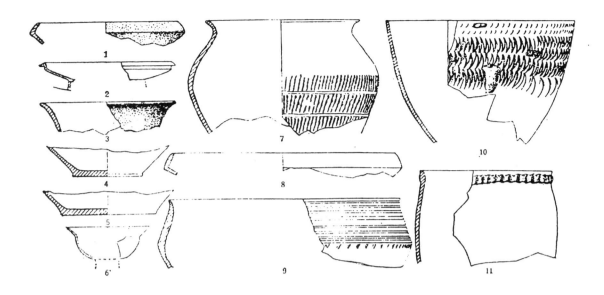

图四 一期陶器（2、6.为1/10,余均1/5）

1、8. I 式钵（T8⑤：6、7） 2、6.豆（T9④：11、14）。 3.器口（T10③：6） 4、5.器底（T9④：6,T10③：8）
7. 小口罐（T9④：10） 9. Ⅱ式钵（T7：1） 10.大口罐（T8⑤：1） 11.侈口罐（T10③：3）

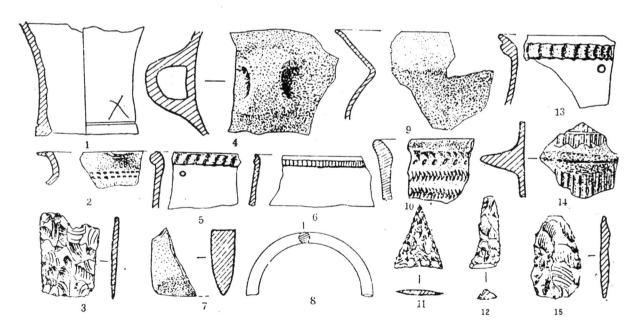

图五 一期器物（1、3、8、11、12、15 为1/2,余均1/4）

1.杯形器（T9④：7） 2.高领罐（T8④：5） 3、12、15.刮削器（T9④：2、T8④：1、T9④：3）
4、14.器耳（T9④：9、8） 5、6、13.侈口罐（T10③：4、1,T8⑤：5） 7.石斧（T10②：1）
8.陶环（T9④：4） 9.壶（T10③：7） 10.器口（T7：2） 11.石镞（T9④：1）

划纹。口径20,残高15厘米（图四,7）。

②高领罐 1件（T8④：5）。残。夹砂红褐陶。敞口,方唇,高领。唇边有小錾,颈部压

印两周长条形凹纹,腹部饰划纹（图五,2）。

③豆 仅见豆盘,均残。标本T9④：11,泥质灰陶。敞口,尖唇,折腹,腹壁较平,似浅

盘矮座豆。素面。口径 32 厘米（图四, 2）。标本 T9④：14, 泥质黑陶。敞口, 曲腹, 豆盘近三分之一处有一条明显折棱, 口径约 21 厘米（图四, 6）。

④杯形器　1 件（T9④：7）。残。细泥灰陶。薄胎, 素面。器壁有清晰的轮制痕迹。筒

状, 口部外敞, 近底部饰弦纹一道, 残高 5 厘米（图五, 1）。

⑤器耳　分鸡冠耳和环状耳两种。鸡冠耳数量较多。标本 T9④：8, 泥质灰陶。器壁饰篮纹加划纹（图五, 14）。环状耳少见。标本 T9④：9, 夹砂红褐陶, 素面（图五, 4）。

表二　第四层陶质、纹饰统计表（T8④, T9④）

数量　　　陶质　　　　纹饰	夹细砂黄褐陶	夹细砂红褐陶	夹细砂灰褐陶	夹粗砂红褐陶	夹粗砂灰褐陶	泥质灰陶	泥质红陶	泥质褐陶	细泥灰褐陶	合计	百分比
素面	84	128	6	136	35	31	19	22	22	483	91.67
附加堆纹	5	10								15	2.84
篮纹			7			6		4		17	3.23
细绳纹				4	5					9	1.71
压印纹				2						2	0.37
划纹				1						1	0.18
合计	89	138	13	143	40	37	19	26	22	527	
百分比	16.9	26.18	2.47	27.13	7.59	7.02	3.61	4.93	4.17		100

⑥器底　数量较多, 器形不明。夹砂红褐陶, 平底, 假圈足。标本 T9④：6, 底径 9 厘米, 底部有划纹（图四, 4）。

⑦陶环　1 件（T9④：4）。残。泥质灰陶, 直径约 8 厘米（图五, 8）。

石器

1. 普通石器：

石斧　1 件（T10②：1）。残。质料为沉积岩, 磨制光滑, 刃部锋利（图五, 7）。

2. 细石器

石镞　1 件（T9④：1）。质料为燧石, 等腰三角形, 平底, 琢制精良（图五, 11）。

刮削器　数量较多, 有长三角形、椭圆形、长方形等, 两面加工, 有明显的使用痕迹（图五, 3、15）。

三、围坊二期文化

遗迹

发现灰坑三个, 房基一座。

灰坑　H1 和 H2 位于 T4, 均为圆筒状, 平底。H1 直径 0.9、深 0.4 米。出折腹盆片。H2 直径 1.4、深 0.9 米, 出鬲片和锥状实足。H3 位于 T9, 近圆形, 口大底小, 出鬲片和锥状实足。三个灰坑均开口在二层下, 口部略有损坏。

房基、F1 位于探方 T5 的北部, 压在第三层下。半穴式, 大部分已毁, 仅残存房基的东半部。东壁长 2.6、南壁残长 1、北壁残长 0.8、穴壁残高 0.2 米。地面为坚硬的灰色土, 厚约 10 厘米, 中间是一片红烧土面, 南北长 1.5、东西宽 1 米。地面下为生土。

遗物

分陶器、石器、骨器和铜器四类。

陶器

陶质以夹砂褐陶为主, 约占百分之七十。夹砂灰陶和夹砂红陶次之, 泥质红陶和泥质黑陶的数量很少。有些器物色泽不均, 或灰褐、或红褐相杂。陶器的火候较高, 质地坚硬。器表

除素面外、主要纹饰有绳纹、附加堆纹、压印纹、菱形纹、锯齿纹、网状纹，以及少量的篮纹。绳纹分粗细两种。压印纹的种类较多，有月牙形、圆窝形等。菱形纹多自成一组，有的在一个大菱形中，又填网状纹。一件器物上往往几种花纹共饰，如绳纹加附加堆纹，绳纹加划纹，或肩部饰压印纹、锯齿纹、腹部饰绳纹等。在瓮、罐、盆的口沿和肩部往往涂红色或黑色陶衣，并打磨光滑（表三）。

陶器以手制为主。瓮、罐等较大型器多为泥条盘筑，仅口沿部分用慢轮修整。鬲、甗模制，先把器物的不同部位分别做好，再捏合成器。有的鬲足内壁有绳纹痕迹，可见残破的鬲足也用来作内模使用。有些鬲饰绳纹后又经打磨，说明在器表饰各种纹饰，不单是为了装饰，也有加固器壁的作用。纺轮、网坠多系捏制。也有少量轮制的小型器物。器形有鬲、甗、罐、盆、瓮、簋、甑、器盖、敛口钵、杯等。

表三　第二期文化陶质、纹饰统计表（T₁③，T₄③）

纹饰＼数量＼陶质	泥质灰陶	泥质褐陶	泥质红陶	泥质黑陶	夹砂灰陶	夹砂红陶	夹砂褐陶	合计	百分比
绳纹	14	13	24	1	225	94	1,143	1,514	55.62
绳纹加划纹	3	1		1	77	3	291	376	13.81
绳纹加附加堆纹			1			2	29	32	1.18
交叉僵直绳纹	2							2	0.07
压印纹	4	2					5	11	0.4
绳纹加圆窝纹					1			1	0.04
篮纹	3							3	0.11
菱形纹	1	5		3				9	0.33
锯齿纹	1							1	0.04
素面和磨光	77	66	14	49	63	114	389	772	28.36
划纹		1						1	0.04
合计	105	88	39	54	366	213	1,875	2,722	
百分比	3.86	3.23	1.43	1.98	13.45	7.82	68.22		100

①鬲　是遗物中出土数量最多的器物之一。复原三件。分四式。

Ⅰ式：一件（T4H2：2）。夹砂灰褐陶。敞口，鼓腹，深裆，尖足。裆以上素面，足饰细绳纹。口径 13、高 16.2 厘米（图六，4；图版壹，4）。

Ⅱ式：夹砂褐陶。敞口，束颈，宽沿外撇，腹壁较直，近似弧裆，足根较粗。T2③：1，口径 20、高 25.5 厘米（图六，1；图版壹：2）。T3

③：33，口径 21.6、残高 21.9 厘米。腹壁微鼓，足残（图六；9；图版壹，1）。

Ⅲ式：一件（T3③：13）。夹砂褐陶。口微敞，高领圆唇，鼓腹，弧裆，袋足下接粗矮的实心足。周身饰绳纹后抹平。口径 16、高 23 厘米（图六，11；图版壹，5）。这种形式的鬲在唐山宋学新庄曾发现过②。

Ⅳ式：不见完整器。夹砂陶。T1③：30，口沿残，口外敞，束颈，鼓腹较甚，空足，近足根部分横断面呈三角形,弧裆。器表黑色磨光。残高 13.5 厘米(图六,5)。

此外,还出土了大量鬲足,除与上述四式相同者外,尚有二种形制特殊。一种深裆,空足,下接矮实心足,足尖较平。标本 T4③:10,夹砂灰陶,通体饰绳纹(图七,18)。一种弧裆,袋足下接较高的锥状实足。标本 T3③:21(图七,11)。

②甑 甑腰出土数量很多,不见完整器。夹砂褐陶。甑腰部均附加扁状泥条一周,在泥条上压印绳纹、圆窝纹,或剔成棱形、长条形纹。根据甑腰结构不同,分为二式。

Ⅰ式:量多,器内壁无箅托。标本 T3③:27、T3③:26(图七,2、15)。

Ⅱ式:较少,甑腰内壁捏出一周台状箅托。标本 T4③:18、T8③:5(图七,3、17)。

③甗 仅发现残甗底一件(T3③:22),夹砂灰陶,底上有密集的圆孔(图七,8)。

④罐 分两式。

Ⅰ式:一件(T4③:13)。夹砂褐陶。敞口,束颈,折沿,深腹微鼓,平底。饰绳纹加划纹。口径 14.3、高 18.5 厘米(图六,3;图版壹,6)。

Ⅱ式:不见完整器。T3③:17,磨光黑陶。敞口,束颈,折肩,腹壁内收。口径 18、残高 9.5 厘米(图七,10)。

⑤折腹盆 不见完整器。T1③:16,口部残缺,其它部分大体完好。泥质褐陶。腹壁微曲,近底部锐折,平底。腹部素面磨光,折腹以下饰绳纹。残高 14.2 厘米(图七,19;图版壹,3)。标本 T1③:17,仅见器口部分。敞口卷沿,素面,器表涂褐色陶衣,口沿内壁饰黑色彩带一条。口径约 29 厘米(图七,13)。

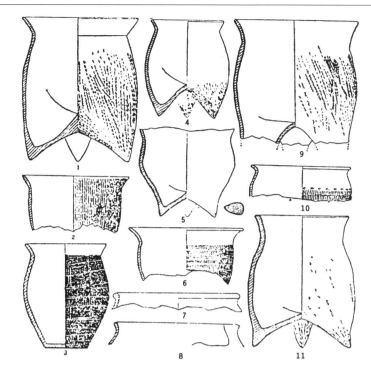

图六 二期陶器(1、3、4、5、9、11 约为 1/7,余均约 1/14)

1、9.Ⅱ式鬲(T2③:9,T3③:33) 22.Ⅲ式深腹罐(T3③:16) 3.Ⅰ式罐(T4③:13) 4.Ⅰ式鬲(T4H2:2) 5.Ⅳ式鬲(T1③:30) 6.盆(T3③:20) 7、8.Ⅱ式瓮(T1③:28,T1③:29) 10.Ⅰ式瓮(T3③:19) 11.Ⅲ式鬲(T3③:13)

⑥盆 不见完整器。T3③:20,泥质褐陶。敞口翻沿,腹壁微鼓,底残。腹壁上部素面,下部饰绳纹加划纹。口径 40、残高 18 厘米(图六,6)。

⑦深腹罐 出土数量较多,均残。分二式。

Ⅰ式:一件(T3③:14)。夹砂红陶。口微侈,叠唇,深腹,腹壁较直,底残。饰细绳纹,口径 28、残高 16.5 厘米(图七,1)。

Ⅱ式:夹砂红陶。敞口翻沿,腹壁微鼓,底残。饰绳纹。T3③:16,口径 29、残高 15 厘米(图六,2)。

⑧瓮 仅见口部残片。体型较大,口径一般 35 厘米左右,最大的口径达 44 厘米。分二式。

Ⅰ式:一件(T3③:19)。泥质褐陶。敞口,束颈,鼓腹,腹上部饰锥刺纹一周,下部饰

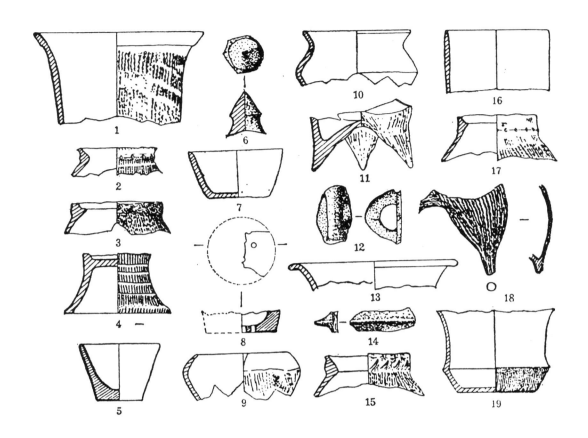

图七　二期陶器(6、8、12、14 为 3/10,4、5、7、16 为 1/5,余均约 1/7)

1. I 式深腹罐(T3③：14)　2、15. I 式 瓿腰(T3③：27、26)　3、17. I 式 瓿腰(T4③：18,T8③：5)　4. 篦(T1③：115)　5、7. I 式杯(T3③：1,T1③：40)　6. 器盖钮(T4③：12)　8. 瓿底(T3③：22)　9. 敛口钵(T1③：19)　10. I 式罐(T3③：17)　11、18. 鬲足(T3③：21,T4③：10)　12、14. 器耳(T3③：23,T2③：3)　13、19. 折腹盆(T1③：17、16)　16. I 式杯(T1③：25)

绳纹加划纹。口径 34 厘米(图六,10)。

Ⅱ式：T1③：28,泥质褐陶。直口厚圆唇,口径 44 厘米(图六,7)。标本 T1③：29,泥质灰陶。直口方唇,口径 43 厘米(图六,8)。

⑨敛口钵　1件(T1③：19)。残。泥质褐陶。敛口,肩部缓折,腹壁斜收,底残。肩部素面,腹部饰绳纹。口径 16 厘米(图七,9)。

⑩陶杯　分二式

I 式：复原二件。敞口,腹壁斜直,平底。标本 T3③：1,体型不甚规整。泥质灰陶,器表有绳纹抹去的痕迹。口径 10.5、高 7.5 厘米(图七,5)。标本 T1③：40,泥质褐陶,素面。口径 12 厘米,高 6.3 厘米(图七,7)。

Ⅱ式：一件(T1③：25)。残。泥质灰陶。

口微侈,腹壁较直,底残。素面。口径 13.2 厘米(图七,16)。

⑪篦　1件(T1③：15)。夹砂褐陶。腹部残,座呈喇叭状。饰绳纹加划纹。底径 13.8 厘米(图七,4)。与北京琉璃河 M1 出土的陶篦相似③。

⑫器耳　环状耳,T3③：23(图七,12)。鸡冠耳,T2③：3(图七,14)。

⑬器盖钮　1件(T4③：12)。夹砂褐陶。尖顶束腰,呈伞盖状(图七,6)。

⑭纺轮　完整器五件。分三式。

I 式：出土数量较多,纵剖面近四棱形。T1③：9,穿部外突。直径 5.1、厚 3.4 厘米(图八,4)。T4③：4,直径 3.8、厚 2.8 厘米

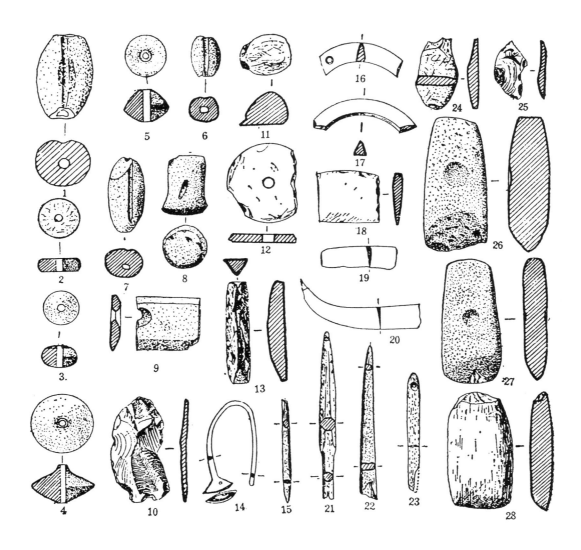

图八　二期器物(10、11、14—17、21、22、25 为 6/10,23 为 1/5,余均 3/10)

1、7.Ⅰ式陶网坠(T1③:8,T3③:6)　2.Ⅱ式陶纺轮(T3③:3)　3.Ⅲ式陶纺轮(T8③:2)　4、5.Ⅰ式陶纺轮(T1③:9,T4③:4)　6.Ⅰ式陶网坠(T3③:4)　8.陶拍(T4③:3)　9.Ⅰ式石刀(T1③:2)　10、25.石刮削器(T6③:1,T3③:9)　11.石器纽(T4③:11)　12.石纺轮(T1③:6)　13.石凿(T4③:8)　14.铜耳环(T1③:7)　15.骨针(T1③:10)　16、17.陶环(T8③:4,T3③:8)　18.Ⅱ式石刀(T3③:32)　19.Ⅰ式铜刀(T4③:2)　20.Ⅰ式铜刀(T4③:1)　21.骨镞(T1③:13)　22.骨锥(T1③:14)　23.骨匕(T1③:12)　24.石矛(T4H2:1)　26、27.石斧(T1③:5,T3③:31)　28.石锛(T4③:6)

(图八,5)。

　　Ⅱ式:完整一件(T3③:3),圆饼状。直径 3.4、厚 1 厘米(图八,2)。

　　Ⅲ式:完整一件(T8③:2)。纵剖面呈椭圆形。直径 2.55、厚 2 厘米(图八,3)。

　　⑮网坠　出土数量较多。夹砂红褐陶,中间穿孔,一侧带凹槽。分二式。

　　Ⅰ式:完整器三件,椭圆形,两端较平。标本 T3③:4,长 3.4 厘米(图八,6)。T3③:5,长 5 厘米。

　　Ⅱ式:完整器四件。长圆形,两端较尖。T3③:6,长 8.4 厘米。T1③:8,长 7 厘米(图八,7.1)。T4③:5,长 7.7 厘米。T3③:7,长 7.8 厘米。

⑯陶拍　1件(T4③：3)。圆柱状，拍面比把略粗。高5.2厘米(图八，8)。

⑰陶环　两件均残，剖面呈三角形。标本T3③：8，泥质灰陶，涂黑色陶衣(图八，17)。标本(T8③：4)，泥质红陶，上有穿孔一个(图八，16)。

石器

分普通石器和细石器两种。

普通石器十四件。大部分磨制，仅一件打磨兼制，不见纯打制石器。质料分页岩、板岩、砂岩等。器类有斧、锛、凿、刀、矛、纺轮、器钮等。

①石斧　5件。长条形，刃端稍宽，横剖面似椭圆形。T1③：5，长11.5厘米，斧身中部一面有凹窝(图八，26)。T3③：31，长10.8厘米，斧身中部两面有对称的凹窝(图八，27)。

②石锛　完整三件，长条形，通体磨光。标本T4③：6，长5.2厘米(图八，28)。

③石凿　1件(T4③：8)。三棱形，器身打制，刃部磨制(图八，13)。

④石刀　2件。分二式。

Ⅰ式：一件(T1③：2)。残。长条形，一面刃，刀身中间近刃处有一穿孔。残长5.4、宽4.9厘米(图八，9)。

Ⅱ式：1件(T3③：32)。仅见中间一段。半月形，两面刃。残长5.4、宽4.5厘米(图八，18)。

⑤石矛　1件(T4H2：1)。锋部圆钝，器身一面较平，一面略微隆起。残长6.1厘米(图八，24)。

⑥石纺轮　1件(T1③：6)。圆饼状，直径6.8厘米(图八，12)。

⑦器钮　1件(T4③：11)。作不甚规则的半球状，直径1.9厘米。原器不详(图八，11)。

细石器　出土数量较多，除少量石片外，大部分为有明显使用痕迹的刮削器。标本T6

③：1，T3③：9(图八，10、25)。

骨器

分锥、匕、镞、针等。

①骨锥　3件。T1③：14，残长6.2厘米(图八，22)。

②骨匕　2件。T1③：12，长15.1厘米，上端有一圆孔(图八，23)。

③骨镞　1件(T1③：13)。锋部扁圆，镞身六棱形，圆铤。长7.3厘米(图八，21)。

④骨针　1件(T1③：10)。残长4.6厘米(图八，15)。

铜器

①铜刀　2件。均残，分二式。

Ⅰ式：一件(T4③：1)。仅存刀身的前段。刀尖上翘，刀身断面呈锐三角形。长10厘米(图八，20)。

Ⅱ式：一件(T4③：2)。弓背式刀，仅存刀身中段，长6.4厘米(图八，19)。

②铜耳环　1件(T1③：7)。一端近似喇叭口状，环身细长(图八，14)。

兽骨　出土数量较多，计有牛、猪、鹿、麂、犬、鱼等。其中牛猪鹿鱼骨较多。

四、围坊三期文化

遗迹

发现灶址一处，尸骨二具。

灶址　位于探方T6的中部，距地表0.18米。仅存一片烧土面。烧土面近圆形，直径约0.8米，周围是经拍打过的硬黄土。烧土面中间有一圆洞，口径0.14、深0.1、底径0.08米。烧土面和洞壁光滑平整，从剖面观察，是用泥抹平后又经火烧。因距地面太近，灶的其它部分已毁。

尸骨　二具(M1、M2)。

M1：于探方T1第二层，距地表0.85米。不见墓圹和葬具。仰身直肢，头向东。缺左腿骨和右小腿骨。

M2：位于探方T3第二层，距地表0.35米。仅发现头骨一。头向东，面向下，骨已腐朽。不见墓圹和葬具。

遗物

分陶器、石器、骨器、铜器四类。

陶器

陶质以夹砂褐陶为主，约占百分之五十。泥质陶的比例明显增加，约占百分之二十五，还有少量的夹砂红陶和泥质褐陶等。器表多饰绳纹，特别流行一种交叉僵直绳纹，其特点是，没有一般绳纹两侧的毛边，或横竖或斜向交叉拍印，故形成密集而均匀的方形或菱形小块，特征十分明显。还有附加堆纹、压印纹以及少量的菱形纹、锯齿纹等。一器往往几种纹饰共饰，如瓮罐多饰绳纹加划纹，鬲甗多饰绳纹、压印纹和附加堆纹。器底多饰交叉僵直绳纹，唇面饰绳纹的作法十分普遍。素面陶色泽暗淡，很少磨光（表四）。

制法以手制为主，较大型器物多用泥条盘筑，器物内壁仍留有明显的接合痕迹。口沿部分留有慢轮修整的痕迹。甗是甑鬲分别制成后，再捏合到一起的。小陶杯（图一〇，10）、纺轮、网坠（图一〇，22）仍为捏制。器形有鬲、甗、罐、盆、瓮、敛口钵、钵、碗、壶、尊、小杯、陶纺轮、网坠等。

①鬲　出土数量较多，复原二件。分三式。

Ⅰ式：复原一件（T8②：5）。夹砂红褐陶。口微敞，方唇，高领，鼓腹，空足，饰绳纹。口径 20、通高 29.6 厘米（图九，3；图版贰，5）。

表四　第三期文化陶质、纹饰统计表(T₁①.②、T₄①.②)

数量　　陶质 纹饰	泥质灰陶	泥质褐陶	泥质红陶	泥质黑陶	夹砂灰陶	夹砂红陶	夹砂褐陶	合计	百分比
绳　　纹	42	24	1		254	52	1075	1,451	42.64
绳纹加划纹	27	7			53	5	51	143	4.2
绳纹加附加堆纹	2				1	3	27	33	0.97
交叉僵直绳纹	216	221			146	31	221	835	24.54
交叉绳纹加划纹	85	35				3		123	3.61
素面和磨光	89	78	19	15	38	95	455	789	23.19
压　印　纹					1		7	8	0.24
绳纹加划纹圆窝纹							3	3	0.09
绳纹加压印纹					13			13	0.38
菱　形　纹							4	4	0.12
划　　纹					1			1	0.03
合　　计	461	365	20	15	507	192	1843	3,403	
百　分　比	13.55	10.73	0.59	0.44	14.9	5.64	54.16		100

Ⅱ式：复原一件（T5①：1）。夹砂灰陶。敞口，高领，深裆，鼓腹，空足下接矮实足。口沿外按压圆窝纹一周，领部饰斜绳纹，腹部饰交叉绳纹。口径 21、通高 31.5 厘米（图九，1；图版贰，4）。

Ⅲ式：不见完整器。T8②：7，夹砂灰陶。

腹部以上残,袋足浑圆,下接较平的实足。饰绳纹,袋足内有绳纹印痕(图一〇,1)。

此外,还出土了数量较多的口沿和鬲足,除与上述三式相同者外·还有一些不同形式。T4②：23与围坊二期文化Ⅲ式鬲相同(图一〇,3)。T8②：6,锥状空足,夹砂红褐陶,体型特大,器壁较薄,饰绳纹。残高31厘米(图一〇,2)。T8②：6、T4②：17,鬲口沿,敞口方唇,沿外饰一周附加堆纹(图一〇,5)。标本T4②：32,鬲口,夹砂灰陶,直口圆唇,饰交叉绳纹(图一〇,4)。

②甗　不见完整器,多为甗足和甗腰残片。T5①：3,仅存腰以上部分。夹砂灰陶。口微侈,宽方唇,深腹束腰,腹壁微曲。唇面和领部饰斜绳纹,腹间饰不规则的交叉绳纹。体型较大,口径37、高40厘米(图九,6;图版贰,3)。T5①：2仅存腰以下部分。深档、空足,夹砂褐陶,饰交叉绳纹。残高33.2厘米(图九,2;图版贰,6)。

甗腰均饰附加堆纹,附加堆纹的花样很多,有的压印绳纹、窝纹,有的压成四棱形纹。T5①：15,T4②：21(图一〇,6、7)。

③罐　分五式。

Ⅰ式：完整一件(77采),夹砂褐陶。直口方唇,腹壁微收,大平底。器壁和器底均饰交叉绳纹。口径15、高13.7厘米(图九,8;图版叁,2)。

Ⅱ式：一件(T5①：6)。泥质褐陶。器口残缺,其它部分完好。深腹,平底。陶胎厚重。腹壁和器底均饰僵直交叉绳纹。残高20厘米(图九,9)。

Ⅲ式：出土数量较多,不见完整器。标本T3②：7,夹砂红褐陶,敞口,翻沿,深腹,底残。饰绳纹(图一〇,8)。

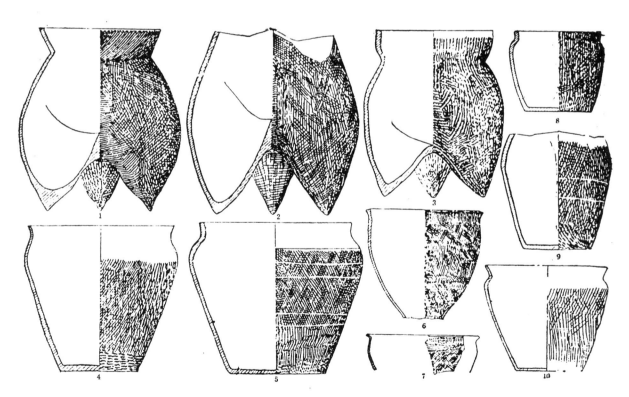

图九　三期陶器(6、7约1/13,余均约1/7)

1.Ⅱ式鬲(T5①：1)　2、6.甗(T5①：2、3)　3.Ⅰ式鬲(T8②：5)　4、5.Ⅰ式瓮(T9②：3,T5①：7)7.Ⅰ式盆(T3②：11)　8.Ⅰ式罐(77采)　9.Ⅱ式罐(T5①：6)　10.Ⅴ式罐(T9②：4)

Ⅳ式:不见完整器。T8②:13,泥质深灰陶。敞口、束颈、折肩、腹壁内收。肩以上素面,腹部饰交叉绳纹。口径 20 厘米(图一〇,9)。

Ⅴ式:复原一件(T9②:4),泥质浅灰陶。口微敞,方唇,矮领,窄肩,腹壁内收,平底。饰交叉绳纹和划纹。口径 20 厘米(图九,10)。

④盆　均残,分二式。

Ⅰ式:T3②:11,夹砂红陶。敞口鼓腹,肩微折,底残。饰交叉僵直绳纹(图九,7)。

Ⅱ式:T8②:16,夹砂红褐陶。敞口方唇,腹上部微鼓,下部内收,底残。饰绳纹和交叉绳纹。口径 40、残高 20 厘米(图一〇,13)。

⑤瓮　数量较多,复原二件。分五式。

Ⅰ式:复原二件。口微敞,束颈,圆肩,腹壁内收,平底。标本 T5①:7,泥质灰陶。腹部饰交叉绳纹加划纹,底部饰交叉绳纹。口径 27、高 25.5 厘米(图九,5;图版叁,4)。T9②:3,腹壁和底饰交叉绳纹。口径 25、高 25 厘米(图九,4)。T8②:12,残。肩部压印一周规整的锯齿纹,腹部饰交叉绳纹,腹以下残(图一〇,16)。

Ⅱ式:不见完整器。T5①:19,泥质浅灰陶。侈口翻沿,圆肩鼓腹,底残。腹部饰交叉僵直绳纹。口径 32 厘米(图一〇,15)。

Ⅲ式:均为残片。T2②:5,泥质灰陶。敞口折沿,鼓腹,腹壁上部有一道不甚明显的折棱,底残。腹部饰交叉僵直绳纹加划纹。口径 17、最大腹径 48 厘米(图一〇,14)。

Ⅳ式:均为残片。标本 T8②:14,小口外敞,圆肩鼓腹,底残。饰交叉绳纹加划纹。口径 17.5 厘米(图一〇,17)。

Ⅴ式:数量较少。标本 T1②:22,泥质磨光黑陶,器壁厚重。敛口,广肩,肩以下残。口径 22 厘米(图一〇,12)。

⑥敛口钵　复原四件。均泥质陶。敛口方唇,肩锐折,腹壁斜收,平底。底部饰交叉僵直绳纹。T8②:4,褐色,素面。口径 14.7、高 13.6 厘米(图一〇,25)。T5①:5,褐色,器底微凹,腹部饰交叉僵直绳纹。口径 15.5、高 12.2 厘米(图一〇,18;图版叁,5)。T4②:3,灰色素面。口径 14.5、高 12 厘米(图版叁,3)。

⑦钵　复原二件,分二式。

Ⅰ式:T4②:1,泥质灰陶。方唇,腹壁微曲,平底。素面。口径 10、高 8.1 厘米(图一〇,20;图版贰,1)。

Ⅱ式:T3②:2,泥质灰陶。口微敞,腹壁斜直,平底。器表有抹掉的绳纹痕迹。口径 10、高 8.1 厘米(图一〇,21;图版贰,2)。

⑧碗　不见完整器。标本 T5①:12,泥质灰陶。大敞口,腹壁内收,底残。素面。口径 24 厘米(图一〇,19)。

⑨壶　复原一件(T6①:1),泥质灰陶。敛口,鼓腹,平底,整体呈枣核形。近口部有对称的圆孔。饰交叉僵直绳纹。口径 8、高 23 厘米(图一〇,24;图版叁,6)。

⑩尊　复原一件(T4②:2),泥质灰陶。敞口,方唇,折肩,腹壁斜收,平底。素面。口径 12、高 12.5 厘米(图一〇,11;图版叁,1)。

⑪纺轮　13 件,均泥质,分四式。

Ⅰ式:与围坊二期文化Ⅰ式相似。标本 T2②:2,直径 3.4、厚 2.7 厘米(图一一,1)。

Ⅱ式:纵部面呈椭圆形。T4②:4,轮缘饰一周指甲纹。直径 3.6、厚 2 厘米(图一一,2)。T3②:4,轮缘和纺轮的一面均饰三角形锥刺纹。直径 3.6、厚 2.4 厘米(图一一,3)。

Ⅲ式:算盘珠状。T4②:6,直径 3.2、厚 2.2 厘米(图一一,4)。T1①:1,轮缘起棱并饰指甲纹。直径 3.4、厚 2 厘米(图一一,5)。T8②:1,轮缘饰锥刺纹三周,直径 3.7、厚 1.9 厘米(图一一,6)。

Ⅳ式:纵部面呈梯形。T4②:5,顶部直径 2.1、底径 3、厚 2 厘米(图一一,7)。

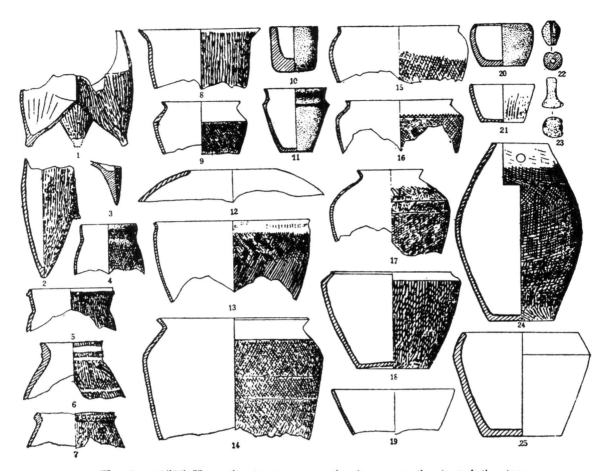

图一〇　三期陶器（10 为 2/5，18、22—25 为 1/5，19—21 为 1/7.5 余为 1/10）

1. Ⅲ式鬲（T8②：7）　2、3.鬲足（T8②：9，T4②：23）　4、5.鬲口沿（T4②：32，T8②：6）　6、7.甗腰（T5①：15，T4②：21）　8.Ⅲ式罐（T3②：7）　9.Ⅳ式罐（T8②：13）　10.杯（T5②：1）　11.尊（T4②：2）　12.V式瓮（T1②：22）　13.Ⅰ式盆（T8②：16）　14.Ⅲ式瓮（T2②：5）　15.Ⅰ式瓮（T5①：19）　16.Ⅰ式瓮（T8②：12）　17.Ⅳ式瓮（T8②：14）　18、25.敛口钵（T5①：5，T8②：4）　19.碗（T5①：12）　20.Ⅰ式钵（T4②：1）　21.Ⅱ式钵（T3②：2）　22.网坠（T1②：8）　23.陶拍（T2②：3）　24.壶（T6①：1）

⑭陶拍　蘑姑状，泥质红陶。T2②：3，高3.9厘米（图一〇，23）。

⑮陶鸟（?）　1件（T4②：7）。夹砂红陶。昂首翘尾，线条粗犷，造型生动（图一一，15）。

石器

分普通石器和细石器两种。石器的质料与围坊二期文化基本相同。

普通石器均为磨制，器类有斧、矛等。

①石斧　6件。分三式。

Ⅰ式：四件。刃部残断，横断面椭圆形，磨制粗糙。T4②：10，残长9.4厘米（图一一，9）。

Ⅱ式：一件（T8②：2）。斧身上窄，刃部略宽，体扁，有明显的使用疤痕。磨制甚精，上部有对钻的穿孔一个。通体长11.5厘米（图一一，16）。

Ⅲ式：一件（T9②：1）。横断面近长方形，两面刃不对称，斧面光滑（图一一，11）。

②石矛　1件（T1②：9）。锋圆钝，铤残。长4.5厘米（图一一，10）。

细石器：分镞、刮削器二种。

①镞　2件。T1②：2，呈等腰三角形，

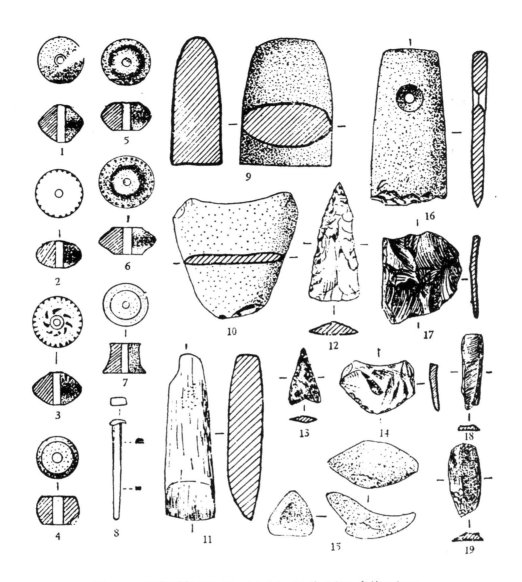

图一一　三期器物（10、12—14，17—19 为 7/10，余均 7/20）

1. I 式陶纹轮(T2②：2)　2、3. Ⅱ式陶纹轮(T4②：4，T3②：4)　4、5、6. Ⅲ式陶纺轮(T4②：6，T1①：1，T8②：1)　7. Ⅳ式陶纺轮(T4②：5)　8. 铜凿(T3②：1)　9. I 式石斧(T4②：10)　10. 石矛(T1②：9)
11. Ⅲ式石斧(T9②：1)　12、13. 石镞(T9②：2，T1②：2)　14、17、18、19 刮削器(T5②：4，T1②：4、6，T3②：6)　15. 陶鸟(T4②：7)　16. Ⅱ式石斧(T8②：2)

尾部内凹（图一一，13）。T9②：2，呈长三角形，平底（一一，12）。

　　②刮削器　数量较多（图一一，14、17—19）。

铜器

　　仅发现一件凿形器(T3②：1)。器身似钉，刃部略残，顶部有敲砸过的痕迹。长 7.6 厘米（图一一，8）。

兽骨

　　有牛、猪、鹿、麂四种。其中牛猪骨数量较多。

五、结　语

　　围坊遗址的发掘，在天津地区第一次发现了一、二、三期文化的叠压关系。其中一期文化的发现，填补了天津新石器时代考古工作的空白。三期文化内涵丰富，对搞清它的文化面貌，提供了重要资料。

（一）围坊一期文化根据出土遗物判断，是一种新石器时代遗存。目前，因发现的资料尚少，文化面貌还不十分清楚。初步观察，它包涵的二层遗存时间早晚不同。第五层（包括T10③层）。陶器以夹砂红褐陶为主，黄褐陶次之。砂粒粗细不同，夹细砂陶，胎薄而坚。夹粗砂陶，质地疏松，色泽不匀。器表多素面，特别流行在器物口沿外饰附加堆纹的作法。主要纹饰有压印"之"字形弧线纹、弦线、划纹、锥刺纹、指甲纹。器形有饰"之"字纹的粗陶罐、口外饰附加堆纹的侈口罐，以及盆钵等。为了缀合陶器的裂痕而钻孔的现象普遍。这些特征在北方红山、富河等原始文化中均可找到[11]，其文化性质应与它们相近，时间也可能大体相当。

第四层（包括T10②层），除保留着第五层的一些因素外，遗物有明显变化。如泥质陶的比例增加，出现了泥质黑陶，细泥薄胎陶和轮制技术。出现了绳纹、鸡冠耳和数量较多的篮纹。出现了陶豆、高领罐、小口罐等新器型。表明它已具备了龙山文化的一些特征。

新石器时代文化遗存的发现，是围坊遗址发掘的重要收获，努力搞清它的文化面貌，是天津地区考古工作的重要课题。

（二）围坊二期文化特征明显，与唐山小官庄[5]，卢龙双望乡[6]，蓟县张家园[7]，大厂大坨头[8]，昌平雪山[9]等遗址性质相同，属夏家店下层文化。这种分布在燕山南北广大地区的古文化遗存，目前，已有较多的资料证明。以燕山为界，可初步分为燕山以南和燕山以北二个类型[10]。围坊遗址的发掘使我们进一步看到，燕南类型各遗址的文化面貌也不尽相同。如这里出土的Ⅱ、Ⅲ式陶鬲，或高颈无沿，或高领宽沿，腹壁较直，与唐山宋学新庄出土的形制相同[11]。张家园遗址和大坨头遗址则不见。而它们出土的陶鬲，多窄沿无颈，鼓腹明显，与中原商中期的形制更为接近。结

合其它遗址的材料，可以看的更清楚些。如"唐山小官庄和北京琉璃河的墓葬形制和随葬品组合不同，前者是石棺墓，陶器组合是鬲、盆、罐，后者是竖穴土坑墓，陶器组合是鬲、簋、罐"[12]。这些差别是受发掘面积的局限所致，还是时代早晚的不同，还是反映了更复杂的地区差别，这里提出了一个值得注意的问题。

围坊二期文化的年代。首先围坊遗址的地层关系证明，它比龙山文化要晚。再有它出土的陶器，龙山文化因素已不明显，而陶片的特点与丰下遗址晚期地层相同[13]。同时，这里也不见大坨头遗址矮胖型陶鬲，饰三角划纹的陶瓮等时代较晚的因素。而它出土的陶鬲，腰间多加一条附加堆纹，特点与冀南早商文化相同[14]。陶鬲、甗、盆、罐等也多与二里头文化晚期和二里冈商文化器物相似。这里出土的铜耳环，与平谷刘家河铜器墓出土的金耳环形制相近，该墓的年代相当于二里冈上层至殷墟第一期[15]。器物特征与围坊遗址相似的大甸子M759号墓朽木碳—14测定的年代距今为3420±85年[16]。也与二里头晚期和二里冈商文化测定的年代相近[17]。这些表明，围坊二期文化的年代大体与中原商中期或商前期相当。目前，一般认为夏家店下层文化的时间跨夏商两代[18]，或与商相当[19]。围坊二期文化似乎没有经过该文化发展的全过程，属它的中期偏晚阶段。

围坊遗址发现了铜刀、耳环等小件青铜器，说明当时已进入青铜时代。这个遗址面积小、破坏严重，其性质为一般村落，而绝非城邑。这里尚能出土数量较多的小件青铜器，说明围坊二期文化时期青铜器的使用已较普及，而这种情况在夏家店下层文化中已有多例，有些遗址还发现了较进步的铸范[20]。在中原地区青铜器的普遍使用，是进入奴隶制社会以后，估计这里的社会进程与中原地区相距也不会十分遥远。我们认为夏家店下层文

化中期偏晚些以后,已经具备了进入阶级社会的物质基础。

商代先公先王在夏家店下层文化分布地区活动的历史传说,以及文化面貌反映出来的密切关系,已引起人们的关注。夏家店下层文化与中原夏商文化的关系,已是学者们注意探求的课题,而这一地区夏家店下层文化的深入研究,对解决这一问题是有重要意义的。

(三)围坊三期文化的发现,是近年来天津地区考古工作的新收获。三期文化的零星遗物在京津地区早有发现。1965年张家园遗址的发掘,又发现了这种文化的灰坑、房基以及数量较多的遗物,并注意到了它与夏家店下层文化的区别,故把它定为夏家店下层文化较晚的一期[20]。围坊遗址的发掘,及其十分丰富的遗存,使其文化面貌更为清楚。与夏家店下层文化比较差别很大,所以我们认为夏家店下层文化的概念,已无法对它进行概括,可能是一种新的文化类型。目前,这种遗存已发现多处,计有蓟县的许家台、西山北头、看花楼,宝坻县的牛道口、歇马台等[22]。它的特点是:房子多为半穴式,分长方形和圆形两种。磨制石器和数量较多的细石器共存。这些与夏家店下层文化区别不大。变化最明显的是陶器:1.泥质陶的比例增加,约占百分之二十五左右。以灰陶为主,素面陶色泽暗淡,很少磨光。2.流行一种僵直交叉绳纹,还出现了三角划纹和特粗绳纹。3.出现了直口罐、壶、尊、敛口钵等新器型。而陶鬲变的体形硕大,高领、空足、深档,与夏家店下层文化迥然不同。4.在陶器的制作上出现了一些新作法,如器底普遍印有纹饰,甚至素面陶也不例外。直口器流行。这些特点使围坊三期文化,明显地区别于夏家店下层文化。但二者之间仍可找到一些内在联系和承袭关系。如它们的炊器均以鬲、甗居多。陶甗还保留着较浓的夏家店下层文化的特征。陶纺轮、网坠和其它生产工具形制相近等。与周围的文化比较,这里出现的一些新因素,如僵直绳纹、三角划纹等在殷晚期比较常见,簋、敛口钵在殷晚期也可找到相似的器形[23]。张家园遗址出土的折沿浅腹鬲,在河北地区西周早期比较流行。可见围坊三期文化与中原殷周文化关系密切。它与夏家店上层文化差别较大,唯口沿带花边的陶鬲,与辽西地区处于商周之际的魏营子遗址出土的陶鬲接近[24]。

围坊三期文化的年代,在围坊遗址它叠压在围坊二期文化之上,又被战国坑打破,地层关系证明,它的上限应晚于围坊二期文化,其下限应早于战国。但根据陶器的特征判断,它与围坊二期文化衔接不起来,中间有缺环。它与流行在这一地区的战国文化也衔接不起来,中间有缺环。故其年代大体应从商周之际到东周初。

围坊三期文化也发现了小件青铜器,其它生产工具和二期文化比,也变化不大,表明二者生产力水平接近。值得注意的是三期文化在灰层中发现了随意抛弃的尸骨,这种现象在二期文化中尚未发现,很可能当时的社会进程又向前发展了。

据文献记载,周初,武王封召公于北燕,这里成为燕国的领地,一直到战国以前,燕国是一个默默无闻的弱国。在此期间,这一地区除孤竹继续存在外,以后又出现了无终、令支,山戎和东胡也经常在这里出没。而这段时间,分布在这里的古文化遗存,目前除北京附近发现了较多的西周遗址和墓葬外,稍远一些地方,虽有少量西周文化遗存发现,但主要遗存还是继夏家店下层文化之后发展起来的围坊三期文化。它们的共同特征之一,就是与中原文化有密切联系,又有浓厚的地方色彩。近年在唐山迁神庙,北京延庆西拨子村又发现了夏家店上层文化的石铸范和青铜器,有些器物的年代可早到西周末[25]。可见到这个时候,夏家店上层文化的人们,也越过燕山来到这里。所以考古资料证明，周初，以西周文化为标帜的燕国新贵——周人的势力，在这里虽有较大的发展，但并没有根本改变这里的文化面貌，这种情况一直延续到战国时期燕文化崛起以前。这与文献记载的历史情况是吻合的。所以围坊三期文化的发现，为研究这一地区战国以前的一段历史，提供了重要线索和实物资料。

执笔者　李经汉　梁宝玲　摄影　张一苓

注　释

① 《清水河县台子梁的仰韶文化遗址》,《文物》1961年9期图6。

② 安志敏:《唐山石棺墓及相关的遗物》,《考古学报》第七册。

③ 北京文管处等:《北京琉璃河夏家店下层文化墓葬》,《考古》1976年1期。

④ 朱凤瀚:《吉林奈曼旗大沁他拉新石器时代遗址调查》,《考古》1979年3期。考古所内蒙队:《内蒙古巴林左旗富河沟门遗址发掘简报》,《考古》1964年1期。

⑤ 同②。

⑥ 李捷民等:《河北卢龙县双望乡发现细石器与陶器》,《考古通讯》1958年6期。

⑦ 天津文管处:《天津蓟县张家园遗址试掘简报》,《文物资料丛刊》1。

⑧ 天津文化局考古队:《河北大厂回族自治县大坨头遗址试掘简报》,《考古》1966年1期。

⑨ 《文物考古工作三十年》,2页。

⑩ 天津文管处:《试论夏家店下层文化的分期和类型》,(未刊稿)。

⑪ 同②。

⑫ 同③。

⑬ 辽宁省文物干部训练班:《辽宁北票县丰下遗址1972年春发掘简报》,《考古》1976年3期。

⑭ 河北文管处:《磁县下七垣遗址发掘报告》,《考古学报》1979年2期。

⑮ 北京市文管处:《北京市平谷县发现商代墓葬》,《文物》1977年11期。

⑯ 中国社会科学院考古研究所实验室:《放射性碳索测定年代报告》(六),《考古》1979年1期。

⑰ 夏鼐:《碳——14测定年代和中国史前考古学》(一览表),《考古》1977年4期。

⑱ 同⑬。

⑲ 北京大学历史系考古教研室商周组:《商周考古》128页。

⑳ 《文物考古工作三十年》88页。

㉑ 同⑦。

㉒ 天津市文管处考古队调查材料。

㉓ 李济:《殷商陶器初论》,《安阳发掘报告》第一期。

㉔ 辽宁省博物馆文物工作队:《辽宁朝阳魏营子西周墓和古遗址》,《考古》1977年5期。

㉕ 同②;北京文管处:《北京市延庆县西拨子村窖藏铜器》,《考古》1979年3期。

（原载《考古》1983年10期）

天津宝坻县牛道口遗址调查发掘简报

天津市历史博物馆考古队　宝坻县文化馆

1979年秋,宝坻县牛道口农民在烧砖取土时,发现一批石器和玉器。天津历史博物馆考古队随即派员会同县文化馆的同志一起前往调查。

遗址距牛道口村西北一百多米,是高于四周平地一米多的一个土丘,俗名"高家坟",总面积约五千平米。鲍邱河在遗址西南面二百多米处由西北向东南流过。由于历年挖土烧砖,遗址遭到严重破坏。鉴于遗址已难保存,于1980年作了抢救性发掘。发掘面积约二千平方米,共发现灰坑9个、墓葬27座。前后参加工作的成员有:韩嘉谷、马大东、梁宝玲、李寿祥(宝坻县文化馆)四人。现将发掘资料和遗址出土的石、玉器简报如下。

一、地层堆积情况

遗址堆积较贫乏,现以探方2南、北两壁(图一)为例,说明如下。

第1层:耕土层。厚10—30厘米,色浅黄,质软,内含现代砖瓦。

第2层:淤沙层。厚5—20厘米,色黄白,质松软,纯净。

第3层:厚15—20厘米,色灰黑,质较硬,包含有元、明时期的瓷片。

第4层:厚30厘米左右,色黄灰,质较软,包含有战国时期燕文化特有的夹云母屑红陶釜(俗称鱼骨盆)残片。

灰坑(H10):厚50厘米,色灰褐,质硬,内含有与张家园遗址第三层相同的鬲、罐等残片。

第5层:只见于探方西南部。厚10—25厘米,土色深灰,质较硬,包含有少量与张家园遗址第四层相同的鬲、甗等残片。

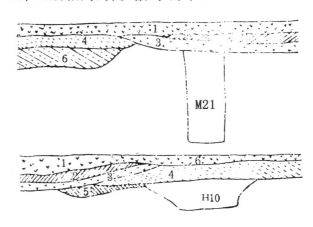

图一　T2剖面图

上·北壁　下·南壁

1.耕土层　2.淤沙层　3.灰黑色土　4.黄灰色土
5.深灰色土　6.黑灰色土

第6层:厚30厘米,黑灰色土,质坚硬,包含有夹砂细绳纹罐、器盖和篮纹、方格纹陶片等。

第6层以下为生土。

早于战国时期的三种堆积,即6、5层及灰坑,本文称之为第一、二、三文化层遗存,下面

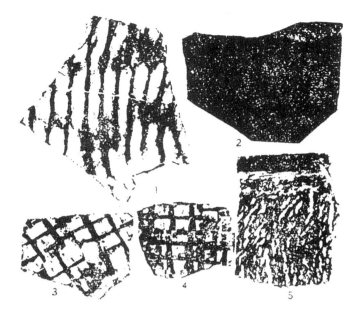

图二　第一文化层陶器纹饰（1/2）

1. 篮纹（T2⑥：16）　2. 弦纹（T2⑥：15）

3、4. 方格纹（T2⑥：17、18）　5. 绳纹（T2⑥：13）

分别介绍如下。

二、第一文化层遗存

仅见于探方 2，未发现文化遗迹。遗物主要有陶器和细石器两种。

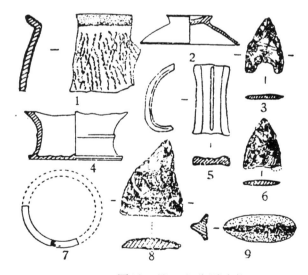

图三　第一文化层遗物

1. 陶罐（T2⑥：13）　2. 器盖（T2⑥：7）　3、6. Ⅱ式石镞（T2⑥：3、2）　4. 陶杯（T2⑥：1）　5、9. 器耳（T2⑥：12、11）　8. Ⅰ式石镞（T2⑥：6）　7. 陶环（T2⑥：8）（2 为 3/20，3、6、8 为 3/5，余为 3/10）

陶器以泥质灰陶和泥质黑陶为主，夹砂褐陶次之，泥质薄胎陶极少。器表以素面为主，绳纹约占 11%，方格纹和篮纹约占 10%。绳纹较细，捻度较松。篮纹有粗、细之别，较细的篮纹多较规整。泥质薄胎陶一般厚仅 2 毫米，陶质细腻，器表打磨光滑，有的饰弦纹（图二）。陶器以轮制为主，兼用手制。在一些泥质陶和细砂陶的器底或内壁，可看到明显的轮制痕迹。器类有器盖、罐、杯等。

器盖　复原一件（T2⑥：7），泥质灰陶，敞口浅腹直壁，呈复碗式。口径 16.2、高 4.9、底径 7.2 厘米（图三，2）。

杯　T2⑥：1，泥质黑皮褐陶，筒状，平底。近底部饰凸弦纹两道，器底有轮制切割痕。底径 7.6、残高 4 厘米（图三，4）。

罐　出土数量最多。皆平底，有的底部微内凹，有的作假圈足状。有夹砂和泥质二种，夹砂罐多尖圆唇，口微侈，饰细绳纹。泥质黑陶罐常饰鸡冠耳或桥形耳，器壁拍印篮纹或方格纹（图三，1、5、9）。

陶环　出土较多，均残断。T2⑥：8，泥质红陶，断面扁椭圆形，残长 3.5 厘米，圆直径约 6.4 厘米（图三，7）。

石器仅见细石器，包括石镞和石片，皆燧石制成。

石镞　两面琢制，平面呈三角形。分两式。

Ⅰ式：3 件。平底三角形，有大小之别。标本 T2⑥：6，较大，长 3.2 厘米（图三，8）。

Ⅱ式：凹底三角形。T2⑥：2，

底部微内凹,长 2.1 厘米。T2⑥：3,底部内凹较甚(图三,3、6)。

三、第二文化层遗存

（一）遗迹

发现灰坑四座,皆平底。除 H5 为圆形竖穴外,余均作椭圆形。坑口直径 1—1.40 米不等,因水土流失,一般残深仅有 0.30 米,遗物也只有少量的鬲、甗等陶器残片。

（二）遗物

主要是陶器,石器较少。

陶器 陶质以夹砂褐陶为主,夹砂灰陶和泥质陶次之。夹砂陶多饰绳纹或绳纹加划纹,泥质陶多素面。制法以手制为主,较大的器形用泥条盘筑,小型器物多捏制而成。口沿部分有的用慢轮修整后,又经打磨加工。锥状鬲足一般是里外两层,外层模制较为规整。里层捏制,不甚规则。器形有鬲、甗、瓮等。

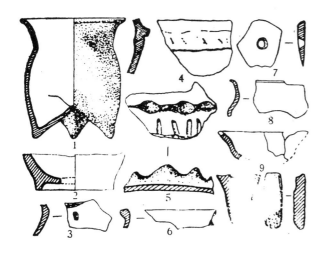

图四 第二文化层遗物
1.鬲(T2⑤：1) 2.罐底(T2⑤：4) 3.I式甗腰(T1⑤：8) 4.I式甗腰(T1⑤：2) 5.器耳(T1⑤：1) 6.瓮(T1⑤：5) 7.石片(T1⑤：9) 8.罐(T1⑤：3) 9.豆盘(T2⑤：3) 10.鬲足(T1⑤：6) 11.小石斧(T2⑤：2)(1 为 1/8,7 为 1/2,余为 1/4)

鬲 复原一件(T2⑤：1),夹砂褐陶。陶质较粗糙。圆唇,敞口,宽沿外撇,束颈,腹壁微鼓,弧裆,袋足下接矮实足根。口径 20.2、通高 23.8 厘米(图版壹,6;图四,1)。另有一

些锥状实心鬲足,多夹砂褐陶,素面(图四,10)。

甗 多为夹砂褐陶片。甗腰有二种。一种(T1⑤：2),甗腰内壁捏出一周箅托,外壁附加泥条后又抹平(图四,4)。另一种(T1⑤：8),无箅托,外壁附加的泥条上,压印圆窝一周(图四,3),以后者居多。

瓮 无复原器。T1⑤：5,为口沿残片,方圆唇,口微侈。夹砂灰褐陶(图四,6)。

罐 无复原器,多细砂红褐陶,火候较低。多圆唇,侈口。有的饰鸡冠形器耳(图四,5)。底径一般 8—10 厘米(图四,2、8)。

豆 泥质灰陶。敞口,浅腹微折。T2⑤：3,为豆盘残片(图四,9)。

石斧 1件(T2⑤：2)。长条形,器身较厚,两面刃,通长 5.1 厘米(图四,11)。

石片 1件(T1⑤：9)。形状不规则,上有一穿孔,薄刃。长 23 厘米(图四,7)。

四、第三文化层遗存

（一）遗迹

灰坑 有圆形和椭圆形两种。

圆形灰坑 6 座。坑口直径 1.40—2 米不等,底径略小于口径。坑壁较直,深 0.30—0.75 米不等,平底。其中 H12 的坑壁与底皆经焙烧。

椭圆形灰坑 3 座。坑口最大直径长 3.80、宽 2.40 米。最小直径长 2.25、宽 2 米。坑壁略向内收,深 0.70—1 米不等。皆平底。十一号灰坑较规整,其东壁有一呈月牙形的台子,台面宽 60 厘米。坑底有对称的柱洞两个。其中一号柱洞深 8 厘米,二号柱洞深 5 厘米。近似简易房址。

在 H10 内发现人头骨一颗,这种现象在蓟县围坊三期文化[1]中亦曾见到。

（二）遗物

有陶器和石器两种。

陶器 陶质以夹砂褐陶为主,夹砂灰陶和泥质灰褐陶的比例较第二类遗存明显增

加。纹饰以粗而僵直的交叉绳纹为主，这种纹饰不但饰于器身，而且还流行在器底和鬲足根部。有的器物上两种或两种以上纹饰并饰，如瓮、罐的器身饰交叉绳纹和划纹，肩部饰一周锯齿状花纹。陶器的制法仍以手制为主，兼用模制和慢轮修整的方法。可辨器形有鬲、罐、盆、钵等。

鬲　未见完整器。口沿一件（H10：2），夹砂灰陶，陶质坚硬。方沿叠唇，唇面压印绳纹，壁饰交叉绳纹（图五，5）。出土的柱状鬲足较多。H1：1，足根较粗，直径3.2、残高11厘米。H1：2，足根略细，直径2.4、残高11厘米（图五，8）。

敛口钵　多泥质灰陶，亦未见完整器。H1：5，器形较大，敛口，折肩，肩部饰锯齿状花纹，肩以下内收，素面。H1：6，折肩不太明显，余与H1：5相同（图五，3）。

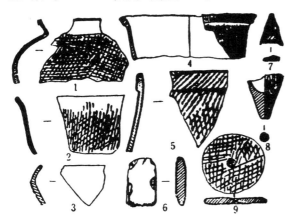

图五　第三文化层遗物

1.小口罐（H1：4）　2、4.盆口沿（H11：1、H1：3）　3.敛口钵（H1：6）　5.鬲口沿（H10：2）　6.石斧（H10：1）　7.石镞（H3：1）　8.鬲足（H1：2）　9.纺轮（H4：1）（1、2、4、8为1/10，7为2/5，余为1/5。未注质料者为陶器）

盆　只见残片。H11：1，细砂灰陶，方唇，敞口，腹较浅，壁微鼓，饰交叉绳纹，口径约32厘米。H1：3，陶胎灰色，未经淘洗，含少量大小不一的砂粒，器壁涂黑灰色陶衣。敞口，方迭唇，腹较深，唇面压印绳纹，壁饰交叉

绳纹和划纹（图五，2、4）。

小口罐　无完整器。H1：4，细砂红褐陶，方唇，敞口，束颈，鼓腹较甚，饰交叉绳纹，口径22厘米（图五，1）。

陶纺轮　2件。扁圆状，皆用夹砂灰陶片制成，一面有绳纹。T2③：1，直径4.9厘米，中有一穿孔。H4：1，直径7厘米，中孔尚未穿透（图五，9）。

石器　较少，有石斧和石镞。

石斧　1件（H10：1）。较小，扁平长方形，通长6厘米（图五，6）。

石镞　1件（H3：1）。等腰三角形，镞身较瘦，底微凹，长2厘米（图五，7）。

五、墓　葬

（一）东周墓葬

以土坑墓为主，瓮棺葬只有一座。

土坑墓　23座。除一座合葬墓外，余皆为单人仰身直肢葬。合葬墓（M17）的墓圹近方形，长2、宽1.95米，两单棺并列于墓穴中。单人墓墓圹长方形，最大的墓长2.84、宽1.70米；最小的墓长2.18、宽1米左右。其中无木棺痕迹的7座，有木棺痕的15座。棺痕长方形，用榫卯构成，一般长1.90、宽0.40~0.60米不等。头向一般以西北或西南为主，方向在213°至354°之间。唯有11号墓的头向为70°。土坑墓中，有随葬品的10座。随葬品组合无一定规律，有单独随葬带钩（M20、22、26）、刀币（M9）（图六）或兵器（M2），也有随葬一盆一罐（M7、11），或随葬珠子（M10、23）。

瓮棺葬　1座（M24）。土圹椭圆形，葬具是用一件夹砂灰陶瓮和一夹砂红陶釜两件器口相对组成。

遗物　按质料可分陶、铜、骨等几种。

陶器　有罐、盆、釜和瓮。

侈口罐　2件。一件（M7：2），泥质灰褐

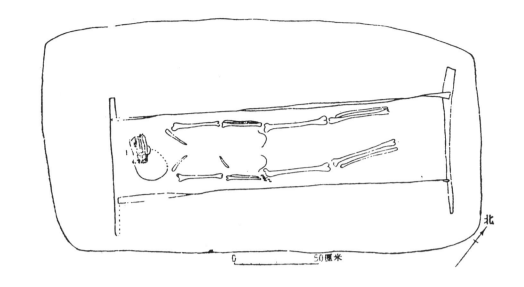

图六　M9平面图　1.刀币
厘米(图版壹,1)。

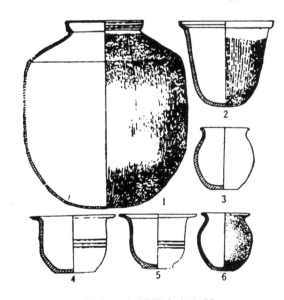

图七　东周墓出土陶器

1.瓮(M24:2)　2.釜(M24:1)　3、6.罐(M11:1、
M7:2)　4、5.盆(M11:2、M7:1)(1、2为1/15,余
为1/10)

陶,卷沿,鼓腹,平底上有绳纹。口径11.4、通
高14.3厘米(图版壹,3;图七,6)。另一件
(M11:1),泥质灰陶,器壁较厚,器形略同。
口径11.4、高通15.5厘米(图七,3)。

　　矮领鼓腹罐　1件(M16:1)。夹砂灰
陶,沿外侈,矮颈,鼓腹,平底微凹,饰绳纹。口
径21、通高29.5、底径17厘米,最大腹径38

　　盆　2件。形制基本相同。一件(M7:
1),泥质灰陶,口沿外折,深腹,有矮圈足,腹
饰凹弦纹三周。口径19.2、通高13.3、底径
7.7厘米(图版壹,2;图七,5)。另一件(M11
:2),泥质灰褐陶,无圈足。口径20.5、通高
14、底径10厘米(图七,4)。

　　瓮　1件(M24:2)。夹砂灰陶,小口,矮
领,折肩,深腹,圜底。口沿外有四周弦纹,通
体饰细绳纹加划纹。口径28.5、腹径60、通高
69厘米(图七,1)。

　　釜　1件(M24:1)。夹砂红陶,内含云
母屑。敞口,深腹,圜底,口沿缘内折成钩状,
饰绳纹。口径34.6、通高32厘米(图七,2)。

　　铜器　有剑、戈、带钩、刀币。

　　剑　1件(M2:1)。保存较好。通长41.
5厘米。剑茎圆形中空,茎端平折成首,剑格
一字形,剑身横断面呈菱形。茎外有缑的痕迹
(图版壹,8;图八,1)。

　　戈　1件(M2:2)。援微上翘,锋尖略
残,通长21厘米,胡上和阑顶端共有三穿,内
长方形一穿。戈柄有镈(M2:3),管状,横断
面近椭圆形,直径2.5—2.8厘米,通长9.6

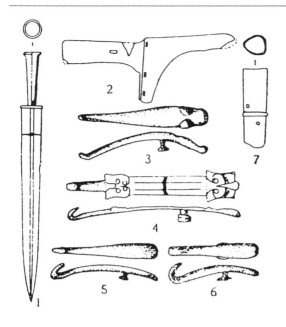

图八　东周墓出土铜器

1. 剑（M2：1）　2. 戈（M2：2）　3. Ⅲ式带钩（M22：1）　4. Ⅰ式带钩（M10：1）5、6. Ⅱ式带钩（M20：1、M26：1）　7. 镦（M2：3）（1 为 3/20，3、4、6 为 1/5，余为 3/20）

厘米，中间有凸棱一周和三个穿。镦内残留朽木一段（图八，2、7）。

带钩　5 件。可分Ⅲ式。

Ⅰ式：1 件（M10：1）。钩身较宽大，扁薄。器身中部有两道凸起的纵线，两头作兽面。钩在一兽头鼻的中间伸出，背部一圆钮，

通长 13.8 厘米（图八，4）。出土于死者胸部。

Ⅱ式：4 件。钩身作螳螂形。M22：1，钩身有兽面纹，通长 10.8 厘米。M20：1，素面，通长 12.9 厘米（图八，3、5、6）。

刀币　25 枚。形制相同。首端内凹成弧线，锋部尖锐，刀柄有两道凸起的纵线止于刀身处。其中三枚素面无文；一枚面文"丫"，背文"六"；余皆铸面文一字，有六、八、丙、丫、己、乙、上、口、仌、臾等十几种（图九）刀币通长 14.6—15.4 厘米，刀首宽约 2 厘米。

还有其它质料的随葬品。

铁刀（？）　1 件（M2：6）。半圆形，单面直刃，锈蚀严重，与近代手镰相似。

水晶珠　1 颗（M2：4）。圆形，珠径 1.6 厘米，孔径 0.2 厘米。

水晶　1 块（M2：5）。呈不规则三角形。

骨珠串　由二百八十余颗骨管穿成，每颗长 0.5—1.5 厘米不等。

陶珠　1 颗（M23：1）。算盘珠状，直径 1.5 厘米，灰色。

料珠　1 颗（M23：2）。透明，表面氧化成黄褐色，直径 1.4 厘米。

（二）汉代墓葬

有土坑竖穴墓和土圹砖室墓两种。

土坑竖穴墓　1 座（M14）。为合葬墓。长

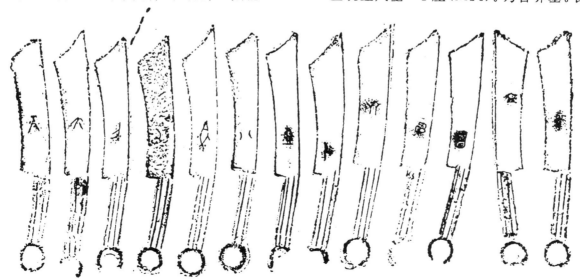

图九　M9 出土刀币拓本（2/5）

2.20、宽 1.70 米。无葬具。其中一具骨架的头骨位置移动,似属迁葬。两头骨间随葬陶罐一件(图一○)。

砖室墓 2座(M12、M15)。皆长方形竖穴,砖砌单室。砖长 0.32、宽 0.14 米,一面饰绳纹。砖室错缝平铺,墓底亦铺砖.随葬有铜钱和陶罐。陶罐皆鼓腹平底,有矮领和直口两种。

矮领罐 2件。M15∶4,矮领外有凸弦纹一周,器身饰席纹和篮纹。口径 16.6、通高 24.7、底径 12.4 厘米。M12∶1,腹壁饰划纹和水波纹,底饰篮纹(图一一,1、4)。

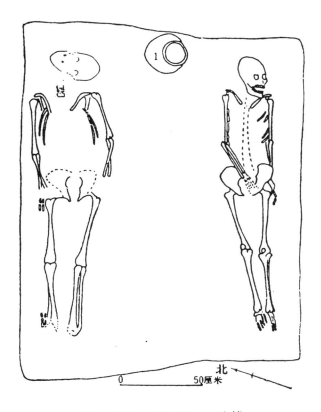

图一○ M14平面图 1.陶罐

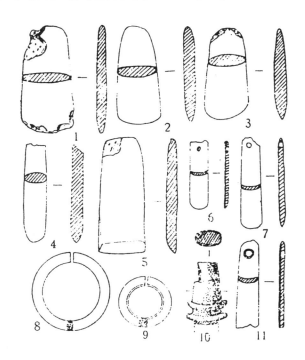

图一二 采集玉、石器
1—3.石斧(8、13、9) 4.长条形石器(10) 5.石锛
(11)6、7、11.玉匕(7、15、6) 8、9.玉玦(14、16)
10.残石器(12)(1—4、10 为 3/25,余为 3/10)

直口罐 4件。器形大体相同,腹部略有高矮之别,多素面。M14∶1,近底部饰篮纹,口径 15、通高 22.6、底径 14 厘米(图一一,3)。M15∶2、1(图一一,2、5)。

铜钱 10 枚。皆为"大泉五十",直径 2.8 厘米。

六、采集遗物

采集遗物共 16 件,有石斧、石锛、玉匕和玉玦等。

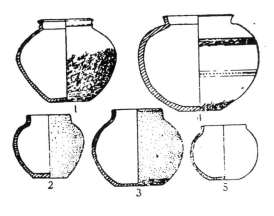

图一一 汉墓陶器
1、4.矮领罐(M15∶4、M12∶1) 2、3、5.直口罐(M15∶2、M14∶1、M15∶1)(1、4 为 1/12,余为 1/8)

石斧 3件（80牛采8、13、9）。均为硅化白云岩制成。其中完好一件，刃部或器身略有损坏的两件。通长16.9—20.4厘米不等。斧身近长方形，顶窄，刃宽，两面略鼓，两侧磨平各显出一对侧棱。顶部不甚规则且略薄，斜弧状刃甚为锋利。通体磨制光滑（图一二，1—3）。

石锛 1件（80牛采11）。长方形，通长9.4、宽3.6厘米，单面刃，磨制，器身非常光滑（图一二，5）。

长条形残石器 1件（80牛采10）。硅质岩制成，器身长条形，横断面椭圆形，上部残，弧状两面刃，残长18.6厘米（图一二，4）。

残石器 1件（80牛采12）。火成岩制成，只存柄部。磨制甚为光滑。柄上有剑格状的凸起两周，上部残缺。长12.3厘米（图一二，10）。

玉玦 6件。按大小可分三对。一件（80牛采14）为青玉制成，半透明状，已残，断面作椭圆形。圆直径6.6厘米（图版壹，7）。另五件用带灰斑的白玉制成，有光泽。断面外缘厚，内缘薄。80牛采16，完整，直长4.2—4.4厘米（图版壹，5；一二，8、9）。

玉匕 4件。长条状，一面有浅槽。一端穿孔，另一端有弧形刃。80牛采15，用带灰斑的白玉制成，残长7.1厘米（图版壹，4；图一二，6、7、11）。

七、结 语

（一）牛道口遗址出土的石、玉器，在天津地区尚属首次发现。这批遗物器形规整，精致，特征明显。

关于牛道口出土的这批石、玉器的时代。近年来，天津陆续出土了一批数量可观的石斧[①]，但未见与采集石斧相同或相近之物。而在内蒙古伊盟达拉特旗瓦窑村新石器时代遗址[②]、河北孟各庄遗址[③]、赤峰西水泉红山文化遗址[④]、敖汉旗赵宝沟一号遗址[⑤]、辽宁义县[⑥]等地，均有与牛道口石斧特点一致的遗

存发现。特别是内蒙古敖汉旗小山遗址[⑦]出土的石斧，其特点与牛道口出土的石斧颇为一致。小山遗址第二号房址出土的一件石斧（$F_2$②：11），与牛道口出土的石斧是非常相同的。小山遗址F_2碳十四测定数据为公元前4110±85（树轮校正后为4715年），牛道口石斧的年代也应相当。

据调查，牛道口这批石、玉器是一起集中出土的。这些石、玉器形状规整，琢磨风格一致，因而认为应与石斧是同一时期的遗存。

值得注意的是，牛道口遗址现存最早的地层（第6层），是龙山文化的堆积，没有发现相当于敖汉旗小山遗存的早期地层。但是，考虑到该遗址文化层已被破坏殆尽的情况，不能排除该遗址原有早期文化层或遗迹，已被毁掉的可能性。

还应指出的是，牛道口出土的柄形残石器少见。而且这批石、玉器又缺乏确切的地层资料。因此，这批石、玉器的确切年代，尚有待于今后的考古发掘材料印正。

（二）牛道口第一文化层（第6层）遗存虽较贫乏，但特征明显，属龙山文化范畴。器盖和陶杯在龙山文化中常见。夹砂褐陶的侈口罐、泥质黑陶的饰篮纹或方格纹的双耳罐，以及数量较多的陶环等，都见于邯郸龟台[⑧]和涧沟[⑨]及唐山大城山[⑩]等龙山文化遗址。但在邯郸龟台和涧沟常见有鬲、甗等三足器；石器中虽有细石器，但均以磨制石器占大宗，这些特点与牛道口龙山文化遗存有明显差别。牛道口陶器以泥质陶为主，有少量的细泥薄胎陶，除素面和磨光陶占大宗外，绳纹、篮纹及方格纹亦占一定比例；器类以罐最丰富；石器中细石器处突出地位。这些特点多和唐山大城山龙山文化遗存类似。特别是牛道口龙山遗存中未见三足器，在夹砂陶罐上多见烟熏痕迹，应属炊器。这与大城山虽有甗、鼎，但数量少；多陶罐，且有烟熏痕迹的特点接近。天津与唐山地域相邻，濒临渤海，因此在

文化面貌上表现出较多的一致性。

（三）牛道口遗址第二、三（即第5层和H10等）文化层遗存，亦皆贫乏。其文化特征分别与天津蓟县张家园遗址[⑪]四、三层出土遗物相同，是天津地区常见的遗存。1965年天津蓟县张家园遗址发掘时已注意到两者之间的区别。1977年和1979年蓟县围坊遗址[⑫]的发掘，不但进一步丰富了张家园下层文化（第四层）的内涵，而且还发现了介于张家园上（第三层）、下（第四层）层之间的围坊上层文化堆积。围坊上层文化中出土的口沿带花边的陶鬲，与辽西地区商周之际的魏营子遗址出土的陶鬲接近[⑬]，表明张家园下层文化的年代下限不会晚于商周之际。张家园下层文化的上限，已被围坊遗址和牛道口遗址的地层关系一致证明，比龙山文化要晚。1984年宝坻县歇马台遗址发掘[⑭]，发现了张家园上层文化的遗存中，与具有西周文化早期特点的卷沿鬲共存，表明张家园上层文化的年代已进入西周。

（四）牛道口遗址共清理墓葬二十七座（详见墓葬登记表），除三座汉墓外，多数属东周。随葬品中，二号墓内的铜戈，戈援平直，胡上二穿，属春秋战国之际形制。同出的镦与北京昌平半截塔五号墓的铜柄[⑮]相似。半截塔五号墓的年代，原报告认为"约当春秋晚期"。九号墓内出有尖首刀币，其流通的上限可至春秋时期。与Ⅰ式带钩类似的遗物，在张家口白庙[⑯]、洛阳烧沟[⑰]等地战国墓中也均有发现。陶盆、矮领罐、水晶珠、料珠等，见于唐山贾各庄[⑱]战国墓。用作瓮棺的陶釜，是战国时期燕文化特有的遗物。从随葬品判断，这些墓葬的年代，当属春秋晚期至战国时期。另外十三座无随葬品的墓葬，墓葬形制多与东周墓相同；十七号墓在地层上又有被东周墓打破的关系，因而推测这些无随葬品墓的年代，也应属东周时期。

墓葬中，随葬品十分贫乏，并且不见周代流行的鼎、豆、壶等礼器，和易县燕下都、北京怀柔等地的战国墓有所区别。而与出土的盆、罐形制相近者，曾见于天津北仑[⑲]、唐山贾各庄[⑳]、张家口白庙[㉑]等地。牛道口发现的无随葬品墓较多，唐山贾各庄和张家口白庙也有类似现象。这些相似点，应是生活在这一地区人们的礼俗习惯和经济生活特点的反映。

本文由邱明照相绘图。

执笔者　梁宝玲

注　释

①⑫　天津市文物管理处考古队:《天津蓟县围坊遗址发掘报告》,《考古》1983年10期。

②　汪宇平:《内蒙古伊盟达拉特旗瓦窑村的新石器时代遗址》,《考古》1963年1期。

③　河北省文物管理处、廊坊地区文化局:《河北三河县孟各庄遗址》,《考古》1983年5期。

④　中国社会科学院考古研究所内蒙古考古队:《赤峰西水泉红山文化遗址》,《考古学报》1982年2期。

⑤　中国社会科学院考古研究所内蒙古工作队:《内蒙古敖汉旗赵宝沟一号遗址发掘简报》,《考古》1988年1期。

⑥　见于辽宁省义县文物保管所库存文物。

⑦　杨虎、朱延平:《内蒙古敖汉旗小山遗址》,《考古》1987年6期。

⑧⑨　河北省文化局文物工作队:《河北邯郸涧沟村古遗址发掘简报》,《考古》1961年4期。

⑩　河北省文物管理委员会:《河北省唐山市大城山遗址发掘报告》,《考古学报》1959年3期。

⑪　天津市文物管理处:《天津市蓟县张家园遗址试掘简报》,《文物资料丛刊》1977年1期。

⑬　辽宁省博物馆文物工作队:《辽宁朝阳魏营子西周墓和古遗址》,《考古》1977年第5期。

⑭　见天津市历史博物馆考古队,1984年宝坻县歇马台遗址发掘资料。

⑮　北京市文物工作队:《北京昌平半截塔村东周和两汉墓》,《考古》1963年3期。

⑯㉑张家口市文物事业管理所:《张家口市白庙遗址清理简报》,《文物》1985年10期。

⑰　王仲殊:《洛阳烧沟附近的战国墓葬》,《考古学报》,8册,1954年。

⑱ 安志敏：《河北省唐山市贾各庄发掘报告》，《考古学报》，第六册。

⑲ 天津市文化局考古发掘队：《天津北仓战国遗址清理简报》，《考古》1982 年 2 期。

附表一　牛道口遗址墓葬登记表

墓号	位置与打破关系	墓制（长×宽）	葬具（长×宽）	骨架		随葬品	年代
				数目及保存情况	方向（度）	葬式		
1	位于 M2 西南	土坑竖穴 230×80	单棺 190×60	1、仅存头骨与肢骨	267	仰身直肢		
2	位于 M1 东北	土坑竖穴 284×170	单棺 230×110	1、仅见于齿与部分腿骨	263	?	铜剑 1 铜戈 1 铜镦 1 水晶珠 1 铁刀? 1	东周
3	位于 M4 西面	土坑竖穴 210×86	单棺 180×50	1、仅见肋骨与肢骨	264	?		
4	位于 M3 东面	土坑竖穴 235×30	单棺 185×55	1、骨架腐朽	346	?		
5	位于 M6 西面	土坑竖穴 240×90	单棺 190×50	1、骨架腐朽	246	?		
6	位于 M5 东面	土坑竖穴 230×90	单棺 190×60	1、骨架腐朽	265	?		
7	位于 M6 正东	土坑竖穴 280×120	单棺 200×60	1、仅见牙齿与下肢骨痕迹	213	?	陶盆 1　陶罐 1	东周
8	位于 M3 西北	土坑竖穴 265×136	单棺 180×80	1、骨架腐朽	91	?		
9	位于 T7 打破 M10	土坑竖穴 262×143	单棺 205×50	1、四肢骨较好	228	仰身直肢	刀币 25	东周
10	被 M9 打破	土坑竖穴 218×100	单棺 190×60	1、肋骨与四肢骨较好	354	仰身直肢	骨珠 286　铜带钩 1	东周
11	打破 H1	土坑竖穴 220×100	单棺 190×64	1、仅见牙齿与下肢骨痕迹	70	?	陶盆 1　陶罐 1	东周
12	位于 M14	砖室 295×112	无	1、仅见四肢骨	77	仰身直肢	小口鼓腹罐 1 大泉五十 7	汉
13	位于 H12 西北	土坑竖穴 270×130	单棺 200×66	1、骨架较好	242	仰身直肢		
14	位于 M12 西南	土坑竖穴 220×170	无	2、保存较好	69	仰身直肢	I 式直口罐 1	汉
15	打破 M16 和 M17	砖室 240×100	无	1、保存较好	66	仰身直肢	陶罐 4　大泉五十 3	汉
16	打破 M17 又被 M15 打破	土坑竖穴 170×122	无	1、腐朽较甚	335	?	矮领鼓腹罐 1	东周
17	被 M15 和 M16 打破	土坑竖穴 200×195	两单棺并列 180×65	2、一具骨架较好另一具已腐朽	352	仰身直肢		
18	打破 M19	土坑竖穴 220×70	无	1、骨架腐朽	340	?		

续表

墓号	位置与打破关系	墓制（长×宽）	葬具（长×宽）	骨架 数目及保存情况	方向（度）	葬式	随葬品	年代
19	被M18打破	土坑竖穴 230×110	单棺 185×64	1、四肢骨较好	340	仰身直肢		
20	位于M22南面	土坑竖穴 240×90	无	1、头骨与四肢骨较好	276	仰身直肢	铜带钩1	东周
21	位于M22西面	土坑竖穴 240×130	单棺 190×60	1、四肢骨较好	328	仰身直肢		
22	位于M22西面	土坑竖穴 246×112	单棺 192×66	1、头骨与四肢骨较好	336	仰身直肢	铜带钩1	东周
23	位于H12西部	土坑竖穴 217×73	无	1、仅存头骨和下肢骨	300	仰身直肢	小料珠2	东周
24	位于T7	土圹 140×95	瓮棺	1、骨架腐朽	343	？		东周
25	位于T8	土坑竖穴 175×55	无	1、骨架腐朽	348	？		
26	位于T8	土坑竖穴 130×54	无	1、上肢保存较好	348	仰身直肢	铜带钩1	东周
27	位于T10	土坑竖穴 200×70	无	1、骨架腐朽	254	仰身直肢		

（原载《考古1991年7期》）

天津蓟县张家园遗址试掘简报

天津市文物管理处

张家园遗址是 1957 年河北省文物工作队发现的。我们在 1960 年和 1964 年复查时,进一步证实了这个遗址除有汉代陶片外,还包含夏家店下层文化(一称药王庙文化)的遗物。它是天津地区目前发现的年代最早的遗址之一。为了解其内涵,于 1965 年进行了试掘,开了五个探方,共 76.5 平方米。

张家园位于蓟县邦均镇北约四公里的丘陵地区,村西北半公里即是公社所在地许家台,村东 100 米临沙河,遗址坐落在第三台地上,距河底高约 18 米(一)。遗址因常年雨水侵蚀,大部已被冲掉,剩下的面积东西长 70、南北宽 20—60 米。地面已辟为耕地。在东面和北面的断壁上,可以清楚地看到文化层。

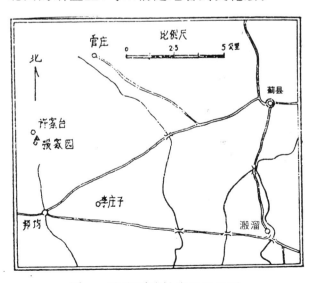

图一　张家园遗址位置示意图

一　地层

遗址的堆积,东部和北部较厚,约 1—2.5 米,西部渐薄。地层由上而下可分四层:第一层为耕土。第二层为汉代层。第三层和第四层为夏家店下层文化层。以 T1 东壁为例(图二):第一层,耕土层,厚 20—30 厘米,灰黄色,质松,包含绳纹陶片、白瓷片等。第二层,汉代层,断续不连,最厚处 60 厘米,黑灰色,质松。包含绳纹陶片、绳纹砖、铁钉等。遗迹遗物都不多,不再详述。第三层和第四层为夏家店下层文化层,厚薄不等,最厚处达 140 厘米。第三层赭灰色,质硬,包含夹砂褐陶、灰陶粗绳纹大鬲足,泥质灰陶直领罐和细石器等。第四层黑灰色,质松、硬不等。包含深档尖足鬲、折腹盆、铜耳环等。

二　遗迹

共发现灰坑五个,建筑遗迹四座。

第四层灰坑三个,编号 H1、H2、H4。其中圆形灰坑两个。口径 1.15—1.6、深 0.8—1.6 米。椭圆形坑一个,最大口径 3.9、深 0.5 米。

建筑遗迹一处,编号 F4。半穴式,由门道和主室两部分组成。门道作斜坡状,两侧有柱洞,主室呈不规则长条形,长 9.5、宽 4 米。室内外共发现柱洞 15 个。西壁生土边保存较好,残高 0.65~0.9 米。坑底较平,铺砂及黄土。出土物石器有斧、凿、锛、刀、镞、刮削器,骨器有锥、针、簪、镖、陶器有鬲、拍、纺轮,还有铜耳环等。

第三层灰坑两个，编号H3、H5。建筑遗迹三座，编号F1、F2、F3。灰坑均作椭圆形，口径2.45—2.50、深0.44—2.15米。H3坑壁内坡，平底；H5直壁，圜底。

F1坑内堆积分三层（图三、四）。第一层全长6米，由门道、主室、侧室、后室组成（图五）。Ⅰ为门道，地面较平，坡度不明显。Ⅱ为主室，略呈方形，南北两壁近直，地面平整、坚硬，上铺搀有石灰岩末及砂粒的黄土，厚约5厘米。Ⅲ为侧室，呈袋状，四壁砌石块，南面有出入口与门道相通。Ⅳ为后室，四壁近直，地面较主室低，中部砌灶坑，坑内外堆满了草木灰。此层建筑除门道外，南北均有残存墙基，厚0.62—0.78、高0.25—0.58米，土质各段不一，有灰土、黄土等，但都较坚硬。墙基之上垒石块，石块之间的空隙处垫陶片或大鬲足，北部石块较密集，堆两、三层，南部较零星。第二层范围与第一层大体相同，全长6.42米，由门道和主室组成（图六）。Ⅰ为门道。Ⅱ为主室。地面平整，除门道外，都有墙基。厚约0.5—1米，北墙基有柱洞六个，南墙基柱洞二个。第三层范围与第一、二层略同，无墙基，为半穴式。由门道、主室、南侧室、北侧室组成，各室之间有生土隔梁分开（图七）。Ⅰ为门道，地面稍有斜坡。Ⅱ为主室，略呈方形，地面平整，中央有圆形烧土。Ⅲ、Ⅳ为南北侧室，地上布满草木灰。各室均系生土地面。以上三层出土物无显著差别，计有铜镞、骨锥、镞、细石器、陶内模、拍、甑、网坠等。

F2、F3为残石室，室壁砌石块，结构不明。

三 遗 物

出土遗物较丰富，除陶片外，能复原的陶器和小件器物共一百零五件。现分层叙述如下：

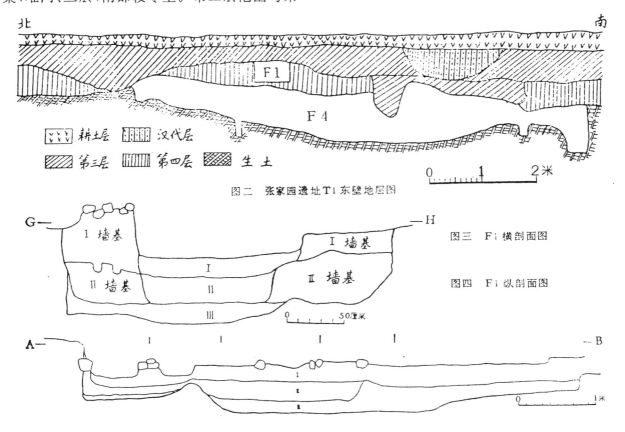

北 南

耕土层 汉代层
第三层 第四层 生土

图二 张家园遗址T1东壁地层图

G— —H 图三 Fi横剖面图
Ⅰ墙基 Ⅰ墙基
Ⅱ墙基 Ⅱ墙基 图四 Fi纵剖面图
Ⅰ
Ⅱ
Ⅲ 0 50厘米

A— —B
Ⅰ
Ⅰ
Ⅰ 0 1米

第四层：

1. 陶器 夹砂红陶约占百分之六十，其次是夹砂灰陶和夹砂褐陶，泥质陶很少。纹饰以绳纹为主，附加堆纹发达，另有绳加划纹、凹指纹、方格纹等。制法多轮制。器形有鬲、甗、盆、罐、瓮、碗、钵等。

鬲 复原二件。一件鼓腹，深裆，尖足，夹砂灰陶，绳纹多抹去（图九：1，图一八：1）。一件直腹，足残（图九：2，图一八：6）。此外，还有两种袋足鬲片，一种折肩，一种口沿外带乳突状饰，与大厂大坨头 H1：6 和 H1：5 式鬲相同[①]。

甗 多见腰部，外饰附加堆纹，并按凹指纹。

罐 常见侈口鼓腹夹砂红陶残片。在 T2 第四层中出夹砂红陶罐一件，形制为外地少见（图九：3，图一八：3）。

瓮 口沿较多，卷唇短颈，泥质褐陶，表面压光（图一一：4）。

盆 复原二件。一件折腹，夹砂褐陶，外施黑色陶衣（图八：1，图一八：2）。一件浅腹，泥质红陶，素面压光（图八：2，图一八：5）。

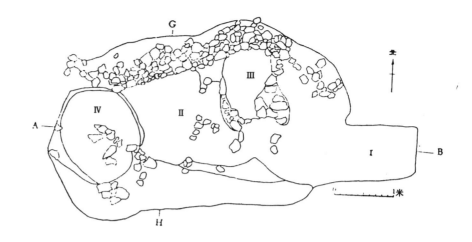

图五 F1 第一层平面图

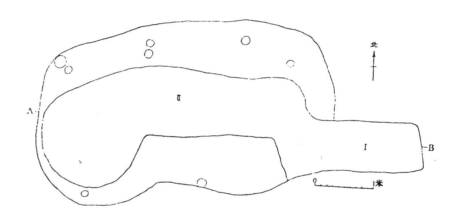

图六 F1 第二层平面图

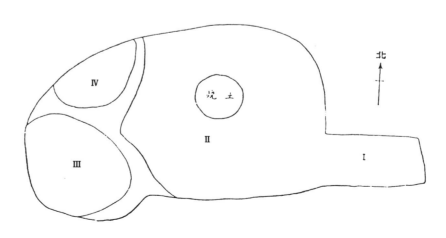

图七 F1 第三层平面图

碗　复原一件。斜腹圈足,夹砂红陶,绳纹多抹去(图九:4,图一八:4)。

钵　敛口,斜腹。一件夹砂褐陶钵片,饰绳纹,抹作三角形。

陶拍　二件。作菌状,拍面光滑,呈圆形。一件把柄作圆柱形(图九:5)。一件把柄穿一小孔(图一二:1,图一九:1)。

纺轮　九件。可分四型。Ⅰ型六件,作椭球体,中间穿孔(图一二:2)。Ⅱ型一件,作圆饼形(图一二:3)。Ⅲ型一件,作扁鼓形,正面及侧面均划斜线(图一二:4)。Ⅳ型一件,作七角形(图一二:5,图一九:2)。

此外,还有红陶环、器耳、器盖等。

2.石器　共十五件。磨制十一件,细石器四件。

斧　五件。三件用片麻岩磨制,长方形,厚刃,有的两侧及刃部留打制和使用痕迹(图一三:5)。完整者长 11.8、宽 4 厘米(图一三:1)。另两件残,用辉绿岩和闪长岩磨制,非常精细。

锛　一件。板岩,磨制,单刃。

凿　一件。片麻岩,磨制,两面刃。

刀　三件。分两种,一为长方形(图一三:6);一为弯月形,两件均残(图一〇:3)。

细石器　四件。石镞二件,作等腰三角形,底部内凹,用燧石和石英石打制(图一六:1、2,图一九:3、4)。刮削器二件,均用燧石打制(图一六:3、4,图一九:7、8)。

另出残石器一件,刃部有使用痕迹,顶部穿孔,板岩,磨制。

3.骨角器　共十二件。

骨锥　六件。五件用骨片

磨制(图一五:1)。另一件将骨管一端磨尖制成(图一九:5)。

骨镖　一件。通体磨光(图一五:3,图一九:6)。

骨针　二件,均残。一件尚存残针鼻(图一五:2)。

骨簪　一件,残。

穿孔兽角　一件。一端磨尖刃,另一端穿孔(图一五:4)。

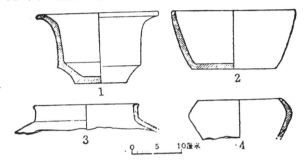

图八　1、陶盆 T2④:3　2、陶盆 T2④:4　3、陶罐口沿 H5　4、陶钵口沿 H3

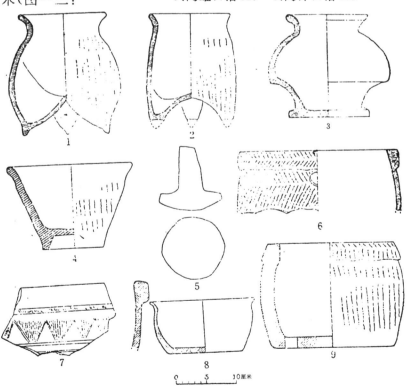

图九　1、陶鬲 F4:1　2、陶鬲 T2④:1　3、陶罐 T2④:2　4、陶碗 T4③　5.陶拍 T2②　6.陶罐口沿 F1　7.陶簋口沿 T1③　8.陶碗 T1③　9.陶甗 F1

此外，还出土长条形穿孔残骨器一件。

4.铜器　四件。

刀　一件。刀尖上翘，刀柄略残，铜锈上印满禾本植物痕迹（图一七：4，图一九：15）。

镞　一件，长脊，双翼，双翼向前聚成钝圆的镞末，向后成倒刺形（图一七：1，图一九：16）。

耳环　二件。完整者一件（图一七：3，图一九：14）。与唐山小官庄石棺墓的铜耳环近似[②]。

另出小铜圪塔一块，用途不明。

第三层：

1.陶器　夹砂褐陶、红陶红占百分之六十，夹砂灰陶约占百分之二十，泥质陶较少。纹饰以粗绳纹为主，还有划纹、弦纹、三角划纹、凹三角纹和附加堆纹等。钵、罐形器多施黑色陶衣。制法多轮制，有部分手制或模制，较粗糙。器形有鬲、甗、甑、罐、碗、钵、簋、盆等。

鬲　复原一件。夹砂灰陶，绳纹多抹去，鼓腹，乳状足（图一一：2，一八：7）。另有一种深裆大鬲足，夹砂褐陶或灰陶，外饰粗绳纹。分布很广，几乎每个坑位都有（图一一：3）。还出少量折沿浅腹鬲片，与北京房山琉璃河西周鬲相似[③]。

甗　多见腰部，与第四层相同。

甑　复原一件。直腹，口微敛。通体饰粗绳纹，口沿作附加堆纹。底仅存三分之一，留箅孔二个（图九：9，图一八：8）。

罐　可分三种。一种矮领，深腹，泥质灰陶，外施黑陶衣，颈至腹部划弦纹七道，其间有交叉绳纹（图一一：1，图一八：9）。一种直领，鼓腹，泥质灰陶（图八：3）。一种直腹，夹砂灰陶，口沿作附加堆纹，沿下穿圆孔（图九：6）。

碗　复原二件。一件斜腹，平底，夹砂红陶，表面磨光（图一一：5，图一八：10）。另一件鼓腹，平底，泥质灰陶，素面（图九：8，图一八：11）。

钵　仅见残片，敛口折肩，泥质褐陶，外施黑色陶衣，压光（图八：4）。

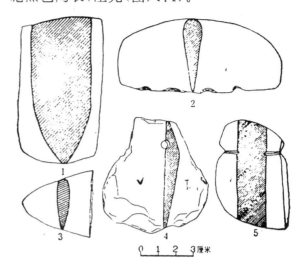

图一〇　1.石斧 T2③　2.石刀 T2③
　　　　 3.石刀 T2④　4.石斧 F1　5.石网坠
　　　　 F1

簋　仅见少量残片，口沿至腹部饰三角划纹和绳纹（图九：7），与安阳小屯殷代陶簋相似[④]。

盆　不见完整者，从口沿、腹片看，可分深腹、浅腹两种。浅腹者多夹砂红陶，外饰绳纹。深腹者饰绳纹和交叉绳纹（图一一：6）。

陶拍　三件。二件作菌状，同第四层。一件作环形把手，略残（图一八：12）。

内模　三件，可分两型。Ⅰ型，二件，作椭圆柱体（图一二：8）。Ⅱ型，一件，作窝窝头状（图一二：7）。

纺轮　十四件。与第四层同，可分四型。Ⅰ型五件。Ⅱ型五件，其中一件划交错人字形花纹（图一二：6，图一九：9）。曾见于郑州二里冈商代遗址出土的陶拍子[⑤]。Ⅲ型三件。Ⅳ型一件，作八角形（图一二：9，图一九：10）。

陶珠　一件。直径2、孔径0.5厘米。

2.石器　共十七件。

斧　四件，可分两型。Ⅰ型，二件，扁长方形，厚刃，闪长岩，磨制（图一〇：1，图一三：4）。

Ⅱ型，二件，一件略呈梯形，刃部作圆形（图一三：2）。一件腰部内敛，并在顶部钻一小孔（图一〇：4）。均系黑色板岩，磨制。

铲　一件。板岩，磨制，刃部及两侧均存留有打制及使用痕迹（图一三：3）。

刀　一件。半月形，石英岩，磨制（图一〇：2）。

杵　一件。椭圆柱形，基性——超基性岩，磨制。

石纺轮　二件。圆饼形，中间有两面穿孔，用千枚岩和板岩磨制。

石网坠　一件。残，石英岩，磨制（图一〇：5）。

残石器　三件。均穿孔。其中一件用石灰岩制成，是遗址中唯一的一件沉积岩石器（图一六：5）。

细石器　三件。石镞一件，与第四层同（图一四：6，图一九：11）。刮削器二件（图一四：1、2）。燧石打制。

3.骨角器　七件。

骨锥　二件。利用骨片略加磨制，形状不一（图一四：4）。

骨镞　三件。一件，柱形，锋刃磨成锥状（图一四：7）。一件，作三角形（图一四：3）。一件，出双翼（图一四：8）。

贝饰　一件。作弯月形，两端穿孔各一（图一四：5，图一九：12）。

T2③（1/30）

另出加工鹿角二件。

4.铜器：铜镞一件，三角形，有圆形脊孔（图一七：2，图一九：13）。

两层均出兽骨，第四层有猪、牛、四不像、鹿、狍、麝等，第三层还有鹿、斑鹿等。

四　结　语

从张家园遗址第三层、第四层出土的石器、骨器、铜器和陶器群考察，不难看出它是属于夏家店下层文化系统的。第四层出土的陶器，如敞口直腹鬲、附加堆纹甗、折腹盆等，为辽宁赤峰药王庙、夏家店[6]及河北承德[7]等长城以北地区所常见，而鼓腹尖足鬲、折肩鬲则见于北京昌平雪山、房山琉璃河、河北唐山大城山[8]和大厂大坨头等地。遗址中直腹鬲与鼓腹鬲共存，是这一地区的特点。第三层的柱状大鬲足、直颈灰陶罐、深腹罐等，是区别于第四层的特征，也为其他地区少见。总之，张家园遗址的文化面貌与燕山以南的夏家店下层文化遗址相近，而与辽宁、承德等地差别较大。

张家园遗址的年代，约在商至春秋以前。根据地层与出土物的区别，可分早晚两期。第三层为晚期，三角划纹簋、折沿浅腹鬲，为中原商代晚期和西周所常见。因此，其年代应在商周之际至春秋以前。第四层为早期，年代应与商相当。

遗址出土了铜刀、铜镞、铜耳环等，说明已进入青铜时代，但主要生产工具仍为石器。石料来源于燕山及附近的河床里，多为燧石、石英石、片麻岩，反映了当时人们鉴别岩石的能力。数量较多的石斧、石铲、石刀及大量陶片，说明这里的生产、生活以农业为主；细石器、骨镞、骨镖、陶网坠和兽骨的出土，又说明渔猎也占一定的地位。大量的纺轮及陶拍、内模的发现，反映了当时纺织和制陶情况。张家园遗址的发掘，为研究这一地区古代文化的形成和发展提供了新资料。

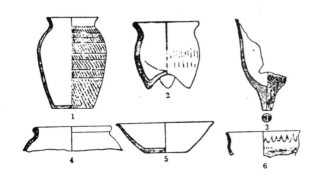

图一一　1.陶罐 H5（1/18）　2.陶甗 T3②（1/9）
3.陶鬲足 F2（1/15）　4.陶瓮口沿 T2④
（1/18）　5.陶碗 T2③（1/9）　6.陶盆

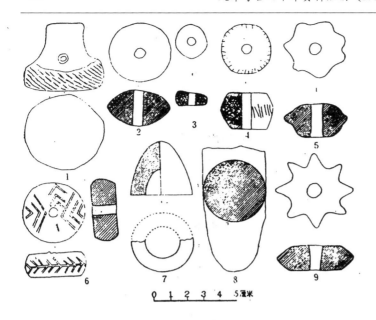

图一二　1.陶拍 F4　2. I 型陶纺轮 F4　3. II 型陶纺轮 F4　4. III 型
陶纺轮 H4　5. IV 型陶纺轮 T2①　6. II 型陶纺轮 T2③
7.陶内模 F1　8.陶内模 T1③　9. IV 型陶纺轮 T2③

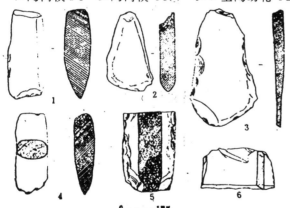

图一三　1.石斧 F4　2.石斧 F1　3.石铲 T2③
4.石斧 T2③　5.石斧 F4　6.石刀 T2①

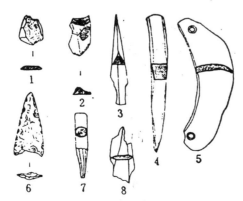

图一四　1、2.刮削器 F1　3.8.骨镞 F1　4.骨锥 T2③
5.贝饰 T3③　6.石镞 T2③　7.骨镞 F1；1（均 1/2）

图一五　1.骨锥 T2④（1/2）　2.骨针
F4（1/2）　3.骨镖 F4（1/2）
4.穿孔兽角 T3③（1/6）

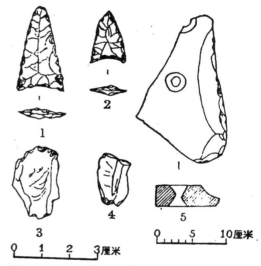

图一六　1.石镞 T2④　2.石镞 F4
3.石刮削器 F4　4.石刮削
器 F4　5.穿孔石器 T2③

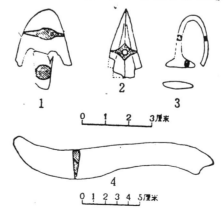

图一七　1.铜镞 T2④　2.铜镞 F1
3.铜耳环 F4　4.铜刀 T2④

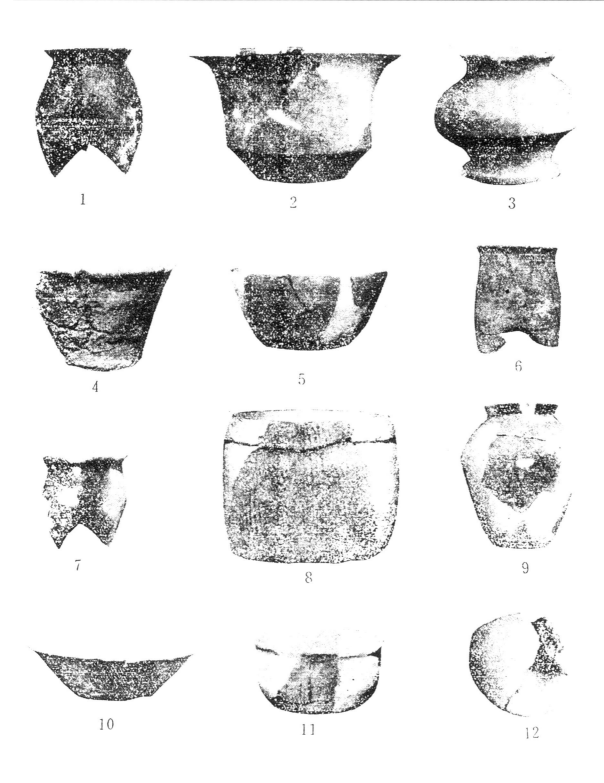

图一八　1.陶鬲 F4:1　2.陶盆 T2④：3　3.陶罐 T2:④2　4.陶碗 T4③
5.陶盆 T2④：4　6.陶鬲 T2④：1　7.陶鬲 T3②　8.陶甑 F1
9.陶罐 H5　10.陶碗 T2：③　11.陶碗 T1③　12.陶拍

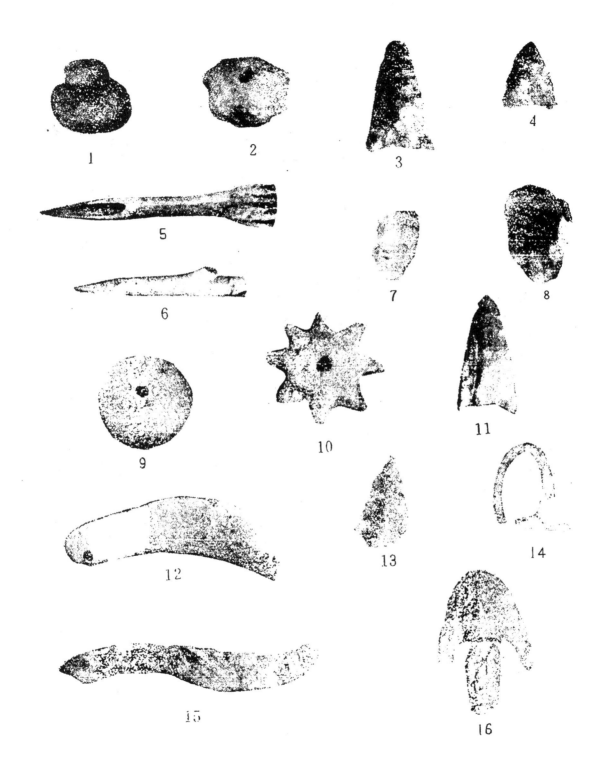

图一九　1.陶拍 F4　2. Ⅳ型陶纺轮 T2④　3.石镞 T2④　4.石镞 F4　5.骨锥　6.骨镖 F4　7.石刮削器 F4　8.石刮削器 F4　9. Ⅰ型陶纺轮 T2③　10. Ⅳ型陶纺轮 T2③　11.石镞 T2③　12.贝饰 T3③　13.铜镞 F1　14.铜耳环 F4　15.铜刀 T2①　16.铜镞 T2④

① 天津市文化局考古发掘队:《河北大厂回簇自治县大坨头遗址试掘简报》,《考古》1966 年第 1 期。

② 安志敏:《唐山棺墓及其相关的遗物》,《考古学报》第 7 册(1954 年)。

③ 北京文物工作队:《北京房山县考古调查简报》,《考古》1963 年第 3 期。

④ 河南省文化局文物工作队第一队:《一九五五年秋安阳小屯殷墟的发掘》,《考古学报》1958 年第 3 期。

⑤ 河南省文化局文物工作队:《郑州二里冈》,科学出版社,1955 年。

⑥ 中国科学院考古研究所内蒙发掘队:《内蒙古赤峰药王庙、夏家店遗址试掘简报》,《考古》1961 年第 2 期。

⑦ 郑绍宗:《有关河北长城区域原始文化类型的讨论》,《考古》1962 年第 12 期。

⑧ 河北省文物管理委员会:《河北唐山市大城遗址发掘报告》,《考古学报》1959 年第 3 期。

（原载《文物资料丛刊》第 1 集）

天津蓟县张家园遗址第二次发掘

天津市历史博物馆考古队

张家园位于县城西北 20 公里处的近山丘陵地区,北靠燕山余脉,东临小沙河。遗址座落在高出河底 18 米的土岗上[①]。张家园遗址是天津地区现存古遗址中比较重要的一处,它含有燕南类型的夏家店下层文化和晚于它的围坊第三期文化两种遗存。1965 年第一次发掘之后[②],遗址损坏较大。1979 年春我们又进行了第二次发掘。发掘工作从 4 月 16 日开始,4 月 28 日结束。开探方 3 个,发掘面积 65 平方米。参加发掘和整理工作的有李经汉、梁宝玲、马士军。

我们报导的材料以此次发掘为主,为了全面反映遗址的内涵,第一次发掘所获得一些没发表的重要资料,此次也一并加以介绍。

一、地层堆积

1965 年第一次发掘揭示的遗址文化堆积情况是,东部和北部较厚,约 1—2.5 米,西部渐薄。可分四层。目前,遗址的地貌变化较大,东端削掉 1 米多,形成台阶状。西北和南部也挖去许多。遗址原第三层以上的文化堆积已不存在。第四层堆积也很薄,大部厚 40 厘米左右。仅中部和西部有些地方较厚,可达 0.9 米。堆积也比较复杂。如探方 T1 第一层耕土下面就是原第四层堆积,此层堆积的土质土色上下不同,出的遗物也有区别。下部为松软的黑灰土,出的陶片,泥质黑陶占的比例大。上部为较硬的浅灰土,出的三角划纹陶

片,不见于下部的黑灰土中。有些地方耕土以下仍可见到原第三层的遗迹,或原第三层遗迹打破第四层的现象。现以探方 T2 西壁(图一)为例介绍如下。

第一层:耕土层,厚 0.15～0.25 米。此层下发现房基一座(F1),灰坑一个(H1)。

F1 填土为灰色,质松,杂有较多的草木灰。陶片以夹砂灰陶占多数,还有夹砂红褐陶、泥质灰陶、泥质褐陶等。纹饰以绳纹为主,绳纹加划纹次之,还有少量的附加堆纹。出土数量较多的鬲、甗、敛口钵、瓮、罐、尊残片。鬲足为柱状,特征明显。与原第三层出土遗物相同。

H1 填土较杂,陶片多饰僵直绳纹。还发现一块西周早期鬲片。与 F1 基本属同时期遗物。

第二层:根据土色的变化可分 A、B 两层。2A 层,黄灰土,厚 0.15—0.4 米,质地较硬。2B 层,灰土,厚 0.5 米,质松,中间夹有浅黄色淤土。A、B 二层出土遗物相同。陶片以夹砂陶为主,有褐、红褐、灰褐等色。泥质陶较少。多饰绳纹。主要器形有鬲、甗、平底盆、钵等。还出陶拍、纺轮和数量较多的兽骨。遗物与原第四层相同。

现已搞清,张家园遗址原第三层和第四层文化堆积,分属性质不同的两种文化遗存。第四层为燕南类型的夏家店下层文化。第三

层我们暂称"围坊三期文化"。

图一　T2西壁剖面图(约1/70)
1. 耕土层　2A. 黄灰土　2B. 灰土

二、夏家店下层文化遗存

遗迹　发现灰坑二个,编号H2、H3。

H2　位于探方T2的西南部。椭圆形,坑口残,东西长1.8、宽1.6、深0.25米。坑壁和坑底均经火烧过,质地坚硬。出土数量较多的陶片、兽骨、蚌壳等。

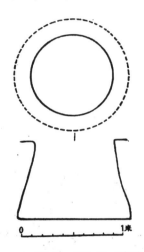

图二　H3平、剖面图

H3　位于T3北部,是一个形制规整的袋形坑(图二)。保存完好。坑口直径0.8、底径1.2、深0.8米。坑壁涂有1厘米厚的草拌泥,平整光滑,现大部分脱落。填土为含砂的黄灰土,出少量陶片。应是一个储藏东西的小型窖穴。

遗物　分陶、石、骨三类,还出铁矿石一块和数量较多的兽骨。

陶器　以夹砂褐陶为主(其又可分红褐、灰褐二种,有些器皿红、灰相杂,色泽不匀),夹砂灰陶次之,还有少量的泥质红陶和泥质黑陶。陶土中多含细碎的云母片。器表多饰绳纹,一般绳纹规整修长,纹痕清晰。也有的纹痕较浅,结构疏松。有一种细绳纹,纹痕似芝麻粒状。许多器皿拍印纹饰以后,全部或部分抹掉。附加堆纹多饰于甗腰。瓮、罐多饰绳纹加划纹。还见少量的压印纹和三角划纹。陶器以手制为主,口部轮修。大型的瓮、罐、盆等多为泥条盘筑。鬲、甗等器系分制后,再捏合在一起的。主要器形有鬲、甗、折腹盆、簋、罐、盆、豆、平底盆、钵、瓮等。

鬲　出土数量最多,复原二件,分四式。

Ⅰ式　夹砂灰褐陶。卷沿、束颈、深裆,下加矮实足尖,器形瘦长。饰绳纹后颈部抹掉。复原一件(T1③:3),口径22、通高305厘米(图三,4;图四,1)。

Ⅱ式　夹砂灰褐陶,矮领、口微侈、袋足圆鼓,加矮实足尖。复原一件(T2②:8),器表色泽不匀,上半部黑色磨光,下部为灰褐色,饰浅绳纹,领部抹掉。口径13、通高18.5厘米(图三,2;图四,6)。

Ⅲ式　夹砂红褐陶。仅见残片,高领鼓腹,饰绳纹后抹掉。T1③:4,口径18厘米(图五,4)。

Ⅳ式　夹砂灰褐陶。未见完整器。鼓腹,空足,裆较浅。饰绳纹后抹掉。T1②:3,口残(图五,13)。

甗　仅见甗腰,分二式。

Ⅰ式　为夹砂灰褐陶,腰间饰宽弦纹二道,中间饰斜向粗短的刻划纹。T2②:11,腰径12厘米(图五,8)。

Ⅱ式　数量较多。夹砂褐陶,束腰鼓腹。腰间饰附加堆纹,其上压印菱形纹或手指纹,T1②:3、65T2④a:1(图五,10、11)。

折腹盆　仅见残片,T1③:5,泥质灰陶,腹壁上部内曲,素面磨光,折腹部分饰绳纹(图三,7)。

簋　复原一件(T1③:6),泥质灰黑陶,敞口带流,圈足,素面。口径9.5、底8、通高7厘米(图三,10;图四,3)。

罐　出土数量较多,不见完整器,分三

式。

Ⅰ式　夹砂灰陶，矮领，口微侈，鼓腹，饰绳纹。T1③：7，口径18厘米（图五，17）。

Ⅱ式　泥质灰陶，直口，高领，腹饰绳纹。65T2④a：2，口径12厘米（图五，9）。

Ⅲ式　仅得一件，65T2④a：3，夹砂褐陶，直口，腹微鼓。饰绳纹加划纹，近口部抹掉。唇

外附二个对称的小錾。口径14厘米（图五，5）。

盆　复原一件（T1③：8），夹砂红陶。敞口，颈部微束，腹壁斜直，平底。器表上部磨光。近底部饰绳纹。唇部不甚规整。口径26、底径12、高17厘米（图三，3；图四，2）。

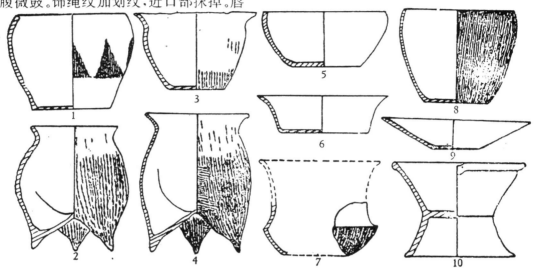

图三　夏家店下层文化遗存陶器

1. 敛口钵　2. Ⅱ式鬲　3. 盆　4. Ⅰ式鬲　5. Ⅱ式钵　6. 平底盆　7. 折腹盆　8. Ⅱ式杯　9. 碗　10 簋
（3,4 约1/9,8,10 约1/3，余皆约1/6）

图四　夏家店下层文化遗存陶器

1. Ⅰ式鬲　2. 盆　3. 簋　4. Ⅱ式杯　5. 平底盆　6. Ⅰ式鬲　7. 敛口钵

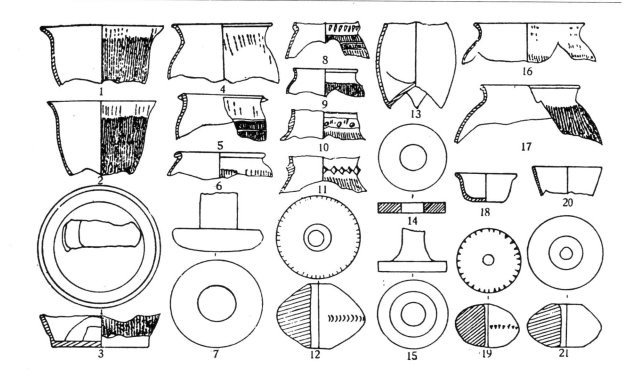

图五　夏家店下层文化遗存陶器

1. Ⅰ式深腹盆　2. Ⅰ式深腹盆　3. 异形器　4. Ⅲ式鬲　5. Ⅲ式罐　6. Ⅰ式瓮　7. 陶拍　8. Ⅰ式瓢　9. Ⅰ式
罐　10. Ⅰ式瓢　11. Ⅰ式瓢　12. Ⅳ式纺轮　13. Ⅳ式鬲　14. Ⅰ式纺轮　15. 陶拍　16. Ⅰ式瓮　17. Ⅰ式罐
18. Ⅰ式钵　19. Ⅱ式纺轮　20. Ⅰ式杯　21. Ⅲ式纺轮

（3、7、14、19、21. 约1/20，12. 约1/12，余皆约1/8）

平底盆　复原一件(T2②：12)，夹砂褐
陶。敞口，浅腹斜壁。素面。口径19、底径15、
高5.2厘米(图三，6；图四，5)。

深腹盆　出土数量较多。不见完整器。分
二式。

Ⅰ式　夹砂红陶褐。口微侈，弧壁内收。
饰绳纹后多口部抹掉。T1③：9，底残，口径
30厘米(图五，2)。

Ⅱ式　夹砂红褐陶。敞口，卷沿，腹壁上
部较直，下部内收，器表遍饰绳纹，口部抹掉。
T1②：5，底残。口径34厘米(图五，1)。

敛口钵　复原一件(65F4：1)，夹砂灰
陶。敛口，腹壁内收，平底。腹间饰一周由细
绳纹组成的三角形图案，与殷墟西区墓葬出
土B型簋的纹饰相同。口径16、底径12、高
14厘米(图三，1；图四，7)。

钵　分二式。

Ⅰ式　复原一件(T2②：13)，泥质灰
陶。敞口，斜腹壁微收，平底。素面。口径11、
底径8、高5.4厘米(图五，18)。

Ⅱ式　复原一件(T2②：14)，泥质灰
陶。口微敛，圆唇，曲腹，平底。素面。口径18
厘米(图三，5)。

杯　分二式。

Ⅰ式　T1③：10，泥质黑陶。敞口，斜
壁，下部残。器表略加磨光。口径13厘米(图
五，20)。

Ⅱ式　复原一件(T2②：2)，泥质褐陶。
敛口，腹壁微曲，平底。薄胎，饰细绳纹。口径
8、底径4.4、高6.8厘米(图三，8；图四，4)。

碗　仅得一件(T2②：15)，泥质灰褐
陶。大敞口，直壁斜收，平底。器表饰绳纹后

抹掉。口径 22、底径 12、高 8 厘米（图三,9）。

瓮 分二式。

Ⅰ式 侈口,高领,鼓腹。未见完整器。H2:1,夹砂红褐陶。饰绳纹,上部抹掉。口径 30 厘米（图五,16）。

Ⅱ式 敛口,厚圆唇,鼓腹。65T2④:2,夹砂红褐陶。饰绳纹加划纹。口径 40 厘米（图五,6）。

异形器 残器一件（65T2④a:4）,泥质褐陶。器身呈盘状,口残。盘内器底一侧按一桥形纽。素面,手制。形制奇特,用途不详,可能是器盖。底径 9 厘米（图五,3）。

纺轮 分四式。

Ⅰ式 圆饼形,侧壁平直。T1②:6,夹砂灰陶。直径 6.1、厚 1 厘米（图五,14）。

Ⅱ式 算盘珠状,断面呈椭圆形。T2②:10,泥质灰陶。直径 3、厚 2 厘米（图五,19）。

Ⅲ式 算盘珠状,断面呈六角形。T2②:6,泥质褐陶,夹大颗砂粒。腰饰不规则印纹一周。直径 3.5、厚 2.1 厘米（图五,21）。

Ⅳ式 算盘珠状,断面呈菱形。T2②:5,夹砂褐陶。腰间饰指甲纹一周。直径 4、厚 3 厘米（图五,12）。

陶拍 2件。T2②:4,夹砂褐陶。蘑菇状,弧面,圆柱柄。直径 8、高 5.5 厘米。手制（图五,7）。T1③:11,夹砂灰褐陶。器形较大,拍面平整,圆柱柄。直径 13、柄残（图五,15）。

石器 仅采集石斧二件。一件为扁平长条形,刃部略宽,斧身一侧平直,一侧略有弧度。青石。磨制,器身多处留有打制痕迹。长 10、刃宽 4.8、厚 1.5 厘米（图六,2）。另一件为长方形,通体磨光,刃部有明显使用痕迹。长 23.5、宽 6、厚 4.5 厘米（图六,1）。

骨器 有镞、锥、匕等。

骨镞 1件（T1②:1）。锋部为四棱锥形,前端聚为尖状,圆柱状短铤。通体磨光。长

7 厘米（图六,3）。

骨锥 1件（T2②:7）,利用骨料的自然形状稍加磨制而成。长 6.5 厘米（图六,4）。

骨匕 2件,均残。扁平长条形,通体磨光。T1③:1,一端及两侧薄,中间略厚。T1③:2,一端有穿孔一个（图六,5、6）。

骨器 2件。T1②:2,长条状,断面为圆角方形,一端有穿孔。通体磨光。T2②:7,扁条形,形制不甚规则,通体磨光（图六,7、8）。

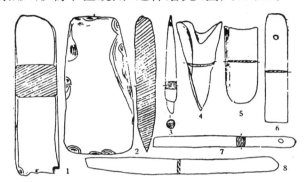

图六 夏家店下层文化遗存石、骨器

1. 石斧 2. 石斧 3. 骨镞 4. 骨锥 5. 骨匕 6. 骨匕 7. 骨器 8. 骨器（1 约 1/6,余皆约 2/5）

矿石 T1②:20,形状不规整,周身粘附有带绿色斑点的黄灰土。暴露部分呈黑褐色。经鉴定为铁矿石。重 500 克。

兽骨 出土数量较多,有四不象鹿角、斑鹿下牙床、牛、猪、狗牙等。在四不象角上有明显利器（很可能是铜制工具）切割的痕迹。

三、围坊三期文化遗存

遗迹 发现房基一座（F1）,灰坑一个（H1）。

F1 位于探方 T2 的西北角,仅门道和房基的一小部分在探方内,绝大部分在探方外面,扩方后作完。开口在耕土下,距地表 0.2 米。打破二 A 层。房基保存完好,东南——西北向,156°。由住室和门道两部分构成（图七）。

住室为圆形,东西直径为 3.2 米,南北直径为 3.55 米,面积约 7 平方米。门道设在东南部,舌形坡状,与住室地面相连,长 1.1 米,

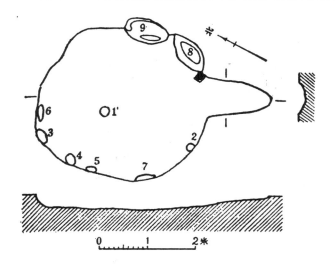

图七　F1平、剖面图

1、2柱洞　3—7.浅槽　8、9.小坑

最宽处0.8米。房基呈浅穴状。穴壁较直，残高0.15～0.2米。居住面和门道砸实后，又经火烧烤，故十分坚硬。住室中间发现柱洞一个，直径16.5、深50厘米，洞各向东倾斜。洞上部填松软的灰土，近底部为白色朽木灰（是木柱腐烂后形成的）。另一个柱洞位于门道的西侧，直径13、深47厘米。洞壁较直。础石在门道的东侧，平嵌在居住面上。住室周围有浅槽五段，多在西面和北面穴壁没有烧过的部位。分椭圆形和长条形两种。一般长为32—40厘米，宽8—14厘米，深3—13厘米不等。是用于固定柱子的。在门道的东侧，还发现两个椭圆形小坑，坑底比居住面低，内壁呈坡状，与居住面相连。二坑大小相近，长80—95厘米，东西宽45厘米，深36厘米。用途不详。根据F1的结构推测，可能是一种较为原始的钻尖顶窝棚式建筑。

H1　位于探方T2的东北部，与F1相邻。开口在耕土下，距地表0.2米。坑为锅底形，直径1.75、深0.75米。填土较杂，有烧土块和石头。石块放置散乱，似是任意弃置的。

遗物　分陶、骨、铜三类。

陶器　以夹砂灰陶为主，夹砂红褐陶次之，还有少量的泥质褐陶和泥质灰陶。绳纹为主要纹饰，拍印的方法各异，有的纹道松散，纹痕较深，或斜拍，横拍，或交错拍，不甚规整。有的纹道僵直，交错拍印，故形成细碎密集的方块。还附加堆纹、三角划纹。器物多手制，口部轮修。未见完整器，可认别的器形有鬲、甗、敛口钵、罐、尊、盆等。

鬲　仅见鬲足。夹砂褐陶，均为圆柱状，形制较大。分二式。

I式　F1：3，空足，饰松散的粗绳纹（图八，12）。

II式　H1：1，实足，饰交错僵直绳纹（图八，11）。

还发现了这一地区西周早期常见的宽折沿，矮足，特粗绳纹鬲的口沿和残片。

甗腰　65H5：1，夹砂红褐陶。束腰，腰间饰压印窝纹一周（图八，15）。

敛口钵　分二式。

I式　泥质灰褐陶。敛口，方唇，折肩，腹壁斜收，体形窄瘦。F1：4，素面略加磨光。底残。口径16厘米（图八，6）。

II式　泥质灰陶，敛口，方唇，折肩，腹壁圆鼓，体形宽胖。H1：2，素面。底残。口径18厘米（图八，8）。

罐　高领，方唇，鼓腹。F1：5，泥质灰陶，腹饰斜绳纹。口径22厘米。H1：3，泥质红陶，肩部饰压印三角纹一周，腹饰交错僵直绳纹。口径18厘米（图八，13、7）。

高领瓮　夹砂红褐陶。圆唇，高领，圆肩鼓腹。未见完整器。F1：6，腹部饰绳纹加划纹。口径18厘米（图八，10）。

侈口瓮　泥质褐陶。方唇，高领内曲，鼓腹。未见完整器。65T1③：1，饰交错僵直绳纹，领部略加磨光。口径24厘米（图八，1）。

敛口瓮　1件（H1：4），泥质灰陶，腹壁圆鼓。大部残。口部饰附加堆纹一周，下饰交错僵直绳纹。口径34厘米（图八，3）。

尊　1件（F1：7），方圆唇，高领，折肩，腹壁斜收，下部残。肩部饰压印三角纹一周，

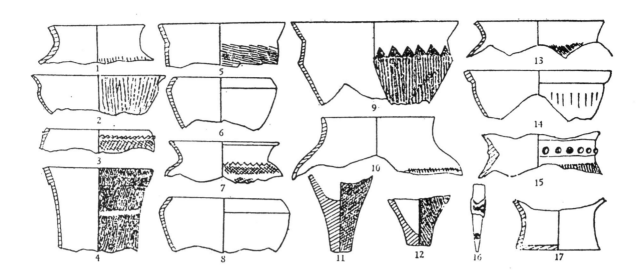

图八 围坊三期文化遗存陶、铜器

1. 侈口瓮 2. Ⅰ式盆 3. 敛口瓮 4. 筒形器 5. 缸 6. Ⅰ式敛口钵 7. 罐 8. Ⅱ式敛口钵 9. 尊
10. 高领瓮 11. Ⅰ式鬲足 12. Ⅰ式鬲足 13. 罐 14. Ⅰ式盆 15. 甑 16. 铜钉 17. 器底
（1、2. 为 1/10，5 为 3/50，16 为 3/5，余皆约 1/7）

腹部饰松散的绳纹加划纹。口径28厘米（图八，9）。

筒形器 1件（H1：5）。夹砂灰黑陶。敞口，方迭唇，腹壁微曲，下部残。饰绳纹。口径18厘米（图八，4）。

缸 夹砂灰陶。厚胎，方唇，高领微侈，直腹。F1：8，领部素面，腹部横饰松散绳纹，印痕极深。口径52厘米（图八5，）。

盆 分二式

Ⅰ式 夹砂灰陶。圆唇，敞口，束颈，腹壁急收。65T2④a：1，饰绳纹，口径34厘米。底残（图八，2）。

Ⅱ式 仅得一件（H1：6），泥质灰陶。厚方唇。唇外有带状宽边。敞口，颈微束，曲腹，底残。陶质细腻，饰绳纹后抹掉。口径24厘米（图八，14）。

器底 1件（65F1：9）。上部残，仅留器底，泥质灰陶。平底，器壁内曲。素面，器底饰交错僵直绳纹。底径14厘米（图八，17）。

铜钉 1件（F1：1）。尾中残。长2.9，直径0.5厘米。器身包一段朽木，似为铜钉所钉

的木头腐朽以后的残存部分（图八，16）。

骨匕 1件（F1：2）。利用骨料的自然形状，稍加磨制而成，一端残。

四、结 语

（一）张家园遗址的夏家店下层文化遗存，两次发掘内涵基本相同。但此次发现的袋形穴、Ⅰ式鬲、Ⅱ式鬲、平底盆、陶簋等为过去所不见。其中袋形穴，在同类遗存中发现很少，而在中原地区的龙山文化遗址中较为流行。特别值得注意的是，夏家店下层文化遗存出土的陶器，其形制特征有明显的差别。如Ⅰ式鬲：体态修长，卷沿，束颈，深档空足，与龙山文化晚期鬲的形制接近。平底盆：薄胎，形制小巧。罐：唇外附对称的小鋬。这些特点多见于二里头文化前期的陶器。Ⅱ式鬲：矮领，鼓腹，空足，器表上部磨光，形制也显的早一些。但该层出的敛口钵，形制与围坊三期文化遗存出土的敛口钵已十分接近。所饰三角形划纹和这次发现的陶片上的三角形划纹一样，并均与殷墟西区墓葬出土陶簋所饰的三角形划纹相同。时间显然要晚的多。这些器

物出土的层位也不相同,时间较早的遗物,出于 T1 黑灰层的居多。时间较晚的遗物,则出于 T1 浅灰层。但因资料过少,夏家店下层文化的分期问题还不能解决。这种现象在夏家店下层文化诸遗址如辽宁丰下遗址③、内蒙古蜘蛛山遗址④、河北大坨头遗址⑤中多有发现。这些发现已使我们摸到了解决分期问题的线索。

(二)围坊三期文化堆积是一种新的文化遗存,1965 年在这里首次发现后,曾把它和夏家店下层遗存同视为夏家店下层文化的先、后二期⑥。近年来在天津地区同类遗存又相继发现多处,有蓟县围坊⑦、许家台、西山北头、看花楼。宝坻县牛道口、歇马台、秦城等遗址⑧。通过围坊遗址的发掘,基本搞清了它的文化面貌,证实这是分布在京津唐地区的一种新的文化遗存。根据地层迭压关系,它比燕南类型的夏家店下层文化晚,比战国早。大致在商周之际到春秋。我们暂称"围坊三期文化"⑨。此次发现的半穴式圆形房基,形制规整,结构清楚,是围坊三期文化的一种新的建筑形式。另外,继第一次发掘之后,此次又在该文化遗存中,发现了西周早期鬲片。同样情况在许家台遗址也有发现⑩。说明围坊三期文化遗存和西周早期鬲共存,在这一地区较为普遍。同时我们也发现,出土西周早期鬲片的单位(H1),和不见西周早期鬲片的单位(F1),陶器的形制也有区别。如 H1 出土的 Ⅱ 式敛口钵,腹壁圆鼓,器形宽胖。Ⅱ 式柱状鬲足为实心,多饰交错僵直绳纹。而不见西周鬲片的 F1 出土的 Ⅰ 式敛口钵,腹壁斜直、体形瘦长。柱状鬲足为空心,多饰疏松的粗绳纹。

我们知道,交错僵直绳纹是遗址出现较晚的一种纹饰,它与西周早期鬲片共存,也许表明 H1 的时代比 F1 要晚一些。

(三)张家园遗址"围坊三期文化"和燕南类型的夏家店下层文化之间,仍有许多共同的因素。它们均以鬲、甗为主要炊器,形制也比较接近。夏家店下层文化较晚的陶器和围坊三期文化的陶器都饰三角划纹,而且纹饰的划法和饰纹的部位也大致相同。有些器皿两者还有明显的继承关系。如围坊三期文化中广为流行的敛口钵,显然是从夏家店下层文化的敛口钵发展来的。这些情况说明,围坊三期文化虽然自身有许多特点,但仍是继燕南类型夏家店下层文化之后,当地的一种土著文化。后者是由前者发展来的。但是,我们也必须看到,它们之间许多器物变化突然,这可能由于夏家店下层文化较晚的遗物发现太少所致,也可能它们之间尚有缺环,这是今后工作中应注意解决的问题。

执笔者 李经汉

注 释

①②⑥ 《天津蓟县张家园遗址试掘简报》,《文物资料丛刊》第 1 集,文物出版社,1977 年。

③ 《辽宁北票县丰下遗址 1972 年春发掘简报》,《考古》、1976 年 3 期。

④ 《赤峰蜘蛛山遗址的发掘》,《考古学报》1979 年 2 期。

⑤ 《河北大厂回族自治县大坨头遗址试掘简报》,《考古》1966 年 1 期。

⑦⑨ 《天津蓟县围坊遗址发掘报告》,《考古》1983 年 10 期。

⑧⑩ 天津市文管处考古队调查材料。

(原载《考古》1984 年 8 期)

天津蓟县张家园遗址第三次发掘

天津市历史博物馆考古部

张家园遗址自1957年发现以来,已先后于1965年[①]和1979年[②]进行了两次发掘。1987年5月,当地农民在遗址内发现青铜鼎、簋和金耳环等,经调查出土于墓葬。为搞清墓葬的文化性质及墓葬与遗址的关系,天津市历史博物馆考古部对遗址又进行了第三次发掘。

遗址所在地是沙河旁的一处丘陵高地,墓葬在高地顶部的土台上。土台形状不规则,现存面积东西长70—80米,南北宽40米,前两次发掘都在此进行,这次发掘对前两次未发掘的地方都作了清理,共开1×5米探沟58个,发掘总面积三百平方米(图一)。

遗址残存的文化层都较薄,且断续不连,一片片零星分布,很少有叠压或打破关系。根据出土物可分成四类堆积,第一类是接近雪山一期文化[③]的堆积,第二类是接近唐山大城山龙山文化[④]的堆积,第三和第四类分别与1965年发掘的第四层和第三层相同。墓葬在遗址范围内,和遗址堆积无明显分界线,在T10探方内有第四类遗存叠压第三类遗存之上的地层,在T5探方内,有M1打破第三种遗存的地层。

一、第一类遗存

仅在T26第2层灰土中出土极少量陶片。泥质陶为主,有灰褐和黄褐两种,极少夹蚌屑陶,多为素面,只见一块划纹陶片在两道平行的凹弦纹之间,填以平行斜线纹。器形可见折腹盆、敛口钵、罐等。

折腹盆 87T26②:12,泥质灰陶,圆唇外侈,敞口,腹壁垂直,下腹内折,小平底。口沿与腹部交接处有一道凹弦纹。口径23.5、高14.5、底径8厘米(图二,1)。这类折腹盆共见四件个体。其中87T26②:13为泥质灰褐陶,残高5。沿下凹弦纹较粗,口沿外侈更甚(图二,3)。

敛口钵 87T26②:1,泥质灰褐陶,素面。尖唇微敛,大口,浅腹斜收。口径24、残高6厘米(图二,2)。

筒形罐 87T26②:3,夹蚌褐陶,器表灰黄色,圆唇微侈,口沿下方有一圈抹痕,直壁深腹,在腹壁中部有残耳痕迹。口径12、残高8厘米(图二,6)。

罐 2件,仅存口沿。87T26②:5,夹蚌黄褐陶,圆唇侈沿矮领,鼓腹。口径24、残高48厘米(图二,4)。87T26②:14泥质黄褐陶,圆唇外侈(图二,5)。

第一类遗存文化内涵单纯,以素面泥质陶为主,少量夹蚌屑褐陶,色泽不均,以褐为主,或灰或黄与褐相间,偶见划纹陶片。全部为手制。器形有折腹盆、带耳罐、敛口钵等,不见三足器。与雪山一期文化的特征相似。与

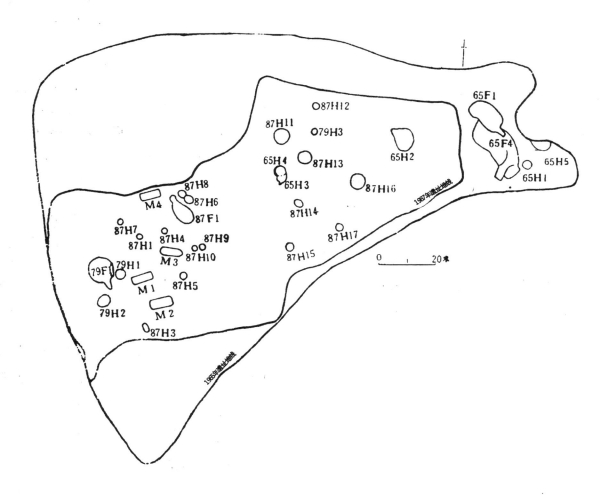

图一 张家园遗址三次发掘遗迹分布图

（65H3、65H5、65F1、79H1、79F1、87H16 为张家园上层文化，M1—M4 为围坊三期文化，
余为大坨头文化）

此同时期的大南沟墓地，出土陶器的基本组合形式和划纹陶片的风格⑤也都与此接近，故其文化性质和年代都应相当。

二、第二类遗存

仅在 T12 第 2 层内发现。黑土层，厚 15—20 厘米，内出细泥磨光黑陶 24 片，内外黑色，胎红色；细泥黄褐色著红衣陶一片；细石片一块。可辨器形有：

杯 2 件。87T12②：1 为一残口沿，细泥黑陶，薄胎暗红色，口略侈，轮制旋纹清楚（图三，3）。87T12②：2 为底部，细泥黑陶，胎暗红色，壁极薄，仅 0.2 厘米。筒形壁，平底，

底径 18 厘米（图三，2）。

碗 87T12②：3，细泥黄褐陶，口沿外侈，腹壁内收（图三，1）。

石片 87T12②：4，燧石打制，灰色半透明体，呈不规则多边形，长 2.5 厘米，打击点明显，锥疤小而清晰，半锥体突出，有放射线和弧心波。

第二类遗存发现遗物很少，主要是细泥磨光黑陶，陶片皆里外黑色，胎暗红色，不同于山东典型龙山文化，但又不见绳纹、篮纹、方格纹和三足器，因此和雪山二期文化也不一样，基本特征与唐山大城山龙山文化遗存

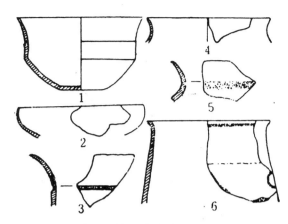

图二　第一类遗存出土陶器

1.折腹盆（87T26②：12）　2.敛口钵（87T26②：1）　3.折腹盆（87T②：13）　4、5罐（87T26②：5、87T26②：14）　6.筒形罐（87T②：3）（1、2、4为1/8，为余1/4）

图三　第二类遗存出土陶器

1.碗（87T12②：4）　2、3环（87T12②：2、87T12②：1）（2为1/8，余为1/4）

接近，是有明显地方特征的一种龙山文化遗存。

三、第三类遗存

（一）遗迹：清理房屋遗迹一座，窖穴15座。

1.房屋遗迹：编号87F1，位于探方T7东半部，开口在耕土层下。半地穴式、椭圆形，长3.80，宽2.04，深1.96米。坑内填土，中间有一层厚约0.5米的黄土，质硬，似为第二次居住面，将上下松软的填土分为两大层：上层是灰色土，下层是灰白色土，接近坑底是一层黑灰土，坑壁上挂一层沙子，沿着坑壁一直伸到坑底。底部居住面铺一层2—5厘米厚的黄沙土，其上出土灰陶小钵、陶瓶、陶模、陶纺轮和骨匕、鹿角器等。北部有斜坡门道，方向

352°，长1，宽0.8米，门道两侧有圆形柱洞6个，直径12—20厘米不等，沿内填土经夯打坚实。靠近门口处有一片烧土（图四）。

2.窖穴：14座，除一座袋形外，皆为筒形。口有椭圆形和圆形两种，以椭圆形为主，口径0.8—1.85，深0.4—1.68米不等。底平整，出土陶片皆不多。袋形窖穴1座，口径1.15，底径1.4，深1.31米（附表）。

（二）遗物：分陶器、石器、骨器三类。

1.陶器

以**夹砂红褐陶**为主，占陶器总数的90%；夹砂灰褐陶次之，占6%；泥质灰陶占2.5%；泥质红褐陶占1%。陶器表面色泽不均，红灰相杂，器表多饰绳纹，占68%，以规整细密的绳纹为主；亦有拍印绳纹后，全部或部分抹掉，只残留痕迹，还有极少弦纹、方格纹、三角形压印纹、附加堆纹和圆涡纹等，素面陶占28%。多手制，部分陶器有慢轮修整痕迹。主要器形有**鬲、瓶、罐、瓮、钵、盆、盂、杯、碗、豆**等。

鬲　分鼓腹和折肩二型。

A型　鼓腹鬲，分四式。

AⅠ式：夹砂褐陶，圆唇侈口，束颈，腹微鼓且深，实足尖外撇，体形瘦长。腹部以上饰稀疏绳纹后抹光，腹部以下仍留不规则的细绳纹。器内壁亦有拍印绳纹痕迹。87H1：1能复原，口径21.6，通高28.4、最大腹径22.4厘米，形制略同于79T1③：3（图五，1）。

AⅡ式：泥质褐陶，圆唇侈口，束颈，鼓腹明显，足根内收，实足尖。腹部以上饰稀疏绳纹后抹光，下腹部至足尖有较密的细绳纹。87采：1，口径12.4、通高17.6厘米，最大腹径13.6厘米，（图五，3）。形制同79T1②：3。

AⅢ式：夹砂红褐陶，圆唇短领微侈，鼓腹明显，足跟残去。器形略矮，通体饰绳纹，口沿部分抹光。87T25②：1口径19、腹径19.4，残高20厘米（图五，2）。

AⅣ式：夹砂红褐陶，圆唇侈口，鼓腹突

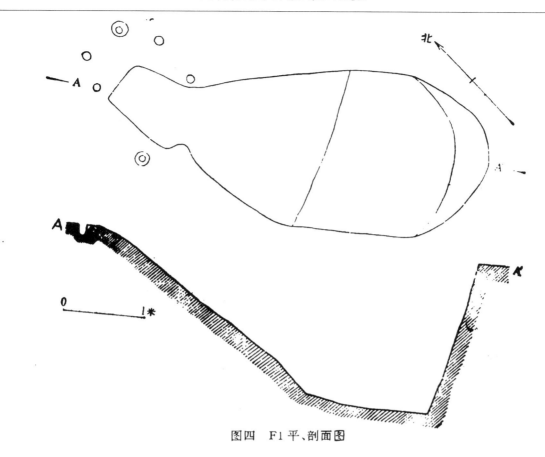

图四　F1平、剖面图

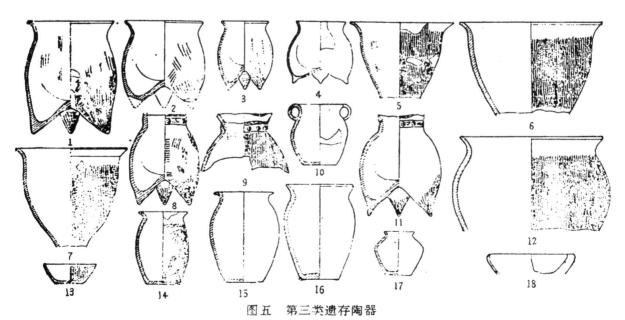

图五　第三类遗存陶器

1．A I 式鬲（87H1：1）　2．A Ⅲ式鬲（87T25②：1）　3．A Ⅱ式鬲（87采：1）　4．A Ⅳ式鬲（87T18②：1）　5．I 式瓶上部（87H1：2）　6．I 式瓶上部（87F：6）　7．Ⅲ式瓶上部（87T48②：7）　8．I 式瓶下部（87F1：5）　9．I 式瓶下部（87T15②：1）　10．双耳罐（87F1：3）　11．Ⅲ式瓶下部（87T25②：3）　12．鼓腹罐（87T18②：2）　13．敞口钵（87F1：2）　14．I 式筒形罐（87F1：4）　15．I 式筒形罐（87T25②：2）　16．I 式筒形罐（87T48②：4）　17．折肩罐（97T48②：1）　18．敛口钵（87T19②：1）（7 为 1/5，余为 1/f0）

出，足跟作乳头状，体形较矮。通身饰稀疏的细绳纹后抹光，足跟纹饰清晰。87T18②：1，口径12、通高16、最大腹径17.6厘米（图五，4）。

B型　折肩鬲。

只发现一个鬲足，87T25②：5，泥质灰陶，器表磨光呈黑色，小平足跟，足跟内侧有细绳纹。

甗　出土数量最多，皆上下两部分离，无复原器。按上、下两部分别叙述。

甗上部分三式。

Ⅰ式：夹砂红褐陶，圆唇侈口，腹壁斜直内收，腰部口小，通身饰密集细绳纹，内壁亦有绳纹痕迹。87H1：2，口径26.5、高19.4、下口10厘米（图五，5）。

Ⅱ式：夹砂红褐陶，敞口深腹，腹微鼓斜收，口沿和颈部经过磨光。87F1：6，方唇，腹部拍印细密绳纹（图五，6）。

Ⅲ式：夹砂红褐陶，方唇侈口，深鼓腹，腹壁斜收，腰部小口，颈部抹光，腹部饰细绳纹。T48②：7，口径35厘米，颈部有一道弦纹。腰径9.5、高31厘米（图五，7）。

甗下部分三式。

Ⅰ式　87T15②：11、夹砂红褐陶，束腰，鼓腹，足残，腰部饰附加堆纹，上压印圆涡纹。器身饰规整的细绳纹。内壁有拍印绳纹痕迹，最大腹径略靠下。腰径14、残高14厘米（图五，9）。

Ⅱ式：87F1：5，夹砂红褐陶，束腰，腹壁较直，锥形实足跟，腰部饰圆涡纹，器身饰绳纹，最大腹径偏上。腰径10.4、腹径17.1、残高23厘米（图五，8）。

Ⅲ式：87T25②：3，夹砂褐陶，束腰鼓腹，袋足，足跟稍外撇，实足跟。腰部饰圆涡纹和绳纹，腹部以下饰绳纹。腰径11.5、最大腹径20.5、残高26厘米（图五，11）。

甗的上部和下部各分为三式，在地层上可互相对应。如：Ⅱ式甗的上下部都出土于

87F1。Ⅲ式甗的上下部都出土于87T25第2层。Ⅰ式甗虽然上部出于土87H1，下部出土于87T15第2层，但这两个单位都出土Ⅰ式鬲，并且它们的内壁也都有绳纹。

罐　按器形分为鼓腹、双耳、折肩、筒形四类。

鼓腹罐：夹砂红褐陶，圆唇侈沿，束颈，圆鼓腹。87T18②：2，口沿抹光，腹饰细绳纹。口径36、腹39.2、残高23.5厘米（图五，12）。

双耳罐：87F1：3，夹砂褐陶，圆唇侈口，束颈鼓腹，平底。颈部有2个环形竖耳，陶质酥松，表皮脱落，纹饰不清。口径11.5、高15.2底径8.6厘米（图五，10）。

折肩罐：夹砂褐陶，外施黑衣，素面磨光，圆唇侈口，斜肩内折，平底微凹。87T48②：1，折肩较陡，口径8、高11.2、底径7厘米（图五，17）。

筒形罐：分二式。

Ⅰ式：87F1：4，夹砂红褐陶，圆唇敞口，束颈，深腹外鼓，平底。口沿抹光，腹部饰细绳纹。口径12、底径8、高18.3厘米，最大腹径在中部（图五，14）。

Ⅱ式：夹砂褐陶，方唇敞口，短领束颈，深腹平底。最大腹径近肩部，通体饰细绳纹。87T48②：4方唇，颈稍高，深弧腹。口径17、高24、底径96厘米（图五，16）。87T25②：2口沿上有两个小鋬耳，口径13、底径10、高22.5厘米（图五，15）。

钵　分敛口、敞口两类。

敛口钵：87T19②：1，夹砂红陶，素面，尖唇敛口，腹斜收。口径22厘米（图五，18）。

敞口钵：圆唇侈口，腹斜收，平底。腹饰细绳纹。87F1：2，口径12.5、高4.8、底径7.2厘米（图五，13）。

瓮　未见完整器，分三式。

Ⅰ式：夹砂红褐陶，圆唇侈口较直，束颈，鼓腹。87T18②：3肩下饰绳纹。口径38厘米（图六，1）。

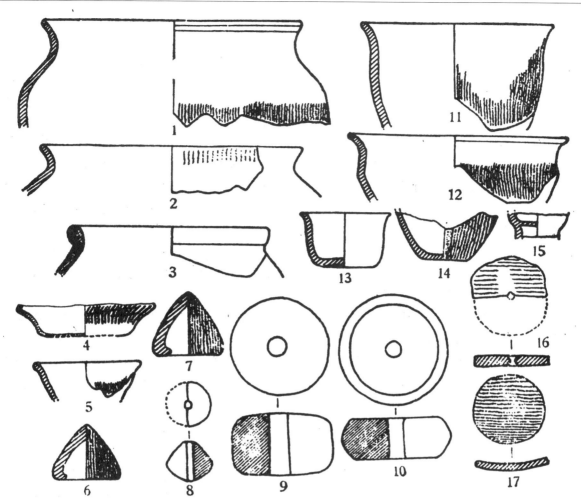

图六 第三类遗存陶器

1. I 式瓮（87T18②：3） 2. II 式瓮（87T49②：2） 3. III 式瓮（87T41②：4） 4. 尊（87H15：2） 5. 碗（87T59②：3） 6、7. 陶模（87T10③：1、87F1：1） 8. III 式纺轮（87T6③：2） 9、10. I、II 式纺轮（87H15：3、87F1：7） 11、12. 盆（87T15②：4、87T49②：1） 13. 盂（87T48②：3） 14. 盅（87T6③：1） 15. 豆（87T29②：2） 16、17. 陶饼（87T6③：3、87T41②：1） （2、12约1/7，8、9、10约1/3，余约1/5）

II 式：87T49②：2，夹砂红陶，圆唇侈口外翻，颈部饰稀疏绳纹。口径47、残高8.5厘米（图六，2）。

III 式：87T41②：4，夹砂红陶，圆唇外叠，短直领，鼓腹，素面磨光。口径29、残高6.9厘米（图六，3）。

盆 夹砂红褐陶，圆唇敞口，短颈深腹，饰粗绳纹。87T15②：4，侈沿，腹壁弧线内收。口径28厘米（图六，11）。87T49②：1，侈沿外翻，腹壁折角内收。口径40厘米（图六，12）。

尊 未见完整器。一件为口沿（87T7②），泥质红褐陶、外施黑色陶衣。器形同65T2④：3。另一件为底部（87H15：2），夹砂红褐陶，折腹斜收，平底。折腹以下饰绳纹。底径12厘米（图六，4）。

盂 87T48②：3，夹砂红褐陶，圆唇敞口，腹壁较直，近底处斜收，平底微凹，素面。口径12.4、底径8、高8厘米（图六，13）。

盅 87T6③：1，夹砂褐陶，腹壁斜收，平底，腹部饰绳纹。残高3.3、底径3.5厘米（图六，14）。

碗 87T49②：3，夹砂灰陶，厚圆唇敞口，斜收腹，口沿抹光，腹饰绳纹。口径16厘米（图六，5）。

豆　87T29②：2，仅存豆盘与把结合处，夹砂灰陶，素面。残高 3.2、腰径 8 厘米（图六，15）。

陶模　夹砂褐陶，似窝头状。器表饰细绳纹。87T10③：1，底径 10、高 8 厘米（图六，6）。87F1：1 底径 9、高 9 厘米（图六，7）。

纺轮　分三式。

Ⅰ式：87H15：3，泥质红褐陶，夹少量蚌壳粉。近圆饼形。外径 3.6、孔径 0.7、厚 2.3 厘米（图六，9）。

Ⅱ式：泥质灰褐陶，夹少量蚌壳粉。算盘珠状。87F1：7 利用陶片磨制而成，略薄。外径 4、厚 1.5 厘米（图六，10）。

Ⅲ式　87T6③：2，近似圆珠状。直径 3.6、孔径 0.5、高 3 厘米（图六，8）。

陶饼　利用夹砂红褐陶片磨制成圆饼形。87T41②：1，表面饰细绳纹。直径 10.4、厚 0.8 厘米（图六，17）。87T6③：3，中间有一对钻小孔，直径 9.3、厚 1.5 厘米（图六，16）。

2.石器　共 12 件。

石斧　5 件，分三式。

Ⅰ式：穿孔石斧，斧身上窄下宽，首端圆滑，有对钻圆形孔一个，孔径 0.8 厘米。横断面扁平，磨制精细。刃部锋利，有明显的使用痕迹。87H9：1，黑灰色，长 12.1、宽 5、厚 2.2 厘米（图七，1）。

Ⅱ式：条形石斧，刃部和首部略窄于中腰，横断面椭圆，表面局部磨光。87 采：2，长 14.3、腰宽 54、刃部宽 5.3 厘米（图七，4）。

Ⅲ式：梯形石斧，上窄下宽，呈梯形，横断面呈椭圆形，表面磨光，刃部有使用痕迹。87T17③：3，高 10.5、刃宽 6.6、厚 2.9 厘米。接近刃部，一面磨成弧形，一面为斜面（图七，2）。

石锤　87T15②：2，长圆形，高 11 厘米。首端稍细，一角残缺，有打凿的疤痕。锤面平整，直径 4—5 厘米（图七，3）。

石凿　87T18②：4，长方体，一面刃，长 16.5、首端宽 4.05、刃宽 4.2 厘米。有使用痕迹（图七，5）。

多边形刮削器　2 件。用石片制成，灰色半透明体，打击点明显，半锥体突出，有放射线和弧心波，87T17②：3，呈不规则长条形，长 2.9 厘米，三侧加工成刃缘，两侧缘略凹，一缘突出，单面修整（图七，10）。87H5：1，不规则半圆形，一面略厚，便于用手把握，其余周缘加工成刃，交互修整成尖锐的刃缘（图七，9）。

石片　2 件。用燧石制成不规则片状。灰色半透明体。有打击点，半锥体突出，87T10③：2，长 2.3 厘米。87T10③：3，长 1.9 厘米。

3.骨器　共 4 件。

骨锥　87T17③：2，长 25.03、最大径 0.6 厘米。磨制精细，尖端锋利，接近锥尖部分成扁方体（图七，8）。

骨刀　87F1：8，长条形，两端残。长 12.2、宽 1.8 厘米，通体磨光，横断面呈扁三角形，刀背厚 1.5—2.2 厘米，刃部锋利，有明显的使用痕迹（图七，11）。

鹿角器　87F1：9，利用鹿角磨制成。长 35 厘米（图七，7）。

穿孔骨片　87T19②：2，略呈长条形，长 4.5、厚 0.15 厘米。有圆形钻孔，径 0.35 厘米（图七，6）。

4.铜器　出土 2 块铜疙瘩，不辨器形，分别长 3.3 和 2.7 厘米。

第三种遗存在燕山南麓的河北北部和京津一带发现颇多。1965 年发掘时称其为"夏家店下层文化"，1979 年发掘时又称为"燕南类型的夏家店下层文化"。三次发掘文化内涵基本相同。文化面貌与夏家店下层文化存在较大区别，房屋都是椭圆形的半地穴式，不见石块和土坯的建筑形式。陶器中，敛口鼓腹鬲、折肩鬲和敛口深腹鬲是最常见的代表器

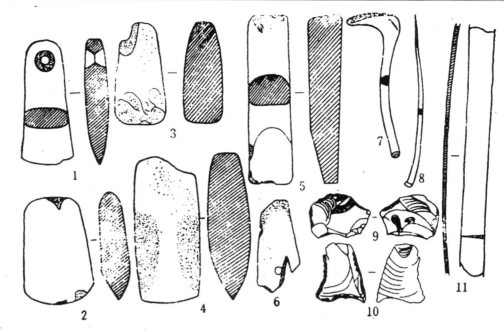

图七　第三类遗存器物

1、2. Ⅰ式石斧（87H9∶1、87T17③∶3）　3. 石锤（87T15②∶2）　4. Ⅱ式石斧（87 采∶2）　5. 石凿（87T18②∶4）　6. 穿孔骨片（87T19②∶2）　7. 鹿角器（87F1∶9）　8. 骨锥（87T17③∶2）　9、10. 多边形刮削器（87H5∶1、87T17②∶3）　11. 骨刀（87F1∶8）（1—5,1/4,8.1/6,余 1/2）

物,始终未见夏家店下层文化的筒腹鬲。有许多器类可以从雪山二期文化中找到其渊源[⑥],与夏家店下层文化源于小河沿文化的谱系不一样。因此,我们认为不能与夏家店下层文化混同。

依据 1965 年发掘中 T4 第 4 层迭压 F4 和 1979 年发掘中第 2 层迭压第 3 层的地层关系,以及第三次发掘中获得的各个单位的器物组合,大致可将全部遗存分成连续发展的三期[⑦]。早期陶鬲接近昌平雪山 H66 龙山文化出土的同类陶器;晚期出土的陶豆与郑州二里岗[⑧]下层陶豆相似,蔚县庄窠也有地层证明这类遗存为具有二里岗上层文化因素的地层叠压[⑨],因此其下限应与二里岗下层相当。

四、第四类遗存

散见于 T6②、临 T4②、T10②、T43H16 等单位,其中出土遗物较多的是探沟临 T4 的第 2 层,位于台地的西南边缘,文化层为松软的灰土,接近生土处有一层较硬的黄土地面,深 1.5 米。出土遗物有袋足鬲、高领罐、钵、甑、簋、尊柱状鬲足、鼎足、石球及鹿角、骨锥、蛤蚌、马下颚骨、鱼骨、猪牙等动物骨骼。

（一）遗迹　窖穴一座。H16,筒形穴,位于 T43 中部偏东,耕土层下开口,椭圆形口,筒状,口径 1.75,深 0.3 米。填土黑灰,较软,出极少陶片。

（二）遗物　分陶器、石器和骨器三类。

1. 陶器

以泥质灰陶为主,夹砂灰陶次之,还有少量泥质灰褐陶和夹砂灰褐陶。泥质陶火候较高,质地坚硬;夹砂陶所掺的多为大粒粗砂,陶质粗糙。纹饰以竖行粗绳纹和交叉拍印绳纹为主,极少细绳纹,另有少量弦纹和压印三角纹。饰压印绳纹的方缘叠唇口沿是此类遗存陶器群的一个重要特征。完整器极少,可辨别的有鬲、瓶、甑、罐、钵、尊、瓮、缸、鼎等。

鬲　未见完整器,按器形可分为二式。

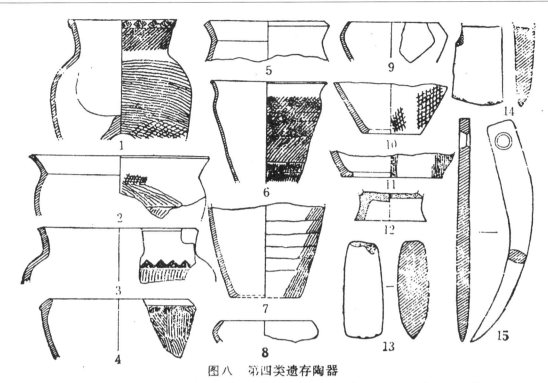

图八　第四类遗存陶器

1. Ⅰ式鬲（87临T4②：1）　2、6. Ⅱ式罐（87临T5②：1、87临T4②：9）　3. 瓮（87T6②：4）　4. Ⅲ式钵（87T6②：1）　5. Ⅰ式罐（87临T4②：9）　7. 罐（87临T4②：4）　8、9. Ⅰ、Ⅱ式钵（87临T4②：11、13）　10、11. 甗（87T43②：1、87临T4②：7）　12. 盆（87临T①：7）　13、14. Ⅰ、Ⅱ式石斧（87T10②：5、87T45②：1）　15. 骨镞（87临T4②：15）（1、5、7—12为1/8，2—4为1/10，6为1/20，15为1/2，余1/4，未注明质地者均为陶器）

Ⅰ式：高领鬲。87临T4②：1，夹砂灰陶，方缘叠唇，口沿饰压印绳纹，带状花边，高直领，鼓腹浅裆，袋足肥大，足跟部分残缺。通体饰绳纹。口径20.8、残高24厘米（图八，1）。

Ⅱ式：直腹鬲。仅见口沿、腹片和鬲足。方缘叠唇，口沿饰压印绳纹，带状花边，筒形直腹，通体粗绳纹，器形颇大。似唐山古冶遗址出土的T8②：332。

罐　皆泥质灰陶，方唇折沿。分二式。

Ⅰ式：87临T4②：9，敞口，素面。口径22厘米（图八，5）。

Ⅱ式：87临T4②：16，口微敞，肩部饰交叉粗绳纹，肩以下饰弦纹和粗绳纹。口径56，残高50厘米（图八，6）。87临T5②：1，腹微鼓，饰交叉粗绳纹，口径44厘米（图八，2）。

另见残罐腹片一件，87临T4②：4，泥质灰陶，深腹斜收，平底。饰绳纹加横划纹（图八，7）。

瓮　87T6②：4，夹砂灰陶，方唇高直领外侈，鼓腹。领部磨光，肩饰压印三角纹一周，腹部饰绳纹。口径37厘米（图八，3）。

钵　分三式。

Ⅰ式：87临T4②：11，夹砂灰陶，圆唇，敛口，圆肩，腹壁斜收，素面粗糙。口径18厘米（图八，8）。

Ⅱ式：87临4②：13，小方唇，敛口折肩，腹壁斜直，素面磨光。口径18厘米（图八，9）

Ⅲ式：87T6②：1，夹砂灰陶，圆唇口微敛，饰粗绳纹。口径34厘米（图八，4）。

甗　仅见底部，皆泥质灰陶。87T43②：

1,饰稀疏交叉粗绳纹,通底无隔。底径8.8厘米(图八,10)。87临T4②:5,饰细绳纹,有窄隔一周。底径15厘米(图八,11)。

簋 87临T4②:7,仅存器底,泥质灰陶,素面,圈足,高5.5、直径15厘米(图八,12)。

鼎足 仅见一件,扁方形,一面弧圆,饰交叉细绳纹。

2.石器 共五件。

石斧 3件,分二式。

Ⅰ式:长条形,横断面椭圆,表面磨光,刃部有明显的使用痕迹。87T10②:5,长9.4、宽4、厚3.6厘米(图八,13)。

Ⅰ式:87T45②:1,梯形,侧面平直规整,表面稍加磨制,刃部有使用痕迹。残长7.8厘米(图八,14)。

石球 87临T4②:14,圆形球状,表面磨光。直径5.3厘米。

3.骨器

鲼 87临T4②:15,利用鹿角精心磨制而成,表面光亮,长11、尾宽1.4厘米。尖部锋利,靠近尾端有一穿孔,孔径0.5厘米,两面对钻(图八,15)。

第四种遗存,1979年发掘报告曾将其归入"围坊三期文化"。这类遗存的陶器群特征鲜明,以夹砂灰陶为主,流行拍印交叉粗绳纹,口沿常做成方缘叠唇,压印绳纹,成为带状花边,以粗大的柱状鬲足最具特色,另有瓶、瓮、罐、钵、尊、簋、鼎等器形。经常伴出具

有典型西周文化特征的陶器。近年在蓟县刘家坟遗址中发现此类遗存的地层被西周中期的墓葬打破,经 ^{14}C 测定,最晚为距今 2850±75 年,最早距今 3070±75 年[⑪]。在唐山古冶遗址发现,这类遗存又叠压在围坊三期文化之上[⑪],与围坊三期文化属不同时期堆积。因此,我们称之为张家园上层类型。.

五、墓 葬

共4座,其中正式发掘三座,皆位于遗址西部,土坑竖穴,方向北偏东,自南向北依次排列有序,间距3—5米,基本成一排。开口于表土下,填土内出土极少量第三种遗存的陶片。

1.一号墓(87M1)

墓圹长方形,长3.10、宽0.98、深0.4米,葬具为木馆,可见棺板线,中间宽,两端窄,呈梭形。长2.82米、最宽处0.6米,墓口距墓底深仅存10厘米。方向61°。单人俯身葬,骨架保存基本完整,男性,30~40岁。随葬金耳环1对,置于两耳边。右侧下颌骨处放置绿松石2颗(图九)。

金耳环 1对。87M1:1,用直径1.5毫米分别长23厘米和21厘米的金丝,弯曲成椭圆形的环状,两端砸扁搭茬。环直径分别为5.5和5.3厘米。

绿松石珠 2颗。87M1:2,翠绿色石料磨制而成,椭圆形柱状体,分别长2和1.4厘米,中间对钻孔,孔径0.2—0.25厘米。

2.二号墓(87M2)

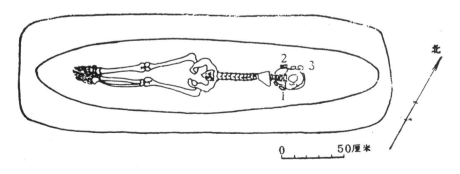

图九 87M1平面图 1、2金耳环 3.绿松石

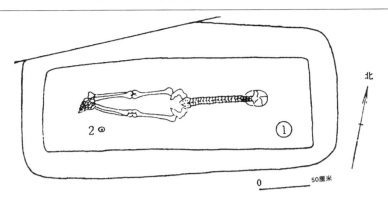

图一〇　87M2平面图

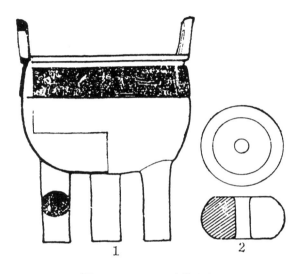

图一一　87M2随葬器物

1.铜鼎（87M2：1）（1/4）　2.陶纺轮（1/2）

墓圹长方形,长 3.04、宽 1.48、深 0.53 米。葬具木棺,亦长方形,长 2.6、宽 0.9、高 0.2 米。方向 79°,单人俯身葬,骨架保存基本完整,女性,30—40 岁,棺内东南角随葬铜鼎 1 件,下颌骨下放置绿松石 2 颗,左脚上方随葬陶纺轮 1 件（图一〇）。

鼎　87M2：1,两立耳,深腹圆鼓,柱足,颈部饰由三对夔龙组成的花纹一周,回纹地,中间有三个扉棱相隔。器内壁铸"‖又"字。通高 22、口径 17 厘米（图版陆,5;图一一,1;图一五,左）

绿松石珠　87M2：3,二颗。略同 87M1：2。

3.**三号墓**（87M3）

墓圹略呈长方形,头端作半圆形。长 3、

1.铜鼎　2.陶纺轮

宽 1.1、深 0.3 米。一棺一椁,椁长 2.22、宽 0.8、深 0.25 米。棺长 2.16、宽 0.6、深 0.25 米。方向 101°,单人俯身葬,骨架保存基本完好。女性,30—40 岁。椁内东北角随葬铜鼎、铜簋各 1 件。棺内人骨双耳两侧出土金耳环 1 对,另有绿松石 11 颗,石镞 1 个（图一二）。

鼎　87M3：1,两立耳,深腹,下腹微鼓,圜底,柱形足,略粗。口沿下饰一圈二对夔龙纹,中间夹以圆涡纹,回纹地。腹部饰蝉纹一周。高 26、口径 18 厘米（图版陆,4;图一三,1）。

簋　87M3：2,折沿圆唇,腹壁较直,圜底,高圈足。口径 24.6、底径 17.9、高 26.5,圈足高 5 厘米。口沿下均匀饰三个突起的兽头,兽头两侧各饰一对夔龙纹。腹饰百乳纹,乳丁尖长,突出 5—6 毫米。雷纹地。圈足饰三对夔龙纹（图版陆,2;图一三,2）。

金耳环　87M3：3,1 对。用直径 2 毫米,分别长 19 和 20 厘米的金丝,弯曲而成。形制同 87M1：1。环内直径分别为 4.7 和 5.2 厘米（图一三,3）。

石镞　97M3：5,用燧石片剥制成,呈等腰三角形。高 1.8 厘米。镞尖锐,尾部内凹,剥痕清晰,制做精细。

4.**四号墓**（87M4）

墓圹长方形,长 2.2、宽 1.05—0.95、深仅存 0.2 米。方向 78°,葬具为木棺。棺和骨架已被扰乱。出土铜鼎、簋各 1 件,金耳环 1 付,绿松石 3 枚。

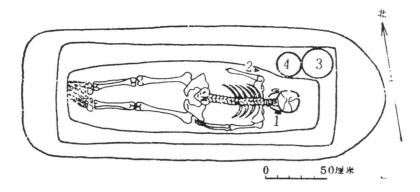

图一二　87M3平面图

1. 金耳环(87M3：3)　2. 石镞(87M3：5)　3. 铜簋(87M3：2)　4. 铜鼎(87M3：1)

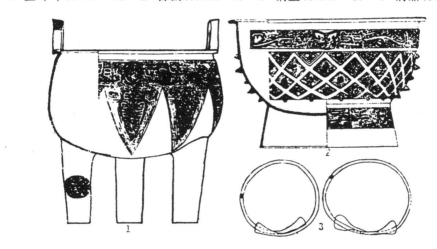

图一三　87M3随葬器物

1. 铜鼎(87M3：1)　2. 铜簋(87M3：2)　3. 金耳环(87M3：3)(1、2为1/5,3为2/5)

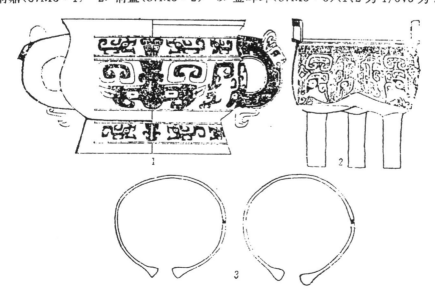

图一四　87M4随葬器

1. 铜簋(87M4：2)　2. 铜鼎(87M4：1)　3. 金耳环(87M4：3)(1、2为1/5,3为2/5)

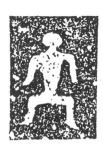

图一五
左：M2铜鼎铭文
右：M4铜簋铭文（均原大）

鼎　87M4：1，大口，平折沿，立耳，圆浅腹，分裆柱足。口沿下饰一圈云雷纹，腹部分别在足的上方饰三组饕餮纹。通高18.4、口径15.5厘米（图版陆，3；图一四，2）。

簋　87M4：2，敞口，束颈，两竖耳，耳下有垂珥。鼓腹圈足，颈部和圈足饰以夔龙纹，耳为龙首，腹部饰饕餮纹两组，无地纹。器底有铭纹"天"字。通高20.8、口径203厘米（图版陆，1；图一四，1；图一五，右）。

金耳环　87M4：3，1对。用直径2毫米的金丝弯曲成。一根长19.2厘米，一根长20厘米，形状同87M1：1（图一四，4）。

四座墓葬的共同特征是：土坑竖穴木椁、俯身葬、头向东、随葬铜鼎、簋和黄金耳环，皆不见陶器。位于最南边的M2，出土的铜鼎形制与殷墟第三期M51：3铜鼎相似[12]，应属晚商时期。中间的M3蝉纹鼎和百乳雷纹簋在商末周初的墓葬中为常见器物，酷似宝鸡桑园堡西周早期墓的铜器[13]，与长安沣西[14]和甘肃崇信于家湾早周墓的铜器也颇接近[15]。北面M4的分裆鼎近似于山东费县的商晚期分裆鼎[16]和宝鸡竹园沟13号墓的西周初分裆圆鼎[17]。因此墓地的年代应在商代晚期至西周之际，最晚不过西周初年。

M4铜簋铸有"天"字族徽，被认为是周人的一个氏族集团[18]。目前所见铸此徽铭的铜器，有明确出土地点的，多在陕西和山西北部。墓葬的头向东、俯身葬等习俗，也见于陕西长武碾子坡等墓地[19]。燕山地区发现此类遗存，表明周人在灭商以前已和燕山地区建立了密切联系。

墓葬中出土的黄金耳环，皆出于头骨两侧，当为生前实用品。这种形式的耳环、中原地区不见。目前所见的几处，都在燕山南北的墓葬中，年代跨商周两代。如卢龙东闇各庄[20]、平谷刘家河[21]、喀左和尚沟[22]和宁城南山根[23]等地，属燕山地区土著遗存。在此地区与之相应的只有围坊三期文化，其文化面貌也正介于大坨头文化与张家园上层文化之间，具有承前启后的性质[24]。

参加发掘工作的有韩嘉谷、纪烈敏、张俊生等，邱明同志摄影。

执笔者　纪烈敏　张俊生

注　释

① 天津市文物管理处：《天津蓟县张家园遗址试掘简报》，《文物资料丛刊》，第1辑，文物出版社。
② 天津市历史博物馆考古队：《天津蓟县张家园遗址第二次发掘》，《考古》1984年8期。
③ 北京市文物研究所：《北京考古四十年》。
④ 河北省文物管理委员会：《河北唐山市大城山遗址发掘报告》，《考古学报》1959年3期。
⑤ 郭大顺：《大南沟的一种后红山文化类型》，《考古学文化论集》（2）。
⑥⑱ 邹衡：《夏商周考古学论文集》，文物出版社，1980年。
⑦⑳ 韩嘉谷：《蓟县张家园遗址青铜文化遗存综述》，见本刊本期。
⑧ 河南省文化局文物工作队：《郑州二里岗》表三。
⑨ 张家口考古队：《蔚县夏商时期考古的主要收获》，《考古与文物》1984年1期。
⑩ 中国社会科学院考古研究所实验室：《放射性碳索测定年代报告（一五）》，《考古》1988年7期。
⑪ 河北省文物研究所：《唐山市古冶商代遗址》，《考古》1984年9期。
⑫ 河南省文化局文物工作队：《1958年春河南安阳市大司空村殷代墓葬发报简报》，《考古通讯》

1958 年 10 期。

⑬ 陕西省博物馆、陕西省考古研究所、陕西省文物管理委员会：《陕西出土商周青铜器》四，图版一一七。

⑭ 中国社会科学院考古研究所丰镐发掘队：《长安沣西早周墓葬发掘记略》，《考古》1984 年 9 期。

⑮ 甘肃省文物工作队：《甘肃崇信于家湾周墓发掘简报》，《考古与文物》1986 年 1 期。

⑯ 王世民、张亚初：《殷代帝乙时期青铜容器的形制》，《考古与文物》1986 年 4 期。

⑰ 卢连成、胡智生：《宝鸡𢁹国墓地》图三七。

⑲ 中国社会科学院考古研究所泾渭工作队：《陕西长武碾子坡先周文化遗址发掘记略》，《考古学集刊》6。

⑳ 河北省文物研究所：《河北卢龙县东闬各庄遗址》，《考古》1985 年 11 期。

㉑ 辽宁省文物考古研究所、喀左县博物馆：《喀左和尚沟墓》，《辽海文物学刊》1989 年第 2 期。

㉒ 辽宁省昭乌达盟文物工作站、中国科学院考古研究所东北工作队：《宁城县南山根的石椁墓》，《考古学报》1973 年 2 期。

附表　　　　　　　　　　　**第三类遗存窖穴一览表**

编号	位置	形状	尺寸（米）
H1	T4	椭圆形筒状	口径 0.8、底径 0.8、腹径 0.9、深 1.3。
H3	T10	椭圆形筒状	口径长 1.26、宽 0.85。深 1.1。
H4	T8	椭圆形筒状	口径 0.8—0.9、深 0.8。
H5	T13	椭圆形筒状	口径 1.0、底径 0.9、深 1.2。
H6	T7	椭圆形袋状	口径 1.15、底径 1.4、深 1.51。
H7	T1	圆形筒状	口径 0.9、深 0.95。
H8	T11	椭圆形筒状	口径 1.2、深 1.68。
H9	T17	椭圆形筒状	口径 0.8—0.9、深 1.1。
H10	T17	圆形筒状	口径 0.7、深 0.2。
H11	T27	圆形筒状	口径 2、深 0.45。
H12	T34	椭圆形筒状	口径 1、深 0.95
H13	T35	椭圆形筒状	口径 1.85、深 0.4。
H15	T37	圆形筒状	口径 1.1、深 1.05。
H17	T44	椭圆形筒状	口径 0.95、深 0.75。

（原载《考古》1993 年 4 期）

古代渤海湾西部海岸遗迹及地下
文物的初步调查研究

李世瑜

一

关于古代渤海湾西部海岸线向东推移的过程,也即渤海湾西岸(蓟运河、海河、捷地河流域尾闾地段)冲积平原的形成过程的研究,是我国历史地理研究上的重要课题之一。搞清了这个问题,不但可以补足和匡正历史记载上的缺失,而且有助于沿海地区冲积平原与夹沙河流的关系问题的解决。尤有进者,搞清了这一问题,对于当前的生产建设,还有着相当重要的现实意义,诸如建港,水利工程,一般建筑,土地利用,以至地质探矿,海水养殖等等皆是。

对于这个问题的研究,并没有被人遗忘。我国学者在治天津史志和探讨关于华北平原的生成以及海河水系的变迁等问题时,每多言及。近几十年来由外国学者所主持的许多地理勘测工作、绘制的地图以及写成的论著,很多也都涉及到它。无疑的,他们的工作成绩对于上述问题的解决是有着一定贡献的。但由于他们测绘研究时对于某些方面的不能深入,或者是所依据的历史记载的不足征信,有些结论往往是片面的、错误的。如克雷陀普所写的《华北平原之形成》(见《中国地质学会志》27卷,1947年)中,就认为二千五百年前天津市区恰在海边;丁骕所写的同一命题的文章(见《水利月刊》15卷1期,1947年),更

将二千一百年前的海岸线画在霸县、文安之间,认为九百年前天津附近尚未成陆(侯仁之先生曾著文驳此两说,见《地理学资料》1期,1957年)。一般的天津史志也多系根据《汉书·地理志》所载"河自章武入海",而断定二千年前的海岸线在沧县的文安洼附近,或者根据《通典·州郡典》所载"(渔阳郡)南至三会海口一百八十里"而断定一千多年前的海口在今天津市内的三岔口(金钢桥附近)。这些论断的影响既深且广,历来人们一直把天津地区认为是"无古可考"的"海滨弃壤",因而对于其文化遗存的研究不能重视,皆缘于此。如1956年天津市东郊区张贵庄发现战国墓群后,即有很多人持有否定的见解,至使在断代问题上一度发生纠缠;直迄1959年为止的初中地理教科书上,在讲到华北平原的生成时所绘定的九百年前的海岸线,仍将天津市区划入海中(见初中《地理》126页,人民教育出版社,1959年版)。如此等等,不一而足。

要怎样才能完满地解决这个问题?根据可靠的历史文献来考证固然非常必要,而进行实地调查,恐是更重要的方面。1957年我在前天津史编纂室工作时,为了编纂天津的"前史"的需要,曾做过一次野外考察,获得了不少资料。此后天津市文化局社会文化处(简称文化局)等部门又继续有所发现,现将上项

资料综为此文，诸希通达，不吝明教！

二

先简单介绍调查古代渤海湾西部海岸遗迹及地下文物的经过和所获资料。

我的调查是从 1957 年 3 月开始的，比较集中的工作时间是夏秋两季。此后在 1958 年、1959 年又多次进行了补充调查或复查。所经地区包括天津市的四个郊区及塘沽区、宁河县、黄骅县与静海县的部分地区。调查的路线非常错综，现以所发现的三道古代海岸遗迹为顺序，缕述所获如次（图一）。

第一道是距现海岸最近的以天津市东郊区泥沽为中心的海岸线。这道线北起宁河县芦台镇北 1.5 公里的闸口，南迄南郊区的上沽林，全长约 75 公里。在这道线上的芦台闸口、宁车沽、白沙岭、军粮城东垡、郑庄子、泥沽、邓岑子、杨岑子、大站、新开路、南天门、板桥、上沽林等地，都有着显著的海岸遗迹，这种遗迹就是当地俗称的"蛤蜊堤"（又称蛤蜊垟、蛤蜊冈子、沙岭子、岑子地、岑子垒，地貌学上的专名是"死亡的海岸洲堤"或"贝壳堤"，考古学上所称的"贝丘"有的也是指此而言。本文从俗称；但指活着的海岸的蛤蜊沙子堆积则仍称"洲堤"以示区别）。所谓蛤蜊堤，就是高出地表的由各种介壳及其碎屑混以沙粒（沙土）而成的一种堆积层，蛤蜊堤的成分各地并不相同，但主要有两种类型，一种是自白沙岭向南迄上沽林一段的蛤蜊堤，它的成分是以各种介壳为主，其中混以棕色或灰棕色的粗沙粒，介壳品种繁多，主要有魁蛤、竹蛏、牡蛎、毛蚶、锥螺、轮螺、强棘红螺、笠贝、扇贝、车渠贝等（下文以"粗沙"代称）。另一种是芦台、宁车沽一带的蛤蜊堤，它的成分是以黄色细沙为主，夹以魁蛤、竹蛏、牡蛎等少数几种软体动物的遗体（下文以"细沙"代称），蛤蜊堤在各地存在的情形也很不一致。有的范围很广，堆积很厚。如白少岭的蛤蜊堤即系一个高出地面约 5 米、长达 1 公里、宽约 200

余米的堆积，1957 年初到时所见如此。由于军粮城公社以磨制"蛤蜊粉"为副业经营，不断在此挖掘，1959 年复查时，已经在长约 100 余米、宽约 30 余米的地段挖下约 20 米，尚未达于基部。从挖下的断面可以看出这个约计 400 万立方米以上的堆积，通体都是"粗沙"，而且堆积的层次历历可辨。这种滨海地区的特殊地质构造，不惟在科学研究上有其价值，也可说是地方上的一种"奇观"。又如邓岑子、杨岑子、上沽林等地，"粗沙"的堆积也很厚，整个的村子、大道都是建筑在这上面，农民们还利用这种土壤（略加改造后）播种块茎类农作物。蛤蜊堤与人民生活和生产活动的关系，于此可见一斑。但也有些地方堆积很少，或是仅在道边、田垄、渠身等处零星地散布着一些。尤其是"细沙"地区，由于黄色细沙极易与表土混合，因此除了新翻不久而暴露出来的之外，是很难看出原始蛤蜊堤的迹象的。在这道线上的蛤蜊堤自白沙岭以南各地一直没有什么间断，而向东北则中断甚远，直到宁车沽才又发现了踪迹，其原因与此有关。一个特异的现象是这道堤到了上沽林后并未终止，而是绵延不断地一直向着南偏东 18°的方向，经过马棚口达于歧口。据文化局及河北大学地质地理系的调查，过歧口后并与其更南的高璎头、张巨河、唐家铺、李家铺直至小双坨子等地贯连。再向南未经调查，据说直到现在黄河口。但这一段仍是现在的没有死亡的海岸洲堤。另外还有一点需要说明的，即在这道堤上各存在蛤蜊沙子的地方，特别是在大道上的，有些是在筑路时由人工移运过去的，由于它们常是与原始的蛤蜊堤紧密衔接，因此很难只凭一些简单的勘测来辨认，这就只有期待于以后更细致的工作了。

在第一道蛤蜊堤上，我在调查时以及文化局和宁河县文化科在小北涧沽、白沙岭、军粮城、泥沽等地发现了一些遗址、墓葬或文物；1960 年文化局又在黑牛坨子、大双坨子、

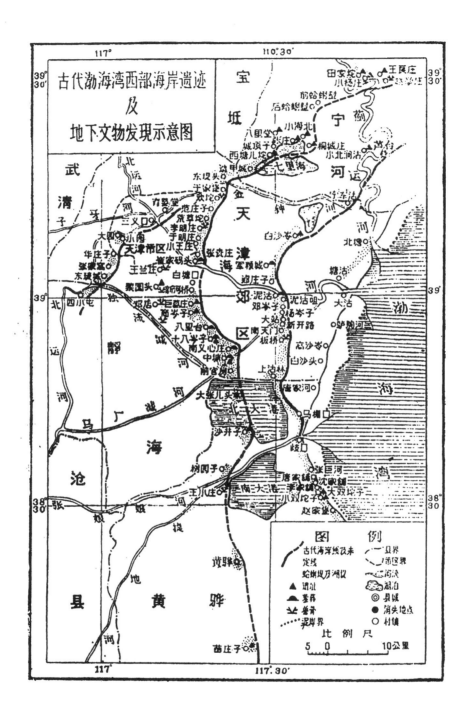

图一

小双坨子、王八盖坨子等地有所发现。发现后或由文化局进行发掘，或是采集到一些文物。经专家鉴定，这些遗址、墓葬或文物绝大部分是属于唐宋时代的。这对于考订这道堤的年代无疑是非常重要的依据。现将几处主要的发现介绍一下。如军粮城镇内刘家台子的唐代墓葬，计在墓地正穴（砖券墓室）内掘出带龙纹浮雕的大理石棺一具，穴后小室内掘出乐俑、胡俑、人首兽身俑、动物俑及日用器皿模型等80余件，另外还发现墓地石阙的小庑殿顶一个，据说昔年尚有牌坊、翁仲甚多；又镇内唐洼地方群众打井时，还发现唐代砖墓一座，曾掘出唐三彩罐一个、海兽葡萄镜一面；又刘家台子中学操场翻修时尚发现宋代墓葬一处，出土褐釉粗砂双耳壶一对、买地券一块、宣和钱二枚。又如在泥沽村南也曾发现墓葬一处，出土文物有陶器多件及宋祥符及元祐钱二枚。又如在小双坨子也曾采集到宋代的带釉粗磁碎片及绳纹砖、布纹瓦多件，等等。

第二道海岸遗迹是以天津东郊区白塘口为中心的蛤蜊堤。这道堤北起宁河县的赵学庄，南迄黄骅县的苗庄子，全长约185公里。在这道线上的小杨庄、田庄坨、西唐儿坨、造甲城、东堤头、于家堡、范庄子、荒草坨、小王庄、张贵庄、崔家码头、新河桥、巨葛庄、商岑子、南八里台、十八岑子、中塘、南义心庄、前官房、大张儿头（近年因扩建北大港，该村已消失）、树园子等地都发现了蛤蜊堤；1960年文化局又在黄骅县的沙井子、黄骅、苗庄子也发现了蛤蜊堤。这道堤上蛤蜊沙子的成分与第一道一样，南北也是殊异。自张贵庄向南直迄苗庄子一律为"粗沙"，向北一律为"细沙"。分布情况与第一道堤也很相似。比较典型的"粗沙"堤是新河桥、巨葛庄和中塘，堆积很厚，最高处突出地面3.5米，宽处达3公里以上；尤其是巨葛庄和中塘，整个村子也是建筑在蛤蜊堤上。典型的"细沙"堤是东堤头，村北

东西向的排水河两岸及河身暴露的"细沙"长达5公里左右，可以说明当初这里的洲堤并不是带状的，而是一片沙滩。这道堤上的蛤蜊堤和第一道一样，也是海河以南中断处较少，中断距离较近，海河以北较多且远。

在第二道蛤蜊堤上所发现的遗址、墓葬和文物数量较多，渤海湾西岸地区的文化遗存可说是大部分汇集于此。除了已经文化局发掘的著名的张贵庄战国墓葬33座（报告见《文物参考资料》1957年3期）和安志敏先生发现的田庄坨先秦遗址（报告见《文物参考资料》1954年4期）外，尚有宁河县文化科发现的城顶子窑址、八里堂遗址、赵学庄遗址，和我在调查时发现的巨葛庄遗址、十八岑子遗址和墓葬、中塘遗址和墓葬、张码头遗址、东城顶子遗址、小海北遗址、桐城庄遗址，以及文化局继此发现的商岑子遗址、韩家桥十顷稻地瓮棺墓葬、八里台及南义心庄瓮棺墓葬、沙井子遗址、苗庄子遗址。其中许多处都是比较重要的。如1960年文化局即曾在巨葛庄遗址和商岑子遗址进行发掘，出土了陶豆、罐、釜、尊、铁锄、斧、凿、铜带钩、镞、戈以及刀币等多件。在沙井子及苗庄子采集到陶片及铜剑等多件。1958年在中塘遗址采集到巨型瓮棺两具及豆、罐、盆、尊等陶器及铜器多件；又如城顶子窑址，至今仍在长达500米以上、宽达120米的地面上暴露着瓦砾场式的陶器和砖瓦碎片，1957年宁河县文化科曾在该处采集到陶罐等物多件，我也曾在该处拾到残瓦当、陶箅、陶纺轮、陶网坠、五铢钱和兽牙等数十件（参阅云希正：《天津市郊古遗址古墓葬的调查与发掘记略》，《北国春秋》1959年1期）。经专家鉴定，这些遗址、墓葬和所获文物，大部分是属于战国时代的，一部分属于秦汉。同样这也是考订这道蛤蜊堤的年代的可靠依据；同时也可由此想见在战国秦汉时代人们在这里从事生产活动的繁荣景象。

再谈第三道蛤蜊堤。这道堤北起天津市

的育婴堂、南迄静海县的四小屯，全长约 30 公里。在这道堤上的大园、小园、华庄子、张家窝，东琉城、四小屯等地都有蛤蜊堤的迹象发现。但除四小屯以及独流减河岸上暴露着明显的"细沙"外，其余地方都不很明显（但据各该地人称，掘地一米左右即常发现蛤蜊沙子堆积，有的深达 1、2 米）。另有一个值得注意的现象，即在华庄子以西 1 公里处至东琉城一段，现仍有一带突出地面约 2 米上下的土岗，成分是黄土混以"姜石猴"（砂姜土），当地传说系"老辈子的挡海水堤"，这可能也是蛤蜊堤的又一种类型。

在这道堤上的文化遗存，只是 1958 年文化局与南开大学历史系在张家窝找到过一处战国遗址，其余没有发现。但尚有三处重要的战国遗址，均不在蛤蜊堤上，一是双口遗址，一是大任庄遗址，一是黎园头遗址，因与本文论题无关，故不详介。

在这三道蛤蜊堤上，除了上述的蛤蜊沙子、遗址、墓葬和其他文物的发现以外，在三道堤之间的许多地方还发现过一些兽骨或海生动物遗骸。如 1958 年在北郊区欢坨东南曾发现过一具较完整的鲸鱼骨骼，中国科学院古脊椎动物与古人类研究所曾进行过发掘；在迤南的于明庄附近，若干年前农民也曾掘出过很多鲸鱼骨碎块；1956 年至 1960 年天津市历史博物馆在西郊区的黎园头、邓店、王兰庄和独流减河岸陆续发现四不像鹿角多具；1957 年宁河县文化科在赵学庄附近也发现过四不像鹿角；黄骅县王小庄也曾发现过四不像鹿角多具；南郊区板桥也发现过黥鱼骨骼碎块及牙齿等。这些发现自然也是考订蛤蜊堤年代的一些重要佐证，附图中将上述各存在蛤蜊堤的地点用粗线黑线联接起来，这就是三道古代渤海湾西部海岸线。蛤蜊堤不明显的地方或由文献及考古发掘资料间接证明为古代海岸线的地方以及中断地区均用粗黑断续线表示。各种文物发掘也均用适当

符号标出（见图一）。

三

这里要讲三道古代海岸线的断代问题。为了方便起见，先从第二道蛤蜊堤说起。

在第二道堤上所发现的许多遗址、墓葬和文物，绝大部分是战国或秦汉时代的，这个事实说明这道堤在当时已经是死亡了的洲堤即蛤蜊堤了。因为人们在这道堤上既然营建了村落或墓地，一定是当蛤蜊堤已经具备了居住的条件时才成。怎样才算具备了居住的条件？那就是它必然与海水有一段相当距离，即在这道堤的东面已经淤出一段泥岸，甚至第一道蛤蜊堤也已形成或已具雏形的时候。因此说第二道蛤蜊堤仍然做为洲堤存在着的年代是在战国以前还有一段时间。至于这段时间是多久，则是目前尚难绝对推算的。另外在第二道堤和第三道堤的中间地区，我们曾发现了好几处地方存在着四不像鹿角，这个事实也可对第二道堤的断代有所帮助。据专家研究，四不像鹿（麋）在新石器时代之后即很多，在殷商时代特别多。这从近年华北（河北、河南）各地的新石器时代遗址的发掘可以证明。甲骨文上也有"王"猎获麋一次竟达到四五百只的记载。直到战国时代仍有它的消息，如《孟子·梁惠王》："王立于沼上，顾鸿雁麋鹿。"据李时珍的考据，大约自汉以后由于人们把麋与鹿混同，于是即不易分辨了。其原因大约是此后麋的繁殖不多几近绝种的关系。至清末英国人在北京南苑的鹿圃里，又发现了纯种的麋。他们曾带回英国饲养，今日我们还能见到这种动物，就是自英国运回来的。因此只据麋角的发现是不能定出绝对年代的。但从殷商时代的遗址发现麋角特多这个事实来看，也不妨即将第三道与第二道堤之间的地区暂定为殷商时代即已形成，而且已宜于麋的活动。

据此引申一步，即可从而判断第二道蛤蜊堤的活着的年代也就是从这个时期开始，

到战国时期它即早已死亡了。这里还有一点证明，即在张贵庄战国墓葬的出土物中除成套的陶质鼎、豆、壶等明器外，还有玛瑙珠饰品、象牙发簪、铜印等较为高贵的器物，这说明战国时代在这道蛤蜊堤上营建墓地的已非一般平民。如果这个地方仍是处在动荡不安的环境中，非平民阶级是断不会在这里居停或把他们的祖先埋葬在这里的。

再谈第一道蛤蜊堤的年代。我们既已有了第二道堤的存在和死亡的年代，上面又说，一道蛤蜊堤具备了居住条件，必然是在它的东面已经淤出一段泥岸，可能另一道新堤也已形成或已具雏形，那么我们就可以肯定第一道堤活着的时代上限就是战国，死亡的时代则是在唐代以前一个相当长的时期。因为这道堤上发现的文物，没有一件是早于唐代的。再从一些文献资料来看，也可按知这道堤在唐宋时代的情况。如这道堤北端的芦台镇，在唐时就是一个军事要地。据陈铁卿《河北省城址考证辑存》的考证，芦台唐时称海口镇，唐末刘仁恭曾在这里置芦台军，称"海口镇"是因为它正在海口。又如军粮城，《畿辅通志》《宁河县志》也都说它是刘仁恭所建，并曾于此筑城、屯垦。又如泥沽，《宋史·河渠志》和《何承矩传》都称它为"泥沽海口"并说它是"天险"，曾置"海作务""造舟"；《续资治通鉴长编》"宝元二年"下也称泥沽为"海口泥沽寨"，并称曾置"巡铺"。

再从第三节所介绍的军粮城唐代石棺墓葬的规模来看，可以知道军粮城地方在唐代不但是个军事重镇，并已具备筑城、屯垦的条件，而且统治阶层的人们还在这里营建了富丽的茔地，当然它也不会是动荡不安的地方了。至于宋代仍称泥沽（军粮城对岸）为"海口"，则恐系泛称，当时的海口很可能已在大沽地方。正如今天我们仍称天津市为"口岸""港口""门户""沿海都市"一样，其实与真正的海口相距还有几十公里呢！

再说从泥沽到大沽的这段陆地是什么时候什么力量使得它形成的呢？也即现在的海岸是什么时代形成的呢？

我认为是在宋代。原来在宋庆历八年（1048年）以后黄河曾经再一次自今日天津入海，历时约80年。当时的黄河在今大名境内即分为北流、卫河、东流三股，前二者最后又汇流于界河（今海河）入海。而且界河又非安流，而是连年溃决的，宋朝廷颇以为患，曾竭力筹措"回河之计"。关于这些记载，史不绝书，这里不须烦引。

如众所知，黄河的夹沙量和淤积能力是很大的，尤其是在泛滥时期更大。泥沽当时既仍泛称"海口"（其实在唐代其迤东地段即已形成泥岸，其范围并可能达于大沽一带），黄河自此入海或泛滥时又是夹带大量泥沙，因此可以推知泥沽以下一段陆地就是在其原来的泥岸基础上由这些泥沙淤积而成的。

这里有两个问题必须顺便解决一下。一是黄河自界河入海时期为时不过八十年，中间且曾两度导东流闭北流，为时约十余年，即以北流为主时，东流也往往同时存在。而泥沽至大沽一段陆地约长25公里，即每年海岸向东推移约半公里左右，这个速度岂不过快？我认为从黄河的淤积能力，特别是从泛滥时期的淤积能力来看，这个速度完全是可能的。不论是史籍记载，还是地下发掘资料，都可证明黄河泛滥的作用于冲积平原的形成或加厚之迅猛是十分惊人的，它不但在一次泛滥后可以在原来的广大面积上于短时间内淤起若干米高，甚至可使整个城池全部覆没。至于认为沧海变为桑田的过程必是一尺一寸地淤积而成或找出淤积速度的平均数来的做法，这只是在从暗滩升高到泥岸，即低潮线向海侧的推移过程中才有意义，而从泥岸或泻湖及沼泽淤为陆地则是不见得适用的（我曾将渤海湾西岸地区的成陆过程大致分为暗滩、泥岸、湖沼、陆地四个阶段。说详拙著《天津一带古代海岸线遗迹的初步调查》，1962年3月31日及4月3日《河北日报》）。

第二个问题是：既然泥沽以下一段是黄河泥沙（当然是把它当做主要力量看待，因为汇流于此的其他河流也有泥沙）淤积而成，那么以上各段，即第一、二道堤之间，第二、三道堤之间的陆地是否也与黄河自此入海有关？是的。自禹导河而后，直迄新莽始建国三年（公元11年）黄河都是自今日天津地区入海的，因此第二、三道堤之间的陆地，即可能为这一千六百多年中的淤积。不但如此，第一、二道堤之间的地区也可能是在这一时期打下了成陆的深厚的基础，即形成了暗滩或泥岸。始建国三年之后，黄河他徙，淤积之功，即全归其它各河。因此成陆的进展是较慢的。这从第一、二道堤的地貌可证。原来这一段地区除海河两岸，十几公里宽以及蓟运河两岸更

窄一些的地区尚可称为真正的黄土地带之外，其他地区则仍保持了沼泽或泻湖状态，如七里海、北大港、南大港等地即都是泻湖。直到宋庆历八年，黄河又一次自此入海后才又将第一道堤东的一部分泥岸迅速淤为陆地，其迅速的程度竟至超越了湖沼阶段，这也由第一道堤东的地貌可证，因为除海河两岸为黄土地带之外，其余仍属泥岸，甚至与第一道堤同时形成的洲堤还有一段仍然为现代的海岸洲堤，即上沽林以下部分。

最后再谈第三道堤的年代。由于证据不足，对于这道堤的年代是目前尚应悬案的。但如果像我们在上面所推测的，第三道堤东的陆地可能成于商殷时代，则这道堤的年代，可能是会晚于这个时期的。

（原载《考古》1962年第12期）

附录：

关于我省滨海地区冲积平原的形成过程

在对古代海岸线的调查中，也可以大体看出蓟运河、海河、捷地河尾闾地段冲积平原的形成过程。它们大致是经过了下述四个阶段：

第一阶段是暗滩。汇流入于海河的各河都夹有大量泥沙，在进入平畴地区之后即开始沉淀。但它们不会全部沉淀于河床上，而是有一部分较细泥沙被带入海中。当我们乘船自大沽出海时，所见到的几十公里宽的一片黄色海水就是这种泥沙悬浮的地方（俗称"河口""盖子里"，海水变蓝以后的地方称"盖子外"；"盖子"即"栏门沙"，也即雏形的洲堤）。悬浮的泥沙普遍沉淀下来就成为"暗滩"，现在的"河口"正是一片暗滩。据1921年天津海

河工程局的测量，它是一个缓坡，距大沽十二公里处才达负四米。

第二阶段是泥岸。暗滩经过漫长的岁月就会淤高为"泥岸"。在渤海湾西岸地区，没有一个地方能站在岸边就能望见海水的，原因就是由于泥岸的阻隔；蓟运河、海河、捷地河在离开海岸线之后还有一段很长的河道，也是这个原因。这种泥岸的土质、盐分、粘性很大，一般呈红棕色，标高很少超过二米，宽度最远的达二十公里，最狭的也有几公里。在一般地貌学的书籍里，有冲积平原的形成是每年向海内推移若干米的说法，大概就是指的这种泥岸的伸延。但泥岸并不是成长了的陆地，大多不能利用；至多只能是在某些较宽的

地方开为盐滩,因为涨潮时海水还是不时地要上来的,不然盐滩工人就不可能"纳潮"了。

第三阶段是湖沼.当泥岸以外的暗滩经过一定的淤淀而升高后,在泥岸的边缘形成一道新的高出泥岸的洲堤时,这段泥岸就会起到蓄水地区的作用,这就是"泻湖";其略高的地方并不经常蓄水的就是"沼泽"。今天的大港和七里海等湖泊就是在第一道蛤蜊堤形成之后而形成的泻湖。大港的东岸就是自上沽林以下的一段洲堤,南北两岸都屡经人工修建,马厂减河和独流减河都注入这里。如果没有这道洲堤,港里的水就会直接泄入海中,但海水也就可以越过洲堤那道线了。几十年前的七里海范围比现在就大得多,它的东南一直达于白沙岭,这也是以第一道蛤蜊堤为东岸和南岸,以第二道堤为西岸和北岸的一个泻湖。

上述这种现象从古代文献也可得到证明。按历史上黄河曾经三次自今日天津入海,如《尚书·禹贡》所载禹导河的情况:"北过降水(今漳河上游),至于大陆(今河北任丘东北);又北播为九河,同为逆河(今天津以西至盐山等地之间),入于海。"《伪孔传》的注解说:"北分为九河,以东其溢"。许商的注解说:"必播为九者,亦因地势下衍,而复多卑洼,故水势散流。"从"地势下衍""复多卑洼""水势散流"等来看,正可说明今天的天津以西至盐山一段地区当时很可能是一片湖沼地带,黄河先注入这里,再分成若干支流,再汇为一道河入海,这样就可"杀其溢"了。再看《水经注·鲍丘水》条注所说秦汉时代鲍丘水(今北运河)流经今日天津地区的情况:"……乱流入于鲍丘水,自是水之南。南极滹沱,西至泉州、雍奴(均在今武清),东极于海,谓之雍奴薮。其泽野有九十九淀,枝流条分,往往径通。"当时雍奴薮大约是包围着今日天津的西、北、东北三面的,今天的七里海以及四十多年前便存在的塌河淀,都是雍奴薮的遗迹。

再看更近一些的记载,《宋史·河渠志》里就还记载着"界河(今海河)沿岸到处积水为塘泺"的事:"东起沧州界,拒海岸黑龙港,西至乾宁军,沿永济河,合破船淀、灰淀、方淀为一水,衡广一百二十里,纵九十里至一百三十里,其深五尺。"这只是许多塘泺中的一个,它的位置也恰在今天西至静海,东以第一道蛤蜊堤为岸的地区。总之,上述这些记载虽不见得十分正确,但以之证明由泥岸阶段到成陆前曾经过一个湖沼阶段总是可以的。

第四个阶段才是陆地。河流注入湖沼地区,所挟泥沙淤淀下来,到了一定程度就成了陆地。淤淀的速度和成陆的可能和以上几个阶段一样,都是决定于河流夹沙量的多寡的。夹沙多的河流所注入的湖沼以及经过洪水多的都可以先成陆。海河两岸今天塘泺已不复见就是这个缘故。与此相反,七里海、大港所以至今仍能保持湖沼的状态,正是由于注入这里的河流挟沙较少的缘故。

上述四个阶段也只是理论上的划分,事实上各个阶段的进展是极不平衡的。例如还在泥岸阶段的第一道蛤蜊堤以东部分,却早已有了大块陆地出现了;再从一、二两道蛤蜊堤之间的地区来看,本来这里是湖沼阶段的,但有的地方也早已成陆,有的地方还露出泥岸的形迹(如赤城滩以南全为红棕色粘土),有的地方还像未经任何淤积的海底(如七里海以南及东北,有的地方即系黄沙土),有的地方是湖沼的底部现象(如张贵庄以北至荒草坨全系黑蓝色的土壤,当然湖沼阶段出现这种土壤应是正常的)。形成这些现象的原因是非常复杂的,诸如原来海岸的深度、曲折度、河流的泛滥和改道、挟沙量、降雨量以及湖沼的被利用情况等,都是足以影响其成陆的速度的。

(节录《天津一带古代海岸线遗迹的调查》,原载《河北日报》1962年3月31日。)

纪念古代渤海湾西部海岸线遗迹发现三十五年

李世瑜

一

1956 年，天津东郊区张贵庄发现了一处墓葬群，经过考古学家云希正等人的发掘和清理，计墓葬三十三座，出土了大量战国时期的文物遗存。这一事实曾轰动了考古学界和文史界，因为许多人受传统说法的影响认为天津是退海地，无古可考，这一发现打破了这种观念。但也有些学者仍然认为在张贵庄是不可能有战国时代的墓葬群和文物出土的，于是学术界一度进行过争论。

争论的问题之一，是墓葬群所在地的地质、地貌问题——它们是埋葬在一个狭长的高出地面一米多的沙堤上，堤是南北走向，沙子是灰黄色，除沙粒外还混有许多蛤蜊壳及其他软体动物的遗骸。有人称为"贝丘"，可能是天然形成的。一说是人工堆积的一种丘状地带，一说这是当时的一种特殊葬俗，从海边将这种沙子运到这里营建墓地，因为沙子淋水，可以保护棺木。一说这一带居民喜吃海蚶，将壳丢弃在这里，日久堆积而成等等。但是并没有人认出：它就是古海岸边上天然形成的洲堤遗迹。当时我做了这个大胆设想，并就此问题深究下去。

适逢天津市制定了编纂天津史的规划，成立了编纂室，我应聘到该室工作，编纂天津史的第一章就遇到成陆问题，张贵庄战国墓群的发现，无疑为解决这一问题提供了重要线索。这样就更增加了我深究墓葬群所在地的沙堤问题的决心。

1957 年 3 月起，我全面投入这项工作。在此之前除曾多次到墓葬群现场勘察外，还查阅了有关地方史志和古代历史地理的书籍。我主要是采用野外考察方法，沿着战国墓群所在的沙堤走向踏勘下去，从 3 月到 11 月，我走遍了全部天津郊区以及宁河、宝坻、武清、静海、黄骅等的部分地区，纵横反复行程几千公里，南北最远点 185 公里，最后找到三道古海岸线遗迹。1957 年 11 月 30 日《人民日报》对此做了报导。由于编纂天津史工作暂停，我的调查资料也搁置起来。到五年后才又整理发表于《河北日报》和《考古》。

野外考察方法应用到历史地理学的研究是特别适宜的，过去和现在都有许多事例证明了这一点。我的报告发表后，曾引起有关部门和不少同志的重视，这使我受到很大鼓舞。历史地理学家侯仁之先生来信说："前些日子我在有关历史地理学的一次学术讨论会上，介绍了您在野外考察中对于古代渤海西部海岸哈蜊堤的发现及大作，我认为这对历史地理学的研究有重要的参考价值。历史地理工作者也应该到野外去，到现场去，不能怕艰苦，搞历史地理工作，不能只是坐在书房里翻阅文件资料。您的考察研究对历史地理工作者有很大启发。我是极力主张要重视野外考察的。过去我正是通过野外考察才解决了一些单凭文献资料所不能解决的问题的。古代渤海西部海岸遗迹的发现和研究对历史地理的研究做出了重要贡献。"史念海先生主编的

《中国历史地理论丛》第一辑中更肯定我的调查研究"推翻了过去流传的海河及天津附近一直到大沽口,东西50余公里的陆地都是近一千年来形成的说法",而列为三十年来中国历史地理学的重要成果之一。

二

1963年,夏南京大学地理系师生也应用野外考查方法进行了复查。这次是由任美锷教授委托王颖、朱大奎带队,有三十余位同学参加,由我担任向导,历时半月,到一些典型地点进行复查。此外,就只有一些用小规模的考察方法,到一些典型地点进行抽样调查了。我以为要解决古代渤海湾海岸遗迹的问题,主要还是应该使用较大规模的野外考察方法才能收效。

如我所定出的第三道蛤蜊堤,有人怀疑它是否存在,他们似乎认为渤海湾西部海岸从来就没在以三叉河口为中心的这道线上,即从渤海湾开始形成时起,其西部海岸线就在我所定的第二道蛤蜊堤往东伸延,经过第一道堤,又到现在的海岸。他们这样判断的依据是:新地质构造运动说,地壳下沉说,海面回降说,冰川说,海侵说,地震和海相地层说等等。但从现代的地质考察、文献记载和地下文物发现等来看这些学说也有可能成立,而我以为我原据以断定第三道堤的一些地质、地貌资料以及近二十几年来我继续发现的同样资料,如果以上述学说予以否定,那也是难以令人信服或是其本身就不能自圆其说的。如所谓海侵说就是曾被原立说者否定了。

十年动乱期间,我曾被下放到南郊区,不想这里正是我当年进行野外考察时的薄弱环节。我如鱼得水,在下列地点先后发现过完整的或零星的蛤蜊堤迹象,以下分为两组加以介绍。

第一组:1、独流减河西岸新生农场范围内,有一段大致呈南北向略高出地表的蛤蜊堤,断续长约五百余米,宽约七、八米,全部为粗沙型。

2、甜水井于刘岗庄之间,北大港西南围堤修建石坝时掘出一段长300余米,深3米多尚未达于基部,宽度不详的粗沙型蛤蜊堤。

3、苏家园村北有零星蛤蜊沙迹象,群众介绍这一带掘地时常发现大量蛤蜊沙。

4、翟庄子有大型粗沙型蛤蜊沙堆积,规模仅次于军粮城北的白沙岭。这条堤延伸很长,往北在子牙新河的河身内仍有堆积,直到北岸的阎辛庄。多年以来这一带村子一直以出售蛤蜊沙为副业,因沙质较好,多充建筑及修路材料。

这些地点恰好可以连结成线,其走向又恰好与三叉河口遥遥相望。证之以在这段距离之间所发现的一些"龙骨"(鲸鱼骨、兽骨、兽角等)来看,如果说它就是我原所定的第三道堤的南段。那是可以讲得通的。这些地点连接成线后与第二道堤基本上平行,两线间的最远距离约15公里,最近点也不少于10公里,这与古今各条海岸线之间的距离也都差不多,如果不把这条线视为第三道堤的南段那将做何解释呢?

第二组:窦庄子北,小刘庄西北,友爱村西北,大苏庄南,这四个地点也都发现了蛤蜊堤。典型的地点是小刘庄西北公路两侧,大苏庄农场一分场以东。这一带地方既无村落,也非耕地,而是一片约四五百米见方的由海成陆后未经大的扰动的处女地,也是目前所有分布着渤海湾西部海岸线遗迹的地段中保存得最完整的一段,它是三四千年以前的遗存,弥足珍贵,目前已被宣布为国家重点文物保护地区。这四处蛤蜊堤也基本在一条线上,连接起来自然又是一道古海岸遗迹。但这道堤是在第二道与第三道之间的另一道堤,我以为可以做为第二道堤的"附堤"。

一个特异现象是友爱村西北耕地中分布着不只一道蛤蜊堤,当地人称这些地方为坡港、头道岑子、二道岑子等,而它们的走向是东西向的，即与几道古海岸和现海岸的方向是垂直的。1984年，春我曾邀同王翁如、唐石父两先生到这一带做了一次复查，所见仍如上述。我们尚在小刘庄西北的蛤蜊堤中拣到一些陶罐等的碎片，经二位先生鉴定，它们也属战国时代的器物。上述这些分布特异的蛤蜊堤（当地人说在北大港内还有许多处蛤蜊堤也是东西向的）全部都在第二道堤南段及第三道堤南段的中间地带。按在第二道堤北段上普遍存在战国时代的遗址、墓葬，在它以西也发现了战国时代的陶器，这当然是合乎逻辑的，只是个别陶器碎片并不能证明一定有人定居。至于第二道堤出现了附堤，以及这道附堤的一部分形成多道横向堤的现象，还有待专家做出合理的解释。

1986年10月5日我又邀请唐石父、韩根东、张建设三人一起到双口、城上等地做了一次考察。双口遗址是属于战国时代的，早已被人们发现，我在已发表的报告中也曾提及。此次专门注意了该地的地质情况，它是细沙型混以各种蛤蜊壳，也呈海相，这又是一个线索：在以三叉河口为中心的第三道海岸遗迹的西面还可能有第四道存在。

三

对于已发表的拙作的意见，比较集中在我所定的第三道堤。这是由于这道堤年淹代远，天津地方自辽金以降即行开发，而人烟密集的地点恰在三叉河口的周围，因此对原始的地貌扰动较大。三十多年前我进行调查时，典型的蛤蜊堤迹象几乎一无所见，于是只能依靠文献记载或访问资料进行推测。譬如我定为第三道堤最北点的育婴堂就是根据一段记载《天津县新志》卷27引《诗礼堂杂纂》："余家天津，父老相传，海即在直沽之下，今且东去一百余里矣。余亦往往于海之西北各乡村，如泥沽、葛沽见掘地得蛤蜃无算，则地渐运而西，海渐运而东，可为明验也。近年城北起筑育婴新堂，掘濠五尺即见蛤壳，四周皆有

之。其地在北运河之西，南运河之北。以是观之，固不独东南各乡为海淤地也。"1963年我和南京大学地理系师生到该地考察时，该地正在动土，已掘地数米并未有蛤蜊沙发现，这很可能是由于动土地点恰好不在堤上，但这段记载的语气恳切，不可能是毫无根据的，只是把"北运河之东"误为"北运河之西"，所以这条资料还是可用的，即仍可做为第三道堤已知的最北端，当然再往北还有，但尚未经勘查。

至于我原订的三叉河口往南的一段蛤蜊堤是否仍可成立呢？我认为有必要做些调整，主要是因为有了如上所述的那些新发现，所以这段堤基本上应该放弃，今后要从三叉河口向正南方向（如王兰庄、黎园头、邓店等处）寻求蛤蜊堤的迹象，不然就无法与新发现的各点衔接。因为夹沙量较大的河口一段海岸线是不甚可能有那样大的曲折的。所以尽管原来所定的那一段堤上的某些海岸遗迹尚较明显，如华庄以下的姜石猴堆积、四小屯河岸大量混有各种贝壳的细沙堆积等，而由于新堤的发现，那些现象就只能解释为海岸线以西由泥岸向湖沼阶段发展的一些痕迹，而当时的海岸仍在其以东。

我还有一点新意见，即渤海湾西部三道古代海岸线加上现在的海岸线共四道的中心点，我以为还是应以海河为基准。第三道的中心无疑应定在三叉河口，唐代所称三会海口，当即指此。第二道应该定在白塘口，过去定在张贵庄是不对的。因为白塘口原来紧靠海河，民国以后裁弯取直，海河改至白塘口以北4公里，而张贵庄更在改道后的海河以北4公里，以此定为第二道堤的中心自是不妥。第一道堤的中心仍定在泥沽，泥沽从宋代见于记载就叫泥沽口或泥沽海口。现海岸的中心点仍定在大沽口。这样，古今海河入海口经过四次迁移其四个海口的名称即都带"口"字：即三叉河口、白塘口、泥沽口、大沽口，这不是巧

合,由此也可以从一个侧面证明我所定的古今四道海岸线是准确的。

上节提到的双口,这一地名与三叉河口意义相同,其地在杨柳青正北15公里,杨柳青古称柳口,它们都是几道河流的汇合点,是否又是两个入海口呢?我以为不能排除这个可能。因为双口——柳口这道线与第三道蛤蜊堤的平行距离也是15公里,如果真是入海口,则上述四个"口"之外应该再加两个"口",和现在的海岸线一样,大沽口之外还有几个河流入海口,北有北塘口,南有马棚口、歧口,那么,这就又出来一条第四道古海岸线了。

古代渤海湾西部海岸线遗迹发现迄今已经35年了,做为它的发现者,我郑重说明:这个工作并没有完!

注:中国科学院地质研究所的赵希涛、国家地震局地质研究所的张景文、焦文强、李桂英同志于1979年及1980年多次对于三道古海岸线遗迹的几个部分做了考察,特别是第二道、第三道(他们叫第三道、第四道),进行了大量工作,获得了重要成果。他们的考察报告分别为《渤海湾西岸的贝壳堤》,发表于《科学通报》1986年第6期,及《渤海西岸第四道贝壳堤存在和年代的新证据》,发表于《地理研究》1981年第二期。他们证实了第三道(第四道)堤南段的存在,但比我考察的范围还向南伸延。一个我不敢苟同之处是:他们把这道堤南段的起点定为同居。按同居的位置在翟庄子北面阎辛庄正西5公里,它似是属于更西面一道堤上的一点而不应与第三道(第四道)堤相连。另外,我认为是第二道(第三道)堤"附堤"的窦庄、小刘庄、友爱村、大苏庄一线,他们另分成两支,即将友爱村、坡港(他们做坡江,非)另外做为一支,至于这一支为什么是横向的,他们没有加以解释。

(原载《天津文史》1991年第2期)

渤海湾西岸古文化遗址调查

天津市文化局考古发掘队

1956 年冬，天津市东郊张贵庄发现战国墓后，引起了各方面的关注。这一发现，为研究渤海湾西部海岸线的变迁和天津地区的历史，提供了重要的资料。

我们为进一步了解渤海湾西岸古文化遗址的分布情况，近几年来在宁河、天津、黄骅等地进行了多次调查，还选择了一些地点进行过发掘或清理。先后参加这一工作的除我队全体同志外，尚有天津市文化局文物组和天津市历史博物馆的部分同志。通过几年来的工作，对这一地区的古文化遗址分布情况，有了个初步的了解。除了几处经过发掘的遗址和墓葬另作专题报导外，本文将有关战国和汉代的材料做一综合报导。

一

在渤海湾西岸，全长 150 余公里、宽约 80 公里的狭长地区内，共发现古文化遗址五十余处，其中战国、汉代遗址四十三处（附表）。这些遗址的文化面貌基本相同，堆积情况也大体类似。

（一）战国遗址

战国遗址共发现三十一处，多数座落在贝壳堆积上（图一）。除部分地点仅采集到零星遗物，未见文化层外，一般遗址文化层厚0.3—1 米，面积 600—20000 平方米不等。采集遗物以陶器最多，另有铜、铁、角、蚌器等。

陶器以泥质灰陶居多。羼有石英、云母等碎粒的粗红陶（俗称"鱼骨盆"或"星星瓦"）显示了东周时期燕国文化的地方特色。另有少量泥质红陶和夹砂灰陶等。纹饰以绳纹为主，多以横划纹间断；部分器物上有刻划文字或戳记。器形有鬲、燕国鬲[①]、釜、鼎、豆、壶、罐、瓮、盆、盂以及纺轮、网坠、砖瓦等。鬲很少见，鼎仅见于张贵庄战国墓[②]，其余器物皆常见。

鬲　采集到二件残片，皆夹砂灰陶。一件采集于宁河俵口遗址，为口沿残片，沿面有弦纹数道（图二，2）。另一件采集于天津巨葛庄遗址，为腹片，折肩，有裆[③]。

燕国鬲　夹砂粗红陶。分二式：Ⅰ式深腹作筒状，底略平[④]。Ⅱ式圆腹，圜底[⑤]。

釜　夹砂粗红陶。敞口，深腹，圜底。口沿唇部上折，沿面作倒钩状，个别的沿面有弦纹（图二，1）。

豆　泥质。有子口，深腹，细高把，喇叭形座，腹壁有圆、折两种，多数缺盖（图二，4）。

壶　泥质。分四式：Ⅰ式直口，圆肩，圈足，有盖和铺首，仅见于张贵庄[⑥]。Ⅱ式壶身略同Ⅰ式，无盖和铺首（图二，6）。Ⅲ式平底，无圈足（图二，5）。Ⅳ式肩颈接合处成折角，个别亦有圈足（图二，3）

浅盘豆　泥质。浅盘，细高把，喇叭形座。豆盘有平盘和碗状两种（图二，8、11）。

罐　泥质。分二式：Ⅰ式折沿，矮领，圆肩（图二，13）。Ⅱ式直口，折肩或圆肩（图版叁，4；图二，14、18）。

尊　泥质。亦分二式：Ⅰ式折沿，矮领，圆腹（图版叁，1；图二，12）。Ⅱ式直口，折肩（图版叁，5；图二，7）。

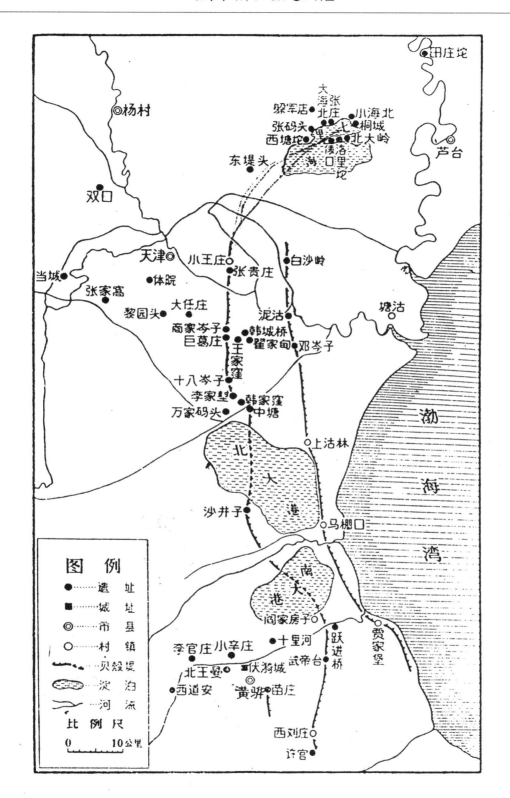

图一　遗址分布图

盂　泥质。敞口，浅腹，平底，腹壁有圆、折两种（图二，9、10）。

盆　泥质。卷沿，敞口，圜底。有大小二种，大的口径在 50 厘米左右，小的不到 30 厘

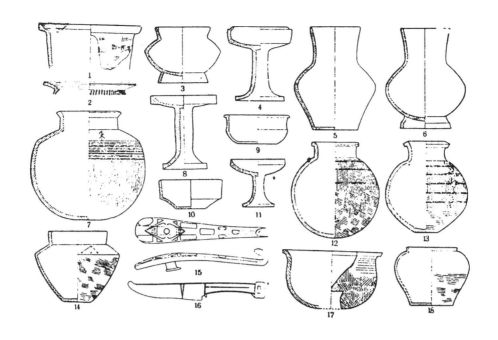

图二　战国器物

1. 釜 2. 鬲 3. Ⅳ式壶 4、8、11. 豆 5. Ⅲ式壶 6. Ⅱ式壶 7. Ⅰ式尊 9、10. 盂 12. Ⅰ式尊 13. Ⅰ式罐 14、18. Ⅱ式罐 15. 铜带钩 16. 铜刀 17. 盆（凡未注明质料的均陶器：1. 沙井子，2. 俵口，3、5、6、8、11、13、17. 伏漪城，4、18. 十八岑子，7、9、10、12、14、15. 中塘，16. 跃进桥出土：15为1/3，16为1/6，余均1/12）

图三　半瓦当拓本（1/3）1. 大任庄，2. 张家窝出土

米（图二，17）。

　　瓮　粗泥质。折沿，矮领，深腹，圈底，形制较大[7]。

　　瓦　有板瓦、筒瓦两种。板瓦曾采集到完整的，长50、宽35厘米。瓦当皆半瓦当，有素面、兽面纹和虎纹三种（图版叁，3；图三）。

　　铜器有戈、刀（图二，16）、镞、带钩（图二，15）、明刀币、布钱等，皆为战国时常见遗物。

　　（二）汉代遗址

　　汉代遗址共发现二十处，包括古城址一处，多数和战国遗址共存。除宁河、黄骅地区的个别遗址堆积较丰富外，余皆十分贫乏。采集遗物主要亦为陶器，铜、铁器少见。

　　陶器以泥质灰陶居多，亦有羼石英、云母等碎粒的粗红陶和灰陶。纹饰有弦纹、绳纹和划纹等，个别器物上也有戳记。器形有鼎、盒、壶、罐、盂、瓮、釜以及灶、猪圈、网坠、纺轮、砖瓦等。

　　鼎　基本完整的有两件，采集于黄骅伏漪城遗址。一件作敛口，高足，盖有一钮，器表有红、黑二色彩绘流云纹（图四，2）。另一件口略大，矮足，盖有三钮（图四，1）。

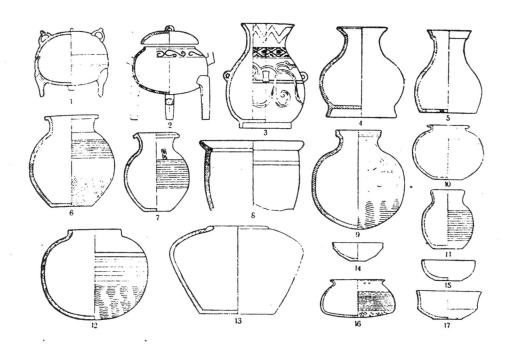

图四　汉代陶器

1、2. 鼎　3、4. Ⅰ式壶　5. Ⅱ式壶　6、7. Ⅰ式罐　8. 釜　9. Ⅰ式盆　10. Ⅲ式罐　11. Ⅱ式钵　12. Ⅰ式盆
13. 瓮　14、15、17. 盂　16. Ⅲ式釜(5、10. 李官庄,6. 天津体院,11、14. 双口,13. 万家码头,余均伏漪城出
土;13 为 1/15,均余 1/12)

壶　数量较多,可分二式:Ⅰ式侈口,深腹,平底,圈足(图四,4),有一件在腹部有四钮,以红黑二色彩绘(图四,3)。Ⅱ式口略呈盘状,长颈,矮腹,平底(图四,5)。

罐　数量最多,常见的可分三式:Ⅰ式卷沿或折沿,矮领,深腹,上腹部饰弦纹,下腹部绳纹,少数通体弦纹,黄骅县伏漪城遗址出的两件有"武市"二字的戳记(图四,6、7)。Ⅱ式侈口,直沿,深腹,通体弦纹,天津双口遗址的一件有"泉州"二字的戳记(图版叁,2;图四,11)。Ⅲ式折沿,扁腹,上腹部饰弦纹(图四,10)。

圈底罐　泥质灰陶,常见的可分三式:Ⅰ式盘口,矮领,圆腹(图四,9)。Ⅱ式直口,圆腹(图四,12)。Ⅲ式侈口,扁腹(图四,16)。

釜　夹砂粗红陶。形制和战国的釜接近,惟口略敛,沿面平直或略凸(图四,8)。

盂　泥质。敞口,浅腹。有折腹和圆腹两种,天津双口遗址出的一件有"泉州"两字的戳记(图四,14、15、17)。

瓮　夹粗砂灰陶。敛口,广肩,深腹,平底(图四,13)。

铜器采集到有钫、带钩、镞、钱币等,皆为汉代常见物。

二

渤海湾西岸地区的战国遗存,文化面貌和易县燕下都、北京地区等的燕国文化基本类似,如各遗址常见的夹砂粗红陶釜、燕国鬲等,皆为燕国文化所特有的器物。

从采集和出土的遗物考察,这些遗址的堆积还有年代上的差别。这在墓葬的随葬品组合方面表现得较为明显。

目前所见这地区的墓葬随葬品组合,主要有下列四种:

(1)Ⅰ式燕国鬲(见于张贵庄战国墓地);

(2)鼎、豆、Ⅰ式壶(见于张贵庄战国墓

地）；

（3）Ⅱ式罐、豆、Ⅲ式壶（见于巨葛庄、十八岺子等地）；

（4）Ⅱ式尊、盂（见于巨葛庄、中塘等地）。

这四种不同的随葬器物组合，出土地点虽不相同，但彼此邻近，而文化面貌又基本一致，因此当是属于年代的差别，而不是地区的特征。我们对这些组合的年代推断是：

第（Ⅰ）种组合的Ⅰ式加砂粗红陶燕国鬲，和北京怀柔第一类东周墓一致[⑧]，相同的器形还见于北京松园[⑨]、承德滦平[⑩]等地的东周墓葬，年代约当战国早期或春秋晚期。

第（2）种组合的器物形制和北京怀柔战国墓的第二类第1、3两组接近；也和洛阳中州路第5、6期类似，年代约当战国中期。

第（3）种组合的Ⅲ式壶，形制和洛阳中州路东周墓Ⅳ式陶壶接近；Ⅱ式罐的类似形制在北京等地的西汉墓中亦曾见到；同地出土的铜戈也属于战国晚期的典型形制[⑪]。因此这类墓的年代当在战国晚期。

第（4）种组合和郑州二里岗战国墓的第三种组合基本接近；随葬一罐、一盂的制度也流行于西汉，因此这类墓的年代在战国末年或西汉初年。

从遗址采集的器物来看，也有明显的年代差别。俵口巨葛庄两遗址出土的陶鬲，年代也可上溯到战国早期或春秋晚期；但多数遗物具有战国晚期的特征。

汉代遗物也都是北京地区常见的，其年代包括整个汉代。惟在分布区域上有所区别。天津郊区、黄骅北部和宁河南部，遗物中常见的为粗红陶釜和盂、瓮及Ⅰ、Ⅱ式罐等器，皆属西汉时期遗物，西汉晚期以后的遗存，不见于以上区域，而仅见于黄骅南部、宁河北部地区。

汉代陶器中"泉州"地名的发现，为寻找泉州县故城提供了重要线索；黄骅伏漪城出土的"武市"戳记，也可能和汉代章武县有关；

传说为汉武帝台的黄骅县武帝台遗址，也是一处较为重要的历史遗迹。这些遗址对渤海湾地区历史地理的研究，是有重要参考价值的。

三

渤海湾西岸的古文化遗址，其所在地点大多有贝壳分布。贝壳按堆积情况的不同可分为二种：一种以泥沽、巨葛庄等遗址的贝壳堆积为代表，通常成堤状，高出地面1—2、宽50—200米不等。各堆积点多成南北方向分布，有的长达十余公里，各点之间断续相连，群众称为"岭子"、"埕"或"坨子"。贝壳种类常见的有十余种，以魁蛤、文蛤、蛏、蚶、扇贝、海螺、海蜗牛等居多，大多数已成粉末状，形如白色细沙；堆积一般都较纯净，只有黄骅县的个别地点含泥量较多。这类贝壳堆积和现今天津、黄骅等地海边的贝壳堆积相同，应当是古代海岸线的遗迹。

根据目前所见这类贝壳堆积的分布情况，在天津、黄骅境内，可复原出两条古代的海岸线。一条从天津东郊的小王庄起，经南郊的巨葛庄、中塘、北大港区的沙井子，到黄骅县的武帝台、西刘庄，全长约120余公里。另一条从天津东郊的白沙岭起，经南郊的泥沽、邓岺子、新开路、而到黄骅县的祁口，全长约70公里。此外，在黄骅县的苗庄子还发现贝壳堆积一处，不在上述二道线上；过去李世瑜同志发现的静海县四小屯贝壳堆积，天津县新志记载的天津育婴堂等处的贝壳堆积，亦不在上述二道线上。因此除上述二道线外，可能还另有一条。但由于目前资料所限，难以骤予肯定。

另一种堆积以天津西郊张家窝、宁河桐城、田庄坨等遗址为代表，仅在表土或文化层中有零星贝壳分布，不成堤状。贝壳的数量少，种类也简单，常见的有魁蛤、文蛤、蚶和蛏等几种，混杂在泥土中[⑫]。

座落在贝壳堤上的古文化遗址，为海岸

线的形成年代提供了证据。以张贵庄、巨葛庄为中心的贝壳堤,文化遗址分布密集,部分遗址面积在二万平方米以上,有砖、瓦当等建筑材料出土,并发现有一定规模的墓地,表明在战国时期,这道堤已有人居住。从遗址的年代考察,遗物中较早的部分可上溯到战国早期或春秋晚期,则此堤的形成应早于这个时期。

以泥沽、邓岑子为中心的贝壳堤,发现的文化遗存以唐宋时期的居多。但在白沙岭、泥沽、邓岑子等地,都采集到了战国和西汉时期的遗物。虽然这些地点的地表破坏都较严重,没发现明确的文化层,但从采集品的数量和内涵看,还应属居住遗址无疑。则这道堤在战国时期亦当已有零星的居民点出现。

因此我们认为至迟在战国时期,渤海湾西部的海岸线已是在今天的白沙岭、泥沽、邓岑子、上沽林一带。至于张贵庄、巨葛庄一带,则在战国时期已成居民点十分密集的地区。由于以上原因,所以过去有关海岸线变迁年代问题上的许多论点,都是值得商榷的。

另外,这一地区汉代遗址分布不平衡的现象值得注意。天津郊区、黄骅北部和宁河南部,仅见战国和西汉遗存,不见西汉晚期和东汉的遗存,再迟的就是唐宋时期的遗物,在年代上不连续,中间有一个突出的割裂现象。这一现象是否也和海岸线的变迁有关,尚有待进一步研究。

执笔者 韩嘉谷

注 释

① 这种器物为东周时燕国文化所特有,有人称鬲,也有人称鼎。从它的出土情况和用途看,和鬲接近。但又和一般的鬲不同。故我们称为"燕国鬲",以示区别。

② 李世瑜:《古代渤海湾西部海岸遗迹及地下文物的初步调查研究》,《考古》1962年12期。

③ 天津市考古发掘队:《天津南郊巨葛庄战国遗址和墓葬》,《考古》1965年1期。该文中把商家岑子误排为商家岭子。

④ 天津市考古发掘队:《天津市东郊张贵庄战国墓第二次发掘》,见本期96页。

⑤ 同③。

⑥ 同④。

⑦ 同②。

⑧ 北京市文物工作队:《北京怀柔城北东周、两汉墓葬》,《考古》,1962年5期。

⑨ 苏天钧:《北京昌平区松园村战国墓》,《文物参考资料》1957年9期。

⑩ 承德离宫博物馆:《承德市滦河镇的一座战国墓》,《考古》1961年5期。

⑪ 周纬:《中国兵器史稿》图版四十六,3。

⑫ 李世瑜同志曾认为宁河县境内有蛤蜊堤(见②)。但我们调查时感到,宁河县境内的贝壳只是零星分布,并不成堤。

渤海湾西岸战国、汉代遗址登记表

名称	位　置	地　理　环　境	遗　迹　和　遗　物	时代
邓岑子	天津市南郊邓岑子村北	有贝壳堆积,高出两侧地面1—2米,长3公里。贝壳种类有魁蛤、文蛤、蚶、蛏、扇贝、锥螺、海蜗牛等,多数已成沙粒状	居住遗址,仅见零星遗物,未见文化层,遗物有战国绳纹粗红陶盆残片、泥质绳纹灰陶片和汉代灰陶罐口沿等	战国,汉
泥沽	天津市南郊泥沽村南500米	有贝壳堆积,高2—3、宽300米,长2.5公里,内容和邓岑子同	居住遗址,仅见零星遗物,未见文化层,遗物有粗红陶釜、泥质绳纹灰陶罐、盆等残片	战国

名称	位　　置	地　理　环　境	遗　迹　和　遗　物	时代
白沙岭	天津市东郊永兴村北1.5公里	有贝壳堆积，高2.5、宽50、厚1—2米，长1.5公里，内容和泥沽同	居住遗址，仅见零星遗物，未见文化层，遗物有战国泥质灰陶豆、甑、绳纹罐残片和网坠等	战国
张贵庄	天津市东郊张贵庄村南1公里	有贝壳堆积，高1、宽2.5、长250米，内容和泥沽同	战国墓地，前后共发掘墓葬三十三座。出有Ⅰ式燕国鬲、鼎、豆、壶、灰陶三足器及铜剑、带钩等	战国
中　塘	天津南郊中塘大坨子高地	有贝壳堆积，高1、宽250米，长2.5公里，堆积内容和泥沽同	居住遗址和墓葬，遗物有粗红陶釜、泥质灰陶Ⅰ式尊、Ⅱ式尊、盂、Ⅰ式罐、浅盘豆、板瓦、筒瓦、素面半瓦当及铜剑、带钩等	战国
巨葛庄	天津南郊巨葛庄	有贝壳堆积，高1—2、宽500米，长3.5公里，堆积内容和泥沽同	居住遗址和墓葬，出有Ⅱ式泥质灰陶罐、Ⅰ式尊、Ⅱ式尊、浅盘豆及铜剑、带钩等。另有瓮棺葬，葬具有Ⅰ式粗红陶釜、粗泥质红陶瓮二种	战国
商家岑子	巨葛庄村西北2公里	和巨葛庄同	战国墓地，出有泥质灰陶Ⅲ式壶、Ⅳ式壶、豆、浅盘豆、Ⅰ式罐、盂、Ⅱ式燕国鬲、铜戈、铜剑、铜镞、带钩等	战国
十八岑子	天津南郊南八里台村南4公里	有贝壳堆积，高2、宽150米，长2公里，堆积内容和泥沽同	战国墓葬，出有Ⅱ式泥质灰陶罐、豆等	战国
五家洼	巨葛庄村东2公里	和巨葛庄同	仅见零星遗物，有粗泥质红陶大瓮等	战国
李家堼	天津南郊李家堼	有贝壳堆积，和十八岑子同	战国遗址，仅见零星遗物，有粗泥质红陶瓮、泥质绳纹灰陶罐等	战国
韩家洼	天津南郊南义新庄北1.5公里	冲积平地，有零星贝壳分布，不成堤状	战国遗址，仅有零星遗物，有粗泥质红陶瓮、泥质绳纹灰陶罐等	战国
翟家甸	天津南郊翟家甸村南1.5公里	冲积平地，无贝壳堆积	居住遗址，遗物有粗泥质红陶大瓮、泥质灰陶罐和五铢钱等	汉
韩城桥	天津南郊咸水沽西南2.5公里	同上	居住遗址，遗物有粗泥质红陶大瓮、泥质灰陶罐等	汉

续表

名称	位　置	地　理　环　境	遗　迹　和　遗　物	时代
万家码头	天津南郊万家码头	同上	瓮棺葬,葬具为粗红陶大瓮	汉
沙井子	天津北大港区沙井子村南 250 米	有贝壳堆积,高 1、宽 40 米,长 2 公里,堆积内容和泥沽同	居住遗址和墓葬,出有泥质灰陶Ⅰ式罐、盆、浅盘豆、壶和粗泥质红陶瓮等	战国
大任庄	天津南郊大任庄砖瓦厂南 300 米	冲积平地,地势略高,无贝壳堆积	居住遗址,出有粗红陶釜、泥质灰陶浅盘豆、Ⅰ式罐和板瓦、筒瓦、虎纹半瓦当等	战国
黎园头	天津西郊黎园头村东 2 公里	同上	居住遗址,仅见零星遗物,有粗红陶绳纹片、泥质绳纹灰陶片和鹿角等	战国
体育学院	天津体育学院操场	冲积平地,无贝壳堆积	汉代墓葬,出土物有泥质灰陶绳纹Ⅰ式罐、昭明镜等	汉
张家窝	天津西郊张家窝村	冲积平地,地势略高,有零星贝壳散布,不成堆状	居住遗址,遗物有粗红陶釜、泥质灰陶Ⅰ式罐、浅盘豆、甑和兽面纹半瓦当等	战国
当　城	天津西郊当城村西 500 米	冲积平地,地势略高,无贝壳堆积	居住遗址,有战国粗红陶釜、泥质绳纹灰陶片、纺轮、板瓦等	战国
双　口	天津北郊双口镇东北 1.5 公里	冲积平地,地势略高,有零星贝壳,不成堆状	居住遗址和墓葬,遗物有战国粗红陶釜、泥质灰陶Ⅰ式罐、浅盘豆、盆、盂、明刀币;汉代泥质灰陶Ⅱ式罐、盂、板瓦、五铢钱等。罐、盂各有"泉州"戳记	战国、汉
东堤头	天津市北郊东堤头村东 1.5 公里	同上	居住遗址,有燕国鬲、泥质灰陶盆、甑等和汉代粗红陶釜、板瓦等	战国、汉
武帝台	黄骅县中捷农场武帝台	有贝壳堆积,长 7 公里,宽 200 米,贝壳种类和泥沽同,惟含泥量较多	居住遗址,出土物有战国泥质灰陶瓮、Ⅰ式罐、盆、盂、浅盘豆等;汉代居住遗迹有土台一,面积 120×120 米,遗物有泥质灰陶Ⅰ式罐等	战国、汉
苗庄子	黄骅县苗庄子村南 1 公里	有贝壳堆积,高 0.8、宽 100、长 500 米,内容和泥沽同	居住遗址,出土物有泥质灰陶瓮、Ⅰ式罐、盆、浅盘豆、粗红陶釜和铜剑等	战国

续 表

名称	位 置	地 理 环 境	遗 迹 和 遗 物	时代
十里河	黄骅县十里河村西 300 米	冲积平地,不见贝壳堆积	居住遗址,采集遗物有战国粗红陶釜、泥质灰陶Ⅰ式绳纹罐、豆、盆;汉代泥质灰陶弦纹罐等	战国、汉
伏漪城	黄骅县黄骅北 2 公里	冲积平地,地势略高,城内有零星贝壳	战国遗址和汉代城址,战国遗物有粗红陶釜、泥质灰陶Ⅰ式罐、豆等;汉城面积 520×510 米,城墙残高 5 米,出土物有泥质灰陶Ⅰ式罐、Ⅱ式罐、盂、五铢钱等,二件罐上有"武市"戳记	战国、汉
北辛庄	黄骅县李官庄村东南 1 公里	和伏漪城同	汉代基地,出有泥质灰陶罐、鼎、Ⅰ式壶、Ⅱ式壶、釜、盆、灶等,似为伏漪城基地	汉
李官庄	黄骅县李官庄村南	和伏漪城同	汉代基地,出有泥质灰陶Ⅰ式壶、Ⅱ式壶、Ⅰ式罐、盂、釜等	汉
北王曼	黄骅县北王曼村北	和伏漪城同	汉代基地,出有泥质灰陶Ⅰ式壶、Ⅱ式壶、Ⅰ式罐等	汉
西道安	黄骅县西道安村西 500 米	冲积平地,无贝壳堆积	基地,出土物有战国泥质灰陶Ⅱ式壶、豆、浅盘豆、罐;汉Ⅰ式弦纹罐等	战国、汉
跃进桥	黄骅县跃进桥东 250 米	冲积平地,有零星贝壳散布	采集有战国铜刀和鹿角器等	战国
许官	黄骅县许官村北	冲积平地,地势略高	汉墓,采集有汉代陶猪圈等	汉
张庄	宁河县张庄村东 750 米	七里海北岸高地,有零星贝壳散布,以文蛤、魁蛤、蛏、蚶为主,杂于黑色淤土中,不成堆状	居住遗址,有粗红陶Ⅰ式釜、燕国鬲足、泥质灰陶Ⅰ式罐、盆、甗、浅盘豆;汉半两钱等	战国、汉
桐城	宁河县桐城村东 1 公里	七里海北岸高地,有零星贝壳散布,情况和张庄同	居住遗址,遗物有粗红陶Ⅰ式釜Ⅰ式燕国鬲、泥质绳纹灰陶Ⅰ式罐、盆、浅盘豆等	战国
小海北	宁河县小海北村西 500 米	同上	居住遗址,有粗红陶片、泥质灰陶弦纹罐口沿等	汉

续表

名称	位置	地理环境	遗迹和遗物	时代
大海北	宁河县大海北村西 1.5 公里	同上	居住遗址,有汉代建筑基址一处,面积 170×380 米,采集遗物有粗红陶釜、泥质灰陶罐、博山形壶盖和"千秋万岁"、卷云纹瓦当、五铢钱等	汉
张码头	宁河县杨庄村西南 1 公里	同上	居住遗址,有战国粗红陶釜、泥质灰陶罐、豆残片	战国
躲军店	宁河县躲军店村西南 1 公里	同上	居住遗址,有战国粗红陶片、泥质绳纹灰陶片和汉代绳纹瓦片等	战国、汉
西塘坨	宁河县西塘坨村西南 1 公里	七里海北岸高地,有零星贝壳散布,不成堤状	居住遗址和墓葬,有泥质灰陶罐、粗红陶釜和绳纹砖、瓦等	汉
俵口	宁河县俵口村西	七里海前后海之间的狭长高地,有零星贝壳散布,情况和张庄同	居住遗址,有战国夹砂灰陶鬲口沿和汉粗红陶片、绳纹灰陶片等	战国、汉
洛里坨	宁河县洛里坨村西 500 米	和俵口同	居住遗址,有战国粗红陶釜、罐、泥质绳纹灰陶罐、盆、豆;汉绳纹瓦、罐、粗红陶釜等	战国、汉
北大岭	宁河县洛里坨村东 500 米	和俵口同	居住遗址,有汉粗红陶釜、绳纹瓦等	汉
田庄坨	宁河县田庄坨村南 1 公里	有零星贝壳散布,不成堤状	居住遗址和墓葬,有战国粗红陶釜、泥质灰陶豆、罐;汉泥质灰陶罐、釜、瓮和五铢钱等	战国、汉

（原载《考古》1965 年 2 期）

河北宁河县先秦遗址调查记

安志敏

　　一九五三年三月间，中国科学院古脊椎动物研究室把河北省宁河县赵学庄所发现的三块鹿角转交给考古研究所。它们的发现是根据通县师范学校候启俊同志的报告，后来由宁河县人民政府文教科所寄来的。这些鹿角是已经将绝灭的"四不像"鹿，在鹿角上面有很清楚的人工锯过的痕迹。发现地点很像是一个古代遗址，因此考古研究所派安志敏、王振江二人在三月十二日至十三日，到宁河县做了一个短时间的调查。在赵学庄虽然没有什么获得，但在它的附近却发现了几处先秦时代的遗址，同时并找到了先秦时代渤海海岸线的存在位置。对计算渤海湾海岸线的延伸速度，也得到了一个正确的基准点。这些都是意外的收获，现在把调查的结果简单地报导如下：

　　（一）赵学庄东大地　赵学庄在宁河镇东八里，村东的东大地就是发现鹿角的地方。当我们来到赵学庄以后，才了解这些鹿角是一九四六年挖出来的。当时因为在田地的两旁挖沟，利用沟中的泥土来垫高耕地，在深约半公尺的地方，发现有两处埋藏着鹿角，它们中间相距约二十公尺。据说当时所挖出来的鹿角曾装满了两抬筐，其中没有牙齿或其他骨骼共存。群众认为是龙骨，就纷纷地拿去做药用，现在残存的已经很少了。不过群众所送我们三块较大的鹿角上面，也都有人工锯过的痕迹。实地调查却没有收获，因为经过时间过久，沟已将填平；同时地里还没有解冻，很难挖掘。从鹿角的发现情形上来看，可能这里是一个贮藏鹿角或制造角器的所在；但附近地面上没有陶片或灰土的痕迹，也没有其他零星的发现，即使发掘也不会有太多的希望。至于这个遗址的时代却很难确定，因为没有其他的文化遗物可供参考。四不像鹿现在在中国是已经快要绝种的一种动物，在新石器时代以及殷代还很繁殖。根据附近其他的几个遗址来判断，它的年代可能是战国时代左右。

　　（二）小杨庄　在宁河镇东北二里，靠近蓟运河的北岸，因掘土筑堤的关系。地面上暴露了灰土和大量的蛤壳。蛤壳中是以海产的文蛤（Meretrix meretrix L.）为主，也有海蟹的螯尖，其他还有淡水产的厚壳蚌（Lamprotula）。海产的蛤蟹和淡水产的厚壳蚌共存，说明了这里决不是天然堆积。所有的蛤壳都是单扇，没有两扇合在一起的；同时在灰土层中还包含着大量陶片，自然是一个古代遗址。这个遗址是古代人类把吃剩下的蛤壳，抛弃在居住的附近堆积而成，也就是考古学上所谓的"贝冢"。实际"贝冢"的名词，是由日本转译来的，而且在意义上也容易令人混淆，不如采用古代文献上所载"贝丘"的名词较为妥当。如左传庄公八年说："齐侯游于姑棼，遂田于贝丘"。这里的贝丘虽是地名，可能因有大量蛤壳而得名。因此我们应该称这种包含有大量蛤壳的遗址为"贝丘"。我国在辽东和山东两省都发现过"贝丘"遗址，至于在河北省还是第一次发现，值得我们特别记述。

据地面所暴露的蛤壳来估计,遗址范围约四百方公尺。地表土及灰土因筑堤关系被挖去甚多,其中有深达一公尺余的灰坑。除蛤壳以外,还共存有大量的陶片。我们的采集品中计有两个陶系:(1)泥质灰陶系 陶土中不加羼和料,陶质坚硬,有素面及绳纹两种,器形有罐、细柄豆和甑等碎片。甑片和辽东旅顺牧羊城所发现的同样形式(注一)。(2)夹砂粗红陶系 陶土中羼有大量石英、白云母等碎粒,色泽红褐色,表面印有绳纹,也就是河北一带所说的"鱼骨盆",数量极少,仅见到一两片。另外还发现一根长 5.7 分米,径 0.4 分米的小铜棒,一端呈楔形,用途不详。同样的小铜棒在唐山贾各庄的战国墓中也曾发现过(注二)。根据共存的陶片来判断,这个遗址应该是属于战国时期的燕国文化,因为这里有细柄豆,没有陶鬲,情形和我们在唐山贾各庄所发掘的战国墓相似,时代不会早于战国。

最值得注意的现象,这个遗址距当时的海岸线不会太远,可能是靠近海岸(现在宁河镇距海岸约五十余华里),可以推定两千多年以来宁河县附近海岸线的延伸速度。

(三)田庄头 在小杨庄北约一华里,村前的耕地中,散乱着鱼骨盆质瓮棺碎片。同样的瓮棺在河北易县、北京八里庄、清河镇、唐山贾各庄等地都有发现。根据我们在唐山的发掘经验,这种瓮棺的年代是早于战国,而且是集体葬埋的,由此推测附近可能是一个瓮棺群的葬地。

(四)庄伙地 在田庄头西南约二华里,又名蛤蜊㟂,但附近地面蛤壳很少,可能因为这里的地面未经翻动的关系,我们所采集到的只有魁蛤一种(Arca sp.)。据陶片的散布情况来推测,遗址的范围约一方华里。这里鱼骨盆质的陶片遍地皆是,也有少量和小杨庄相同的陶片,如细柄豆、甑片等。并找到了三个泥质红陶的网坠,其中一个比较完整(见图一)。其他还有一些汉代绳纹平瓦的碎片。这

个遗址可能包含着三个不同时代的遗存:(1)战国以前;(2)战国;(3)汉代。遗物中的陶制网坠可能属于前两个时代,同时也可以肯定当时的人类是居住在海滨,以捕鱼和采集蛤蜊为经济生活的主要来源。

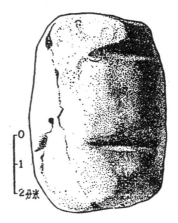

图一 庄伙地出土的陶网坠

在短短的两天调查中,是有相当收获的。不仅知道在宁河附近有先秦时代的遗址,并且在河北省第一次发现了"贝丘"遗址。特别是证明了先秦时代的海岸线是在宁河镇附近,经过两千多年,海岸向前推进了五十多华里,才延伸到今天的位置。这个发现对研究渤海湾海岸线的延伸速度是有一些帮助的。

关于渤海海岸线的延伸问题,地质学家们曾做过一些研究工作。他们多半是利用古代文献上的记载,来推算海岸线的延伸速度。但因为假定文献上地点的不一致,推算方面就有了很大的出入,而且与事实不符。现在我们试举丁骕先生的研究为例(注三),据他的计算,由秦代(公元前二二〇年)到现在,渤海湾海岸线延伸的总面积达三〇二〇〇方公里,沉积厚达十公尺,换句话来讲,两千多年以来,海岸线延伸最远的达一五〇公里(见图二)。不过丁氏的推论存在着极大的问题,例如宁河小杨庄的"贝丘",在战国时代还是靠近海岸的陆地,不然当时人类不会大量地采食海产的蛤蟹等。以现在的海岸线位置来判断,说明了宁河附近两千多年以来的海岸线,

不过延伸了三十公里，根本否定了丁氏的推论。

除了宁河镇附近的遗址以外，一九四八年裴文中先生在北戴河海岸附近曾发现过一个遗址，采集有绳纹鬲足等陶片。这个遗址的时代应该早于战国，因为战国时代燕国文化遗址中是缺少陶鬲的。更可以说明两千多年以来，北戴河附近的海岸线是没有多少变迁。另外在唐山附近曾发现战国时代墓葬和早于战国时代的石棺（注四），可见唐山在战国时代也是一个人口密集的区域。以上两个地区，如果按丁氏的推论，当时都还在海里。因此我们认为单纯地根据古代文献的记载，来推算渤海海岸线的延伸速度，是不会获得正确结论的。同时个别地域的延伸速度也可能与当地河流的冲积有关，它们的速度是不会均等的。

这次的调查，仅是对这个问题提供了一些线索。现在把资料报导出来，供给关心研究这方面问题人士的参考。

（注一）原田淑人，牧羊城，图版二十八之十七、十八（一九三一年）。

（注二）安志敏，河北省唐山市贾各庄发掘报告，考古学报第六册，页一○四（一九五三年）。

（注三）丁骕，华北平原的生成，水利，第十五卷第一期，页八○—八八（一九四七年）。

（注四）见注二，页六九注十四。

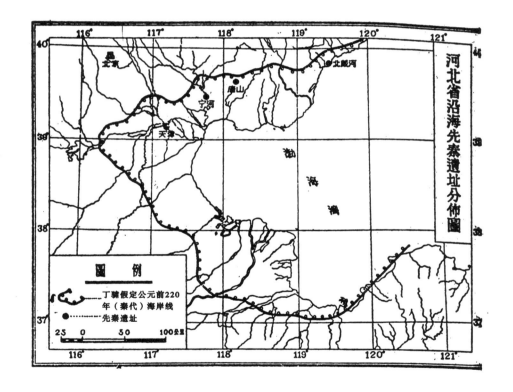

图二

（原载《文物参考资料》1954年第4期）

天津东郊发现战国墓简报

天津市文物组
天津市历史博物馆　联合发掘组

天津东郊区张贵庄南五里、津塘公路南侧、崔家码头以北有一南北向长条形的贝岗，当地居民称作"蛤蜊坨子"，地面上散布着大量的蛤蜊壳和螺壳。从断面看，贝壳堆积层很厚，而且密集。贝岗高出地面约2米，四周均为稻田。从贝岗往南过崔家码头便到海河渡口，此地距大沽海口约40公里，离市区约13公里（图一）。

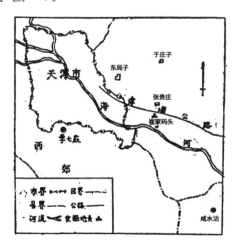

图一　津郊略图

1956年天津东郊区养护队在基建工地修筑公路，以贝岗做路基，在掘土时，先后在贝岗上发现了很多陶器和零星兽骨、人骨、陶片等。完整陶器计有鱼鸟纹灰陶壶两件，弦纹灰陶壶两件，灰陶残鼎一件，灰陶残豆两件，灰陶三足器六件和夹砂红陶三足器一件。这一重要发现，由养护队曹队长及时报告市文化局，市文化局、市历史博物馆几次派人并约请文化部文物局石光明同志等赴现场调查，详细地了解了出土情况。

1956年12月，决定先行试掘，于8日开始，23日结束。参加试掘工作的有市文化局云希正、市历史博物馆杨贻芳、郝汝棻、张玉衡等四位同志。

试掘中发现的情况

就前次出土物发现地点，即贝岗的中心紧靠新修公路路旁，开掘了三条探沟，第一、三探沟各长15米，宽3米，第二探沟长宽各4米。另外，为了探寻贝壳分布的范围，在豪岗以西又开了二条长4米、宽1米的小型探沟。在"T_1"探沟内掘深至0.33～0.72米时，发现了一组陶器，计有残陶壶一件、残陶鼎一件、残陶豆一件、灰陶三足器一件和残豆盖一件。陶器排列有一定次序，最远间隔为1.20米，陶器距现在坑口高低不一，恐为后代扰动所致。在第二探沟内发现了一件灰陶三足器，据工人介绍，前次掘出的鱼鸟纹陶壶及残鼎等就是在这里发现的。在"T_2"探沟边缘，在这件灰陶三足器的旁边，发现了人头骨、肢骨残片，因为当时地已结冻，未能将探沟扩大，人架部份没有清理。在第三探沟内发现了二件夹砂红陶三足器，其一旁发现了人骨架一具。因探沟内土层多经翻动，地冻，掘深后地下水涌出种种原因，墓边很不好找，墓的结构没有完全清楚。现仅就一个墓的情况介绍如下：

M1：在 T₃ 探沟内发现，墓底距现存坑口 1.60 米，现存坑口较过去原地约低 60 厘米，墓底实距地表 2.20 米。人架头北足南，仰面，方向北偏西 8 度。骨架仅存肢骨及残碎的骨头、肋骨、盆骨等，葬式为仰卧，上肢垂直，下肢胫骨分别朝左右后弯，弯曲的角度也很一致。原以为是屈肢葬，后经天津医学院及天津卫生学校认为：胫骨上端是朝上的，与股骨下端不相连。这种情况就很难解释成屈肢葬，而有可能是水冲或别的原因使胫骨向前移动了位置。因为发现材料过少，究竟是新的葬式，还是仰卧直伸，后因受水冲使胫骨移动了位置，待今后有充分材料出土才能确定。人架底部及左上侧均发现了整齐的板灰，想系木棺腐朽后的遗痕。人架头北，高出墓底 0.72 米的地方发现一件夹砂红陶三足器，当为此墓的随葬品。从随葬品放置的位置上看，此墓似有龛台。墓的填土为碎贝壳夹杂粘土，墓底以下不见贝壳，全为赭石色粘土。从靠近墓的探沟剖面观察，贝壳堆积层有中断的现象，贝壳层颜色深浅也有不同，推想当时可能是在贝壳堆积层中挖穴埋棺的，四周及顶部用贝壳封盖。

除以上介绍的 M1 墓及陶器出土情况外，探沟内另发现一段鹿角，经南开大学生物系初步鉴定认为是狍角。探沟内及地面上采集到的兽骨，也经南开大学鉴定都不是家畜，而是野生动物的骨骼。另外在"T₃"探沟内离坑口 30 厘米处发现厚 5 厘米，长 1 米的炭层一处，很像烧过的树枝炭灰，因距地面太近，何时生成很难断定。

在试掘期间也注意了对贝岗的勘查。贝岗南北约长 500 米，东西宽 25 米，在公路以西小探沟内掘深 1 米时仍未见贝壳，可见贝岗东西范围不大。贝壳密集的中心地带足有 250 米，其边缘零星在地面见到贝壳的，向南到达海河河滨，向北越过了津塘公路，堆积厚度由 0.7 到 1.10 米。贝壳堆积层上有一层表土，约厚 10~30 厘米。贝壳堆积层中，靠上层多为完整的贝壳，靠下层均为碎贝壳或成粉末，再下全为赭石色粘土。这些贝壳皆为单扇，多系海产瓣鳃和腹足类软体动物，种类相当多，其中一种蜗牛和一种法螺系纯海产软体动物，它如魁蛤、斧蛤等，在天津附近半咸水状态的河流中亦可找到。这个贝岗究属自然堆积或是人工形成还待进一步研究。

根据人骨架的发现，伴出陶器多而完整，出土时排列整齐，分坑所出；当地崔家码头农业社生产队长迟泰钰同志介绍贝岗南端于 1956 年春掘土垫稻场时也曾发现过类似这次发掘出的陶器以及人骨，由此可见发掘地点是一处古代葬地。

文化遗物

陶器：

（1）夹砂红陶：器形只有三足器 1 种，陶质疏松，器壁较薄，表面呈砖红色，所加羼料为贝末和砂，陶胎中含有大量贝末，是本地方夹砂陶器的一种特点。制法大都模制，表面留有绳纹，足为手捏另加上的，口沿多经修抹。完整和能复原的有三件。两件口稍敛，短唇、平缘、深腹、平底。底部俯视一作圆形，一近似三角形，都不分档，足为实足，这是与一般的鬲不同之点。其中一件腹部印有横行绳纹，颈部则横竖绳纹相交，另一件印有竖行绳

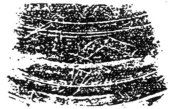

图二　鸟兽纹壶花纹拓本

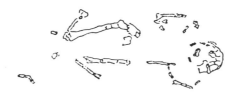

图三　M1 墓人架器物平面图

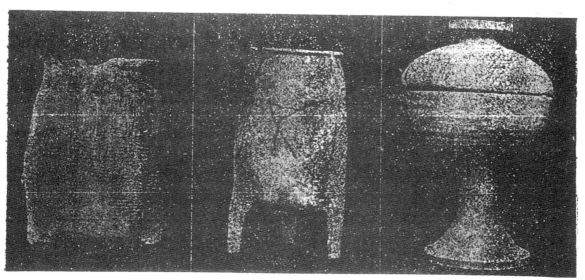

图四 夹砂红陶三足器 残高20、 图五 夹砂红陶三足器通高27、口 图六 灰陶豆 通高34、口径18、
口径13、腹径17厘米 径12、足高7厘米 足高15厘米

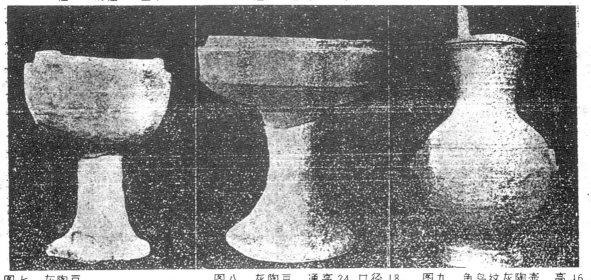

图七 灰陶豆 图八 灰陶豆 通高24、口径18、 图九 鱼鸟纹灰陶壶 高16、腹径
足高16厘米 23、口径15厘米

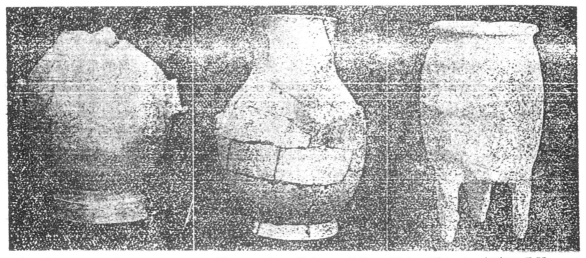

图十 鱼鸟纹灰陶壶 图十一 划纹壶高38、腹径26厘米 图十二 灰陶三足器

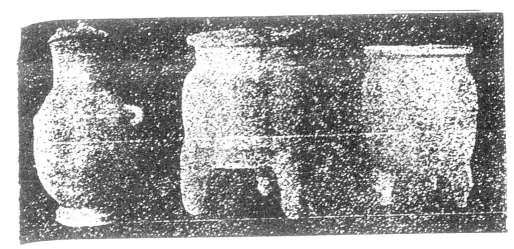

图十三　弦纹壶　高　　　　图十四　灰陶三足器　高　　　图十五　灰陶三足器　高
35.5、口径14.9、腹径24厘米　21.2、口径10.5腹径12厘米　19.5、口径13、腹径14厘米

 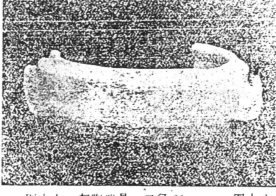 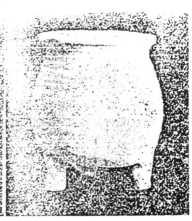

　　图十六　灰陶三足器　　　　图十七　灰陶残鼎　口径21、　　图十八　灰陶三足器　高16、口径12、
　　　　　　　　　　　　　　　　　　　　　腹深9厘米　　　　　　　　　　　　　　　腹径14厘米

纹。此二件陶器表面均布满烟痕,为实用器(图四)。另一件形制与前件略同,腹稍深长,外表全印竖行绳纹,不见烟痕(图五)。此外还有一些口沿残片及器足等。

　　这种红陶三足器也属炊器,但它与鬲有区别,与北京西北郊冷泉村出土的红陶三足器极为相似[①],或可认为它是燕国特有的产物。

　　(2)泥质灰陶:出土完整的或大体能复原的共19件,按器形分,有鼎、豆、壶、三足器等。

　　陶质:泥质灰陶,厚胎,表面呈青灰色或黄灰色,火候较高的表里颜色一致,如三足器、壶等是;火候较低的,内胎呈棕黄色或夹

黑灰色,如鼎、豆等是。陶器表面未经精细修抹,略显粗糙。

　　制法:大都轮制,如壶、豆、鼎、三足器的器身,器壁均留有明显的轮旋痕迹。壶的双耳,壶盖之立钮,鼎及三足器的足都是手捏或再经刀削后附加的。豆盘、豆柄座系二次轮制,然后粘接的。

　　纹饰:鼎、豆和三足器均为素面,只有壶一种带有纹饰,有弦纹和划纹两种。弦纹多系二条平行凹线组成一组,若干组相隔一定距离,绕器身数周。划纹是以弦为间隔,中间添划鱼鸟纹、山状纹、斜方格圆点纹等,作带状

————————
　①　参看全国基本建设出土文物图录,图版一。

的排列。

器形分：

鼎　残鼎2件，一件缺盖缺足，腹足扁圆状，腹壁近底渐向内缩成平底，底边不显著，双耳置于腹部，唇卷起形成子口（图十七）。另1件缺盖，足耳残缺，腹浅，周壁近直，圜底，器壁与底交界处呈一棱线，足为手捏，后经刀修，下端向内折曲。这二件鼎火候均不足，可能是专为随葬用的明器。

豆　完整的3件，分二种形式，1种盘腹较深，近球形底，下接喇叭状柄座，唇卷起形成子口，与盖吻合，复碗形的盖，盖上并附有提手（图六、七）；另一种盘腹较浅，周壁较直，近平底，下接喇叭状底座，缺盖（图八）。

壶　分三种形式：一种为鱼鸟纹壶，共2件，侈口，敛颈，鼓腹，圜底，下接矮圈足，带盖，盖上残存一扁平形立钮，双耳三角形，作铺首状，置于腹二侧。腹以上以弦纹为间隔，中添以鱼鸟划纹、斜方格纹；斜方格纹居上，鸟纹五个居中，鱼纹七个居下，都作带状排列（图二、九、十）。第二种为划纹壶，一件，器形与鱼鸟纹壶相似，腹以上以弦纹为间隔，中添以3—5平行人字形组成的山状形划纹，作带状排列。腹径最大处另有一周斜方格纹加圆点纹（图十一）。第三种为弦纹壶，二件，口稍侈，深腹，圜底，外加圈足，二半圆形透耳置于腹肩交界处，口上附盖，盖上附有三个柱状立钮，腹以上有五组弦纹（图十三）。

灰陶三足器　共8件，亦可分三种形式。第一种二件，敛颈，平口缘，深腹，口径接近腹径，近平底，足作扁平折曲状（图十五）。第二种三件，长腹，平口缘，口径略小于腹径，平底，下接三个柱状足，足尖端较上端为细（图十四、十五）。内中一件器底外表有烟痕。第三种三件，敛颈，圆腹，口径小于腹径，平底，下接三个柱状矮足，足均为实足（图十八、十六）。

此种三足器虽有一件带有烟痕，但从其足多短小，壁厚重，无砂质等上看，不像是炊器，而属容器。从器形上看，此三足器形制特异，不见他处出土。唐山贾各庄战国墓出土物中的乙类鼎稍与此接近，不过唐山乙类鼎肩上多出二耳[①]。

除陶器外，还有铁锛一件，长方形，为地面采集，出土情况不明。

关于年代推断问题，根据高柄带盖豆开始于春秋，盛行于战国，出土物鼎、豆、壶模仿同时期铜器，形制与中原地区战国墓出土物相近，以及陶器制作虽已轮制，但仍未见汉代盛行的陶器附件采用模范翻铸的方法，同时所出的夹砂红陶绳纹三足器与早期的鬲也有不同，我们认为这些遗物和古墓年代相当于战国时期，可能是燕国的遗存。至于进一步推论，还有待正式发掘获得更多材料才能进行。

天津金元时称直沽，元仁宗延祐三年改直沽为海津镇，明永乐二年置卫筑城，天津之名，明初始称，可见开辟为时较晚，有文献记载的历史不过六、七百年[②]。这次天津东郊发现战国古墓和相关的文化遗物，无疑的对探讨天津的早期历史有很大帮助。从现有的遗物上，于少已经能够说明早在二千年前，天津这块靠近海滨的沼泽地带已经有人居住和葬丧。

有人认为天津古时为"海滨弃壤"，形成陆地的时间较晚，也有人把秦汉时期的渤海湾海岸线划在天津以西。这次天津东郊张贵庄附近发现战国古墓和一批文化遗物，将对地质学家、古地理学家研究古代渤海湾海岸线存在位置和其他延伸速度有所帮助。（云希正执笔）

（原载《文物参考资料》1957年第3期）

---

① 安志敏："唐山贾各庄发掘记略"，科学通报，一九五三年第四期。

② 天津县志、金史完颜佐传："完颜佐本姓梁氏，初为武清巡检；完颜皌住本姓李氏，为柳口镇巡检。久之，以佐为都统，皌往副之，戍直沽寨。"

天津市郊古遗址古墓葬的调查与发掘记略

云希正

一九五六年天津市东郊发现战国墓群以后,改变了天津地区"无古可考"的说法。此后市文化局又进行了市区内其他遗址、墓葬地点的调查工作,截至一九五九年上半年,市文化局文物组掌握了十四个地点的调查发掘材料。上述调查和发掘材料还没有正式整理出来。现就大概情况做个简介:

(一)古遗址,古墓葬的分布概况:

发现古遗址、古墓葬的地点大致有二种情况。一种是座落在蛤蜊堤线上,一种除外。蛤蜊堤线是指由蛤蜊壳及壳的碎末夹杂泥沙而成的高出地表的堆积。天津史编纂室的同志曾做过调查。据调查,距天津市区最近的有二道蛤蜊堤:第一道北起汉沽区的田庄坨,中经崔家码头,过巨葛庄,中塘南迄沧县的大张门头;第二道北起芦台以北约三公里处,中经军粮城,南迄黄骅县的祁口。观察这二道蛤蜊堤线的座落位置恰与现代海岸线成扇形,都长约百公里。第一道堤线以靠近海河河床附近的张贵庄、崔家码头为扇形的顶端距海最远,约为四十公里,扇形的二端距海较近,约为二十至三十公里。这二道蛤蜊堤线经过的地点虽然不十分准确,同时因受人为和自然的破坏,蛤蜊堤也不可能保存得完整,但从张贵庄、巨葛庄等典型

地段上看,它们伸展的趋势也是可以观察到的。同时我们从古遗址、古墓葬座落其上,有着地层上的打破关系这一点,就可知道蛤蜊堤的形成要比墓葬、遗址的时间早。现分述如下:

(1)张贵庄战国墓葬区:1956年10月在张贵庄南、崔家码头北修路时发现。经1956年、1957年二次发掘,共发掘战国墓33座。

(2)大任庄战国遗址:1959年5月在大任庄东北三里砖瓦厂取土工地发现,遗址紧靠卫津河,大部遭到破坏,出土有兽纹半瓦当、大板瓦、灰陶豆、绳纹陶片、夹砂红陶片、

图一 巨葛庄西岑子地发现的
唐双耳釉陶罐及黄釉碗

残铁块等。

（3）巨葛庄战国遗址：1958 年 7 月发现，1959 年发掘，巨葛庄村西、村东都有战国时代的遗存，村西半里岑子地为居住遗址区，村西北四里商家岑子为墓葬区。墓葬区曾出土过完整的灰陶盆、灰陶豆、灰陶壶、灰陶罐、青铜剑等 28 件，可惜多为采集品。村东、村西还有很多儿童瓮棺葬遗存。巨葛庄还有唐宋墓发现，唐墓也在村西岑子地，出土过双耳釉陶罐和黄釉碗（见图一）以及褐釉四系壶、残铜勺、底足罐等。宋小砖墓发现在村东新渠南，出土有白釉瓷碗、黑釉瓷罐碎片。

图二　军粮城唐石棺墓
出土的乐俑

（7）南义新庄李家茔瓮棺葬址：1958 年调查时，发现有大量儿童瓮棺碎片，从新开的渠道两岸及路沟两傍仍可看出瓮棺埋存的原状，多数为二者相套接，口部相对。

（8）南义新庄韩家洼瓮棺葬址：1958 年发现，地表散见少量的瓮棺碎片。

（9）中塘战国遗址：1958 年调查时发现，此遗址座落在村内刘家祖坟一带，面积分布

（4）巨葛庄东三里王家洼子战国时代葬址：1958 年调查时发现，有大量儿童瓮棺葬遗存，瓮棺为红陶质，胎厚，外表为粗绳纹，内里为麻点纹。

（5）韩家桥十顷稻地瓮棺葬址　1958 年发现，瓮棺与王家洼子情况相同。

（6）八里台子战国墓葬址　1958 年在村南八里十八岑子发现，当地农民讲以前耕地时曾出土过灰陶豆、罐，地面也散布着大量的瓮棺碎片。1959 年当地挖蛤壳生产时又挖出一完整的瓮棺，瓮棺底部六孔，用意不明。

图三　双口遗址出土的带"泉州"
字样的陶罐

甚广，暴露有灰土层，1958 年该村在蛤蜊堤上挖蛤壳生产时曾出土过灰陶豆、灰陶罐、灰陶盆、灰陶尊、大板瓦、半瓦头、青铜剑、带钩等典型战国文物 29 件，此外还有完整的瓮棺出土。

以上（1）（2）（3）（4）（5）（6）（7）（8）（9）地点座落在前述的蛤蜊堤上，在蛤蜊堤通过的路线附近。

座落在第二道蛤蜊堤的遗址、墓葬目前仅在军粮城一地发现。

（10）军粮城唐石棺墓：1957年在军粮城西三里发现，后遭破坏。为砖券墓室，石棺长2.40米，头宽1米，尾宽0.63米，石棺一侧刻有龙形的浅浮雕。石棺尾部有小室，置放殉葬陶俑，出土陶俑计有乐俑，女性座雕手持琵琶（见图二）武俑、胡俑、人首鱼身俑、人首兽身俑、猪、羊、马、驼等动物俑，另有磨、灶、车轮、臼等生活日用品的殉葬模型。除此之外，军粮城镇内唐洼，1958年社员打井时还发现唐砖墓一座，计出土有海兽葡萄镜、唐三彩陶罐。军粮城东北二十里白河领1959年挖蛤壳时还出土过隋唐之间的青釉瓷豆、青釉碗、白釉碗等，可能亦为殉葬器物。

除座落在上述两条蛤蜊堤上的遗址墓葬外，天津市郊还有几处遗址需要介绍，这些遗址多分布在天津市区的西郊或西北部，和汉沽区七里海附近的城顶子一带。现分别介绍于后：

（11）双口战国汉代遗址：双口镇原属北郊区，现属红桥区。遗址在镇东北三里，永定河故道附近，1958年当地开渠时发现，遗址面积很大，分布约有500米，埋藏也很丰富。出土大量陶片，纹饰有绳纹、划纹、方格纹，附加堆纹，泥质的和夹砂的俗称"星星瓦"的陶片，还有筒瓦板瓦等建筑材料遗存，完整的器物有灰陶豆和带"泉州"字样的陶罐（见图三）。泉州据文献记载是汉时所置，位置在武清县东南四十里，与双口距离不远，双口遗址和泉州可能有一定的联系。此外还出土有渔网坠（见图四），利用旧陶片改制的纺轮"五铢"钱等。另外遗址中还保存一座陶管井，井壁用口径1米、高1尺的陶管圈筑，这种井在邢台曹演庄战国遗址中也有发现，其目的是为了保洁和防止井壁塌陷。综合双口出土文物可以看出双口遗址的时代是从战国存续至汉代的。

图四　双口巨葛庄出土的渔网坠

（12）张家窝战国遗址：地点在原西郊区边缘1958年调查时发现，遗址在村东500米丰产河附近，出土有灰陶豆、"星星瓦"等陶片。

（13）黎园头战国遗址：地点在原西郊区，1958年调查时发现，遗址距村东4里，地表散见少量绳纹及星星瓦陶片。

（14）汉沽城顶子汉代遗址：遗址座落地点原属宁河县，1957年发现，1959年当地兴修水利工程时又做过复查，遗址距大海北村1.5公里。东临七里海，西倚潮白河，遗址范围内暴露有灰土层，出土过方格纹，菱形纹陶片，红陶残豆把，云纹和"万岁""秋"字样的残瓦当，博山炉盖及"大泉五十"钱币等。

综合以上十四个地点按时代分：属于战国时代的有12处，属于战国存续至汉代有1处，属于汉代的有1处，属于唐代2处，唐以下未统计在内。

（二）张贵庄战国墓葬区的发掘

发掘地点在张贵庄村南，崔家码头以北，津塘公路南侧。1956年发现时便组织了试掘，后因天冷地冻未及完工，1957年3月再行开工，至5月结束。

这次发掘的墓葬全是座落在前述的高过四周稻田的蛤蜊岗子上。岗子上层为蛤壳堆积，其中有大量的咸水和淡水产的蛤壳和螺壳，下层为褐色粘土，墓葬全是在蛤壳土层下面的粘土层中。因此墓壁上半部为蛤壳土、下层为粘土。这种带有蛤壳土的墓室结构与中原地区土坑墓不同，与旅大地区发现的贝墓也有所不同。旅大营城子的贝墓是人们有意识的移运贝壳构筑墓室，只在墓底、墓壁铺砌贝壳，天津这里是当时人们选择和利用了一条天然生成的蜊蛤岗子，在其上挖穴埋棺，然后再将所挖出的蛤壳土与粘土重新填入墓室的。

这次共发掘墓葬三十三座古墓葬一般长度在 2——3 米间，最大为 3.60 米，最小为 2.15 米，宽度在 1——2 米间，最大 2.44 米，最小 0.81 米，墓口离地表深约 1——2 米。这些墓葬全属中小型，仅有竖穴式墓室无墓道，三十三座墓中有十九座带有木椁，椁与墓壁间筑成二层台，置放殉葬品；三十座墓全为单身葬，每墓一具人骨，也与外地战国墓未见夫妇合葬情况相符。三十三座墓中成年人骨 30 具，儿童 3 具，因骨骸残破过甚男女性别未能识出。

随葬品以陶器为主，共出土灰陶鼎豆壶、红陶三足器等三十三件。这些陶器多是仿战国铜器的型式，是专为随葬而做的明器，其中一件陶壶（见图五）颈部有鱼、鸟划纹和斜方

图五　张贵庄战国墓出土的鱼鸟纹陶壶

格纹，斜方格纹居上，鸟纹五个居中，鱼纹七个居下，都做带状排列。鱼鸟为阴刻，朴拙有力。陶鼎大都附耳有盖，陶豆多系高柄带盖豆。鼎豆壶这三种陶器是一般战国墓常见的随葬品。除陶器之外，还出土小铜印 1 件、带钩 2 件、铜环 3 件、铜饰物 1 件、明刀币四枚、象牙质束发棍 3 支、水晶玛瑙珠 3 件、白石细管 7 个。

（三）巨葛庄战国遗址的发掘

战国遗址分布在巨葛庄村西、村东蛤蜊堤上，尤以村西北一带文化层堆积最为丰富，约达一平方华里。1959 年 4 月文化局组织文物工作人员训练班学员 40 余人在这里进行了实习发掘，共开掘探沟 8 条，每个探沟长 5 米，宽 2 米。第四、第五两探沟未经扰乱，下掘 20 公分便见文化层（灰土层），灰层厚约 50 公分。并发现一长方形灰坑，灰坑内有大量陶器碎片。灰层、灰坑出土陶片总数不下三、四千片，能复原看出器形的有瓮、罐、釜、尊、豆、盆、碗等。都是当时人们的日用器物。另外还有蒸煮食物用的甑（形似盆，底部有孔）。这些陶器分为灰色和红色二种，外表饰有粗细绳纹、弦纹、划纹、园点纹、附加堆纹、还有一件带有戳记的陶片。其次重要的发现是铁制的工具和农具，计有 1 件残铁锄、2 件铁凿、1 件铁斧另采集 1 件铁铲，还有腐蚀不能辨识器形的铁块 20 余块。这些铁器不仅可以用于土木工程，有的还可用于农耕，这说明战国时代这里生产力已经有了相当的发展。此外战国文化层中还发现有马和野猪的牙齿和头骨，还有用废陶片改制成的园形有孔捻线用的纺轮，这些都是提供说明当时经济生活的资料。在战国文化层中我们还发现 20 余个残明刀币、1 个残铜带钩、4 个铜箭头以及残骨等等，在遗址中还采集到一个制陶器时使用的陶拍子，和出土有筒瓦、板瓦、绳纹小平砖等。

这次发掘的收获还包括清理了二座儿童瓮棺葬，这对我们以往调查中常见到的瓮棺

图六 巨葛庄发现的战国时代瓮棺

埋葬形制有了清楚的了解。这两处都保持了原来的埋葬形制，一处是使用二个口部相对的陶瓮，陶瓮身长 70 公分；一处是使用二者套接的筒形釜和一个球形大陶罐相对（见图六），清理时瓮棺中都有儿童尸骨。这种瓮棺碎片不但在我们前述的那些瓮棺葬地见到，而且在巨葛庄战国文化层中也找到了很多瓮棺碎片，这个事实帮助了我们说明了瓮棺的年代，那就是这种瓮棺可能是和战国遗址同时期的。天津地区这种儿童瓮棺葬发现很多，河北省唐山、易县也有发现，可见它是河北省一带当时流行的一种葬俗。

（四）结语

前述调查和发掘的资料，如明刀币、铜带钩、铜箭头、陶器的型式多具有战国时代特征，我们还有外地发掘资料的印证，因此我们认为它们是战国时代的器物。

天津地区考古工作仅是个开始，我们所掌握的资料还不充分。因此根据现有资料对当时人民经济生活、生产各方面情况做出更多分析目前还有困难，不过发现这许多地点还是能够说明远古天津的聚落情况。另外这些地点多座落在蛤蜊堤上，这与天津地区成陆渤海岸向外延伸也是很有关系的问题，以上问题正等我们做更进一步地探讨。

（原载《北国春秋》1959 年 1 期）

天津南郊巨葛庄战国遗址和墓葬

天津市文化局考古发掘队

巨葛庄位于天津市东南20公里,南距南八里台4公里。有一条贝壳堤从西北来,穿过巨葛庄,经南八里台南去。巨葛庄座落在贝壳堤上,遗址分布在村子内外,面积约为二万余平方米,以村西北干渠两侧内涵较为丰富。村东和村西北2公里的商家岭子均为墓区(图一)。

图一 遗址、墓葬位置图

1958年当地不断发现文物,天津市文化局当即派人前往调查,收集了一部分出土遗物,并及时清理了一些墓葬。1959年4月又结合天津市第一届文物工作人员训练班的学员实习,对村西遗址进行了发掘。

现将有关材料综合报导如下:

一、遗址

遗址的发掘工作,系在巨葛庄村西北的干渠两侧进行。干渠宽为5米,距村约10余米。共开2×5米探沟八条。

(一) 地层的堆积 以T4为例,最上层为耕土,厚20—25厘米。其下即为战国文化层,厚40—50厘米,深灰色,内含战国时期的陶片和少量的炭渣、红烧土、兽骨等遗物。再下即为生土,系含有细碎贝壳沙的粘土(图二)。

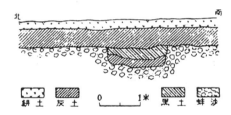

图二 探沟(T4)东壁剖面图

(二)遗迹 仅在T4发现灰坑一个,灰坑口压在文化层的下面。其平面呈长方形,东西较长,因两端没有揭露,长度不明,南北宽为1.5米。坑壁较直,上端略向外倾,坑口至坑底深50厘米。包含物与文化层相同,出土物有陶器、铁器、蚌器、刀币等。

(三) 遗物 出土遗物主要是陶器,也有些铁、铜器以及少量的骨器、蚌器和一些兽骨。

1.陶器 均为陶片,据四条探沟的统计,78%为灰陶,20%为红陶。陶片中泥质居多,夹砂的皆以贝壳屑做羼合料,数量较少灰陶器形有豆、甑、盆、碗、罐、瓮及板瓦、筒瓦、砖等;红陶器形仅见瓮、罐、豆等。纹饰以绳纹最多,素面次之,划纹、弦纹、附加堆纹、方格纹

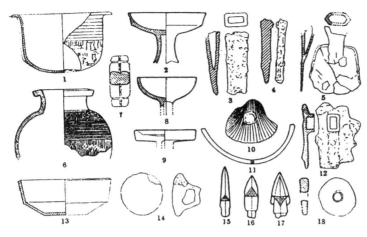

图三　遗址出土器物

1. 陶盆　2. Ⅱ式陶豆　3. 铁镢　4. 铁凿　5. 铁铲　6. 陶罐　7. 陶网坠　8. Ⅲ式陶豆　9. Ⅰ式陶豆　10. 穿孔海蚶壳　11. 铜环　12. 铁锄　13. 陶盂　14. 陶拍　15. Ⅰ式铜镞　16. Ⅱ式铜镞　17. Ⅲ式铜镞　18. 圆陶片（1. 1/20，7、18. 1/5，10、11、15—17. 2/5，余均 1/10）

的数量都很少。绳纹灰陶约占灰陶的一半，绳纹红陶尤多，约占 2/3。带有戳记的仅见一片，为器物的肩部（图六，4）。现将能复原或能看出器形的分述于下：

盆　1件。灰色泥质。口沿平折，深腹近直，圈底。腹上部饰凹弦纹数周，腹下部饰交叉绳纹。高 30、口径 49.6（图版叁，1；图三，1）。

盂　2件。灰色泥质。敞口，折腹，平底（图版叁，3；图三，13）。

罐　1件。灰色泥质。小口，折沿，短颈，底残，器身饰绳纹，腹肩并划凹弦纹数周（图三，6）。

浅盘豆　数量较多，但都是残片，就其形状观察，可分三式，Ⅰ式平盘状，有灰色和红色二种（图三，9）；Ⅱ式，敞口、圈底、矮圈足，一件柄部有戳记（图三，2）；Ⅲ式盘如碗状（图三，8）。

甑　都是残片。底部甑孔形状细长，排列不规整，数量亦各不相同。

圆陶片　8件。其中七件以夹砂红陶残片打制，一件以泥质红陶磨制。四件中有

孔，四件无孔。径 3.5~6 厘米不等（图三，18）。

陶拍　1件。红色泥质。圆形，表面光滑，中间厚，边缘薄，径 10.8 厘米。背面有握柄（图三，14）。

网坠　1件。灰色泥质。扁圆柱状，两端略细，各有凹沟一周。长 6.4、宽 2.6、厚 1.7 厘米（图三，7）。

砖　1块。灰色泥质。厚 2 厘米，长宽不明。两面均有比较规整的密集绳纹（图四，5）。

瓦　有板瓦、筒瓦二种，均为灰色泥质，饰绳纹。筒瓦又分大型、小型，皆残。大型筒瓦背面有菱形纹（图四，1—3）。

此外，在遗址地表采集到夹砂灰陶鬲片一块，口沿外侈，有档，饰绳纹，并有残灼痕迹（图四，4）。

2. 铁器　5件。另有残铁片三十余块。

锄　1件。锄板边缘已腐锈变形，原来可能为长方形。残高 16.6、宽 11、厚 1 厘米。锄板上部的一侧有长方形裤，深 2、内长 3、宽 2 厘米（图三，12）。

镢　1件。长 16、宽 5.6、上端厚 3.4 厘米。中空为裤，内长 4、宽 1.5 厘米（图三，3）。

图四 A　遗址出土遗物

1—3. 瓦　4. 鬲　5. 砖

凿　2件。均为长条状，两侧逐渐收缩成刃，顶部呈方形，刃部残缺。一长 16、宽 2，一

长 13、宽 2 厘米（图三，4）。

铲 1 件。通高 17 厘米。铲头为圆肩，刃呈弧形，高 12.6、宽 12.5 厘米。铲头上部有长方形裤，内长 4.2、宽 1.8 厘米（图三，5）。

3.铜器 6 件。另有残铜片四块。

镞 4 件。均为三棱形，可分三式，I 式二件，镞身细长（图三，15）；Ⅱ式镞身较短，刃呈弧形，铁铤（图三，16）；Ⅲ式有翼，铁铤（图三，17）。

带钩 1 件。器身为持剑武士形，但人头和钩颈均残（图六，3）。

环 1 件，已残（图三，11）。

此外，有刀币二十余枚，皆为明刀。

4.骨器 只有簪一种，有四残段，均磨制。

5.蚌器 2 件。一为穿孔海蚶壳（图三，10）；一为穿孔蚌片。

二、墓葬

（一）瓮棺葬 多在遗址附近发现，清理二座，分述如下：

M1 系以二件深腹、圜底夹砂红陶瓮扣合组成，其中一件的口沿被打掉，以求吻合（图四）。完整者高 84、口径 36、腹径 53 厘米，饰粗绳纹。

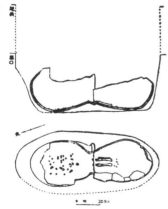

图四 B 瓮棺葬（M₁）平剖面图

M2 系以夹砂灰陶罐一件，在口部套置二件夹砂红陶釜组成。外面的釜完整（图版叁，2；图七，16），里面的釜将底部打破，以求贯通（图五）。

瓮棺内各葬幼儿骨架一具，头北脚南，均为直肢葬。

（二）土圹墓 商家岭子发现较多，村东较少。在商家岭子清理了二座。

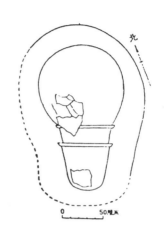

图五 瓮棺葬（M2）平面图

图六 铜器和陶文拓本

1、2.铜镞 3.铜带钩 4.陶片上戳记 5.陶罐上戳记 6.陶尊上戳记

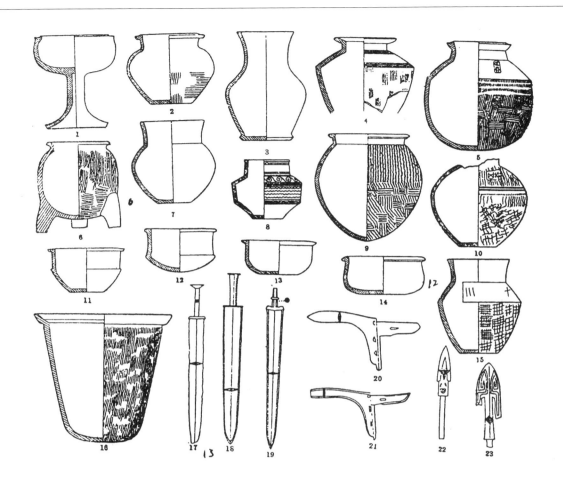

图七　墓葬出土器物

1. 陶豆　2、7—10、15. 陶罐　3. 陶壶　4、5. 陶尊　6. 陶鬲　11—14. 陶钵　16. 陶釜　17—19. 铜剑　20、21. 铜戈　22、23. 铜镞（1、2. M3，3、19. M4，16. M2 出土；22、23. 2"5，余均 1/10）

M3 墓室长 3、宽 1.25、墓底距地表深 1.4 米。人骨架头向东南，在骨架的左侧有一小龛，内置陶器，计有：

浅盘豆　2 件。形制同遗址所出的 I 式豆。

豆　1 件。盘呈钵状，有子口，柄较长，圈足（图七，1）。

罐　一件。灰色泥质，口沿外折，短颈，鼓腹，平底，器身饰交叉绳纹（图版叁，7；图七，2）。

M4 出土的器物计有：

浅盘陶豆　2 件。形制亦同遗址所出 I 式豆。

陶壶　1 件。灰色泥质，素面。侈口，长颈，鼓腹，平底（图版叁，6；图七，3）。

铜剑　一件。茎横断面呈六角形，有铜箍一道，缺首，残长 40.6 厘米（图七，19）。

（三）采集的随葬品

在商家岭子还采集到很多墓葬随葬品，除了同于遗址和墓葬所出的豆、浅盘豆、盂、壶、罐等器物以外，尚有：

1. 陶器

尊　3 件。一为敛口，外折微侈，短颈，折肩，底残。肩饰弦纹，腹饰被抹过的断续绳纹（图七，4）。另二件为敛口折沿，短颈，折肩，圈底。其中一件肩部有戳记，出土时复盖一盂（图版叁，9；图六，6；七，5）。

鬲　1 件。陶胎羼贝壳屑，褐色，饰绳纹。

侈口，短颈，鼓腹，三实足（图版叁，4；图七，6）。

罐　5件。一为褐色泥质，折沿，短颈，削肩，深腹，圜底，饰粗绳纹，高27、口径20、腹径26厘米（图版叁，12；图七，9）。一为敞口，直颈，折肩，平底，饰绳纹，肩部有"川"和"十"记号，高22.6、口径16、肩径21、底径10厘米（图七，15）。一为敞口，直颈，鼓腹，平底，高20.6、口径15.7、腹径20.9、底径8厘米（图七，7）。一为直口，高领，折肩，折腹，平底，沿部有对称圆孔二个，器身饰暗纹，高14.9、口径11、腹径17.5、底径7.6厘米（图版叁，5；图七，8）。一为削肩，鼓腹，平底，口残，饰绳纹，肩部有长方形戳记（图六，5；七，10）。

钵　6件。一为方唇，折沿，折腹，平底（图版叁，8；图七，11）。一为圆唇，折沿，直腹，圜底（图版叁，11；图七，12）。一为圆唇，折沿，平底近圜（图版叁，13；图七，14）。另三件为圆唇，折沿，直壁，圆腹，平底，其中一件有椭圆形戳记，但字迹不清（图版叁，10；图七，13）。

2.铜器

剑　2件。一件锋部削瘦，实茎，首呈喇叭口状。通长40厘米（图七，17）。另一件锋部较宽，圆茎中空，茎端平折成首，通长42.8

厘米（图七，18）。

镞　2件。一为双翼形，方本，圆铤，镞身两面均饰有对称回纹（图六，1；七，23），出土时该镞插在一块人骨上。一为三棱形，有翼，本上有铭（图六，2；七，22）。

戈　3件。长胡三穿（图七，20、21）。

三、小结

张贵庄战国墓的发掘（简报见《文物参考资料》1957年3期66页），曾引起人们的重视。巨葛庄遗址的发掘，又在一定程度上揭示了当时人民的生产和生活面貌，这对天津地区古代史的研究是有益的。

巨葛庄遗址和墓葬出土的遗物，与北京、唐山、燕下都等地都有相似之处，在文化面貌上具有燕国文化的特色。

关于遗址的年代，从出土遗物考察，应属战国中晚期，但采集到的鬲片，却具有年代较早的特征。因之整个遗址所包含的文化堆积，可能在年代上是有差别的。墓葬所出的器物亦有同样情况，正式清理的二座土圹墓，从随葬器物形制看属战国晚期，可是在采集的随葬品中，与其他地方相比，有的也较早，但因组合关系不清，现在尚难作正确判断。

执笔者　孙培基
（原载《考古》1965年1期）

天津北郊发现一座西汉墓

天津市文物管理处

1972 年 5 月，贫下中农在天津北郊疏浚永定河故道时，发现一座西汉墓。该墓位于北郊双口镇东北 1.5 公里（图一）。墓北已被河道打破，墓南压于河堤之下，保存尚好。

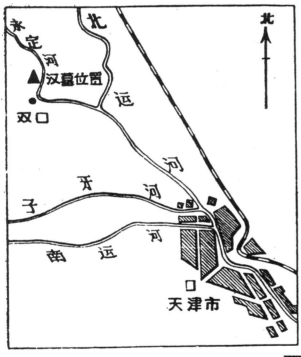

图一　汉墓位置示意图

一、墓葬结构

该墓为竖穴土坑，呈长方形，南部稍高，北部略向河道倾斜。方向北偏东 16 度。墓口距地面深 4.9—4.95、宽 1.95、长约 2.7 米。

墓壁由一层筒瓦砌成。筒瓦子口朝上，层层竖立，四壁相连，上部用筒瓦和半瓦当复盖。南壁中部有错缝，系两次筑造的连接痕迹。墓顶有筒瓦碎片，分布不规则。墓内填胶泥土和沙土，并夹有碎陶片。

室内木棺两具，并列。棺板已朽，灰痕明显。未发现棺钉。根据棺痕：东棺宽 0.51、长约 1.8、高约 0.19 米。西棺宽 0.7、长约 1.9、高约 0.18 米。人骨架两具，头向北。西部人架仰身直肢，东部人架下肢向西弯曲。棺底均铺垫陶片、筒瓦和板瓦碎片。东棺棺底并铺一层白灰。

筒瓦　均为泥质。灰陶占绝大部分，红褐色较少。瓦身横剖面呈半圆形，两侧有切痕。正面多饰绳纹，素面极少。绳纹一般较粗，两端边缘部分多被抹平。里面绝大多数是布纹，绳纹和凹点纹极少。有瓦钉孔者发现一件（图二，中）。筒瓦一般长 45.7、径 15.5、厚 1.2 厘米。根据筒瓦形制和纹饰的不同，可分四式：Ⅰ式瓦身大而薄。正面饰绳纹，里面布纹。Ⅱ式正面绳纹，中间有数道抹痕，里面凹点纹。Ⅲ式正面为素面，里面布纹。瓦身厚重，陶质

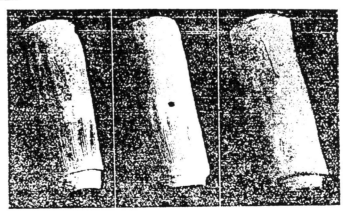

图二　筒瓦

较坚硬,火候较高(图二,右)。Ⅳ式瓦身细长,子口较窄,底端较宽。正面饰绳纹,里面布纹(图二,左)。西壁出Ⅰ式,东壁除Ⅰ式外,并出Ⅱ、Ⅲ、Ⅳ式。

半瓦当　1件。泥质灰色。已残。单面模制,饰卷云纹。瓦筒正面饰稀疏绳纹,里面布纹。径15.7、厚0.9厘米(图三)。

图三　半瓦当(约1/3)

板瓦　有泥质灰色和夹砂褐色。可分两种:一种正面饰绳纹,里面为凹点纹;有的里面为凸点纹或绳纹。一种两面均为粗弦纹。

二、随葬品

随葬品均出自西部人架之旁。

铜带钩　1件。在左肩之下。带钩座扁平,背面有三道凹槽。长5.9、钮径1.2厘米。

陶器较完整者4件。皆为泥质灰陶。置于棺外头端。

罐　1件。折沿,高领,圆腹,平底,底稍向内凹。腹上部饰弦纹,下部及底拍印斜绳纹。通高23厘米(图四,2)。

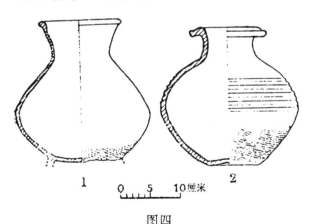

图四
1. 陶壶　2. 陶罐

壶　2件。侈口,长颈,圈足,腹椭圆。器表面涂白粉,施红彩。粉彩已脱落。腹下部至底拍印绳纹。圈足已残,残高24.2厘米(图四,1)。

碗　1件。敞口,斜腹,平底。腹上部外施白粉。口径15厘米。

三、结　语

此墓的随葬陶器,为京津地区西汉墓葬所常见。高领弦纹罐和长颈圈足彩绘壶,与北京昌平县[①]和易县燕下都[②]等地西汉早期墓内同类陶器较为接近。因此,这座墓葬的年代,应属西汉。

经鉴定,西部人架为男性成年,东部人架为女性成年,因此,这座墓是夫妻合葬。从南壁中部的连接痕迹和东西两壁筒瓦的不同特点测知,此墓为两次建造,墓主人系先后葬入,男性先葬,女性后葬时仅在原有墓室的基础上扩建加宽。

值得注意的是,在以前发现的汉墓中,出过不少瓦棺,但像此墓全部用筒瓦筑造墓室,还未曾见过。这种墓室结构,或许是汉代墓葬建筑的一种特殊形式。

西汉墓葬,在天津为首次发现。过去在双口附近曾采集到一件带有"泉州"戳记的陶罐[③],与这次墓内出土的陶罐作风近似,同属西汉之器。双口在西汉泉州城址即现在河北省武清县城上村[④]东南,相距约十公里。因此,这座墓葬可能与西汉设置的泉州县有一定关系,从而为研究天津历史提供了新的实物材料。

注　释

① 北京市文物工作队:《北京昌平白浮村汉、唐、元墓葬发掘》、《北京昌平县史家桥汉墓发掘简报》,《考古》1963年3期。

② 河北省文化局文物工作队:《1964—1965年燕下都墓葬发掘报告》,《考古》1965年11期。

③ 天津市文化局考古发掘队:《渤海湾西岸文化遗址调查》,《考古》1965年2期,图版叁;图四。

① 天津市文化局考古发掘队:《渤海湾西岸考古调查和海岸线变迁研究》,《历史研究》1966年1期。

（原载《考古》1972年6期）

武清县发现东汉鲜于璜墓碑（节录）

天津市文物管理处　武清县文化馆

1973年5月，天津市武清县高村公社兰城大队社员，在村东约一华里的苏家坟平整土地时，发现一通东汉桓帝延熹八年（公元165年）雁门太守鲜于璜墓碑。出土时碑阳朝下，覆于土中，距地表一米余深。与碑同时出土的尚有碑座一件。此碑现已移至天津市历史博物馆。

为死者立碑的风习，始于东汉初期。封建官僚地主阶级为了夸耀其爵位财富和掩盖其生前罪恶，碑文常由封建士大夫撰写，多为谀词，但偶尔亦可从中透露某些史实，而在书法、刻工艺术，则很多可供参考。东汉到现在已有两千年的历史，汉碑留存下来的不多，完整者更少。这次出土的鲜于璜碑，在历史金石书籍中未见著录，是我国解放以来发现的保存完整、存字较多的一通汉碑，为研究汉代历史中的某些问题和文字、书法、刻石艺术，提供了新资料。

一、墓碑概况

此碑上尖下方，呈圭形，高2.42、宽0.81—0.83、厚0.12米。碑首有穿，径0.15米。碑座为长方覆斗形，长1.22、宽0.72、高0.24米。碑座中间为竖碑之槽，长0.9、宽0.14米。

碑两面均有铭文，碑首有题额和画像，碑阳额旁阴刻青龙、白虎（图一），碑阴穿上阴刻朱雀（图二）。碑阳额上有"凸"字形单线界框，框六角刻有卷云纹。框内剔地阳刻小篆"汉故雁门太守鲜于君碑"十字。碑首画像和篆额形式为汉碑中少见。

碑文为隶书，阴刻（图三、四）。碑阳十六行，满行三十五字。碑阴十五行，满行二十五字。两面共八百二十七字，除个别字泐损外，余皆清晰完好。碑阳字间有细线方格，字体略

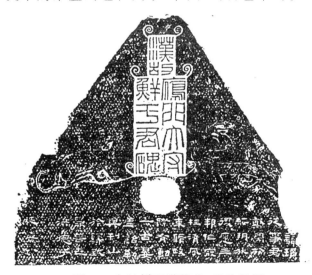

图一　东汉鲜于璜墓碑（碑首阳额）

图二　东汉鲜于璜墓碑（碑首阴额）

图三　东汉鲜于璜墓碑正面（局部） 　　　　图四　东汉鲜于璜墓碑背面（局部）

小，一般为纵 3、横 4 厘米，纵横成行。碑阴字体大小不一，不及碑阳的隶字工整，界格不甚明显。

此碑碑阳叙述死者生平，文后赘以赞词，与一般汉碑铭相同。碑阴为长篇四言韵语，内容与碑阳大同小异，文尾并详列死者世系，与一般碑阴仅记捐资人的姓名和钱数者，迥然不同，为汉碑的新例。

二、碑文的史实和文字书法

据碑文记载，碑主鲜于璜在延平（汉殇帝年号，在位仅一年，公元 106 年）以前，先后为并州孝廉、郎中，度辽右部司马及徐州东海郡赣榆县县令等。延平时任安边节使。永初年间（汉安帝时，公元 107—113 年）为雁门郡（属并州，治阴馆，今山西代县西北）太守。延光四年（汉安帝时，公元 125 年）死于家，死时八十一岁。四十年后即延熹八年，其孙为之造碑。碑中所记鲜于璜及其世系人物共十二人，除其孙鲂、仓、九三人未书官职外，余皆封建官吏。史籍无考。

碑文在颂扬鲜于璜"勋绩"的过程中，从侧面反映了当时东汉政府与我国北方少数民族的关系。其中，还记载了匈奴和乌桓族的情况，有一定的史料价值。

在我国汉字发展史上，秦始皇推行小篆和采用下层徒隶使用的秦隶（变小篆圆转线条为平直的笔画），使汉字的结构和形体日趋定型。到了汉代，篆书的使用范围缩小，只用于碑额、玺印等特定场合。隶书则成为全国的主要书体，并逐渐演变成有"波势""挑法"的新书体，即所谓"八分"式的汉隶。鲜于璜碑的篆额和隶书碑文，反映了东汉后期文字的使用情况。碑文中假借字和异体字甚多，其中有一些是民间删繁省难和大胆创造的简体字。这种简体字由于人民广为使用，因此也部分地保留在封建文人撰写的碑铭之中。鲜于璜碑把益写作"盖"，经写作"绖"，便是例证。有的简体字至今仍在使用。事实证明："文字在人民间萌芽，后来却一定为特权者所收揽"（鲁迅：《且介亭杂文·门外文谈》），推动我国汉字改革的始终是人民群众。

从书法艺术来看，鲜于璜碑碑额的篆书，字形稳重，通过刀刻的笔划匀如铁线，瘦硬有力，表现了书写人和石刻工匠相结合的高度技巧。鲜于璜碑立碑时间，正是我国书法史上汉隶最发达的时期。这时碑版中的汉隶，书法风格各不相同。根据笔法，大体可分两派：一派结体巧妙，以用圆笔为主，具有秀美的风格的，以《曹全碑》为代表；一派结体方整，以用方笔为主，具有朴厚的风格的，以《张迁碑》为代表。鲜于璜碑碑阳和碑阴的字体属于方笔汉隶，其中许多字与《张迁碑》接近，但字体较《张迁碑》宽扁丰厚，时间早二十一年，书法艺术水平较高，可视为成熟的汉隶中方笔流派的代表之一，是研究我国古代书法的重要资料。

（原载《文物》1974 年 8 期）

武清东汉鲜于璜墓

天津市文物管理处考古队

一九七三年五月间,武清县高村公社兰城大队社员,在村东平整土地时,发现东汉桓帝延熹八年(公元165年)"汉故雁门太守鲜于君碑"①一通。之后,根据这通汉碑的出土,天津市文管处考古队于一九七六年和一九七七年间,先后对这座有墓碑的汉墓,进行了勘查和发掘。这次发掘工作有武清县文化馆参加,并得到当地各级领导支持。参加发掘整理的有纪烈敏、邸明、刘幼铮、马士军、敖承隆等同志;测绘与制图的有邸明、纪烈敏、敖承隆;器物摄影为张一苓同志。现将本墓发掘资料,分述如下。

一、墓地概况

鲜于璜汉墓,位于武清县之西北,高村公社兰城村东约一华里(图一)。该村以东地势略高比较平缓,在目望无际的耕地里,现分布有些微凸的"岗子"或称"坨子"。经勘查结果,村东一带所谓"岗子"、"坨子"高地,一般多为汉代墓葬,鲜于璜汉墓则属其中之一。

该县河流分布较多,纵横贯穿交错。现今永定河过去为历年泛滥,是条河道屡改"无定"之河。因此,本县地貌变化较大,鲜于璜墓地淤积黄土厚达1.20米。在这淤积黄土层内,墓外夯筑封土犹存。其范围宽约20余米,可见该墓原有高大封土。鲜于璜碑发现于该墓(正南)的前面,两者间距约6米。在墓碑出土时,尚有碑座、石盒之物,并还发现以花纹方砖铺砌的残迹。据此来看,在鲜于璜墓地树立墓碑外,可能有"享堂"之类的祭祀建筑物。

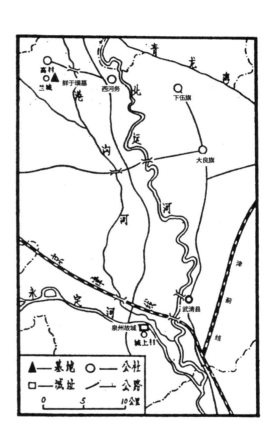

图一 东汉鲜于璜墓的位置

二、墓葬结构

该墓以砖砌筑,座北朝南,北偏西4.5度。墓葬构造布局,以南至北序列,包括墓道、甬道、前室、中室和后室等部分组成。各室之间均以小券门过道相连,墓室全长14、最宽3.6米。由于盗扰较重,墓室大部已残塌(图

---

① 天津市文物管理处、武清县文化馆:《武清县发现东汉鲜于璜墓碑》,《文物》1974年8期。

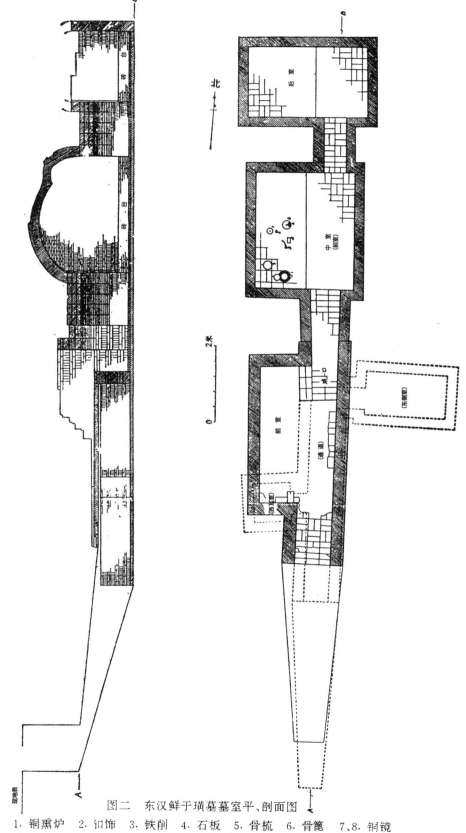

图二　东汉鲜于璜墓墓室平、剖面图
1. 铜熏炉　2. 钏饰　3. 铁削　4. 石板　5. 骨梳　6. 骨篦　7、8. 铜镜
（另有部分器物在发掘前被取出,图上略）

二;图版拾柒,1)。墓道、甬道和前室有上下两层叠压"重建"的现象,其具体情况于本文第三部分加以详述。现把上层结构叙述如下:

墓道 南窄北宽,平面呈梯形。东西两壁较直,底部微作缓坡式,长4.75米。

甬道 长1.66、宽0.9米。券顶已毁无存,两壁残高7—14厘米。底部以长方素面砖铺砌,作双砖平列纵横交替式,铺砖两层,厚11厘米。

前室 比较宽敞,平面为长方形,南北长3.7、东西宽1.96米。盗扰最为严重,墓顶结构无存,墓底铺砖大部亦被揭去。从该室较为宽阔情况来看,其墓顶结构可能为"拱券"式。墓壁的砌法为两横一竖(图版拾柒,2),残存高度0.7—1米。壁砖为长方形。背面绳纹比较端直(图八,4)。墓底用砖和砌法,均与甬道相同。此外,在该墓底的东北隅,有一砖砌方形道口,其边长60厘米,由口至底深90厘米,此道口则与北壁小券门过道相通(图版拾柒,4)。

中室 平面近似方形,南北长3.6、东西宽2.53主。墓顶部分已塌,其构筑形式为四面微弧收杀"穹窿顶"。墓壁砌法与前室相同,唯壁面抹有白灰一层。在室内的西侧,砌有"砖台"与墓壁紧贴相连,台长3、宽1.36、高0.32米(图版拾柒,3)。墓底铺砖三层,厚14厘米。砖台和墓底铺砌方法,皆为双砖平列纵横交替式,用砖均与甬道完全相同。此室顶和壁用砖与前室截然不同,其特点砖薄略小,背面绳纹为横竖交叉式(图八,5)。

后室 平面为横置长方形,东西长3.08、南北宽1.86米。墓顶结构亦塌毁,其构筑形式与中室相同。在室内西侧,同样砌有砖台,东西长1.78、南北宽1.86、高0.40米。墓壁和墓底的构筑,均与中室相同。

三、墓内现状

该墓因盗扰严重,墓内现状凌乱。葬具、人骨架以及随葬品等,均已失去了原貌。从发掘过程中观察,唯前室被扰较甚。该室除清理出一些残缺的随葬品外,在接近墓底扰乱堆积中,发现有防腐白灰和涂朱板灰的葬具残迹。人骨架与扰土混杂极为零散。前室东北隅门道内发现残头骨一个。中室残塌的墓砖直至墓底,在该室内南侧和砖台上,清理出土随葬品较多,但均已被扰凌乱不堪。后室塌毁乱砖堆积情形,则与中室大致相同。仅于墓底和砖台上,清理出为数极少的车马饰,而无葬具和人骨架的遗迹。此室这种很为异常的现象,看来很可能同本墓"重建"的变动有关。

该墓的南半部,由于前室墓底以下,尚残存已废弃的原建结构(图版拾柒,5)。因此,在该墓的构造上,却形成了所谓的"重建"现象。从已被废弃和未毁的结构上看,该墓形的原建构造布局,则为墓道、甬道及其西耳室与东侧室、前室和后室等部分组成。墓道为斜坡式,墓口要比重建墓口略长,其东壁两者相重为一,而西壁重建墓口略有些外扩。甬道比较窄长,南端西侧设一小耳室,北端东壁设一侧室。该侧室因位于偏东未被废毁,墓室保存尚较完整,室内未发现任何遗物。此室平面为长方形,东西长2、南北宽1.18、高1.32米。墓顶结构为穹窿式,墓壁和墓底砌筑情况,均与后室相同。前、后两室(即为中、后两室),其构筑情形如前所述不再重复。以上所废弃的残存结构,在所用墓砖和砌筑方法以及墓底的深度等方面,均与未毁的前、后两室完全一致。据此可见,在重建的前室下面,已被废弃的墓室结构,无疑属于该墓原建一个整体的组成部分(图二)。主要依据有以下两点。1.重建前室的东北隅,以砖砌作一方形道口,则与中室通连。2.重建前室的墓底,以长方形素面砖铺砌(即背面无绳纹)。中、后两室墓底和砖台,其表面一层皆以这种素面砖加以复砌。上述构筑表明,重建前室与原建前、后两室,从而构成了另一个整体。

四、随葬器物

该墓盗扰较重,随葬器物绝大部分残缺不整。现按器类不同分述如下:

(一)陶器

出土陶器大都为仿制葬品,陶质多系泥质灰陶,并掺夹细砂粒,器表一般均施有白衣的残迹。

罐　一件。器体较小,敛口,短颈,圆肩,平底,腹壁向下微收。器高8、口径9.5厘米(图三,1)。

盒　五件。均为立体长方形,盖与身可套合。盖作长方覆斗形,顶平无饰。器高15.2、长31.2、宽9.4厘米(图三,3)。

奁　三件。均为圆形,器身上下各划凹弦纹两周,底下有三乳足。盖顶边缘上斜内收,平顶上饰三乳纽。器高22.6、直径25厘米(图三,8)。一件,无盖,器身口部作微凸宽带一匝,中腰偏下划两道凹弦纹,底部边缘饰有三足。器高11.2、直径19.6厘米(图三,2)。

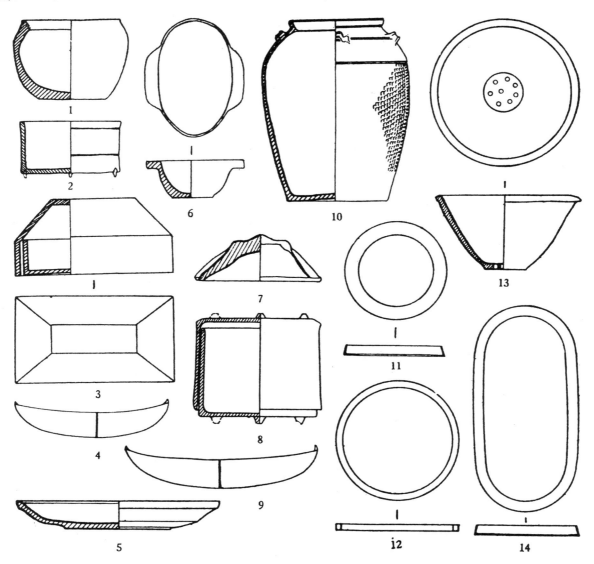

图三　陶器和铜钿饰

1.陶罐　2.陶奁　3.陶盒　4、9.鎏金钿饰杯耳　5.陶盘　6.陶耳杯　7.陶器盖　8.陶奁　10.四系青釉罐　11.鎏金钿饰盖沿　12.鎏金钿饰器口　13.陶甑　14.鎏金钿饰盖沿(1、6、7、11、13、14为1/4,4、9为1/2,余1/8)

盘　一件。口沿略平,底下作假圈足。器高 2.8、口径 20 厘米(图三,5)。

甑　一件。口沿外折微卷,底作气眼八孔。器高 11.4、口径 14.7 厘米(图三,13)。

耳杯　六件。双耳较平。器高 3.8、口长 12、宽 7 厘米(图三,6)。

器盖　三件。似半球状,盖顶饰作器乳钮。器高 4.8、口径 12.2 厘米(图三,7)。

仓房　一件。此房造型上宽下窄,进深较浅,呈长方条形。顶为悬山两坡式,两侧山墙各开一方窗。正面以凸棱示作门架结构,在上下横棱的两端,皆有门扉的轴孔。房内横置平放两块隔板,可分上中下三层。通高 46.4、顶长 48.4、宽 21.2 厘米(图四,下;图版拾捌,2)。

仓楼　一件。器形上宽下窄,与仓房有些相似。楼顶檐深坡缓密排瓦垅,前坡设平顶天窗三个。在顶檐的前后,各伸三朵斗拱承托。此楼的正面,亦以凸棱示作门架与楼道等结构。上部设有门窗和"阳台"平座栏杆;下部正中开一方形出粮口,左右为高坡楼道。在左侧楼道上有一浮雕人物,作登梯背粮入仓状。该仓楼器形比较高大,顶檐展阔,脊背宽厚,角头昂翘,其制作相当精巧,造型很为别致而稳重。通高 96、顶长 85.6、宽 33.6 厘米(图五;图版拾捌,1)。

碓盘(?)　一件。平面为长方形,盘内仅存两立柱,其它饰物不详。器高 6.8、长 36、宽 27.2 厘米(图版拾玖,1)。

槽　一件。平面呈长条形,槽内无其它饰物。器高 7.2、长 56、宽 19.2 厘米(图一〇,1)。

屋　一件。此屋为悬山式瓦顶,两坡侧端有垂脊与勾头瓦檐,后墙及两山均开一方窗。正面设有门窗,屋内底部右边,尚有一长方空罅。从该屋造型特点上看,应属"茅厕"之类。通高 29.2、顶长 25.2、宽 20 厘米(图四,上;图版拾捌,3)。

农夫俑　一件。头戴平帻,身着斜领肥袖长衣,双手紧握耒柄凝神而立。通高 12 厘米(图版拾捌,4)。

侍女俑　一件。身穿宽袖长衫,左手持物于胸,双膝跪坐。通高 10 厘米(图版拾捌,5)。

灯　一件。已残,器表原施白衣,现大部已脱。此灯以座、盘、柱、盏和龙首饰物所组成,其造型为多盏托盘式。通高 96、座底直径 38.8 厘米。托盘第一、二两层,其形状相同,均为折沿,圆唇,平底。盘沿各有对称六个穿孔,分隔间插曲形灯盏和龙首饰物,盘中各置一豆形柱承托。第三层托盘,器形略小,盘沿无孔。盘内置一小口罐形柱,上面似乎应再托一鸟形大盏,此灯整个器形才较完备。该灯座口小底大,形如喇叭状,座高 50.8 厘米(图六,1;图版贰拾,2)。座身以三周凸棱为格界,可分上、中、下三层。每层均有堆塑人物环绕,下层并设圆穿"把手"左右相对。从现已残存塑象来看,上层为一"官吏"人物,面前置一长几盘膝安然而坐。右侧似一"门卒"人物,手执杖躬身侍立。左侧为二侍从,屈膝斜身而踞,面向"官吏"作供物状。在"官吏"之右,尚有一骑士。中层所塑人物多为骑士,左右成对而列,骑者身佩武器,作勒缰扬鞭奔驰状。其中有一高躯骏马,鞍鞯齐备,昂首翘尾而立。前面似一马夫(已残),作恭候"主人"欲行状。下层人物形象与上两层迥然不同,一为肩扛粮袋,一是手扶杵杆,作脚踏舂米状。另一虎兽躬背而立,伸颈回首作咬痒状。虎前为一赤身人物,头戴圆形高顶帽,背手似作斗虎状。上述这些堆塑物象,层间成组有别,神情姿态各异,形象极其生动活现。其内容也正是对墓主生前威严显贵、安逸享受生活的真实塑造(图六,2)。

四系青釉罐　一件(已残缺)。敛口上侈、圆肩、深腹、平底。腹身饰方格纹,上施青褐釉。釉色不匀,泪滴显著。肩部上下各有一道凹弦纹,并附扁环形四耳相称。胎质夹砂呈灰色，火候略高，吸水性较低。器高 36.4、口径 18.4 厘米（图三，10；图版贰拾，1）。

此外，尚有瓮、井、灶等器残片，短缺较重无法复原。陶瓮为敛口，方唇，高领，领外有凹弦纹两周。夹砂灰陶，为东汉所常见。

（二）铜器

熏炉　一件。为长柄托盘式，器高 19.4 厘米（图七；图版拾玖，4）。炉身较浅，平底，并附有三足与一长柄，置于圆盘之中。炉盖呈半球状，上部镂空。炉身与盖有子母口套合。其造型制作较为精巧。此器见于江苏扬州西汉墓和北京怀柔东汉墓，器形制作均很相近[①]。

镜　二件。锈蚀较重，均已残缺。一为"长宜子孙"弧纹镜。圆钮柿蒂形座，径 19.4 厘米（图版拾玖，5）。一为"君宜高官"双夔镜。圆钮座，边缘为连弧纹，径 14.6 厘米（图版拾玖，6）。此件双夔镜，则与烧沟汉墓九型二式夔龙镜颇为相近[②]。根据鲜于璜汉墓的年代来看，这种以动物合体形"双夔"纹式的出现，应早于东汉晚期。

鎏金钿饰，均为漆器的饰件，有以下几种：

龙首柄（漆魁把手）　一件。龙首昂伸，启唇露齿，抿须立目。线刻鳞须纹饰相当精细，其龙姿神态活现，形象极为逼真。柄长 15.4 厘米（图版拾玖，2）。此龙首造型，与河北定县中山穆王刘畅墓出土的"掐丝金龙饰"很为相似[③]。此外，在东汉朱绘陶器中，与此相类的龙首柄比较常见[①]。

器口　一件。圆形，径 24.4 厘米（图三，12）。

盖沿　二件。一为圆形，径 10 厘米（图三，11）一为椭圆形，径长 21 厘米（图三，14）。

杯耳　十一付。其形式相同，仅大小之别。大者长 9.4、小者长 7.6 厘米（图三，9、4）。

（三）其它

铁削一件。环柄，弧背，刀首上翘。全长

23 厘米（图八，3）。

铅质车马饰，制作比较简陋，共 8 件。计有车舍、盖弓帽和马镳、当卢等（图八，6、7、2、8）。

漆器大部均已腐朽，从残存痕迹来看，共器形有案、盘、耳杯、奁、盒、魁等用具。部分器表有朱绘纹饰，并镶嵌鎏金铜钿饰。其中一件耳杯（已残），出土时朱绘卷云纹饰相当清晰（图八，1）。

骨篦、梳三件。出土时与铜镜放置在一起（图版贰拾，3）。篦、梳均为马蹄形，齿疏密有别，骨梳高 7.8、梳背厚 0.5 厘米；骨篦高 8.2、背厚 0.5 厘米（图版贰壹，5、6）。

玉璜　一件。质为白玉，上琢卷云和兽面纹饰。长 4.6、宽 2.5 厘米（图版拾，3）。

石板砚　一件。长方形板状，石质细润呈灰色。表面比较交滑平整，并涂有黑色痕迹，出土时位于铁削较近。长 14.4、宽 7.9、厚 0.6 厘米。

五铢铜钱　九枚。根据钱文书体的不同，分两式：

Ⅰ式　"五"字中间交叉两笔微屈，则与上下两横相接略成垂直。"铢"字金字头较小，朱字较为方折，其特点与烧沟汉墓第二型五铢铜钱相类[⑤]（图九，1）。

Ⅱ式　钱文比Ⅰ式宽大，书体显得规整、粗厚，笔划较为清秀。其特点与烧沟汉墓第三型五铢铜钱比较近似（图九，2）。以上这两式五铢铜钱的年代，约当西汉末至东汉中期。

采集品有：

---

① 苏北治淮文物工作组：《扬州凤凰河汉代木椁墓出土的漆器》，《文物参考资料》1957 年 7 期。
② 洛阳区考古发掘队：《洛阳烧沟汉墓》175 页，科学出版社，1959 年。
③ 定县博物馆：《河北定县 43 号汉墓发掘简报》，《文物》1973 年 11 期。
① 河北省文化局文物工作队编：《望都二号汉墓》图四八。文物出版社，1959 年。
⑤ 洛阳区考古发掘队：《洛阳烧沟汉墓》225 页。

图四　陶仓房和陶屋
上·陶屋（左，纵剖；中，正面；右，侧面）　下·陶仓房（左，正面；右，侧面）

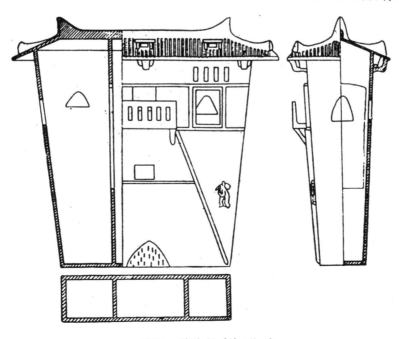

图五　陶仓楼（约 1/13）

图六　陶灯（1/10）　1. 全形　2. 灯座展开

石盒　一件。立体长方形,盖与身为子母口弇合。通高29.2、长58、宽39.4厘米（图一〇,2）。盒盖形如覆斗,四面边侧刻三角(折带)纹。在一侧斜面上,浮雕一独角怪兽。长躯矮足,伸首扬尾作行走寻觅状。盖顶上面线刻四叶形纹饰,已磨损不显。盒身形似凹槽式,内刻耳杯、盉和鱼等物,雕工精细,形象逼真(图版贰壹,1、3)。此件石盒所刻怪兽,与江苏睢宁县双沟地区画象石,"石鼓"正面所刻青龙形象相近似①。

花纹方砖　砖面饰乳钉四叶形纹,边长35、厚7.5厘米（图版贰拾,5）。

① 江苏省文物管理委员会编著:《江苏徐州汉画像石》文12页,图82,科学出版社,1959年。

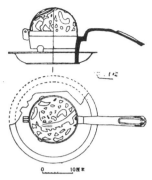

图七 铜熏炉

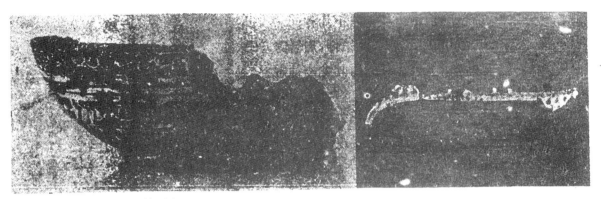

1. 漆耳杯   2. 铅质马镳

3. 铁削   4. 绳纹砖

5. 砖   6. 铅质车舍   7. 铅弓盖帽   8. 铅当卢

图八

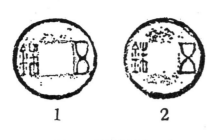

图九　五铢钱拓片（4/5）

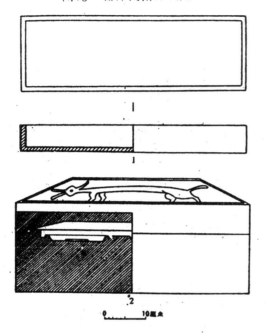

图一〇　陶槽与石盒
1. 陶槽　2. 石盒

五、墓　碑

碑座　为长方覆斗状，长 1.20、宽 0.73、高 0.25 米。表面刻有三角折带纹和斜线平行纹，座顶雕作一长条形碑榫凹槽（图版贰壹，4）。

鲜于璜碑，上锐下方，呈"圭"形。高2.42、宽0.81—0.83、厚0.12米。在碑首的底端有一圆穿，径11.3厘米。题额居于碑首正中，以减地雕作"凸"字形，额文阳刻篆书"汉故雁门太守鲜于君碑"十个大字。字体古朴雄健，笔势转折峭齐，隶意颇浓。题额框角刻卷云纹加以装饰，唯左侧中间卷云纹饰作阳刻，这一雕法的差异现象，很可能是刻工失误所致。题额的左右两侧，刻青龙、白虎各一。两兽昂首卷

尾，张牙舞爪，作相持欲斗状。碑阴额首只刻一朱雀，作展翅飞翔状。画象雕刻，刚劲明快；刀线简洁流畅。神态各异，形象栩栩如生。这种附有"四神"画象的碑额，尚属汉碑比较罕见的形式（图版贰贰）。

碑身阴阳两面铭文，皆为隶书。字体严谨工整，笔法方折浑厚。书法艺术水平较高，具有显著的独特风格，是汉隶高度发展中的典型代表之一。碑阳铭文 17 行，满行 35 字；碑阴铭文 15 行，满行 25 字，合共 827 字。其中 9 个字泐损，余者均完好，字口相当清晰。在铭文的行间，均以纵横线刻为格（即所谓"綦纹"）。碑阳铭文略偏于格上，书刻显得尤为工整。碑阴线刻较浅，界格不如碑阳明显。碑阳行尾为刻造年代，而无撰文书刻者的姓氏。这种现象是汉碑比较习见的特点之一。

碑文主要刻载碑主的生平经历，死亡年月及其家族世系等情况。在铭文的格局上，碑阳以四言语句为主，叙述其"功德"的一生，而文后附以颂辞。这种"颂扬"碑主的文式，在汉碑中较为多见。碑阴为长篇四言韵语，其内容与碑阳大同小异，而碑主的世系详列于文末。碑阴的文式，在汉碑中尚属少见。它与一般仅刻官吏姓名与资助钱数者，迥然不同。现将碑文附录如下：

碑　阳

[君]讳璜，字伯谦。其先祖出于殷其（箕）子之苗裔，汉胶东相之醇曜，而谒者君之曾，孝廉君之孙，从事君之元嗣也。君天姿明达，彻眼有芳。在母不瘣，在师不烦。岐嶷谣是合，好黄常。治礼小戴，闺族孝友。温故知机，辉光笃实。升而上闻上郡王府，君察孝，除郎中，迁度辽右部司马。慰绥朔狄，边宇艾安。迁赣揄令，经国帅下，政以礼成。民诵其惠，吏怀其威。丧父去官，服终礼阕。复应三公之招，辟太尉府，除西曹属。箴谟屡献，使事日言。王人嘉德，台司侧席。慜尔莘育，万邦作寇。冀土荒馑，道殣相望。帝咨君谋，以延平中拜安边节使，衔命二州。受荚秉宪，弹贬贪枉。清风流射，有邵伯述职之称。圣上珍操，玺符追假。永初元年拜鴈门太守。折节清行，恭俭束修。政崇无为，

声教禁化，獮风之少。时依郡乌桓，狂狡畔戾。君执以威权，征其后伏。永初之际，有勋力于汉室。令德高誉，遗爱日新。内和九亲，外睦远邻。免浣息隶，为成其门。周无振匮，亦古晏臧之次矣。当遂功祚，究爵永年。意乎不造，早世而终。以延光四年六月壬戌，卒于家。盖铭勒之云，所以彰洪烈，蒸乃祖，继旧先，非夫盛德，恶可已哉。于是君之孙鲂、仓、九等，乃相与刊山取石，表谥定号，垂之亿载，以示昆苗。其颂曰：

於铄我祖，膺是懿德。永惟孝思，亦世弘业。昭哉孝嗣，光流万国。秩秩其威，娥娥厥额。此宜蹈鼎，善世令王。如何凤陨，丁此咎殃。国无人兮王庭空。士罔宗兮微言丧。王机怅兮嘉谋荒。旌洪德兮表元功。阐君灵兮示后萌。神有识兮营坛扬。

延熹八年十一月十八日己酉造

碑 阴

唯[君]行操，體[儿]则乾。至孝通洞，克勤和颜。丞丞栗栗，可移于官。郡将[察]上，宿卫报关。出典边戎，民用永安。遂迁宰国，五教在仁。啬民[用]彰，家用平康。父君不像，弃官奉丧。擗踊哭泣，见星而行。子无随殁，圣人折中。五五之月，令丞解丧。州辟典部，人领治中。万里同风，艾用照明。太尉聘取，上辅机衡。遂登汉室，出司边方。单于怖畏，四夷稽颡。皇上颂德，群物慕涎。英书追下，银龟史符，到官视事，七年有余，民殷和睦，朝无顾忧。勋绩著闻，百辽(僚)咏虞。以病去官，廿有余。年踰九九，永归幽庐，皇上慅栗，痛惜歔歔。生民之本，孰不遭诸。欤欨哀哉！奈何悲夫！

君三[子]：大子讳宽，字颜公。举有道，辟太尉府掾；中子讳巆，字景公。郡五官掾，功曹，守令，幽州别驾；小子讳晏，字鲁公。举孝廉，谒者，雁门长史，九原令。

胶东君讳弘，字元誉。中子讳操，字仲经，郡孝灌谒者。子讳琦，字玮公。举孝廉。子讳式，字子仪，故督邮，早卒。督邮子讳雄，字文山，州从事；子，即君是也。

六、几点认识

（一）墓地的形成与墓葬构筑年代。鲜于璜墓座落于兰城村东的"岗子"高地。这次勘查发现"岗子"一带有不少汉墓。附近曾有汉阙顶石（长40.5、宽26厘米）和"千秋[万岁]"瓦当（直径15厘米）等遗物（图版贰壹，2；图版贰拾，4）出土。据《武清县志》：武清"汉泉州、雍奴二县地也"。《读史方舆纪要》：泉州城"汉县，属渔阳郡。后汉因之。"今兰城东南三十公里，泉州故城遗址犹存①。可见鲜于璜墓地及此处汉墓区的形成，与汉"泉州"的建置有着密切关系。

据碑文所载，墓主卒于东汉安帝"延光四年"（公元125年）；而墓碑于桓帝"延熹八年"（公元165年）立，其间相隔四十年整。依此推断，此墓构筑的年代，绝不会迟到立碑之际。显然应在墓主死时之前，其年代约当东汉中叶。

此墓"重建"的前室墓底，比原建墓底高90厘米。"重建"前室与原建未毁的墓室底部，皆以背面无绳纹的素面砖铺砌。未发现年代较晚的随葬品。从骨架的放置情况来看，证明不是利用旧墓。我们初步分析，"重建"的原因可能由于所处地下水较浅，在进行安葬时，发现墓内已有积不上升，所以采取如此应急措施。一九七九年天津蓟县别山汉墓发掘中，也曾遇到与此相类的"重建"现象。

此墓由于墓室"重建"，因此，在墓形结构上，有原建与"重建"两种不同表现。原建以前、后两室为主体，甬道较窄而长，内设耳室与侧室各一。前室构筑近正方，后室为横置长方形，墓顶均作穹窿式。从原建结构的主要特点来看，其形制与洛阳烧沟汉墓第三、四型相类似②。这种"重建"的现象，在汉墓中是很罕见的。

（二）随葬器物的主要特征。出土的器物，陶器大部为明器，以盒、盘、杯为代表。漆器已腐朽，如盘、案、杯等，也多为宴饮器具。这些葬品的情况，与洛阳烧沟汉墓陶器第三种组合相似③。这种丧制，仍属于行致墓内"奠祭"

---

① 郭振山：《泉州故城的初步考察》，《天津历史资料》1965年3期。
② 洛阳区考古发掘队：《洛阳烧沟汉墓》45、59页。
③ 同上229页。

的仪式。

在陶器中，仓楼和多盏灯的造型，都比较高大而突出。此类器物在各地东汉晚期墓中较为多见。这种情况可以说明，东汉以来由于豪强地主势力的发展，统治阶层厚葬风气之盛，以这类具有象征性的明器来作葬品，于东汉中期就已出现。陶仓楼，制作别致，门窗和"阳台"等结构，与河南陕县刘家渠汉墓出土的仓房形式近似①。再如左侧扶梯背粮人物的形象，则与河南焦作汉墓出土的仓楼，农民背粮入院的姿态很为相仿②。从陶仓楼整个造型来看，虽不具备汉墓画象石和壁画"地主收租图"那样巨幅的雕绘场面，但其形象所反映的内容基本一致。这件象征性的陶器，正是墓主残酷剥削与骄奢淫逸生活的如实塑造。陶灯已残缺，其原状灯顶应有一盏。这件陶灯灯座高大，表面有三层堆塑人物围绕。上层为幕府官吏，中层为出行导从，下层为农务操作和斗虎等状。神情姿态各异，形象逼真。从以上塑像的整体内容来看，则以表现墓主高官厚禄的享受生活为题材，充分反映出本墓主的身份。例如出行导从的场面，在主骑的前后，堆塑三列成对的骑士随行。据《续汉书·舆服志》载："公以下至二千石，骑吏四人。"依此可见，这与本墓主身为郡守比二千石的官秩相称。同此墓相类的陶灯，在北京、河北、内蒙、河南等地汉墓中均有所发现。从这些地区出土的陶灯形式来看，除灯盏略有多或少之别外，灯座塑像内容与此灯大同小异③。

墓中出土的四系青釉罐，为天津地区汉墓首次发现。这种"早期青瓷"器（曾称"青釉"或"硬陶"），以往在中原地区汉墓中比较少见。与此相类的釉陶罐，河南洛阳东汉晚期墓曾出土，一般为圆腹，呈球状。其器形与本墓相比，差别较为明显④。据考古资料看，浙江绍兴一带，汉代陶瓷古窑址分布较多，为我国早期青瓷工艺发源地之一。所以•此类"青釉"、"硬陶"器，在南方汉墓中比较常见。如长沙西汉后期墓，出土的Ⅰ式印纹硬陶罐⑤，器形与本墓比较接近。再如江苏丹阳汉墓出土的双系釉陶罐，器身为长圆筒状⑥。其器形特点与本墓比较更为相近，而且在年代上也与本墓相当。此件青釉罐，与南方早期青瓷窑系有着密切关系，为进一步探索我国南方与北方青瓷的发展及其相互影响，提供了新的资料。

（三）墓主的身世及其有关问题。关于墓主的身世，在墓碑刻载中较为清楚。鲜于复姓，名璜，字伯谦。生前先后任上郡（属并州，今陕西延安、榆林一带）王府察孝，郎中，度辽右部司马及赣榆县令（属东海郡）。东汉殇帝延平年间，任安边节使。安帝永初元年（公元107年）拜雁门郡守（属并州，今山西代县西北）等职。卒于延光四年（公元125年）。碑阴文载："年踰九九，永归幽庐。"其死时八十一岁。

依上述情况来看，鲜于璜生前为东汉官吏，始于上郡察孝。东汉时"孝"、"廉"合为一科。其"其令掾边郡口十万以上，岁举孝廉一人"⑦"郡国举孝廉，限年四十以上，诸生通章

① 黄河水库考古工作队：《河南陕县刘家渠汉墓》，《考古学报》1965年1期。
② 《河南焦作东汉墓出土彩绘陶仓楼》，《文物》1974年2期。
③ 黄河水库考古工作队：《河南陕县刘家渠汉墓》，《考古学报》1965年1期。河北省文化局文物工作队：《1964--1965年燕下都墓葬发掘报告》，《考古》1965年11期。北京市文物管理处：《北京顺义临河村东汉墓发掘简报》，《考古》1977年6期。内蒙古自治区博物馆文物工作队编：《和林格尔汉墓壁画》图21，文物出版社1978年。
④ 中国科学院考古研究所编著：《洛阳中州路》134页，科学出版社，1959年。洛阳区考古发掘队：《洛阳烧沟汉墓》100页。
⑤ 中国科学院考古研究所编著：《长沙发掘报告》105页。
⑥ 镇江市博物馆、丹阳县文化馆：《江苏丹阳东汉墓》，《考古》1978年3期。
⑦ 《后汉书·和帝纪》。

鲜于璜世系表

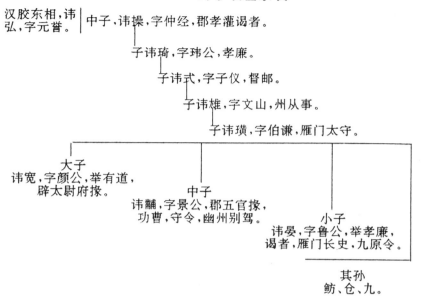

汉胶东相,讳弘,字元誉。

中子,讳操,字仲经,郡孝灌谒者。

子讳琦,字玮公,孝廉。

子讳式,字子仪,督邮。

子讳雄,字文山,州从事。

子讳璜,字伯谦,雁门太守。

大子
讳宽,字颜公,举有道,辟太尉府掾。

中子
讳黼,字景公,郡五官掾,功曹,守令,幽州别驾。

小子
讳晏,字鲁公,举孝廉,谒者,雁门长史,九原令。

其孙
鲂、仓、九。

句,文吏能戋奏,乃得应选"① 据此推断,鲜于璜可能为上郡人氏②,被举孝廉时,约在章帝元和年间前后。碑阴载:"勋绩著闻,百辽(僚)咏虞。以病去官,廿有余。年踰九九,永归幽庐。"这段记述与碑阳文载来对照,墓主拜雁门太守时,大约在六十之际。可见,本墓主从孝廉拜为郡守,反映汉代"举孝廉"之制,实际则为当时豪门贵族子弟,尤是得高官的仕途捷径。从墓碑所颂扬的字句中,清楚地看到,鲜于璜身为东汉统治阶层幕府子弟,奉崇封建仁孝道德,忠于汉王朝的仁政、礼治,以其所谓"折节清行,恭俭束修,政崇无为,声教禁化,猷风之草",而摄居郡守之爵。正如碑中所赞"有勋力于汉室,令得高誉"。证明墓主是极力维护东汉封建政权统治的官吏。碑阳载"蠢尔荤育,万邦作寇。冀土荒馑,道殣相望;"时依郡乌桓,狂狡畔戾",反映了当时社会一些史实,与史籍所载大体相符。

关于鲜于璜的家族世系,碑阴所载世系人物共十二人,除其孙鲂、仓、九三人未书官职外,其余者均为汉代官吏。今史籍可考者,仅有鲜于璜次子一人,名黼,字景公。据《姓氏急就篇》叙,"鲜于氏,后汉鲜于妄人,鲜于辅、

衮、银。"黼与辅,两字古本通用。有人推测,鲜于璜墓地于武清县境(后汉属幽州渔阳郡),可能与鲜于黼为官幽州别驾有关③。此外,碑阳文载其身世"谒者君之曾,孝廉君之孙,从事君之元嗣也。"而碑阴所列世系,则为其玄祖,谒者鲜于操;曾祖,孝廉鲜于琦;祖,督邮鲜于式;父,从事鲜于雄。碑阳未书其祖督邮鲜于式。碑阳与碑阴所列世系序列不符,尚属汉碑所罕见。对此初步分析,碑文可能不是一人所撰。

(四)鲜于璜墓碑特点及其书法艺术。鲜于璜碑,是建国以来汉代碑刻的重要发现,可称我国古代书法艺术的珍品。碑造型作"圭首"状,为汉碑独有风格之一。碑额雕饰卷云纹与"四神"画象相衬,使该碑显得格外庄重。碑首"四神"雕刻,既有示作方位或辟邪兆祥之意,又富有艺术性装饰。

此碑以叙述碑主"功绩"为题材,书作韵

① 《后汉书·顺帝纪》。
② 陈直:《考古炳烛谈(四篇)》,《考古与文物》1980年2期。
③ 陈直:《考古炳烛谈(四篇)》,《考古与文物》1980年2期。

语赞词文式。与此相类的墓碑，在汉碑中比较多见。撰者无疑是当时文士，他美化碑主的一生，宣扬唯心天命论，极力维护东汉政权的统治。

此碑阴阳两面皆隶书，笔法有所不同。碑阳字体较工整，笔力遒劲，波势明显，点划藏锋不露，碑阴字数较少，行列有些松散，字体大小也不均匀，笔法方整，具有早期隶书风貌。

此碑刻造的年代，正当我国碑刻书法高度发展的历史阶段。这个时期隶书的特点是笔法较比早期汉隶舒展，挑、磔波势分明，书法艺术更为绚丽完善。字体造型，基本上可分圆笔与方笔两种类型。鲜于璜碑属方笔一类。它与圆笔为代表的曹全碑不同，与张寿碑颇为相近。笔法起落与同年代的西岳华山庙碑略有区别。此碑隶体书法艺术的造诣较高，宽厚，淳朴，严谨，兼富雄健、雅逸之趣，不失为汉隶书法中典型代表之一。对我国古代碑刻与书法发展史的研究，都有一定的参考价值。

执笔者：敖承隆

THE TOMB OF XIANYU HUANG OF THE EASTERN HAN PERIOD N WUQING COUNTY

by

Archaeological Team, Tianjin Municipal
Administration Bureau of Antiquities

The tomb of Xianyu Huang is located at about half kilometer northwest of Lancheng Village, Wuqing County, Hebei Province. The excavation took place in 1976—77.

The tomb is a brick structure with a north-south orientation about 4. 5 degrees to the west, with tomb passage, corridor, front chamber, middle chamber, and back chamber. Seriously damaged by tomb robbers, the greater part of the structure has collapsed and caved in. The funerary objects and the skeletal bones were scattered all about. The objects left are mainly pottery, one of which is a lampstand of three sections, each of which has a human figure. Ths is a rare discovery. Among the bronzes found are censer, mirror, gilded bottons, etc. The rest consists of some iron ware, fragments of lacquer, bones; stone and jade objects, and some *Wuzhu* coins.

An important discovery is the Xianyu Huang tombstone, 2. 42 meters high, with an inscription engraved on both sides, totalling 827 well-written Chinese characters in the *li* style, giving in detail the tomb owner's biography, date of death, and the genealogy of his family. From it we learn that the tomb owner died in the 4th year of the Yan Guang reign of Emperor An of the Eastern Han Dynasty (125 A. D.) at the age of 81, and that the tombstone was erected in the 8th year of the reign of Yan Xi of Emperor Huan, 40 years after his death. Therefore, the tomb was built in the middle period of the Easter Han Dynasty.

（原载《考古学报》1982 年 3 期）

天津军粮城海口汉唐遗迹调查

天津市历史博物馆考古部

历史时期以来海河一直是我国北方的重要出海口，但由于海岸线不断迁移，海口位置也随着变化。位于天津东郊军粮城至南郊泥沽一线的贝壳堤，是战国至宋代的海岸线遗迹。这里的海河口是这一时期沥、沽等河流的入海地点。解放以来，在这一地区不断发现与海口活动有关的古文化遗存[①]。1987年文物普查时，我们在此作了重点调查，又发现了几座遗址（图一）。兹将有关材料简报如下。

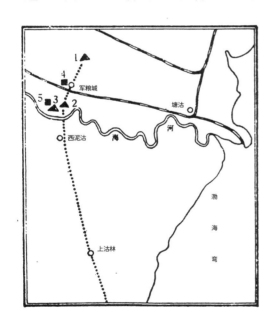

图一　遗址位置示意图

1. 白沙岭墓地　2. 西南塱遗址　3. 务本三村遗址
4. 刘台城址　5. 务本二村城址

一、西南塱遗址

位于东郊小东庄乡西南塱村南500米，南距海河1.5公里。贝壳堤自西南向东北方向延伸，略高于附近地面，遗址即位于贝壳堤上，面积约3万平方米，耕土下即为文化层。地面暴露有大量砖瓦、陶片、瓷器等。下面按时代叙述采集的遗物。

（一）西汉　有瓦、瓦当、陶器等，皆为泥质灰陶。"千秋万岁"圆瓦当1件，直径17厘米，篆书（图二，左）。卷云纹圆瓦当2件。一件完整，直径16厘米，中间有圆乳钉，以三竖道四分（图二，右）。"王门大吉"半瓦当2件，宽16、高10.4厘米，中间以十字分开，隶书"王门大吉"四字（图三）。

筒瓦　仅见瓦头部分，通体饰细绳纹，厚1.3厘米。

板瓦　通体饰斜细绳纹，宽20、厚1厘米。

绳纹砖　2块，残。

陶　罐　1件（x采:1），残。口沿微外侈，鼓腹平底，腹部饰弦纹。

（二）魏晋

青瓷器　2件。双耳罐（x采:137），青色微泛绿，有细小开片，小口鼓腹，肩部有双耳。半釉，底部和下腹部无釉。口径6.6、腹径10.7、高7.5厘米（图四,1）。勺（x采:138），青色微泛绿，有细小开片。椭圆形，敞口，一侧有把，把首呈菱形。口径4.9、高3厘米（图四,4）。

筒瓦　2件，残。素面，灰黄色，质地坚硬，厚2厘米。

板瓦　2件，残。一件背面磨光，里为布

图二　"千秋万岁"、卷云纹瓦当(约1/3)

图三　"王门大吉"半瓦当(约1/3)

纹,瓦头压成波浪状。灰黄色,质地坚硬。宽23、厚2厘米。另一件,背面有较细的横弦纹七道和横向细绳纹,里为布纹,厚1.5厘米。

（三）唐代

白瓷碗　1件,残。乳白釉,底不挂釉,实足底微凹。

此遗址采集的汉代遗物皆为西汉时期。"千秋万岁"瓦当为西汉常见。"王门大吉"半瓦当过去未见。与陕西博物馆藏西汉初期的"上林"半瓦当[2]相近。未见东汉遗物。青瓷罐,与晋元康七年(公元297年)周处墓出土的青瓷罐[3]相同,是典型的晋瓷。板瓦瓦沿上捏出波浪纹的作法,见于河北邺城[4]、北魏大同平城、汉魏洛阳城1号房址[5],是北朝时期的流行形式。

二、务本二村城址

位于小东庄乡务本二村西300米,南距海河2公里,城墙已被夷平,成为一略高于周围平地的方形高地,东距贝壳堤1500米,面积50多万平方米,南北二面城墙痕迹较为明显,成为二道平行的土垄。城墙东西长300米,南北宽170米,残存高度约1米。因没有发掘,城墙的夯土结构不明。地面暴露大量建筑材料和陶器残片,采集遗物有灰陶罐、红陶釜、板瓦、筒瓦、瓦当残片及红烧土块等。

圆瓦当　3件,皆残。卷云纹图案。直径16厘米。

筒瓦　4件,皆残。饰规整的细绳纹。厚1.5厘米。

板瓦　6件,皆残。瓦头饰弦纹数道,背部饰细绳纹。厚1.5厘米。

陶罐　1件,残。泥质灰陶。口沿外翻,唇部有压印纹,腹壁内收,外壁施细密弦纹,器壁厚1.2厘米。陶质坚硬,火候较高。

红陶釜　2件,皆残。夹蚌红陶。w采:1圆唇,口径36厘米,唇内有一道弦纹。w采:2圆唇微侈,短领,鼓腹。口径36、残高15厘米(图四,2)。

从卷云纹瓦当、筒、板瓦和陶器特征看,此城属西汉时期。

三、务本三村遗址

位于小东庄乡务本三村东500米处,面积75万平方米,地面暴露大量残陶片,采集遗物有陶盆、甑、石磨等,并发现大面积的红烧土。

陶盆 1件(w9:1),残。泥质灰陶。口沿外翻,唇部有压印点纹,腹壁内收,外壁施细密弦纹。口径41、器壁厚1.2厘米。陶质坚硬,火候较高(图四,3)。

陶瓮 1件(w9:2),残。夹砂灰陶。方唇外折,高领,领部有三道弦纹。口径32、器壁厚1.5厘米(图四,5)。

陶釜 3件,残。夹蚌红陶。口沿上翻,一件口沿上有一道弦纹,口径36厘米。另二件无弦纹。

陶罐 3件,皆腹片。泥质灰陶,分别饰方格纹和压印绳纹。

陶甑 残存腹下部和底部。泥质灰陶,接近底部有不规则的绳纹和弦纹6道。底径19厘米,均匀分布八孔,孔径3厘米左右。

石磨 1件。(w9:3)。直径43、高12厘米。砂岩制成。分上下两片,中心凿一圆孔,孔径2.5厘米,孔内残留铁锈痕迹。上片的两侧各有一小槽,以安木把,中间凿两个漏斗状孔,下面微凹。下片表面略鼓,有磨槽,磨槽呈斜线形(图四,6)。

另外发现五铢钱1枚。

上述遗物皆属西汉。

四、刘台古城和墓地

古城位于东郊军粮城乡刘台村西南1公里处,东距贝壳堤0.5公里,南距海河4公里,俗名"土城",四面城墙已夷为平地,呈一略高出四周平地的土台,南北长320米,东西宽250米。东城墙现为一土道,城外是洼地;

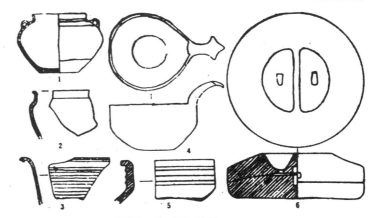

图四 陶、瓷、石器
1.青瓷双耳罐 2.红陶釜 3.陶盆 4.青瓷勺 5.陶瓮 6.石磨(1为1/5,2、6为1/12,3、5为1/8,4为2/5)
1、4出自西南塆, 2.出自务本二村,3、5、6出自务本三村

南、西、北三面较城外高0.5—1米不等。城内地面散布有陶、瓷残片和砖瓦等遗物。

三彩器 仅钵1件(j1:12),残。敞口,平沿外折,腹壁微鼓。器表酱黄色釉,内壁和口沿绿白色釉,有细小开片(图五,2)。

瓷器
碗分三式
Ⅰ式:5件。敞口,尖唇,鼓腹,实足底微凹,有深浅腹之分。器表上腹部和器内施釉,有细小开片,下腹部和底不施釉。釉有青色和酱黄色之分。j1:19,青釉,口径11.8、高8、底径5.6厘米(图五,6)。j1:9,青釉,口径13、高7、底径6.6厘米(图五,1)。j1:14,酱黄色釉,口径11.6、底径5.2、高4.4厘米(图五,8)。

Ⅱ式:1件(j1:13)。敞口,浅腹,璧形足。乳白色釉,口部有细小开片,底不施釉。口径13.5、高4.2厘米(图五,9)。

Ⅲ式:1件(j1:11)。敞口,圆唇,深腹,圈足。青釉泛灰色,半釉,下腹部和底部不施釉。口径16.6、底径6、高7.2厘米(图五,7)。

钵 分二式
Ⅰ式:2件(j1:17、j1:16)微敛口,深腹,器腹上半部施酱黄色釉,下腹部无釉。j1:16,方唇,口径24、残高12厘米(图五,3)。

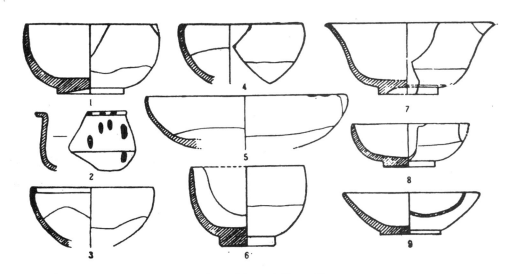

图五　刘台古城采集三彩器、瓷器

1、6、8. Ⅰ式碗　2. 三彩钵　3、4. Ⅰ式钵　5. Ⅱ式钵　7. Ⅲ式碗

9. Ⅱ式碗（除2外余皆瓷器。3、4为1/8，余均1/4）

j1：17，圆唇，口径24.5、残高12厘米（图五，4）。

　　Ⅱ式：1件（j1：15）。口微敛，尖唇，浅腹。紫胎。上腹部施青釉，下腹部不施釉。口径20、残高5.2厘米（图五，5）。

　　双耳罐　1件（j1：19）。仅存肩部残片，残存竖形垂耳一个，青釉，略同城北唐墓出土的双耳青瓷罐（采88j1w：1）。

　　陶器　以泥质灰陶为主，泥质黄褐陶次

之，少量夹砂灰陶。器形有盆、瓮、罐等。

　　盆　分二式。

　　Ⅰ式：3件（j1：18，j1：2、j1：3）。泥质灰陶。口沿外翻，敞口斜壁，平底。j1：18，口径44.5、底径22、高16.2厘米（图六，1、3、5）。

　　Ⅱ式1件（j1：1：），残。泥质黄褐陶，质地坚硬。敞口，口沿平折，沿面有一凹槽，腹壁斜直，钻有两个因破碎而缀合用的圆孔。口径48厘米（图六，6）。

　　瓮　分二式。

　　Ⅰ式：1件（j1：4），残。泥质灰陶。敛口，平唇，鼓腹。口径34、壁厚1.1厘米（图六，8）。

　　Ⅱ式：1件（j1：5），残。泥质灰陶。敛口，壁厚。口径44.8厘米（图六，9）。

　　罐　分二式。

　　Ⅰ式：2件（j1：7、j1：8），残。泥质黄褐陶。口沿内卷，鼓腹，有

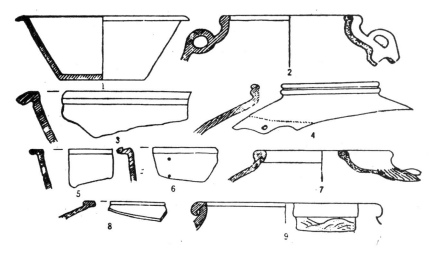

图六　刘台古城陶器

1、3、5. Ⅰ式盆　2、7. Ⅰ式罐　4. Ⅰ式罐　6. Ⅰ式盆　8. Ⅰ式瓮

9. Ⅱ式瓮（1、5、6、8、9为1/8，余为1/4）

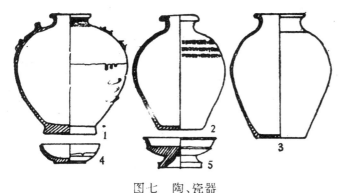

图七　陶、瓷器

1. 青瓷罐　2、3. 灰陶罐　4. 白瓷碗　5. 青瓷豆(1、2 为

1/10,3 为 1/12,4、5 为 1/8。5 出自白沙岭墓葬,余均

出自刘台古城)

竖耳。j1：7 腹部饰细绳纹,口径 14、残高 4 厘米(图六,7)。j1：8,素面,口径 18、残高 6.5 厘米(图六,2)。

Ⅱ式：1 件(j1：6),残。泥质灰陶。小圆唇,高领,领部有两道凸弦纹,鼓腹,肩部饰一圈细绳纹。口径 12、残高 6.2 厘米(图六,4)。

圆陶片　1 件。泥质灰陶。中心穿孔,人工磨制,直径 8 厘米。

近年在刘台古城周围,先后多处发现唐代墓葬。1988 年夏,在城外西南约 100 米处,农民挖养鱼池,发现唐代砖室墓数座,其中有一墓砖上书"唐李氏"字样。征集到一件白瓷小碗(采 88jlw：4),圆唇,敞口,浅腹,实足底微凹,器表上腹部和器内施乳白色釉,有垂釉,碗内底有三个支钉痕,口径 12、底径 6.2、高 3.7 厘米(图七,4)。

1988 年冬,在城北约 100 米处,外贸土产仓库挖防火沟时,发现唐代墓葬,征集到一件双耳青瓷罐和两个灰陶罐。双耳青瓷罐(采 88j1w：1)小口圆唇,鼓腹,实足底,肩部有竖耳两个,腹部以上挂半釉,釉色青黄,有垂釉。口径 10.6、底径 12.5、高 29.8、最大腹径 28 厘米(图七,1)。灰陶罐皆泥质灰陶。采 88jiw：2,小口,圆唇,细颈,鼓腹平底。口径 13：4、底径 15、高 37 厘米(图七,3)。采 88j1w：3,小口,圆唇,细颈,鼓腹,平底,肩部饰三圈压

印纹。口径 9.5、底径 11、高 28.6 厘米(图七,2)。

刘台城址和周围墓葬出土遗物、除泥质灰陶和黄褐陶器以外,多为瓷器。瓷器以青瓷为主,白瓷较少。器形较单纯,以碗、双耳罐为主。釉多施于器物的上半部,并有明显的垂釉。器底多为平底或饼状实足,个别有璧形足。皆具唐代前期特征⑥。

五、白沙岭唐代墓葬

在军粮城东北 2 公里的贝壳堤上,采集瓷器 2 件,可能出于墓葬。青瓷豆一件,豆盘敞口,平底,喇叭形圈足,盘内饰两道旋纹,并有三个支钉痕,胎厚重,除圈足、内底外皆施釉,豆青色,开片细小。高 6、口径 14.5 厘米(图七,5)。青瓷碗口微内敛,实足,胎厚重,碗里满釉,外挂半釉,有垂釉。腹下部和足部露胎。釉色青白相间,透明。

结　语

务本二村西汉古城是这次调查的重要发现。《水经·淇水》记清河"又东北过漂榆邑,人于海。"郦道元注："清河又东经漂榆邑故城南,俗谓之角飞城。"此清河即今之南运河,入海地点即是今军粮城和泥沽之间的海河。务本二村古城正相当漂榆邑故城位置⑦。此城年代属西汉,魏晋时已经废弃,也正合郦道元称"故城"。天津发现的汉置泉州县城和东平舒县城皆为一里方城。此城规模明显小于一般县城,或是"邑"一级的建制。类似规模的城址在天津西郊当城、宁河县西城顶子、静海县程庄子等地也有发现。《水经注》也记载这一带还有涉、乡、穷河等邑。《汉书·高帝纪》记："六年(公元前 201 年)冬十月,令天下县邑城。"这些邑城的发现,对研究西汉时期天津地区的开发,以及"邑"城的特点,及其在国家行政体制中的性质很有意义。

西南堼遗址座落在紧临海岸的贝壳堤上,在此出土了"王门大吉"、"千秋万岁"等瓦

当，值得注意。饰有"千秋万岁"圆瓦当的建筑，一般级别较高，非民间所有。"王门大吉"半瓦当，更是过去未见，可能和王府有关。西汉时期的海河口能出现如此级别的建筑，应有其原因。在渤海湾西岸各大河口，都发现有大型建筑分布。在漳河入口处的今黄骅县南部有汉武帝望海台；在滹沱河入海口处的北大港区沙井子村，亦有一台，即《水经注》所记南北二座汉武帝望海台中的北台⑧，都是当年汉武帝东巡海上祭祀名山大川留下的遗迹。海河在西汉时是沽河、滱河、沽河的入海尾闾，此三河皆属大川之列，亦当属祭祀对象，河口的这些建筑极可能和汉武帝活动有关⑨。封于蓟的燕王刘旦，是汉武帝之子⑩，很可能对这些活动有所表示。

在这些海口遗址中，皆不见东汉时期遗物，应与西汉末年的海侵有关⑪。

刘台古城，唐代所建。《天津县志》以为是元代漕运遗迹，不确。该城址及其周围墓葬出土遗物较单纯，年代明确，皆属唐代前期。唐初，为防备北方游牧部落的侵扰，在幽蓟驻守重兵，粮饷主要由江南供给。从长江口海运至海河，时称"三会海口"⑫。或由沽河至幽州，或由姜师度于公元705年循泉州渠旧迹，穿凿平虏渠至蓟州，海河口成为转输基地。刘台古城应是此时修筑。天宝安史之乱，河北地区战争连绵，海运基本结束。刘台古城不见唐后期遗物，恰和此段海运历史有关。

唐朝以后，宋辽对峙，海河成为界河，宋朝在海河南岸泥沽村设立泥沽寨⑬，海口经济活动大为减少，这个时期的文化遗存发现不多。公元1048年黄河迁此入海，海岸线迅速东移，军粮城一地作为海口的历史亦至此结束。

执笔者　纪烈敏

注　释

① 天津市文化局考古发掘队：《天津军粮城发现的唐代墓葬》，《考古》1963年3期。

② 陕西省博物馆：《秦汉瓦当》，图八二。

③ 罗宗真：《江苏宜兴晋墓发掘报告》，《考古学报》1957年4期。

④ 俞伟超：《邺城调查记》，《考古》1963年1期。

⑤ 中国科学院考古研究所洛阳工作队：《汉魏洛阳城一号房址和出土的瓦文》，《考古》1973年4期。

⑥ 段鹏琦：《唐代墓葬的发掘与研究》，《新中国的考古发现和研究》。

⑦ 韩嘉谷：《漂榆邑地望辨析》，《天津社会科学》1986年3期。

⑧《水经注》记：淇水"又东北过乡邑南"，郦道元注："清河又东分为二水，枝津出焉，东经汉武帝故台北"。《魏土地记》曰："章武县东一百里有武帝台，南北有两台，相去六十里，基高六十丈，俗云汉武帝东巡海上所筑"。

⑨ 汉武帝曾多次北上巡视，沿途祭祀名山大川。《汉书·武帝纪》：元封元年"复东巡海上至碣石。"

⑩《史记·汉兴以来将相名臣年表》："元狩六年（公元前117年）四月乙巳，皇子……旦为燕王。"

⑪ 韩嘉谷：《西汉后期渤海湾西岸的一次海侵》，《考古》1982年3期。

⑫《通典》："渔阳郡，东至北平郡三百里，南至三会海口一百八十里。"

⑬《武经总要》：泥沽砦，东至鲛脐港铺十里，北至界梁河。

（原载《考古》1993年2期）

天津军粮城发现的唐代墓葬

天津市文化局考古发掘队

军粮城现属天津东郊区,此地离市区约25公里,南距海河3公里,隔河与《宋史·河渠志》上曾经提到的泥沽相对。

《天津卫志》记载,军粮城在城东南,去城七十里。又《天津县志》谓天津州疆域至军粮城五十里。诸书所载军粮城地点与今之苗街、杨家台子、塘洼、刘家台子诸地所组成之居民区相当,军粮城就是这个居民区的总称。

1956年天津东郊张贵庄发现战国墓[①]以后,1957年又在军粮城刘家台子西1.5公里的地方发现了一座石棺墓[②]。1958年在军粮城塘洼[③]、1959年在白沙岭都有唐代遗物及墓葬发现。

一、刘家台子石棺墓

此墓早年曾受破坏,故墓室结构不详,仅知在墓室中部置一石棺,在石棺尾部的一侧又有一砖龛,随葬陶俑多出自龛内。墓砖为青灰色,长32、宽14~16、厚5厘米,一面有粗绳纹。墓距地表约70厘米。南北向。石棺呈长方形,由六块大理石厚石板合成(图一)。棺墙连接处有榫眼。棺长2.4,前端宽1,后端宽0.63,厚0.11,棺墙高0.75,厚0.08米。棺墙左右两边有浅浮雕,现存的一块上雕细腰长身、作行走状的龙形,这很可能是做为墓穴方位之一的青龙。石棺内人骨已遭扰乱,发现时仅存肢骨数段。

随葬器物除一件青瓷壶外,其余均为陶质的俑或日常用具模型。陶俑呈米黄色,厚胎、质坚、合模制成。现分述如下:

乐俑 仅两件较完整,均为坐俑。一件头

图一 石棺

梳高髻,着方领上衣,长裙系于胸前,腰束带,怀抱琵琶(图版捌,3),全高18厘米。另一件穿窄袖短外衣,下系长裙,执箜篌(图版捌,4),残高13厘米。

仆侍俑 多不完整,仅知有拱手的男侍俑和女侍俑(图二,1),另有一件持箕俑(图版捌,5)。此外,因残缺过甚,不能辨识全形的尚有穿长条裙的俑二件、着披肩的俑二件、童俑二件(图二,2)和踏物残俑一件(图版玖,5)。另外还有俑头三件,其中两件为男俑头(图版捌,6),另一件为梳单发髻的女俑头。

胡俑 1件。浓眉大眼,高鼻多须,穿翻领长袍,袒胸露腹,足着尖头靴,右手平执胸前,左臂下垂,手残,全高33厘米(图见本刊1962年12期图版捌,7)。

武士俑 从残存的部分看,身形高大,头

1. 拱手俑　　　　　　2. 童俑

图二

上冠以虎头帽（图版捌，8）。

人面鱼身俑　体作长条形，背上有脊，两边各有两个鳍（图版捌，1）。

人面兽身　俑体做长条形，两端的人首面向相背，四肢匍匐于方座上，人首戴风帽。全长20，高10厘米。出土时一头已残（图见本刊1962年12期图版捌，1）。

马　仅有头部，残高11厘米。从残存部分看，共有两件（图版玖，6）。

驼　下身残，高20厘米（图版玖，4）。

羊　卧于座上，高9，全长15厘米（图版玖，1）。

猪　四肢匍匐于座上，全长15，高8厘米（图版捌，2）。

鸡　高9，长9厘米（图版玖，3）。

卧兽　不知何兽，卧于方座之上，高6，长10厘米（图版玖，2）。

日用器物模型有：

灶　方形，前边有灶门，后有烟囱，上放刀、勺等厨具，长12，宽14厘米（图版玖，9）。

磨　2件。大者直径9，小者直径6厘米（图版玖，10）。

碾　1件。碾轮残缺，直径11厘米（图版玖，7）。

碓　杵臼连装在一起，支架已断，全长12，高5厘米（图三）。

车轮　1件。直径16厘米，共有辐条14根（图四）。

此外，出有青瓷残壶颈一件，厚胎，青色玻璃釉，有开片，残高7厘米（图版玖，8）。

图三　碓　　　　　图四　车轮

二、塘洼砖墓

墓为圆形砖券墓室，墓口离地面70厘米，南北向，为合葬墓。随葬遗物有三彩陶罐和海兽葡萄镜各一件。

三彩陶罐　口径11，高14厘米（图版捌，7）。

海兽葡萄镜　已残裂，直径15厘米。

三、白沙岭出土青瓷

白沙岭出土的青瓷系调查时收集到的，据说出土时伴随有人骨，但是墓穴已不甚明了，出土瓷器共三件。

青釉瓷豆　浅盘、敞口、矮把、喇叭形足，盘心施两道旋削纹，并有支烧痕三个。胎厚重，釉为透明的玻璃釉，有小开片，有脱釉现象。

青瓷碗　口微内敛，平底，胎厚重，碗里满釉，外部挂半釉，腹下部和足部露胎，釉呈淡青绿色，透明。

白瓷碗　1件。已残。

执笔者　云希正

注　释

① 天津市文物组、天津市历史博物馆联合发掘组：《天津东郊发现战国墓简报》，《文物参考资料》1957年3期。

②③ 李世瑜《古代渤海湾西部海岸遗迹及地下文物的初步调查研究》，《考古》1962年12期654页。

（原载《考古》1963年3期）

天津静海元蒙口宋船的发掘

天津市文物管理处

天津市文物管理处于 1978 年 6 月在静海县东滩头公社元蒙口村清理了一只宋代木船。

木船出土于元蒙口村西公路南侧的大土坑内,这里原是故河道,群众经常在这里取土。木船船口距地表约 4 米,方向 220°,右舷低于左舷 0.2 米(图一)。出土时除左舷上半部腐朽无存、船尾在清理前遭到人为的破坏外,其余部分保存较好,不少构件木质如新,纹理清晰。

图一 木船出土情况

一 船的形制及构件

木船齐头、齐尾,平底。体长 14.62 米,船口首尾稍向上翘,两舷外凸呈弧形。底板从船首直贯船尾,船尾封以横向的木板。船口首尾的宽度分别为 2.56 和 3.35 米;最大宽度在船口的中部,为 4.05 米。首尾两部皆底宽口窄,上下相距最大值分别为 0.21 和 0.15 米,横断面近梯形;但中部船口比船底稍宽。船的中部深 1.23 米;船尾最深,为 1.71 米。船尾有舵,长 3.9 米。船构造较简单,使用铁钉和榫卯相结合的建造方法。船体主要由十二组横梁支撑,无隔舱,亦未发现有关桅杆遗迹。清理时,舵与船尾的连结部分已不存在(图二、三)。

(一)横梁

横梁是支撑船体的主要部件,共十二组。每组相距 0.66—0.93 米。每组横梁由空梁、底梁各一根及立柱四、五根组成(图四、五)。空梁和底梁平行,相距 0.54—0.87 米。底梁比同组的空梁长 0.02—0.46 米,越靠近船的两端,同组空梁、底梁的长度相差越大。空梁、底梁的两端与船舷相榫接,空梁顶端还透过舷板钉入三只铁钉。在第一、二组横梁间多出一底梁,这可能是为了加固船前部底板而增设的。横梁均为树干修整而成,制作不精,有的较直,有的略带弯曲。有的空梁经鉴定为槐木所制。

空梁 长 3.22—3.81、宽 0.1—0.17、厚 0.13—0.2 米。第一组的最短,第六组的最长。

底梁 长 3.64—3.84、宽 0.09—0.15、厚 0.08—0.11 米。第十二组的最短,第三组的最长。其与船底板接触的一面,有三至四个宽 0.02、高 0.04 米的长方形孔,当是便于船底存水的流通。

立柱 一般长 0.8—0.96 米。制作均不甚工整,有的直立或倾斜钉在横梁的一侧,有的两端砍出半个凹槽,卡在空、底两梁的中间。

(二)船舷

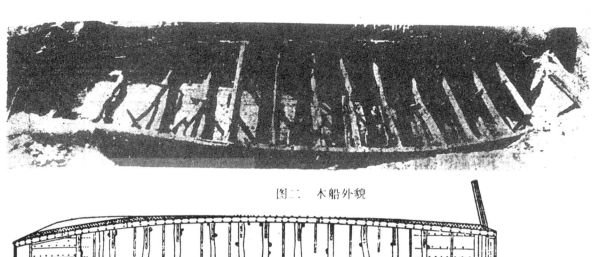

图二 木船外貌

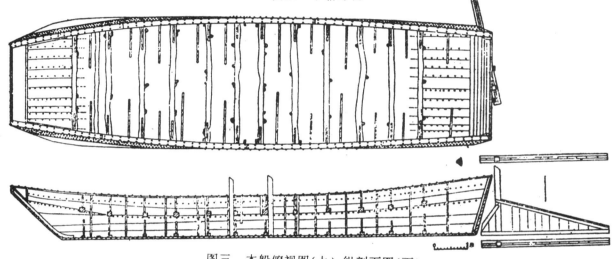

图三 木船俯视图（上）、纵剖面图（下）

图四 木船横梁

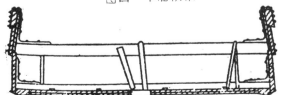

图五 第五组横梁处横剖面图

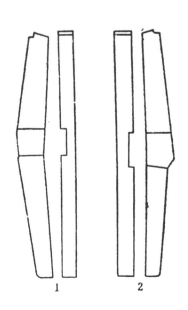

图六 木船主肋
1. 右舷第八组梁处
2. 右舷第五组梁处

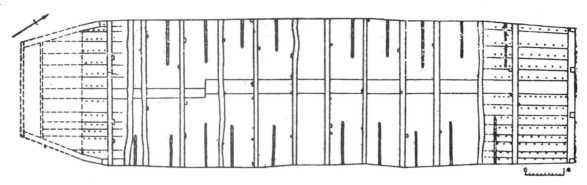

图七 木船内底

图八 船首内底

图九 陶碗·

图一〇 瓷碗

图一一 出土宋船复原模型

船舷由船口板和舷板构成。

船口板 宽0.15、厚近0.03米,由几块木板连结起来,用内外两行铁钉钉在舷板上。铁钉行距0.05、钉距0.3米。

舷板 自上而下可分为三级。由于船身较长,每级舷板也由两三块木板接连而成。第一级宽约0.3米,两重,共厚0.13米,其外侧密集而有规则地钉着多排铁钉,左右两舷共计600余颗。此级舷板的中部接缝采用错接法,船首船尾部分舷板的接缝则是平接。第二级宽约 0.33 米，亦为两重，共厚 0.1 米。第三级宽 0.66—1.2 米，单重，厚 0.06 米，由上中下几块木板连在一起。船舷边缘密布铁钉，以加固舷板与船内相应构件的连结（图五、七）。经鉴定，舷板多用楸木、楠木或槐木。

（三）底板

底板由十四块纵向木板拼成。与船舷底部相接的底板为单重，厚 0.08 米；其余底板为双重，共厚 0.06 米；宽 0.17—0.41 米。两重底板用规则的成排铁钉钉在一起。底板多用杉木，由二至三块木料首尾相接贯通船底。不见龙骨，只在船底近中部有两块不规则地衔接在一起、厚 0.08 米的木板，贯穿首尾，起龙骨的作用，似可称其为龙骨板（图七）。

（四）尾板

尾板在发掘前已被破坏，从所存遗迹看，是由几块木板横向拼连钉在两舷内尾端的立木外。另有两立木附于尾板外侧，起加固作用。

（五）船肋

除横梁外，船肋也是支撑船体的构件。船肋有两种，我们分别称之为主肋和次肋。它们多用檀、枣木制做，用铁钉钉在舷板、底板或横梁上。

主肋　为粗实的立木，附于舷的内侧。有长短两种。长的由船口直抵船底，每舷内侧近第五组、第八组梁处各设一根，宽 0.07—0.08、厚 0.09—0.1 米（图六）。短的在每舷内侧第六、七组梁之间各设两根，均在船口至舷的中部，长 0.57—0.84、宽 0.75、厚 0.07 米。这种短肋下部为楔状，与舷板吻接。

次肋　有大小之分，皆用径 0.03—0.05 米的细树干或粗树枝弯成近直角状。大的连结着船舷和底板，存二十二根，除第一组梁之前和第六、七组梁之间未设外，其他组梁间和末组梁后各设一对。小的用以连结船舷和空梁、底梁，存二十四根（图三、四）。

（六）舵

船出土时，舵与船身并未连接在一起，只是被淤泥挤在紧挨船尾板的位置。舵轴为一修整过的树干，残高 2.19 米，穿过舵扇的尾部。舵扇由十四块厚约 0.04 米的纵向木板拼接，夹在一个三角形的木框内，长 3.9 米，最大高度 1.14 米。舵扇的总面积为 858.1 平方厘米，舵轴前面积为 79.2 平方厘米，占整个舵扇面积的 9.2%（图三：右下）。

（七）船钉及衬木

此船用同一种铁钉，略呈 T 形，钉铤尾尖收，铤上部断面为长方形，边长分别为 9 毫米和 8 毫米。钉帽皆封以油灰，凸起呈半球状。

此船船体某些重要构件呈一定角度交接时，其内多用衬木。如船首舷板与船底（图八）、尾部封板与船底、两舷与船尾封板的交接，其内均用衬木。衬木施用"裁口"的技术，木板卧在被裁去的部分内，用铁钉钉在衬木上（图三）。这种技术，是在过去的古船发掘报告中未见提及的。

二　遗迹和遗物

出土古船土坑的东壁剖面可分为六层，总厚度为 3.75 米。自上而下，第一层为杂花垫土层，厚约 1.75 米，内夹有砖块等，出土"顺治通宝"钱。第二层为浅黄色淤土层，质软，沙性大，厚约 0.35 米。第三层亦为浅黄色淤土层，质粘，厚约 0.1 米。第四、五、六层为黄色冲积土层，质地由松软渐趋紧密，厚度分别约为 0.2、0.05、1.25 米。

舱内积深灰色淤泥，近木质处呈灰绿色。

据当地老人叙述，附近原有一庙宇坐落在故河岸上。我们在出土木船的土坑旁发现一龟形石碑座，在另一地点调查到与之相配的碑身，上有明正德二年八月《西峰寺重修记》碑文。

船内第六、七组横梁的空梁中部凹进，有明显的火烧痕迹，梁已部分炭化。两组梁间的舱底尚存黑色的炭灰。船首部的前三组横梁也有火烧痕迹。

船内遗物不多。在前半部舱底有一段麻绳和残存的席片,后半部舱底有杂草、麦秸、少量苇杆。发现一些陶碗、瓷碗的残片,以及"开元通宝""政和通宝"等钱币。

陶碗 复原了三个,形制相近。泥质灰陶,圆唇,敞口,平底。轮制,制作粗糙。其一口径20.3、底径9、通高8.7、壁厚约0.5厘米(图九)。

瓷碗 白瓷薄胎,敞口,圆尖唇,折沿,圈足。外壁近圈足处及圈足均无釉,呈赭色。口径21.5、通高7.9、圈足外径6.2厘米(图一〇)。

结 语

(一)沉船年代

船内遗物虽少,却为沉船的断代提供了直接的依据。船内出土"政和通宝"钱,北宋政和初年(1111年)可视为沉船年代的上限。所出白瓷碗是当时船上人所用生活器皿,经鉴定亦为宋代瓷器,这也是断代的依据。所以静海木船是一只宋船。

从地层关系来看,最上层为垫土层,当为正德二年(1507年)重修西峰寺的基址。从第四层至船口上的第六层,均为浅黄色、黄色的淤积、冲积土层,总厚度约为1.5米,土质十分纯净。我们知道,这一地区除黄河外,其他河流是没有如此之大搬运泥沙的能力的。《宋史·志第十四》载:"政和……七年,瀛、沧州河决,沧州城不没者三版,民死者百余万。"静海距沧州不远,所以这里淤积的黄土极有可能为此次黄河泛滥所造成。那末,沉船的下限就应在政和七年(1117年)。由此推断船的建造年代应在政和七年之前。这种判断是和船内遗物的年代相一致的。

(二)沉船故址及沉船原因

木船是在地表下近4米处发现的,周围地势较平坦。我们在沉船附近做地理调查时,确曾发现一条古河道,当地群众俗称"运粮河";但这一古河道在地表并不明显。1977年5月,有关部门在天津市南部地区拍摄了一组航空彩色红外片,其中包括东滩头公社元蒙口一带地方。古河道在红外片上有清晰的显示:呈暗灰色带状,不甚整齐,略有间断,自元蒙口村西南方面而来,在村西部转向正北。经核对,木船出土地点为明显的暗灰色异常点,处于古河道的转弯处。所以,我们有理由进而做出这样的判断:木船是在政和七年黄河泛滥时在河道的转弯处被黄河水吞没的。

(三)船的种类

出土木船齐头齐尾,平底翘首,船内通舱,与历来出土的古船有很大不同,这可能体现了它的地方特点。平底翘首,显然适于在内河浅水航行。船底绝大部分大于船口,既有利航行的平稳,又扩大了船内容积。如果此船的最高吃水线在第一级舷板下,那么其排水量约为38立方米。船出自俗称"运粮河"的古河道,而船内又是通舱,估计为内河货运船。船内主要构件如横梁、船肋等,选料粗糙,制作不精,应是民间所造。

(四)宋船的发掘价值

宋代有舵木船的出土,过去尚未见报道。静海宋船保存基本完好,使我们对宋代的造船技术得到更真切、更具体的了解。特别应该指出,完整船舵的发现,是这次考古发掘的重要收获。这一船舵是一种平衡舵。由于舵扇的一部分置于舵轴的前方,缩短了舵上压力中心与舵轴的距离,减小了转舵力矩,使用起来就更为轻便(图一一)。过去,只在绘画中见过类似的古代平衡舵,从未见过实物。这次船舵实物的出土,使古代造船技术的有关记录得到了印证。

清理:韩嘉谷 马大东

执笔、绘图:马大东

照像:张一苓 魏克晶 刘幼铮

(原载《文物》1983年7期)

天 津 蓟 县 独 乐 寺 塔

天 津 市 历 史 博 物 馆 考 古 队

蓟 县 文 物 保 管 所

蓟县独乐寺塔俗名"白塔"(图一;图版拾柒,1),坐落在蓟县城内西南隅,在独乐寺南380米偏东9米处,是"渔阳八景"之一。

塔有院,南北长68、东西宽24米。塔处院正中,前有观音寺,故此塔又有"观音寺塔"之名。1932年梁思成先生考察独乐寺时,曾对此塔作过调查①。塔院现只剩山门和正殿,东西配殿皆毁。据塔门洞内镶《重修渔阳郡塔记》碑载:此寺院乃明嘉靖时建造。院内还有万历二十二年《重修蓟州观音寺宝塔碑记》、万历二十八年《重修蓟州观音寺宝塔碑记》、《乾隆六十年春奉旨重修观音寺塔》、咸丰九年《重修白塔寺碑记》等碑四通,以及年代不明之《千手千眼观自在菩萨摩诃萨广大圆满无碍大悲心陀罗尼经》石幢一座。

1976年唐山、丰南一带发生7.6级大地震,独乐寺塔遭严重破坏,塔刹震落,覆钵开裂,相轮自十一天以上毁坏,整座塔身倾斜1°5′,岌岌可危。1983年春,文物管理部门决定将第一层檐以上拆除重修。拆塔工程中的考古工作由原天津市文物管理处考古队负责,参加人员有韩嘉谷、纪烈敏、张俊生等。由张一玲、邸明同志摄影。拆塔工作从3月16日开始至4月25日结束。

当拆至十三天相轮底部时,发现内部还包有一塔,包砖层厚0.6—1米不等。为弄清被包塔的面貌,便采取分段剥去包砖外皮的作法,逐段进行测绘、照相,然后再拆除。拆至第一层檐时,全部包砖砌体拆完,暴露出原塔全貌。被包的辽塔,除相轮和覆钵下的1.6米表层装饰残毁外,其余基本完好。拆塔过程中发现有关此塔多次大修的线索,其中包括二次对塔进行了加固包砌,及将假门改为真门等工程。是了解独乐寺塔历史的重要资料。

同时,在覆钵正南面的外皮剥落处,发现明代包砌时修置的佛龛,出土了佛像和经卷等文物。在佛龛后,是内塔的上层塔室,其底部和东北角墙体已局部坍塌,室内的石函等物已随砖土坠落于中层塔室内。中层塔室内积满鸟粪,厚1.5米,面积达8.6立方米。石函等物散落在鸟粪上,但其上无鸟粪覆盖,故知应是在唐山地震时才塌落的。

在加固下层塔室时,发现沿塔室周围有一圈空洞般的回声,疑有地宫,但未能清理。

一、辽塔原貌

被包砌在内的辽塔(图二),由束腰须弥座、八角重檐亭式塔身、窣堵波(覆钵)和相轮四部分组成。塔外壁镶有大量仿木结构的斗

---

① 梁思成:《蓟县观音寺白塔记》,《中国营造学社汇刊》3卷2期;1932年。

图一　独乐寺塔现状实测图（3/500）

图二　辽代独乐寺塔原貌实测图（3/500）

拱雕砖、花卉和神兽雕刻，内部空心砌上下重叠的三个方形小室，各有门窗，惟与外不通（图三）。

（一）基座　座作八角形，束腰须弥式。边长 4.58、高 6.71 米。自地表起用花岗岩条石六层垒砌基础，高 1.7 米，基石上用砖砌小覆盆和数条覆枭混线，使内收成束腰。束腰部分高 0.47 米，是一圈砖雕壸门，每面三个，共二十四个。壸门之间蜀柱，转角处立柱和角神。

1、壸门　略呈扁圆形，长约 60、高 34 厘米，内镶伎乐砖雕，残存南、东南、西南、西北、北五组十三个。

南面存三壸门，内嵌女伎乐，高髻，长裙，赤足。中间为二女伎持彩带对舞（图五，1；图版拾柒，4）。右为一女伎侧坐弹曲颈琵琶（图五，2；图版拾柒，5）。左为一女伎侧坐于小圆凳上吹笙（图五，3；图版拾柒，7）。壸门外东西两侧，雕有四尊胡人像，皆戴毡帽穿长靴，穿紧身衣裤，鹰鼻鹞眼，卷须卷发，一人吹横笛，一人打拍板，一人双手拍击毛员鼓，另一人扬起右膊正在跳舞。"笛、拍板、腰鼓"组成的小型乐队《乐府杂录》属鼓架部，曾是唐代民间最流行的散乐形式之一。

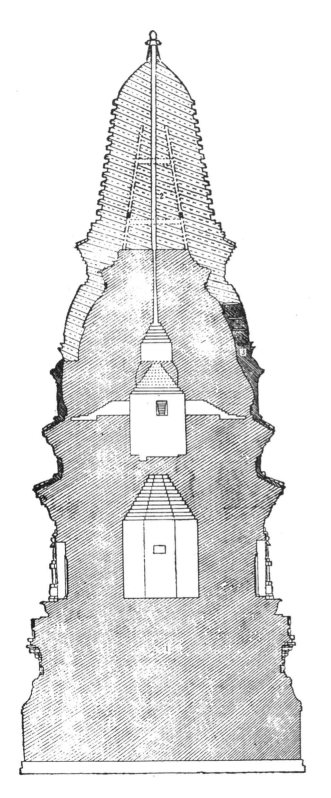

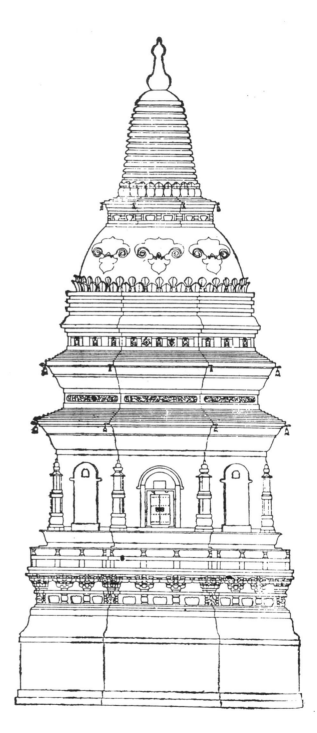

图三　独乐寺塔剖面图（3/500）
1. 始建　2. 第一次包砌　3. 第二次包砌

图四　辽代独乐寺塔复原示意图

图五　壸门伎乐雕砖
1. 南面中　2. 南面右　3. 南面左　4. 东南面中

东南面残存两壸门。中间壸门为一女伎正坐,击都昙鼓(图五,4)。左为一女伎,坐小圆凳上敲方响(图六,1;图版拾柒,6)。壸门外残留一砖雕男伎,头束发带,短衣肥裤,腰系裙巾,两手握彩带。

西南面中间壸门为一女伎弹筝(图六,2;图版拾捌,1)。右边壸门中一女伎所奏乐器已残难辨(图六,3;图版拾捌,2)。左为一女伎,吹觱篥(图六,4;图版拾捌,3)。壸门外两侧,有四位男供养人,髡发束带,著短衣短裤,手中皆托举盛有果品的盘子,其中一人用头顶盘,盘内盛满果品。

西面中为一女伎弹曲颈琵琶(图七,1;图版拾捌,4)。右为一女伎似在敲打乐器(图七,2)。左为一女伎吹笙(图七,3;图版拾捌,5)。壸门两侧残存有三个供养人,两个头戴高冠,著长袍,交领、紧袖衣,长筒靴。另一人为胡人。三人手中皆托盘·盘中有物,侍立。

西北面残存两壸门。中为一女伎挂璎珞,双手持彩带而舞(图八)。右为一女伎奏拍板(图七,4;图版拾捌,6)。壸门外残存两男侍,一人手中托盘,一人以左肩扛物。

此组雕砖,壸门的伎乐是典型的唐代舞乐装束,从敦煌壁画的服饰可找到例证。唐代乐队,清乐、燕乐和胡乐均有舞者,是乐队的组成部分,也见于敦煌壁画。然而,壸门外的男侍却多非汉人装束,正南的小乐队更是典型胡人形象。乐器有琵琶、笙、笛、拍板、方响、毛员鼓、筝、觱篥、都昙鼓等,这些乐器除筝、笙为清乐系统的乐器外,其余皆为龟兹乐系统。《梦溪笔谈》:"自天宝十三载,始诏法曲与胡部合奏……,古法以先王之乐为雅乐,前世新声为清乐,合胡部为燕乐。"此伎乐阵容正表现出这种变化。

雕砖镶于塔座,恰似一支声势浩大的礼佛乐队。《大正藏·舍利篇》云:供养舍利以"宝幢、音乐、香花。"应寓此义。类似题材曾见于四川前蜀王建墓[①],河北正定隆兴寺摩尼殿等,

足见在唐代以后甚为流行。这组人物是研究当时音乐、服饰、雕刻艺术的珍贵资料。

2、宝瓶 镶于壸门之间,扁平瓶状,上下对称,近长方形。高40、宽33厘米,用剔地起突法雕刻海石榴和牡丹两种不同卷叶花卉(图九,1、2;图版贰壹,4、5)。

3、角神 八个转角各镶一角神,高浮雕。双膝跪地,两手按膝支撑,头顶平板枋(图一二;图版拾玖,1)。

4、转角柱 立角神两侧,八面柱状体,有三节,束腰,高40、宽15厘米。

5、斗栱 自壸门往上,须弥座利用斗栱形式向外伸展。壸门和斗栱之间横平板枋,平板枋上,分别于蜀柱和转角柱位置,立柱头铺作二朵,转角铺作一朵。柱头铺作,华栱两跳,计心造,每朵之间的慢栱皆连栱交隐,正中托一散斗(图一○,1)。转角铺作,出60°斜栱(图一○,2;图版拾玖,2)。类似结构,亦见于应县木塔,大同善化寺大殿、普贤阁,上华严寺大殿。

6、栱眼壁雕砖 用剔地起突法雕成,内容为两种卷叶花卉,狮面卷叶花镶于正中,两边是宝相华(图九,3—5;图版拾捌,7、8)。

7、钩阑 平座之上置钩阑,每面由三块栏板组成,上下两层,每块栏板长112、高24厘米。八角各立圆望柱,每面由地栿、盆唇、寻杖等连接而成,皆仿木作。形制同《营造法式·石作制度图样三》。下层栏板雕几何形图案,有勾片纹、卍字纹、丰字纹和十字纹四种,交互摆放(图一一;图版贰拾,6—8)。每块之间以蜀柱隔开,蜀柱为长方形,宽20、高24厘米。上层栏板用"压地隐起法"雕刻宝相花卉(图一三;图版拾玖,4、5)。每块栏板之间以瘿项相隔,瘿项作成斗子蜀柱,宽24、高26厘米。

(二)塔身 于须弥座栏板上起盆唇形仰莲,承托重檐八角形亭式塔身。仰莲单层,唇稍

① 冯汉骥:《前蜀王建墓发掘报告》,文物出版社,1964年。

图六　壸门伎乐雕砖
1. 东南面左　2. 西南面中　3. 西南面右　4. 西南面左

外翻，高42厘米，类似作法见于朝阳北塔。八角亭身高3.06米，四正面雕假门，余四面为浮雕碑碣，转角处置砖雕塔柱。门仿木作，两扇对开，门簪，抱框，上下坎，环形铺首，门钉四排，每排八个。半圆形门楣雕狮面卷叶花卉（图一四，1）。门的作法和塔室中出土的七宝箱镶嵌银片图案相同。门两旁上方镶飞天一对（图一四，2、3；图版拾捌，9）。南面飞天手持花朵，身绕彩带，踏云飞舞。与大足石刻53号龛的飞天（五代永平）相同。另三面飞天作俯身向下姿态（图一四，5），与大足石刻52号龛唐代飞天相似。①

浮雕碑偈方座圆首，通高2.9米。碑额正中雕小佛像一尊（图一四，6）。碑身各刻偈语二句，全部内容为：诸法从缘起，如来说是因（东南）。因缘尽故灭，我作如是说（西南）。诸此从缘起，如来说是因（西北）。彼此因缘尽，是大沙门说（东北）。

塔身八个转角各立角柱一个，雕成八角形重檐小塔，全高3.02米，束腰形座，腰处呈圆球状，雕垂鱼花卉，地栿呈圆状，雕卷叶花卉（图一四，4），盆唇雕仰莲，小塔身二层均素面无字，第一层塔身上腰处雕幡带、莲瓣各一层，第二层塔身上出单层飞檐，檐上立刹，刹为莲瓣托覆钵、相轮，形似小窣堵波（图一四，7）。塔身转角立塔柱的作法，亦见于辽中京大明塔。塔身上雕八塔的作法，在朝阳北塔，辽上京南塔上都可见到，并刻有塔铭。《八大灵塔名号经》中称其为八大灵塔，表示佛的一生。

亭身上面为双重叠涩檐，用仿仰莲的双重盆唇出檐，檐面为砖砌七级叠涩，每层檐上都镶花卉或佛像砖雕。第一层檐上高40厘米的八面柱状体上镶有花卉雕砖一匝，用"压地隐起法"雕刻蕙草（图一五）。多为卷叶状，惜已经明代剔补。此种装饰为唐宋时常见。尤以河南登封少林寺唐碑边刻，河北磁县响堂山石窟石刻、江苏苏州罗汉院大殿柱础②相

似。第二层檐上高40厘米的八面柱状体，每面设三个小龛，内镶雕砖坐佛像，雕砖高33—34、宽24厘米。残存十二块，可分两类：第一类，两块，风化较严重，镶于北面中龛和西北面北龛。皆为佛像，头顶宝珠，身披袈裟，双手合十，背现头光、身光，用砖刻成，背面刻"魏景方僧"字样（图一六，4）。第二类模制有佛和菩萨像两种，皆浓眉大眼，高鼻微笑。佛像头顶宝珠；菩萨戴花冠，披袈裟，胸挂璎珞，手中持经卷，如意等（图一六，1—3；图版贰拾，1、2）。像北面都刻有供养人姓氏（图一七）（表一）。

表一　佛菩萨雕砖一览表

编　号	种　类	背　文
西南一中	佛	王氏
西南一南	佛	刘恺
西南一北	佛	李文秀
西一中	菩萨	康氏
西一南	菩萨	崔顺
西一北	菩萨	赵氏
西北一西	菩萨	单臣
西北一北	佛	
北一东	残	芦思
北一中	佛	魏景方僧
南一西	菩萨	郑月
东北一南	残	李氏□□张氏亦奉

在佛和菩萨像以及转角处，以雕变形花卉等图案的方砖相隔（图一八；图版拾玖，3）。

（三）覆钵　第二层檐上置覆钵（图版拾柒，2），从其高度看，其下当有座，惜下部1.6米以下表层于第一次包砖时已被剥去，不得其详。覆体作半球形，直径6.8、高2.75米，肩部用减地平级法雕花纹八组。下部残去，从残存部分看，当和包砌后的覆钵花纹相近，属悬鱼一类装饰。正南面有小门，可进入上层塔室。覆钵顶上砌八面体平台，边长平均1.8、高1.05米，束腰形，束腰处每面置二壶门，壶门之间立瘿项，转角立宝瓶。北面壶门内饰一

---

① 四川美术学院雕塑系编：《大足石刻》，图17—19。
② 梁思成：《营造法式注释》。

图七　壸门伎乐雕砖
1. 西面中　2. 西面右　3. 西面左　4. 西北面右

图八 壶门伎乐雕砖(西北面中)

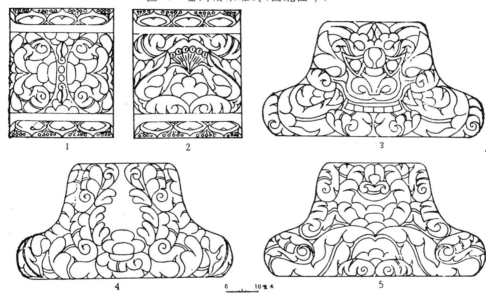

图九 宝瓶、栱眼壁砖雕花纹
1. 海石榴花宝瓶　2. 牡丹花宝瓶　3. 狮面纹栱眼壁(南面中)
4、5. 宝相华栱眼壁(南面右、西南面左)

对羚羊(图一九,3、4;图版拾玖,8、9),南面饰一双狻猊(图一九,1、2;图版拾玖6、7)。图案如《营造法式》中的彩画作制度图样,常见于宋辽砖石雕刻,河北井径县柿庄子北孤台第四号墓(宋)①、吉林农安万金塔(辽)出土"石雕小塔"②皆有此种雕刻。其余六面镶的是狮面、海石榴、宝相华、牡丹等雕砖(图一九,5—8)。壶门之间的瘿项作瓶状,用三砖磨圆叠置,高21厘米。转角宝瓶圆形,略同基座宝瓶。壶门之上亦作叠涩檐,四层叠涩砖内收,

平面八角形,边长1.8米。角挂风铎,西南角和西北角保存有挂铎木两根,扁方形,宽0.16、厚0.04、长1.1米。

(四)相轮　仅存底部的叠涩基座,其上全部残去。

(五)塔心结构　塔中空,分上中下三室,

① 《河北井径县柿庄宋墓发掘报告》,《考古学报》1962年第2期。
② 《农安万金塔出土文物》,《文物》1973年8期。

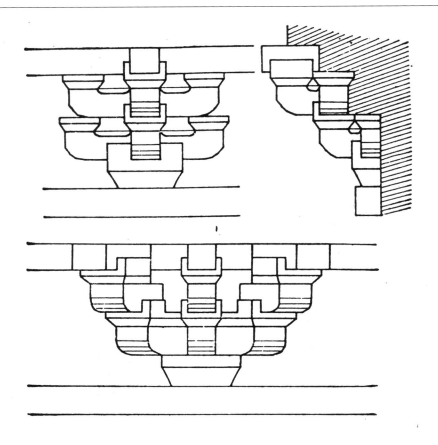

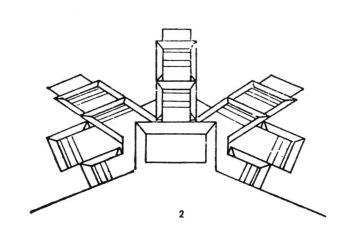

图一〇 铺作（1/8）

1. 柱头铺作 2. 转角铺作

互不相通。上室设在覆钵内，方形，南北长1.4、东西长 1.38、高 1.6 米。四角攒尖顶，顶中心留方孔 20×20 厘米，贯通相轮中心孔。底坍塌。门呈圭形，高 1.3、宽 0.8 米，门道长 2.38 米，外达于覆钵中部，用砖封堵。封门砖素面，38×16×6.5 厘米，二平二丁，下部用三合土垒砌，上部浮放。中室近方形，四壁一丁一顺或一丁三顺相间砌成。底铺砖不齐。下室位于塔身内，亦仿塔身形状为八角形，边长 1.35、高 2.7 米，八角攒尖顶，一丁一顺砌成。

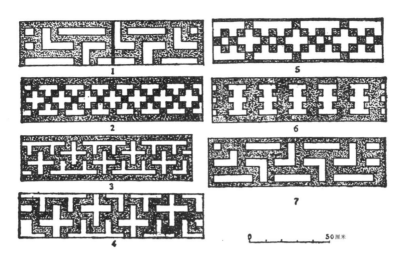

图一一　下层栏板雕刻

1、7. 勾片纹（南面左、东面左）　2、5. 十字纹（南面中、东南面中）

3、4. 卐字纹（南面右、东南面左）　6. 卅字纹（东南面右）

图一二　角神（3/20）

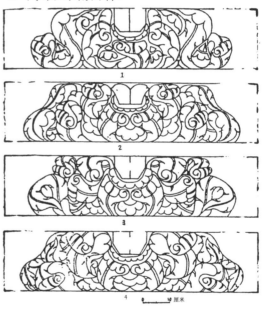

图一三　上层栏板宝相华雕刻

1. 西南面中　2. 西面南　3. 东面中　4. 西北面中

南北两面开小窗，方形 50×50 厘米，直通塔身外南北两面假门上。下层塔室以下的内部结构，包括地宫情况，不明。

二、几次主要修茸追述

拆塔过程中发现，此塔曾经三次大修。

（一）第一次大修　范围由覆钵向上，包砌覆钵、第三层檐，并重建十三天相轮。修缮时采用辽代常见的沟纹砖，规格不统一（表二）。只包砌覆钵的表皮砖用素面。砌法同内塔——平铺。灰浆为白灰掺黄土的混合沙浆。包砌工程从覆钵根部开始，为使下部有足够的承受力，把原表皮剥去，开拓出 0.6 米宽的一周平台，然后向上包砌。砌体厚度 0.6—

图一四

1. 东面门楣雕刻　2、3. 南面飞天　4. 地狱展开图　5. 东、西面飞天　6. 碑碣上小佛像
7. 塔柱（1. 约1/14，2、3、5. 约1/10，4. 约1/12，7. 约1/60）

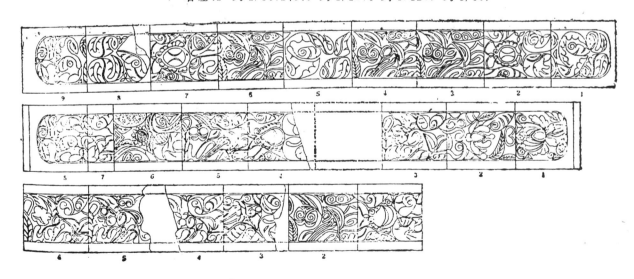

图一五　蕙草雕砖（1/24）

上. 北面，1、5、8、9为辽代原物　中. 西南面，3、4、7、8为辽代原物

下. 南面，1、4、5、6为辽代原物

图一六　佛、菩萨雕砖

图一七　佛像背面刻字拓本(1/4)

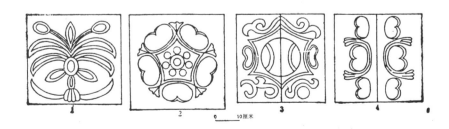

图一八　变形花卉雕砖

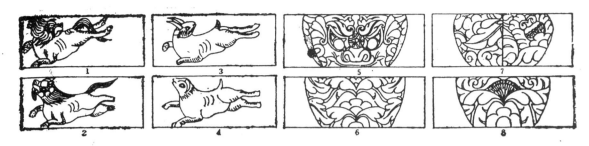

图一九　壸门雕传
1、2. 狻猊（南右）　3、4. 羚羊（北面）　5. 狮面（西北面北）　6. 宝相华（西面北）
7. 海石榴（东北面北）　8. 牡丹花（西南面）(3/50)

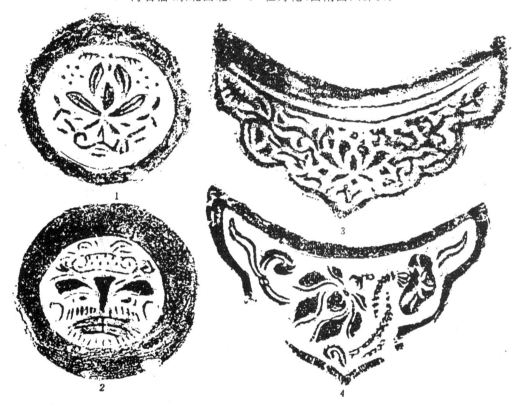

图二〇　明代瓦当、滴水拓本(2/5)

1.2 米不等，砌砖琢磨不如内塔精细。包砌后覆钵底部直径由 6.7 米增至 7.8 米，高度由 2.7 米增至 3.05 米，由于增高，表面垂鱼装饰图案亦变长，做法由刻花雕变为突出砖面的垒砌，工艺比较粗糙。覆钵上面的八面体平台，包砌后每边长度由 4.5 米增至 6.5 米，隐去雕砖，砌出小垂鱼装饰，每面三组，转角处一组，共三十二级，变化最大的是相轮，基部直径由 3.25 米增至 4.95 米，整个造型呈抛物线卷杀，高 5.03 米。底置小莲瓣一圈三十三个，层轮用砌成凹凸的砖表示，凸出三砖，抹上角，凹进二砖。相轮砌体正中有架中孔，方形，直径 0.09 米，架中木架呈梯形，平面井字形，自相轮底部始，于 1.1 和 3.6 米两处分加横撑。拆塔时仍保留有部分木柱和朽后横撑沟槽，直径 0.12—0.15 米不等。并于接近塔顶处出架中木两根，西南角圆木残长 2.2、直径 0.17 米，一头有榫眼。东南角圆木残长

表二　第一次大修用砖规格一览表

名　　称	使用部位	尺寸（厘米）	纹　饰
方砖	相轮	41×20.5×7	沟纹
方砖	相轮	51×51×6.5	沟纹
方砖	相轮	52×52×6.5	沟纹
方砖	相轮	47×47×6.5	沟纹
方砖	相轮	42×42×6.5	沟纹
方砖	相轮	38×38×6.5	沟纹
长方砖	覆钵外皮	50×25×6.5	素面
长方砖	覆钵下莲花	57×26×5.6	沟纹

1.9、直径 0.15 米（图版拾柒，3）。

第一次包砌时间距内塔建成年代时间不长，且不晚于辽代。根据如下：（1）重建的十三天相轮砌体中出土"天喜通宝"各一枚，以及一个牡丹刻花宋定窑白瓷罐，别无更晚的遗物。（2）包砌全部使用辽代沟纹砖，只表皮用素面砖。（3）砌砖方法一律顺铺，与下部塔座、塔身的砌砖方法相同，和明代惯用的一顺一丁的砌砖方法迥异。（4）这一次包砌是在此塔建成后不久进行的。因为被第一次包砌部分的砖雕无风化痕迹，砖角齐全，灰皮亦未脱落。

（二）第二次修补　其工作范围是：（1）修补了残缺的砖檐，在原叠涩檐上挂筒瓦，以致檐面升高，将砖雕佛像和花卉下的两层叠砖盖住。瓦当，现可见莲花和狮面纹两种。滴水亦用莲花图案（图二○）。（2）补配了基座上残朽的栏板、拱眼壁、蜀柱和檐上的花卉雕砖，计：栏板三块，题材取莲花和缠枝图案。拱眼壁三块，仿辽代卷叶花卉。蜀柱两种花卉雕（图二一）。修补砖雕线条呆板，艺术水平远不如辽塔原件。这些修补在怪位上晚于第一次大修，但早于第三次包砌大修，因为修补的砖雕又被第三次包砌覆盖。第二次修补对塔的最大变动是开通了亭式塔身南面的假门，开门的根据有三：（1）门道两侧砖墙和门框上下坎等处，除外口原假门门框部分外，全为砍凿的断砖面，嵌碑的凹处亦砍凿而成。（2）新开门道高出塔室平面 30 厘米，用砍下的乱砖楂铺垫后，平铺二层明代小青砖。新建佛坛，也

图二一　明代补配雕砖

用小青砖垒砌表面，用开门拆下的碎砖填芯。小青砖与第二次包修用的砖相同。(3)新开门洞的顶部原和正北面一样，是下层塔室的小窗，50厘米见方，上口起叠涩，现仍保留痕迹。变假门为真门后，在下层塔室内立佛坛，门道东侧镶嘉靖二十八年"重修渔阳郡塔记"碑一通，此碑是这次修葺活动的明确记年。

（三）第三次大修　是由第一层檐向上，包砌了一二层檐上残毁的雕砖部分，包括第二次大修时修补的砖雕，覆钵东半部第一次包砌部分被去掉重包，范围略超过一条纵贯覆钵南北的裂缝。包砌时在砌体内安放大筋，长50—55、直径9—10厘米，所用砖都是纯一色，素面青砖，34×15×6.5厘米，采用明代常见的一丁一顺平铺。纯白灰垒砌。砌体包砌后，原塔覆钵下的佛像和第一层檐上的花带都成为素面八角柱状体。包砌时留下了二项纪念性标志：(1)在覆钵正南面，上层塔室门道的外端长方形小佛龛，长64、宽55、高51厘米，龛内放置佛像五尊，经卷三部。其中《大方广佛华严经入不思议解脱境界普贤行愿品》，落款纪年为万历十五年(图版贰拾肆，1—3)。(2)在塔顶安铜铸塔刹，刻铭文："十方铸造渗金宝瓶永远供养，大明万历二十二年新春募化"，并以白粉通体粉刷。塔院内还有碑二通，也记录了这次的缘起、经过、修葺内容和年代为万历二十二年。

万历大修后，此塔还有修葺，在明万历的塔刹上又增刻了"乾隆乙卯岁奉旨重修"字样，院内有《乾隆六十年春奉旨重修观音寺塔》碑，以及咸丰九年《重修白塔寺碑记》等。这些修葺都限于整饰墙面和修补瓦垅等活动。

三、遗　物

（一）上层塔室出土遗物

共出土遗物一六九件，（包括铜钱六十五枚），质地有金、银、铜、玉、玻璃、玛瑙、水晶、琥珀、瓷、木、石、泥等十二种。

1、铜制品

阿弥陀佛鎏金铜造像一件(1)。高21.5厘米。螺发，报袈裟掩右肩，身后立火焰纹背光，结跏趺坐于高6.3厘米的圆束腰座上(图版贰贰，5)。

释迦说法鎏金铜造像一件(1)。高19厘米，螺发，结跏趺坐于莲台上。火焰宝珠纹背光，莲花形头光。圆形莲台为木雕，高3.3厘米(图版贰拾，5)。

金刚杵　一件(39—1)。长17.4厘米，柄茎莲花纹(图二二，7；图版贰叁，8)。形制接近云南大理三塔出土铜杵[1]。

金刚铃　一件(23)。高20.5、口径6厘米。柄饰仰覆莲花纹，柄端作杵状，铃内垂一铁铃舌，残长8.5厘米(图二二，1)。铃身户部雕覆莲一周，正身阴刻四天王像(图二三)，四天王间各饰一朵小花。风格，雕法皆同武官营子石殿模型四壁线雕八大力士像[2]。

水注　一件(45)。细高领，口径1厘米。肩部有流，瓶身高7.2厘米，有小圈足。素面(图二二，3；图版贰叁，6)。

鎏金宝盖　二件(14、30)。铜片制成，上部是半圆形碗状，周刻莲花二层，下部以莲花瓣形圆片相托，正中有孔，以铜棍相穿，棍顶端作宝珠状(图二二，6)。

鎏金鹤形帐钩　一件(51)。钩首鹤首形，柄身雕刻羽毛。全长11厘米。(图二二，2；图版贰叁，7)。

鎏金鱼　一件(52)。长3.6厘米。口衔一铜丝，残长4.2厘米(图二二，4)。

幢形器　一件(39—14)。圆形底座，上立

① 《大理崇圣寺三塔的实测和清理》，《考古学报》1981年2期。
② 《内蒙古宁城县武官营子发现的辽代石函》，《考古》1964年11期。

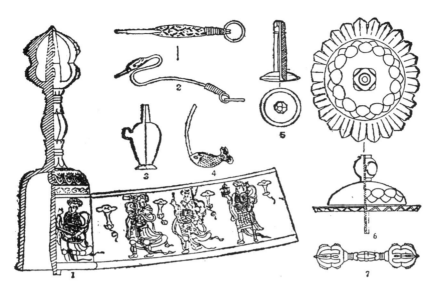

图二二　铜器

1. 金刚铃（23）　2. 鹤形帐钩（51）　3. 水注（45）　4. 鱼（52）　5. 幢形器（39—14）　6. 宝盖（14）
7. 金刚杵（39—1）（3、7.3/20，余均3/10）

图二三　金钢铃身阴刻四天王像拓本（7/10）

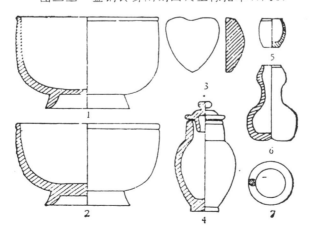

图二四　玉器（4.3/10，余均3/5）

1、2. 碗（28、73）3. 鸡心形饰（75）4. 瓶（39—6）5. 帽状器（77）6. 葫芦瓶（39—12）7. 环（69）

一八面体柱,似幢,高 5.1 厘米(图二二,5)。

铜钱　六十五枚。散落于坍塌的塔室中,其中有五铢九枚,常平五铢一枚,货泉十枚,开元通宝十三枚,乾元重宝一枚,周元通宝八枚,唐国通宝一枚,太平通宝四枚,至道元宝二枚,景德元宝五枚,祥符元宝二枚,天圣元宝四枚,皇宋通宝三枚,字迹不清二枚。

2、玉器

碗　二件(28、73)。酱黄色软玉制成,平口深腹,小圈足,器表有开片断纹。28 号口径 5.8、高 3.8、底径 3.4 厘米。73 号口径 5.9、高 3.4、底径 3.4 厘米(图二四,1、2;图版贰叁,3)。

葫芦瓶　一件(39—12)。褐色软玉,高领,圆腹,微凹底,有盖。通高 9.1 厘米(图二四,4)。

环　一件(69)。白玉,直径 1.8、环径 0.3 厘米(图二四,7)。

鸡心形饰片　一件(77)。米色玉,口部稍下有两个对称的小孔。高 1.3、口径 0.8 厘米(图二四,5)。

3、银器

鎏金镂孔饰片　二件(39—17)。一件长 32.7 厘米,正中雕门,两侧各雕一云龙。另一件残长 12.1、宽 6 厘米,明显有未梢,中雕缠枝牡丹花卉,上下各一凤。片上有钉孔,出土时靠近石函同壁,应为木质棺上的饰片(图二五;图版贰肆,4)。

勺　一件(35)。椭圆形,弓形柄,尖尾,全长 16.8 厘米(图二六,8)。

箸　一双(36)。圆棍形,径 0.25、长 16.2 厘米。(图二六,7)。

钵　一件(34)。敛口,圆腹,圈底。口径 10、高 6.5、壁厚 0.5 厘米(图二六,1)。

小罐　一件(39—13)。器表已氧化,圆口,鼓腹,平底。口径 4.1、高 4.8 厘米(图二六,2)。

瓶　一件(66)。平口,高领,广肩,小平底,肩部饰莲叶和⌒纹各一周,底部有三角纹。高 5.1、口径 161 厘米(图二六,5)。

环形盒　一件(39—2)。外圈呈圆形,内圈壁垂直,盖与底以子母口套合,外径 12、内径 9.6、高 2.6 厘米(图二六,3)。

管状器　一件(39—3)。圆筒状,口部有环状耳。高 5.4、直径 1 厘米。出土时内装"舍利代用品"(图二六,4)。

帽状器　一件(39—19)。已残,例置的钵状,口径 4.5 厘米(图二六,9)。

盖状器　一件(39—18)。出土于石函内。圆形,直径 6.5 厘米。周压梅花图案,正中镂孔(图二六,10)。

4、水晶器

龟形器　一件(39—4)。为卧龟,背甲为盖,龟身为盒,以子母口相套。长 5.6、高 2.05 厘米(图二七,1;图版贰贰,3)。

狮形饰　一件(44)。卧式腰部有一竖穿孔。身长 3.5、高 1.8 厘米(图二七,2;图版贰叁,5)。

海螺形饰　二件(58、15)。58 雕有细密的罗纹,外壳顶端吐出肉体,背有穿孔。长 4.5、高 20.5 厘米(图二七,4)。15 外形菱角形,周身雕刻有三四条凹纹,竖向有穿。长 4.4、宽 2.4 厘米(图二七,3;图版贰贰,7)。

罐　二件(39—5、39—15)。皆高 2.7 厘米,盖顶心有一 0.25 厘米圆孔,盖与器身以子母口相合。39—5 腹部椭圆,最大直径在肩部,径 2.8 厘米。39—15 最大直径在腹部,径 2.6 厘米,小平底。出土时内装"舍利代用品"(图二七,5、6;图版贰贰,4)。

璎珞串珠　一八八件(42)。大小不一,椭圆形,直径 0.3—1.5 厘米。少数呈菱形六面体和圆形,出土时散落于砖土中。

珠　二件(65、76)。65 球形,直径 2 厘米。76 扁圆形,直径 1.8、厚 0.8 厘米。

5、琥珀器

七层小方塔模　一件(39—16)。高 6.95

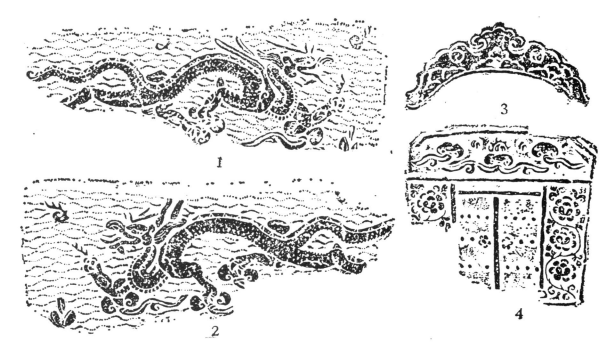

图二五　鎏金银饰片纹饰拓本(7/10)

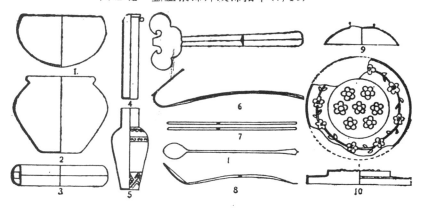

图二六　银器(1、3、7、8、1/5，余均2/5)

1.钵(34) 2.小罐(39—13) 3.环形盒(39—2) 4.管状器(39—3) 5.瓶(66)

6.如意(38) 7.箸(36) 8.勺(35) 9.帽状器(39—19) 10.盖状器(39—18)

厘米，由基座、塔身、檐和刹组成(图二八，1；图版贰壹，3)。

五层小方塔模　一件(67)。残高3.4厘米。由基座、塔身和檐组成(图二八，2)。

佛雕　一件(48)。整块琥珀略成长方形，长3.6、宽3.3、厚1.1厘米。双面雕刻，一面为一僧坐禅于山坡上，背依一座五层宝塔；另一面雕一僧，面对宝塔坐禅(图二八，10)。

小狗　一件(74)。酱紫色琥珀雕刻，卧式，两耳垂肩，长2.4、高1.45厘米(图二八，8；图版贰贰，6)。

透雕花饰　一件(27)。正为三瓣花朵，两旁各有两卷叶相托，高2.75厘米(图二八，9)。

扣状花饰　一件(29)。椭圆形，十瓣，中间有两小孔(图二八，7)。

叶形饰片　三件(18、20、87)。雕成树叶状，茎梗具全，长3厘米，有二穿孔(图二八，

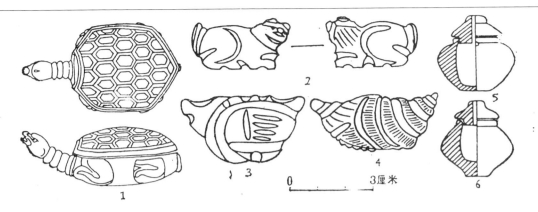

图二七　水晶器

1. 龟形盒（39—4）　2. 狮形饰（44）　3、4. 海螺形饰（15、58）　5、6. 罐（39—15、5）

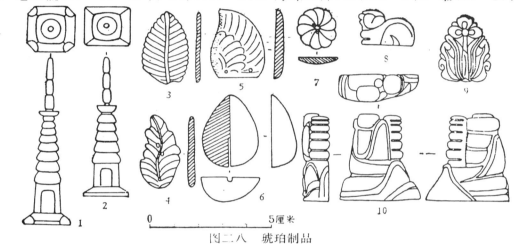

图二八　琥珀制品

1. 七层小方塔模（39—16）2. 五层小方塔模（67）3—5. 叶形饰片（18、20、87）

6. 桃形饰片（31）7. 扣状花饰（29）8. 小狗（74）9. 透雕花（27）10. 佛雕（48）

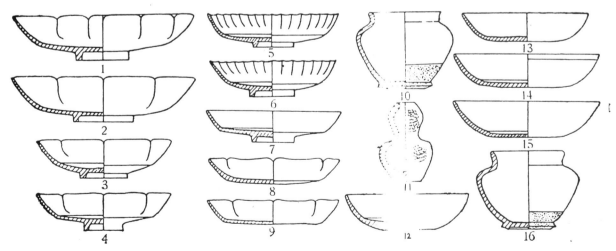

图二九　瓷器（11. 3/5，余均 3/10）

1、2. 大白瓷盘（49、11）　3、4. 六瓣圈足小碟（10、57）　5、6. 菊花瓣圈足小碟（62、47）　7. 圆口圈足小碟（21）

8、9. 六瓣平底小碟（79、22）　10、16. 白瓷小罐（3、2）　11. 白瓷葫芦瓶（39—10）　12、13. 圆口小碟（59、

41）　14、15. 素面青瓷碟（40、46）

3—5）。

桃形饰片 一件(31)。长3厘米,底部正中有一小穿孔(图二八,6)。

珠 三件(33、34、37)。圆形或椭圆形,有穿。长2.1、直径1.2厘米。

坠 二件(63、64)。大小各一,有穿。

块 一件(32)。略呈方形,长3.9、宽3.6、厚1厘米。

6、瓷器

耀州窑青瓷碟 三件(4046、55)。55釉面有细微水纹。敞口,小圈足,盘内印缠枝菊花纹,周印莲瓣纹(图三〇;图版贰叁,1)。与陕西黄堡镇出土宋代中期一类Ⅱ型青瓷盘相同① 另两件圆口,平底,底不挂釉,器表有细小开片纹。40号口径12、高2.8厘米。46号口径12.2、高3厘米(图二九,14、15)。

白瓷碟 三十三件。乳白色釉,为定窑系。其中大白瓷盘两件(49、11),敞口,小圈足,莲花形瓣八、九个,器底不挂釉,墨书"品"符号,口径15、高3.8厘米(图二九,1、2)菊花瓣圈足小碟十九件(4—7、12、13、47、50、54、61、62、72、81—87),敞口,平盘,小圈足,底不挂釉,三件(47、62、83)器底墨书"亚"符号。口径10.6、高2.8—3.1厘米(图二九,3、4)。圆口圈足碟一件(21),器形同六瓣碟,唯碟口不分瓣,口径11.2、高3.1厘米(图二九,7)。六瓣平口底小碟六件(8、9、22、56、78、79),施满釉,口径11、高2.1厘米(图二九,8、9)。圆口小碟两件(41、59),平底,底不挂釉,口径10.4、高2.4—2.9厘米(图二九,12、13)。

白瓷葫芦瓶 一件(39—10)。乳白色釉,有细小开片,平底。高3.3厘米(图二九,11)。

白瓷小罐 二件(2、3)。乳白色釉,属定窑系,敞口,鼓腹,圈足,腹部以下不施釉。口径6、高6.4厘米(图二九,10、16;图版贰叁,2)。

7、玻璃器

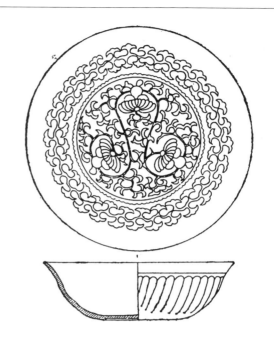

图三〇 缠枝菊花纹青瓷碟(2/5)

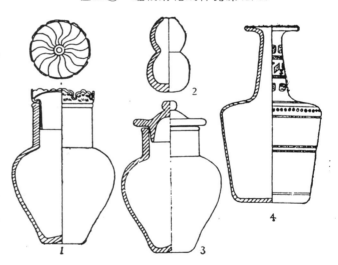

图三一 玻璃器(4.1/6,余均1/2)
1、3.绿玻璃瓶(39—8、9) 2.绿玻璃葫芦瓶
(39—11) 4.刻花玻璃瓶(71)

刻花玻璃瓶 一件(71)。无色透明,内含小气泡,表面附着黄白色风化层。平口外翻,细颈,折肩,桶形腹,平底。颈部和肩腹部刻菱形和带状图案。高26.4、口径7.8、颈高10.5厘米(图三一,4;图版贰肆,5)。经化学分析属

① 《陕西铜川耀州窑》科学出版社,1963年。

钠钙玻璃，与一般伊斯兰玻璃成份相似。器形和刻花纹饰都与伊朗德黑兰考古博物馆现存乃沙不耳出土的十世纪水瓶相同[1]，应为伊斯兰玻璃器。

绿玻璃葫芦瓶　一件（39—11）。透明度较差，平口，葫芦状。高 3.7 厘米（图三一，2；图版贰肆，6）

绿玻璃瓶　二件（39—8、39—9）。透明度较差，器表已氧化成土褐色，直领，鼓腹，平底微凹。39—8 高 7.6 厘米，盖为银片制成，顶部雕莲花纹，四周为叶状，八瓣卷起。39—9 高 7.5 厘米，有盖（图三一，1、3；图版贰叁，9、10）。

8. 石器

舍利函　二重，外层是棺形石函，内层为木棺。棺形石函（39）为砂岩凿成，长 56、宽 38、头高 40、尾 37 厘米，函底和尾部略有收分。函盖作盝顶，正中雕一莲花，花心是直径 7 厘米的圆孔直通函内。函内平底，正中亦雕一莲花。函外面三面刻字，棺首刻：守思空辅国大师沙门思孝葬，释迦佛舍利六尊。一侧面（南）刻：中京留守兼待中韩知白葬，定光佛舍利一十四尊。棺尾刻：知州守太子太保秦鉴葬，定光佛舍利二尊。清宁四年岁次戊戌四月二日记（图三二、三三；图版贰壹，6、7）。木棺已朽，只残留鎏金镂孔银饰片两块。

洗　一件（39—7）。土黄色石质，椭圆形，一侧有耳，小平底。口长 7.7、耳宽 1.6、高 1.7、壁厚 2 厘米（图三四，5）。

9. 其他

金圆片　一件（70）。金泊制成，直径 4.4 厘米，以中为圆心，阴刻放射纹和锥点纹，用途不明（图三四，4）。

木塔模　二件（53、16）。均通体描金，线角处以红色填充。53 号塔高 21 厘米，分成基座、塔身、檐和相轮、宝瓶四部分雕刻组成，座为椭圆形束腰须弥式，起直线角收二阶。塔身底亦呈椭圆形。一侧小圆面开圭形门，塔身内

中空。上覆单层檐。檐角翘起，檐上立十三层相轮，刹杆串连两颗宝珠组成（图三四，1；图版贰壹，2）。16 号塔模残，略小于 53 号。基座、塔身和檐的作法都同于 53 号塔，唯上部置两层小檐，小檐上有一条横带，覆钵似扁球形，中间阴刻一道线，其上置相轮。

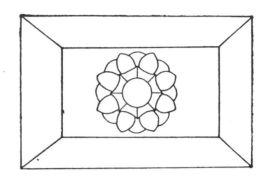

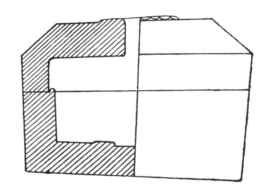

图三二　石函（39）（1/10）

① 安家瑶：《中国的早期玻璃器皿》，《考古学报》1984 年 4 期。

1

2

3

图三三　石函铭文拓本(1/5)

木葫芦瓶　一件(68)。高 2.8、直径 1.6
厘米。内装"舍利代用品"(图三四,3)。

玛瑙珓裟环　一件(60)。无色不透明玛
瑙制成,横切面呈多边形,外径 4.05、厚 1 厘

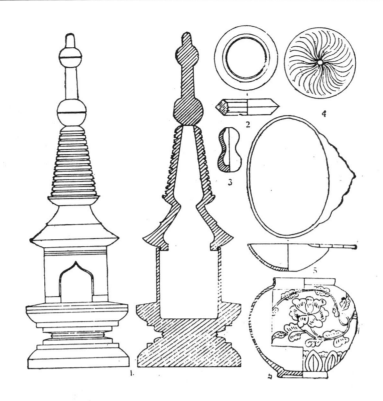

图三四

1. 小木塔模(53)　2. 玛瑙袈裟环(60)　3. 木葫芦瓶(68)　4. 金圆片(70)　5. 石洗(39—7)

6. 缠技牡丹纹白瓷罐(X:1)(6.1/5,余均 2/5)

米（图三四,2）。

香泥小塔　四座。由黄土、细砂、白灰混合制成,质地坚硬。两座(19、24)为方锥体,残高 6、边长 4.5 厘米,中心有径 0.4 厘米的孔,从底部直通塔顶。圆形小塔(26)从残存部分看出有两层台,逐渐内收到顶。

（二）砌体里发现的遗物

1. 十三天相轮砌体内出土遗物三件,一件缠纹白瓷罐(X:1)。定窑系,小口,鼓腹,圈足,印缠技牡丹花,接近底部刻一周莲花纹。口径 7.6、高 12.6 厘米(图三四,6;图版贰叁,4)。两枚铜钱,天禧通宝和祥符通宝各一

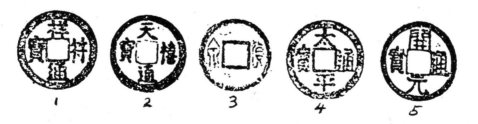

图三五　铜钱(4/5)

枚（图三五,1、2）。

2. 内塔砌体里出土遗物。上层塔室中心孔顶端第一层砖上有铜钱九枚,包括货泉五枚、开元通宝三枚、太平通宝一枚(图三五,3—5)。并于第六层砖上每边残留有两颗长约

2 厘米的铁钉。内塔残存顶砌体内有开元通宝铜钱两枚。又有砖雕佛坐像三块(图三六;图版贰拾,3;贰壹,1),皆高 33.5、宽 27 厘米,砖质细腻,线刻简明,形象呆板,均为圆脸,明显区别于塔上镶嵌的翻模佛雕。上层塔

图三六　佛像
1. 1号像　2. 2号像　3. 3号像

室门道内有墨书"龙兴寺沙门"字迹砖一块。

（三）明代佛龛内出土遗物

佛像五尊，经卷三册。出土于鸟粪中，部分经卷糟朽。内有鎏金铜佛（k1），罗发高髻，披袒袈裟，结跏趺坐于宝莲花上。莲花中置一金钢杵。高8.5厘米（图版贰贰，1）。木佛座（k2），外涂一层紫漆。佛身披紫色袈裟，罗发宝珠，两耳垂肩，闭目作法界定印，结跏趺坐于仰莲上。高6.3厘米（图版贰拾，4）。药王菩萨一件（k3），头戴宝冠，身披璎珞彩带，双手持钵，半跏趺坐于莲台上。高6.3厘米（图版贰拾，4）。大肚弥勒铜像一件（k4），面带笑容，袒胸露乳，两手捧腹，坐于莲台上，高3.6厘米（图版贰贰，2）。白玉菩萨坐像一件（k5），头戴冠披彩带，高2.8厘米。《大方广佛华严经入不思议解脱境界普贤行愿品》残经一部。尾题"大明万历丙戌岁季春吉旦戒第子性访书，洞宗世传第二十五世嗣祖沙门镇性较正。"金字楷书，每页五行，每行十五字，共七十八页，中间尚缺八页，首尾残存画页七张，册页8.7×26.4厘米（图版贰肆，1—3）。《药师琉璃光如来本愿功德经》残经一部，题"大唐三藏法师玄奘奉诏译，南赡部洲大明国周府世子于永乐九年六月二十一日谨发诚心

作书。"全书为银字楷书，遇"佛"字以金色书，每页四行，行十二字，共存一一〇页，中间缺十页，首尾残存画页三张，册页13×35厘米。残经卷一部，题《陀罗尼经》三卷，只存《佛顶心□陀罗尼经》卷中和《佛顶心□神验经》卷下的一部分，共十六页。册页12×35.5厘米，每页上半部作画立题榜，下半部写经，五行，每行九字，金字楷书。

四、问题讨论

（一）关于塔的年代

独乐寺历经包修，改变了塔身以上部分外貌，故过去对其年代有过不同认识。梁思成先生曾于《蓟县观音寺白塔记》一文中指出："今塔之建造必在辽代，盖在晚明，塔之上部必已倾圯，惟存第一、二层，而第三层只余下半，于是就第三层增其高，使为圆肚之座，以上则完全晚明以后所改建也。"鲍鼎先生将其列为金塔①。日人村田治郎认为白塔第一层向上是辽代建筑的形状，第二层和第三层是后人修补的②，现在原塔再现，为判断塔的年

———————

① 鲍鼎：《唐宋塔之初步分析》，《中国营造学社汇刊》3卷1册，1932年。
② 村田治郎：《支那の佛塔》。

代提供了最坚实的依据。

这次清理内塔后获得的年代依据主要有三个方面：

1、原塔形制和用料装饰特征。清除包砌部分后，展现出基本完整的高层窣堵波式古塔，其形制和房山县云居寺塔接近。用料是常见的辽代沟纹砖。砖雕也具辽代特征，如神兽和仿木作砖雕和宋《营造法式》石雕制度、彩画制度相似，飞天类同大足石刻。都表明是辽塔。

2、上层塔室出土遗物都属辽代遗物，瓷器都属宋代定窑系和耀州窑，铜佛像和苏州瑞光塔、大理三塔的出土物相同，琥珀和木塔模具有唐塔风格，玻璃瓶与乃沙不尔出土的十世纪玻璃瓶相似。其中年代最明确的当然是清宁四年石函，证明此塔建成绝不会晚于1058年。

3、碳十四和热释光数据共七个，碳十四数据由文物局文物保护科学技术研究所测定，热释光数据由上海博物馆保护科学技术实验室测定。可分成三组。第一组有相轮砌体内的架中木（WB83—40），碳十四测定距今1410±65年，树轮校正年代距今1345±70年。内塔挂铃木（WB83—41），碳十四测定距今1480±65年，树轮校正年代距今1415±70年。第二组有内塔风铎木（WB83—28），碳十四测定距今1018±80年，树轮校正年代距今1025±85年。上层栏板砖（SB59b1），热释光年代B.P1050±50年。第一组接近隋至北魏纪年，第二组属辽，第三组属明。明代二次包砌，都有碑刻记载，辽的纪年也正符合内塔形制和出土遗物特点。因此该塔系辽代所建当无疑问。但辽清宁四年是建塔还是大修时间尚需进一步考查。

建塔后不久即大修，是由于覆钵开裂，相轮毁坏，其原因只能是地震。又包砌层中出土有"天禧通宝"，说明此次包砌应在1017年后。文献所记恰当这时的大地震，见《辽史·道宗记》："清宁三年，七月甲申南京地震，赦其境内。"《宋史·五行志》："嘉祐二年，雄州北界幽州地大震，大坏城廓，覆压死者数万人。"知此震对幽州破坏严重。《元一统志》记著名的唐代建筑幽州悯忠寺即毁于此次地震。据推测这次地震震中在北京东南大兴县附近，裂度≥9度[①]。蓟县距大兴约200公里，必然有所波及。在1976年唐山大地震时，蓟县城内民房曾遭破坏，独乐寺山门柱身外闪，榫卯开裂，砖结构的白塔破坏尤重。蓟县距唐山与距大兴相仿，清宁三年地震对独乐寺塔造成毁坏完全可能。因于第二年重修，并葬舍利石函，其年代不晚于清宁四年。

至于建塔的时间，极可能和独乐寺重建同时，即辽统和四年。在平面布局上，塔在独乐寺南近350米处，偏东约8米，接近中轴线。这种将塔建于寺外南面的作法，隋唐时已经出现。《大慈恩寺三藏法师传》记关于慈恩寺的建造经过即是这种规制。所以梁思成先生曾明确认为，塔是"独乐寺平面布置中之一部分"。文献和实物资料也都表明，独乐寺和塔有着同步发展的历史。其始建年代都不会晚于隋[②]。辽统和四年，重建独乐寺，根据是《日下旧闻》的一条记载："独乐寺不知创自何代，至辽时重修，有翰林院学士承旨刘成碑，统和四年孟夏立石。其文略曰，故尚父秦王请谈真大师入独乐寺，修观音阁，以统和二年冬十月再建，上下两级，东西五间，南北八架，大阁一所，重塑十一面观世音菩萨像。"碑中所记大阁即是今独乐寺的观音阁。"尚任上京、南京留守、西南面招讨使等要职。其子韩德让曾以南院枢密使兼北院枢密使，总管契丹、汉人两院事，进封大丞相，赐姓耶律，列皇族横

① 《公元1057年北京地震》，见北京市地震地质会战办公室；《北京市地震地质会战专题成果。北京地区地震活动特征》，1980年。

② 韩嘉谷：《独乐寺史迹考》，《北方文物》1986年2期。

帐。韩氏家族选择在蓟州重建独乐寺,是为荣耀故里,故独乐寺和塔同时重修,因此两者在建筑手法上表现出许多相似之点。对此,梁思成先生早已指出过:塔 砖仿木作,基坛上之各部,与观音阁所见极相似,其作法盖以基坛当平坐做,故上绕以栏杆,其斗拱则按平坐斗拱作法,华拱两跳,计心造。……平坐之上为拦杆,其形制与阁中者完全相同,每角有圆望柱,每面之地栿、束腰、蜀柱、唇盆、瘿项皆如木制。"① 内塔砌体"太平通宝"铜钱的出土,又表明其建造年代不能早于宋太平兴国(976—983 年),这个时间范围也只能和独乐寺重修同时。

(二)关于韩知白、秦鉴、思孝

石函铭文中提到三位施舍人,韩知白、秦鉴、思孝。中京留守韩知白,《辽史》无传。元好问《中州集》记其家世曰:"韩内翰玉……五世祖继宁,仕石晋为行军司马,从出帝北迁,居析津。曾孙知白,仕辽为中书令。孚为中书门下平章事,赐田盘山,遂为渔阳人。"辽时渔阳即蓟州所在。《辽史》有三处记载韩知白的活动。《圣宗记》"太平九年(1029 年)以耶律思忠……韩知白、张震充贺宋两宫生辰及来岁正旦使付。"《杨绩传》记太平十一年(1031年)进士及弟,累迁南院枢密副使,与杜防、韩知白等擅给进士堂帖,降长宁军节度使。"《兴宗记》重熙十九年(1050 年)"出南府宰相韩知白为武定军节度使。"

知州秦鉴,《辽史》仅一见。《兴宗记》"重熙六年(1037 年)十二月,遣耶律翰、秦鉴、耶律德、崔继芳贺宋生辰及正旦。"《续资治通鉴长编》记其官衔为崇禄少卿。

沙门思孝,《辽史》缺载。房山石经《大藏教诸佛菩萨名号集序》有"觉花岛海云寺崇禄大夫守司空辅国大师赐紫沙门思孝奉诏撰,重熙二十二年序讫"题记。名号和石函所记思孝相同,年代亦近,当属一人。1937 年日本神尾戈春氏《契丹佛教文化史考·契丹学僧小传与其教学的倾向》介绍,朝鲜金罗南道顺天郡松广寺何存的高丽国所刻《妙法莲花经观世音菩萨普门品三玄园赞科》一卷,书衔题"觉华岛海云寺崇禄大夫守司空辅国大师赐紫沙门思孝科定,寿昌五年已卯高丽国大兴王寺奉宣雕造。"知其为一代学僧。

上述三人为修茸独乐寺塔施舍,韩知白和秦鉴系尽地主之谊,思孝当是请来主持佛事的和尚,然他们官阶皆非一般,能一起为修塔忙碌,反映了独乐寺塔的地位,或与玉田韩氏家族的势力有关。

(三)关于塔的形制渊源

独乐寺塔的基本特点,是在一座带有须弥座的中国式八角亭子上,安置一座印度式的窣堵波,是一种独特的中国古塔形式。过去常将其和喇嘛塔联系在一起② 然而有大量材料表明这种形式远在喇嘛塔传入中国内地以前早已存在,它与喇嘛塔有着各自不同的发展经历,应是印度窣堵波在中国内地与传统的木结构建筑巧妙结合的一种独特形式。

众所周知,中国塔源于印度窣堵波,形如覆钵,印度现存阿育王时期(约公元前 1—2 世纪)的桑志大塔③即作如此形式。约从公元一世纪,随着大乘佛教兴起,印度开始流行礼拜佛像之风,窣堵波也发生变化,加高加大基坛,并于基坛和覆钵上辟龛造像和雕镂花卉。公元二世纪的莫拉莫拉兹塔④属此型。同时,出现了另一种佛教建筑精舍,利用印度教的希诃罗式建筑,中立佛像,外壁四周亦雕佛像,上置庵摩罗果,如玄奘《西域记》所记鹿野

① 梁思成:《蓟县观音寺白塔记》,《中国营造学社汇刊》3 卷 2 期,1932 年。

② 梁思成:《蓟县观音寺白塔记》,《中国营造学社汇刊》3 卷 2 期,1932 年;张驭寰:《对大辽砖塔的初步研究》,独乐寺重建一千周年论文;罗哲文:《中国古塔》。

③ 《世界美术全集》第 3 册,73 页,[日]平凡社,1929 年版。

④ 《世界美术全集》第 4 册,70 页,[日]平凡社 1930 年版。

伽蓝精舍。

东汉时随着佛教的传入，各种形式的窣堵波及精舍也传入了我国。其中加高基坛的窣堵波塔，早期实例不存，但留传下来有不少造像塔和小石雕塔。如甘肃酒泉出土的北凉承玄元年释迦文尼得道塔和凉太缘（元）二年程段儿造塔①，云岗14窟浮雕中的塔②，都是增高雕镂佛像的基座，上面窣堵波十分明显，接近上述印度窣堵波形式。

塔在中国出现后，传播迅速，形式多样，然究其形制源渊，仍不离窣堵波和精舍两大类。在亭式塔身上置窣堵波的独乐寺塔，完全可从酒泉承玄元年造像塔、云岗14窟浮雕塔，五台山佛光寺志远塔等造型中看到其流传的过程，只是在亭身下加一个须弥座，亭上修重檐，因而显得更高大而已。这种形式的塔多见于辽地，和此相似的还有房山云居寺塔和武清县大良塔。金元时期仍有流传，如金代的河北易县双塔庵西塔③、元代的昌平银山宝塔④ 等，其建造年代皆在喇嘛塔传入我国内地以前。

（四）关于残毁部分的复原

独乐寺塔残缺的二部分，即覆钵以上部分和覆钵以下的1.6米表层装饰，需要复原。独乐寺塔形制的基本特点，是在带须弥座的中国式亭子上安置一个印度窣堵波，窣堵波的基本组成部分是基座、覆钵和刹，所以独乐寺塔需要复原的，实际上是窣堵波的刹和基座二部分。

从严格意义上说，高层塔上缩小了窣堵波，不能全称作刹，因为刹是覆钵以上部分，将此称作刹，就会使刹窣堵波二个概念相混。可是现在一般者称其为刹，因为刹是覆钵以上部分，将此称作刹，就会使刹和窣堵波二个概念相混。可是现在一般都称其为刹，似乎已约定成俗了。各种形制塔的刹，基本可分串轮和圆锥体式二类，后者一般是砖砌（或石刻）圆柱状锥体，周作层层轮状，下部或饰受花，

上冠宝珠，例如北凉石塔、云岗14窟浮雕中的塔、房山云居寺北塔等。独乐寺塔的塔刹，应属这种形制。根据是：（1）原塔覆钵上相当窣堵波的"平头"部位，仍保存有八角平台，对角宽4.75米。在如此大的面积上立塔刹，应以粗大的圆锥体相轮为宜。（2）该塔相轮毁于地震，震后第二年即重建，重建时未改变原貌，其相轮呈圆锥形，底部饰莲瓣受花，原塔亦应如此。（3）上层塔室出土的描金小木塔，相轮的形制和作法都与包砌后的独乐寺塔相似，十三层锥体，或即系原塔形状。

刹顶部分，辽代原物已经不存，现存刹顶铜铸宝瓶，刻有"大明万历二十二年新春募化"字样，明显具有喇嘛塔刹的色彩，其轮廓和江苏镇江过街塔、北京妙应寺白塔、山西五台塔院寺舍利塔等的塔刹接近，与辽代塔刹迥异。辽或辽代以前刹顶，一般都在相轮的刹杆上饰以摩尼宝珠，多作单颗式，也有几颗叠连在一起成串珠式，最上一颗呈葫芦状，如大安九年静琬法师塔。有人将此称为宝瓶。独乐寺塔式大圆锥体相轮上的刹顶，现存实例不多。云居寺北塔刹顶呈喇嘛塔式，当是后世所加，但其壸门内雕刻的单檐覆钵式塔是辽代原作，刹顶由两颗宝珠串连，腰部略长，呈弧线，与独乐寺塔室出土的小木塔刹顶相似，后者是以木杆串连的两颗宝珠，略区别于静琬法师塔葫芦状刹顶。年代稍晚的易县双塔庙西塔作重叠串珠式，顺德天宁寺塔是在重叠的串珠上用刹杆高举一宝珠。以上刹顶皆可作为独乐寺刹顶的复原参考依据，从造型和年代看，以独乐寺塔出土的木塔模塔刹较为适宜。

---

① 《北凉石塔》，《文物资料丛刊》1集。

② 孙机：《关于中国早期高层佛塔造型的渊源问题》，《中国历史博物馆馆刊》1984年总6期。

③ 鲍鼎：《唐宋塔之初步分析》，《中国营造学社汇刊》6卷4期，1937年。

④ 《北京昌平银山宝塔群调查》，《文物资料丛刊》4集。

覆钵下的基座，形式较多，主要有四种，即(1)原始窣堵波式的方座，(2)将覆钵直接安置在架高窣堵波的圆柱形塔身上，(3)盆形座，(4)束腰须弥座，覆钵根部饰连花或蕉叶。以最后一种形式流传最广，有嵩狱寺塔、济南四门塔、静琬法师塔、云南大理三塔出土的“塔形舍利盒”和鎏金塔模等，均取此式。独乐寺塔的覆钵基座应是须弥式，因为在亭子式塔身的檐上还保留有须弥座的束腰部分。束腰处置壶门，镶佛像，上出两层叠涩檐。这种作法，也见于房山云居寺北塔。束腰以上残缺部分，云居寺塔的作法是在壶门上置一小覆盆式檐，檐上砌出三匝砖轮，这种作法源于印度，原为窣堵波下雕镂佛像而设，见于公元前三世纪的锡兰次帕拉玛塔和二世纪的伊斯鲁母尼塔，印度二世纪的莫拉莫拉兹塔[①]，以及四世纪的思瓦特溪谷塔，尤以印度佛陀伽耶大塔旁笈多王朝时期的小塔[②]最为接近。独乐寺塔整个造型、雕砖风格都与云居寺塔相仿，其残缺部分仿照云居寺塔复原应是适宜的。覆钵根部饰二层仰莲，见于第一次包砌，云居寺塔已残去。

据以上推论绘出独乐寺塔复原图(图四)。

执笔　纪烈敏

附　　录

(一)《重修渔阳郡塔记》(图三七)

夫塔者，迄古至念，汉唐以来，五大之前，年深岁久，雨滴风吹、上下隳宗，楞层弗全，神圣警策，修补之因。正德十年三月内，城东北五十里金山寺，是僧法玉梦中祈许兴修，自运钱粮至塔。嘉靖六年三月十五日起造，用力自作其工，只奈钱粮浩大，募化十方，贵官长者、善信男女施舍砖灰等物，星夜勤劳，乃至嘉靖十二年正月内，其工周完，复盖殿宇圣容以备，祝皇王万岁、国界清宁矣。大明嘉靖十二年正月吉日立。徒子能智、能清、助缘僧续能。

(二)《重修蓟州观音寺宝塔碑记》

钦差总理蓟镇粮储户部山西清吏司郎中董国光助修。

钦差整饬蓟州等处地方带管驿传兵备山东提刑按察司参议项德祯督修。

奉直大夫顺天府蓟州知州贾浚申文。

乡十士郡人毛维驺撰书。

蓟郡西南隅有塔，屹然皛然，似锋似云，似标似螺，末锐基肆，皮旋腹实，朝惹燕盘霞，夕送[崦嵫]日。盖蓟镇也，亦蓟观也，祖创固与城俱，喜隆间葺之者再，然址则比联卫廨，曩以恤弁驻其民，时筑[墉涂墁]，辄取取给附土，沿成满于、下丈许，雨集卒岁不涸，相违塔才数趾也。淹溉浸渍，日甚一日，即原基盘据有年，然元气洩于鍼芒，长堤溃自蚁穴，于是杞人漆室忧，蓟人无不关矣。顷善友[宗君、林

图三七　重修渔阳郡塔记(1/5)

① 《世界美术全集》3册83页、4册70页，[日]平凡社，1929—1930年版。

② 阎文儒：《谈象牙造像》，《文物参考资料》1955年10期。

君]辈喜为捐资,不挛常格,家兄渭滨与焉。适行僧宽裕募辅期间,而工以次第举,首罗士石,实其虚,所以本也。[次整其缺],次粉其邪,次饬金翠冠其颠,一时插宵拂云,绚星夺日。遥目之,则仙掌玉茎,诸天恍落;迩睨之,则两胁欲风,神情骀荡,的一新伟观哉,而诸君乐施之功不少也。夫塔非于蓟无[系]也,塔神物非块物,古建都启土,每封望为镇主,塔为蓟望旧矣。蓟氓依附倚藉,默仗阻昆于是焉。在且其形毛锥,岿然一笔峰也。蓟文运萧瑟,殆三十余禩,幸文笔新挺,毫端健秀,扫云汉,判江河,走龙陀,行不让长枪铦戟,收笔峰[第]一捷,盖在此会,蓟士尚勉图破天荒题雁塔,无负然相神功,且以符施修之证果也,则遇所望也。抑又闻之语曰:活人一命胜造九级浮图,此又广于修塔建寺之外者,并附以为蓟人说。

　　京都宝庆寺□□僧宽裕

　　本寺住持僧宽存同徒祖远立。

　　大明万历二十二年二月起至二十八年八月吉日。

　　注:[ ]内字据梁思成著《蓟县观音寺白塔记》补。

　　(三)《重修蓟州观音寺宝塔碑记》

　　伏以只园鹫岭,为西界之丽观;鹿苑鹤林实中华之妙建,盖招提星列,大增佛日之辉;浮图云高,丕著皇风之邕。约同施舍,世世福田,会中葺修,人人利益。予蓟有塔,与独乐阁相对,顶摩青霄,基镇黄泉,举郡瞻瞩,八方景仰。兹因雨渍日久,渐见圮倾,众信立会积金,意图修补,但力薄资微,而工大程久。一木不能支大厦,单刀岂足挽千钧,谨请僧人宽裕持簿募化,伏望一郡十方,贵人显士、男善女慈,共捐有余之赀,同证无量之果,庶积微致广,起废坠为庄严;聚少成多,修敝坏为完固,则慧云普照,见及一身,法雨常濡,流及后裔。复书谒:

　　宝塔凌空震海崖,重修全赖大方家。

释子经行成道业,福嘏檀越乐荣华。大明万历二十二年二月吉日进士卢养浩书,僧宽裕、宽存立。

　　(四)《乾隆六十年奉旨重修观音寺塔》。

　　直隶总督臣梁肯堂谨立。

　　(五)《重修白塔寺碑记》

　　盖闻立庙所以栖神,故举于前者不敢废于后,敬佛所以劝善,而隆于古者亦不替于今。观先代创修庙宇,塑画神佛,原欲庇荫万姓,保护四方者也。宇内好善之士,往往经心兰若,捐资修补,不使有土崩瓦解之忧者,非为壮观瞻逞华丽,亦非要虚誉、沽美名,实欲遵前哲、敬神佛之意,祈保佑心也。即如蓟郡西南隅白塔寺,建目前明,观塔中之碑文去:正德十年间,有僧名法玉者,居城东北五十里金山寺,梦中受神圣警策,祈许重修白塔,自嘉靖六年兴工,至十二年报竣,竣后塔前复创立佛殿一所,配殿两层,此亲立寺之始。由此观之,寺不与塔同时而建也,至本朝嘉庆庚午岁,已经二百七十九年矣,正殿与配殿多有残坏,附近诸君子不忍佛像沐雨吞风,栖烟卧草,因此募化重修,整厥庙貌,第其先多历年,所殿宇岂无倾颓,郡人岂无补葺,直□二百余年后方议重修乎?疑信难凭,无碑可考,自嘉庆庚午岁重修后,及今方交五十秋,未得云年深日久也,何山门□两厢无存,正殿配殿间有倾圮,墙垣亦复不完,即云风雨之剥蚀,其残坏何其速也?细询其故,方知释子非类不善居处,有以致之也。兹有赵公秉忠者,觌庙貌之摧残,不禁为之恻然。于是首倡修举,会通郡中诸信士共□整理,标力薄资微,虽□胜举□□募化多方,鸠工聚材,幸赖善人布施,功德莫大,虽多寡之不同,亦善心之所成,于是兴作于季春之初,落成于仲秋之后。俾曩日之□宇倾颓者,到今得以停去而凝日;以前之佛像倚侧者,至今亦得以佩玉而被金。庶几起,废附为□□,加丹青耀彩者也。有此重修,不蚀副往者继述之望,并以开来者保□之心颖,岂杆曰：有其举之，莫敢废也。云乎哉，是为记。

从九品郡人崔慎修撰文并书丹。

□岂

大清咸丰九年岁次屠维协洽菊月下浣谷旦。

（六）塔刹铭文

南无东方阿閦佛，南无西方弥陀佛，南无北方成就佛。南无千百亿化身释加牟尼佛，南无当来下生弥勒尊佛，南无清净法身昆卢遮那佛，南无圆满报身卢舍那佛。

大明万历二十二年新春，募化十方，铸造渗金宝瓶永远供养。乾隆乙卯岁奉旨重修。

（七）《千手千眼观自在菩萨摩诃萨广大圆满无疑大悲心陀罗尼经》幢名。八面体石幢，铭磨泐不可辩。

AECHAEOLGICAL RESEARCH ON THE STUPA OF THE DULESI TEMPLE IN JIXIAN，TIANJIN

The Archaeological Team of the Tianjin Museum of History and Jixian Admimistratoion for the Preservation of Ancient Monuments

The stupa in the Dulesi Temple in Jixian is popularly known as the Bai Ta（white Paglda）and located in the sorthwestern corner of the seat of Jixian，it was seroously damaged by the earthquake of 1976；so it was rebuilt in the spring of 1983. It was stripped of its brick surface built in the ladt repairs and the original appearance of the Lao Dynasty stupa was bared. In the chamber of its middle story were disclvered 169 pieces ofobjects that fell into it when the upper story collapsed down. Among them there is a stone sari case，dated from the 4th year of the Qingning reing（1058 A D.）of the Liao Dynasty. In the southern side of the dome were uncovered a Buddhistic niche，built in the Ming Dynasty when it was encased in brick and containing statues of Buddha and Buddhistic scriptures written in the Yongle and Wanli reigns of the Ming Dynasty，It was found that the temple and the stupa were rebuilt at the same time on their orignal sites of the Sui Dynasty in the 4th year of the Tonghe reign （986 A. D.）of the Liao Dyasty，In the 3rd year of the Qingning reign （986 A. D.）it was largely rebuilt for the first time after it wad damaged during an earthquake，Then in the Ming Dynasty in the Jiajing and Wanli regions it was twice reparired on a large scale，encased in brick and altered in its appearance. In the prsesnt reconstruction，its original Liao Dynasty form was restorde. The Lial stupa consists of four parts：a waisted monumental sumeru base，a pavilion-shapel octogonal body with souble eaves，a dome and a presumably cone wheel sign with a shaft surmounted by a ball-mani. The outside of the stupa are carvde in brick with a large number of bracket-douugongs，flower patterns and mythical animals，all pwssessing gerat historical and artistical values.

（原载《考古学报》1989 年 1 期）

天津市蓟县营房村辽墓

赵文刚

1986年6月初,天津市蓟县官庄乡营房村群众在村北山坡上挖沙子时发现1座砖室墓,天津市历史博物馆考古队邸明、赵文刚和蓟县文物保管所魏仲明、何溪光同志赴现场调查并进行了清理。

营房村东南距蓟县城10公里。村西北2.5公里是风景胜地盘山。墓葬就座落在盘山东南麓的坡地上。这里东、西、北三面环山,南面为丘陵地带,再南是华北平原。弯曲的沙河由北向南流经墓地东侧,使这里的环境更加幽静(图一)。

一、墓葬形制

该墓保存基本完好,室内有少量的淤土和树木、植物的根须。室内的骨架、随葬品保留在原来的位置。墓葬由墓道、墓门、甬道和墓室4部分构成。

墓道 位于墓室东南部,大部被沙毁掉。残存部分为斜坡状,残长2.5、宽1.08米,方向为121°。底部夯实,近墓门处有一片烧土,当是入葬时烧什物所致。墓道内填满大小不一的积石,大块积石直径达0.45米左右。

墓门 为拱券形,宽1.08、高1.24米。用砖平铺封堵。封门砖外侧堆满大石块。门左侧出土铁铎1件,从出土情况看当是悬挂在墓门上的。

甬道 底部夯实,无铺地砖。甬道内堆满积石。甬道两壁涂朱,大部分已脱落。长1、宽1.08、高1.24米。

墓室 底部有两层铺地砖,其上用沟纹砖砌筑墓室,并随着墓壁的增高,在其外围用细砂充填,直至砌好墓室在填土中出土铁镢一件。墓室为圆形,穹隆顶,呈蒙古包状,直径3.9、高3.3米。用沟纹砖砌筑,砖长0.36、宽0.18、厚0.05~0.07米。室内砌成仿木结构。墓壁砌至高1.6米时,砌一周砖带纹。壁高1.6、顶高1.7米。墓壁等距砌出4根倚柱,砖的边棱打磨成六边形,柱身涂朱。住子顶端刻出一斗三升斗拱1朵。斗拱以上起券,券顶以3块立砖封顶,顶外侧灌注白灰浆,使其更加严密牢固(图二)。

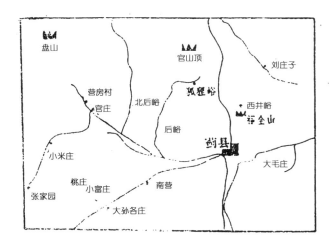

图一 营房村辽墓位置示意图

二、葬式与葬具

置小铁削多件。在骨架西侧墓壁处用6块砖砌一祭台，内置羊头一具和四蹄骨。

三、随葬品

随葬品直接摆放在铺地砖上。除少数器物因棺木朽塌损坏外，大部分保存尚好。铁器多数锈蚀，有的已辨不清形状。随葬品主要集中在棺外左侧，日用品放置在头上部的草编盒内。饰件和小铁削随身携带，骨架的胸部和头部佩戴装饰品。墓内出土随葬品40余件，包括陶器、瓷器、鎏金铜饰件、铁器等。

（一）陶瓷器

绿釉鸡冠壶　2件。其中1件无盖。形制相同，均为长方形。壶身扁方，上宽下窄，上薄下厚，仿皮囊形。垂腹，底微凹，有刀削痕，上部为马鞍形，双孔，管状口，塔式盖。露胎处呈浅红色，通体施茶绿色釉，闪银白光泽。部分釉脱落，腹身刻卷草纹。标本M1:3，高25.2、宽14.4、口径5厘米（图三，2）。标本M1:2，失盖（图三，1）。

白釉瓷盂　1件。标本M1:4，盘口，呈漏斗状。扁圆腹，矮圈足。瓷胎白中泛灰，胎质粗厚，内含细砂粒。通体施白釉且粗厚，内启细砂粒。通体施白釉且厚薄不匀，釉厚处泛青，底部不挂釉。口及下腹部有明显的轮削痕，内底呈螺旋状。底露胎，圈足内有4块椭圆形垫烧痕，制作较粗糙。口径20.4、高14.5、底径13.8厘米（图三，3）。

白釉莲花执壶　1件。标本M1:7，管状口，斜折肩，腹微鼓，矮圈足稍外撇。前有曲流，后为弓形执柄，塔式盖。盖中心及壶肩部刻转轮菊花，腹刻双重莲瓣，肩有3道凹弦纹。通体施白釉。釉色光泽明彻，白色中微闪

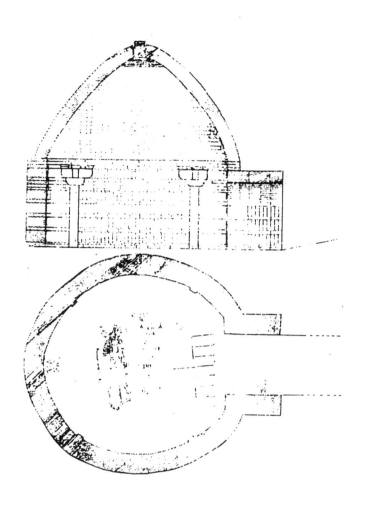

图二　营房村辽墓平剖面示意图（比例尺单位为厘米）
1. 葫芦盒 2. 鸡冠壳 3. 瓷盂 4. 白釉小碗
5. 白釉碗 6. 执壶 7. 碗 8. 灯 9. 耳环
10. 坠饰 11. 镊子 12. 手镯 13. 指套
14. 熨斗 15. 铁削 16. 铜镜 17. 剪刀
18. 骨笄 19. 铎 20. 羊骨 21. 残碎漆器

墓室内未见棺床。骨架底部有朽木，四周也有较多的朽木和铁钉，当是木棺的痕迹。木棺直接放在铺地砖上。从棺钉和朽木的分布范围看，木棺为长方形，长约2、宽约0.72米，高度不详。墓主骨架保存完好，为一40至50岁的女性。头东北脚西南，仰身直肢。头部残留少量头发，呈土黄色，面部有纺织品朽灰。头两侧各有鎏金铜耳环，颈部有坠饰，手部有手镯和指套，左腿下置铁熨斗一件，身侧

青。白瓷胎，较薄，胎质细密、坚硬、纯净。圈足有刀削痕，其刀法为里外各一刀，内壁亦有制胎时的转削痕。口径 4、底径 8、通高 22.4 厘米（图三,4）

　　白釉莲花碗　1 件。标本 M1:6,芒口，尖唇，深腹，圈足较高。腹刻双重莲瓣纹。通体施白釉，釉厚处泛青色。碗内外有多处爆釉，不施陶衣。胎较薄，与注壶的胎质、釉钯及制作工艺相同。口径 15.6、底径 9.6、高 8.7 厘米（图三,7）。

　　白釉小碗　2 件。形制相同。白瓷胎极薄，胎质细密。圆唇，敞口，腹下内收成小圈足，略外撇。通体施白色釉，釉色光洁，白中泛黄，施釉均匀。通体布满细碎的冰裂纹，与宋定窑瓷器的特征接近，但与该墓同出的瓷盂、注碗有明显区别。标本 M1:5、M1:8,口径 10.4、底径 4、高 4.4 厘米（图三 5、6）。

　　（二）铜器

　　铜镜　一件。出土时置于草编盒内，器表有纺织品裹包的痕迹。标本 M1:27,圆形。镜体较薄，桥状钮，宝相花钮座，外饰折枝牡丹 3 朵,3 朵花间另加 1 花 1 朵，花纹清晰。系翻铸镜，制作规整，紫铜色。出土时镜面粘附一细纺织品小袋，已朽成粉状，内有白色泥质物，似化妆品。直径 17、厚 0.15、钮高 0.4 厘米（图四,1）

　　铜鎏金耳环　2 件。出于耳部。标本 M1:10,为半圆三棱体，实心，上端用细铜丝作穿耳，侧附一蘑菇状装饰，下部似鱼状。通长 4.3、直径 0.7 厘米（图四,6）。

　　铜鎏金莲花坠　2 件。标本 M1:13,椭圆形。以细铜丝作成两朵莲花对接而成，直径

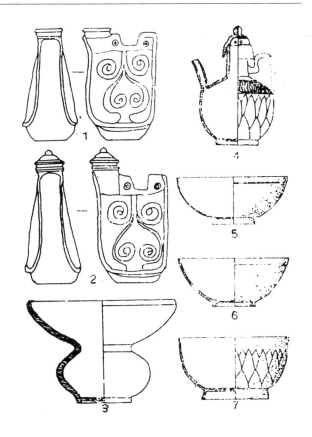

图三　营房村辽墓出土的瓷器
1、2 鸡冠壶(M1:2、3)　3.盂(M1:4)
4.执壶 5、6.小碗(M1:5、8)
7.莲花碗(M1:6)(1、2、4 约为 1/6，
3、7 约为 2/9,5、6 约为 1/3)

1.5、高 2 厘米（图四,3）

　　铜鎏金鸡心形坠　一件。标本 M1:15,上部为锤状，两端有孔相通，下部为鸡心形，通体錾有小圆点，上部錾成点状垂帐纹。长 3.7、直径 1.7 厘米（图四,8）。

　　铜鎏金锤状坠　1 件。标本 M1:12,上部呈锤状，两端有孔相通，下为柱状，錾垂叶纹（图四,5）。

　　铜鎏金管状器　1 件。标本 M1:16,柱状，中空，两端有孔相通。通体錾圆点纹为地，再錾以四叶纹花卉为饰，长 7.5、直径 1 厘米（图四,7）。

　　铜手镯　2 件。完好的 1 件戴在手上，另 1 件断为两截放在草编盒内。2 件形制相同。

标本 M1:18,以圆柱状铜棍弯成圆形,两端加工成方形,呈螭首状,鼻、眼清晰、錾刻细腻。直径6.8,通长19.7 厘米(图四,9)。

铜鎏金镊子 1件。出土于左胸部。用1根铜条经加工对折而成,尖部平齐。末端呈六角形,中间有一小孔以便于系带。标本M1:17,长 9.2、厚 0.2 厘米(图四,4)。

铜漏勺 1件。出土于草编盒内。标本 M1:42,用铜棍砸制而成,前端砸扁并穿有 30 多个小孔。柄为棍状,末端砸扁对折,留一小孔系带,形体小巧,出土时与铁剪刀锈蚀在一起。长 6.1、高3.8 厘米(图五,4)。

铜鎏金指套 7件。右手4件,左手3件,出土时分别套在拇指以外的指尖部。指套形制相同,内侧有纺织品痕迹,由铜片加工而成。正面有凸起的变形莲花一朵,并錾以小圆点衬托,背面对折成环状以便戴在手上。标本 M1:20,长 3.2、高 2.2 厘米(图四,2)。

(三)铁器

出土时多数已锈蚀,有的已失去原貌,可辨器形有镬、灯、剪刀、铁铎、熨斗、铁削等。

镬 1件。出土于墓圹填土内。标本 M1:37,以铁板打制而成,刃部呈半圆形,较薄。后部平齐略厚,中部有宽 4.8、长 18 厘米的缺口,口有双面凹槽,内有朽木。平置在墓壁北侧,可能是建墓时的掘土用具。长 27、宽 21、厚 1.2 厘米(图五,1)。

灯 1件,标本 M1:9,由灯碗、灯柱两部分构成。下部以铁棍折成三足,灯柱为麻花状铁棍。顶部为三铁片架,上托以圈底灯碗,高38、灯碗直 10.8 厘米(图五,13)。

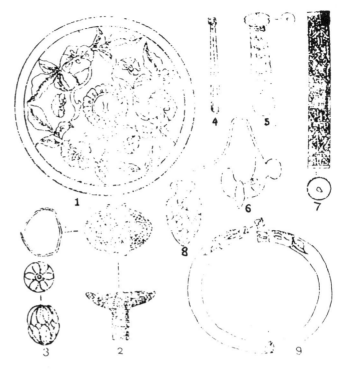

图四 1. 铜镜(M1:27) 2. 鎏金指套(M1:20)
3. 鎏金莲花坠饰(M1:13) 4. 鎏金镊子 5. 鎏金坠饰(M1:12)
6. 鎏金耳环 7. 鎏金管状饰(M1:16) 8. 鎏金坠饰(M1:15)
9. 手镯(M1:18) (1 约为 1/3,余皆为 2/3)

剪刀 1件。出土于草编盒内。标本 M1:31,两股交叉为弹簧式,外观呈“8”字形,短刃呈三角形,与近代剪不同,其中部不用轴心固定,而是利用铁条本身的弹力开合剪用。通长24、刃长 9.6 厘米(图五,3)。

铎 1件,出土墓门处。标本 M1:36,上部为方形,中间一桥状纽,内置环,下部为四叶状,内侧有一纽上悬以三叉形铁锤。从出土情况看是悬于墓外的。通高 24.6、宽 14.4 厘米(图五,10)。

熨斗 1件。出土于左腿下。标本 M1:26,盘口,平底,折腹。一端有一扁圆形柄,柄部饰有三角纹,内底似菊花纹。把长 16、盘高5、直径 16 厘米(图五,12)。

削 4件。标本 M1:33－35,均放置于左腿外侧,大部锈蚀严重,木柄已朽。有的有木鞘，铁削和木鞘锈蚀在一起。鞘长 9.4 至 13 厘米。铁削为单面刃，刃部较长，最长的为 12.4、刃宽 1.4 厘米。有的刃部略宽，呈三角形，刃尖为半月形，长 8.4、宽 1.3 厘米（图五，2、7、8、9）。

（四）其它

骨笄　2 件。圆锥状，标本 M1：29、30，以动物的肢骨磨制而成。残长 13.4、直径 0.8 厘米（图五，5、6）。

葫芦盒　1 件。标本 M1：1，利用葫芦的自然形状，在顶部钻一小圆孔，用软木刻成塔式塞，外包以织物。塞上有小孔，内残存细绳一段。出土时置于头部左侧并以织物包裹。木塞厚 0.5，葫芦直径 7.2，高 0.5 厘米（图五，11）。

草编盒　1 件，以长颈草编织而成。底部衬有较薄的木板，两侧有铁提梁。从残存情况看，应是一长方形盒，盒内装有铜镜、剪刀、铜镯、漏勺等物。

在清理过程中还发现一些漆器残片，残片上有黑色图案，已辨不清器形。

四、结语

该墓未发现任何纪年文物，只能从墓葬的形制、结构和随葬器物组合，大致估计其埋葬年代。该墓为圆形、单室，用细沟纹砖砌筑，室内无任何雕饰，墓顶为穹隆式，室内虽有仿木结构，但是斗拱、立柱的制作风格也比较古

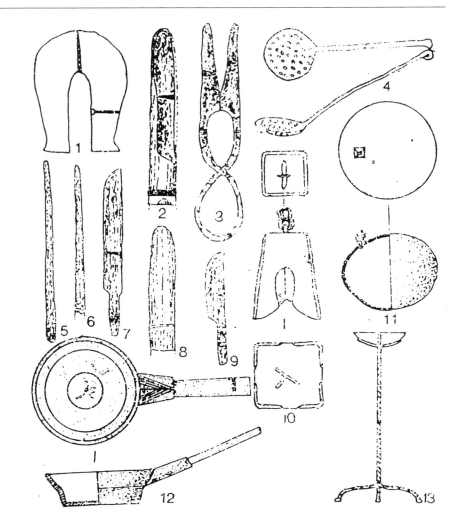

图五　1. 铁镊　2. 铁削及木鞘（M1：32）　3. 剪刀　4. 铜漏勺（M1：42）
5、6.（M1：29、30）　7. 铁削（M1：34）　8. 铁削（M1：35）
9. 铁削（M1：33）　10. 铎（M1：36）　11. 葫芦（M1：1）
12. 熨斗（M1：26）　13. 铁灯（M1：9）（1、10、13 约为 1/9，
2、5'9、11 为 1/3，3 为 2/9，4 为 2/3，12 为 1/6）

朴。由此可见，该墓较多地具有北方草原地区辽代早期墓葬的特征，如上烧锅屯辽墓[①]、克什克腾旗二八地辽墓[②]均属这种形制。其单人葬也是辽前期比较流行的葬法。墓内随葬的绿釉鸡冠壶为扁身双孔式，与上烧锅屯四号墓[③]、北票水泉一号墓[④]、朝阳前窗户村[⑤]及迁安上芦村韩相墓[⑥]、喀左北岭一号辽墓[⑦]、北京海王村辽早期墓、张杠村二号墓[⑧]出土的鸡冠壶形制相同；该墓随葬的白釉执壶的形制与朝阳赵氏族墓（商家沟一号墓）[⑨]、上

烧锅屯四号墓、辽宁北票水泉一号辽墓出土的同类器相同。这种器物在喀左北岭辽墓中也出土过1件。墓内出土的白釉唾盂与水泉一号墓、北京西部辽壁画墓⑩出土的白釉渣斗相同，执壶、注碗腹部的花纹也与北京西郊辽壁画墓出土的白瓷盖罐花纹相同。北京西郊辽壁画墓出土的墓志1方，墓主为韩佚，葬于辽统和十三年（995年），迁安上芦村辽韩相墓为开泰六年（1017年），因此，我们认为蓟县营房村辽墓的下限不会晚于韩相墓，其上限不会早于韩佚墓。

营房村辽墓出土了两件鸡冠壶，这种器物已被公认为契丹民族特有的马上习用器，它保留了契丹族游猎生活的形迹，墓内出土的铁剪刀、小铁削以及耳环、指套的形制，均与辽契丹墓出土的同类物相同。墓内的随葬品全部为实用器，不同于晚期的冥器墓。墓内出土的白瓷执壶、小碗，烧制水平较高。随葬的装饰品制作精巧且多数鎏金，说明该墓是具有一定社会地位的契丹人墓葬。

《梦溪笔谈》记载："契丹坟墓皆在山之东南"，营房村辽墓恰建在盘山东南麓的山坡上，墓道方向亦朝东南与文献所记相符。又《辽史·国舆》记载："送终车，车楼纯饰以锦，螭头以银，下悬铎，后垂大氈，架以牛。上载羊一，谓之祭羊，以似送终之用。"蓟县营房村辽墓小龛中的羊和四蹄骨，当是史料中记载的"祭羊"。这正是契丹族的一种埋葬习俗。

注释：

①③项春松：《上烧锅辽墓群》，《内蒙古文物考古》1983年第2期。

②项春松：《克什克腾旗二八地一、二号辽墓》，《内蒙古文物考古》1984年第3期，

④许玉林：《辽宁北票水泉一号辽墓发掘简报》，《文物》1979年第12期。

⑤靳风毅：《辽宁前窗户村辽墓》，《文物》1980年第12期。

⑥唐云明：《河北迁安上芦村辽韩相墓》，《考古》1973年第5期。

⑦武家昌：《喀左北岭辽墓》，《辽海文物学刊》1986年创刊号。

⑧北京市文物管理处：《近年来北京发现的几座辽墓》，《考古》1972年第3期。

⑨邓宝学：《辽宁朝阳辽赵氏族墓》，《文物》1983年第9期。

⑩黄秀纯：《北京西郊辽壁画墓发掘》，《北京文物与考古》1983年第一辑。

（作者工作单位　天津市博物馆）〔责任编辑、校对　祖延苓〕

原载《北方文物》1992年第3期

天津市西郊小甸子元代遗址

天津市文物管理处

1973 年 1 月，天津西郊张家窝公社小甸子大队发现一处元代遗址。我处在社员们的协助下，配合基建进行了清理。

遗址概况

遗址位于村南一公里的台地上，此地西距南运河两公里（图一），当地称为南大堼。遗址范围东西约 30、南北约 50 米。从遗址北部钻探情况来看，表土层厚 30 厘米；第二层为厚 20 厘米的黄褐土；第三层是厚 20—50 厘米的红胶泥土，即遗物包含层；再住下是黄沙生土层。

此遗址遗迹较少，零散分布不少碎砖瓦、红烧土块和木炭的灰烬。砖瓦灰色，素面。砖长方形，长 29.5、宽 14.5、厚 5 厘米。其中有一块一面捺有手印。板瓦长 25、宽 16—18、厚 1—1.5 厘米。遗址北部有两个袋状灰坑，口径 80—82、深 32—57 厘米，内填碎砖和红烧土。

出土遗物多且完整。有些农具、车马器和瓷器成堆出土。遗址中还发现一些牛骨、猪骨和蚌壳。在一口扣着铁锅内，有鱼和鳖的骨骼碎片。

遗物

大部分遗物为群众取土时收集，遗址北部的遗物是我们清理出来的。除钱币外，还出土较完整的器物共八十一件，其中主要是铁器、瓷器和铜器，还有少量的石器和陶器。现择要分述如下：

（一）铁器数量最多，共四十九件。

犁铧　四件。可分三式：

Ⅰ式一件。锻制。刃部呈锥形，活刃。中央凸脊较小，镶入刃部。裤呈椭圆形。长 31、上宽 25 厘米（图二：1；图三：2）。

Ⅱ式一件。锻制。仅存正面，形制与Ⅰ式接近，惟构造不同，由两面锻接而成，凸脊不镶入刃部。长 27、上宽 22 厘米。

Ⅲ式二件。刃部弧度较平缓，略呈半椭圆形，凸脊较大，一次铸成。裤呈椭圆形。一件长 23.6、上宽 20.7 厘米（图三：1）。另一件长 23、上宽 21 厘米（图二：2）。

耧铧　一件。铸造。刃部呈三角形，凸脊较高。裤正面呈三角形，背面略呈半椭圆形。长 15、上宽 14 厘米（图二：3；图三：15）。

犁镜　二件。铸造。形制　大小相同。

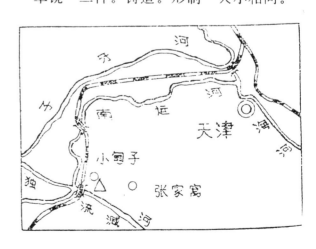

图一　小甸子元代遗址位置图

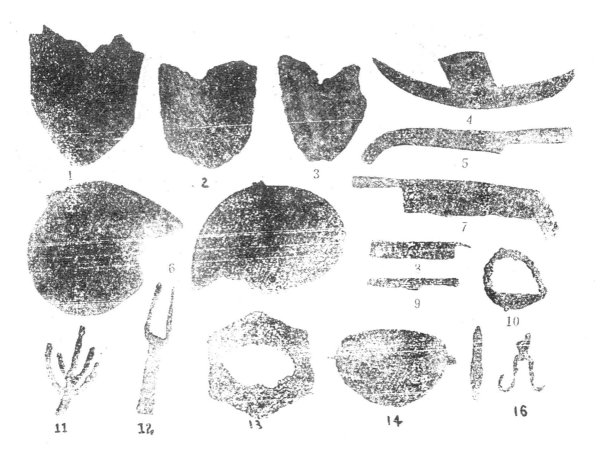

图二　1　I式铁犁铧　2　Ⅲ式铁犁铧　3　铁耧铧　4　铁铲　5、7　铁铡刀　6　铁犁镜　8、9　铁刀
10　铁马镫　11　铁鱼叉　12　铁垛叉　13　铁车辖　14　铁锅　15　铁矛　16　铁剪

正面中间微凹,背面有四个带孔的立钮。上部凸出两个并列的小齿钉,下部与铧衔接处有梯形的缺口。宽30.5、厚0.8厘米(图二:6;图三:16)。

铲　一件。刃部细长,呈月牙形。刃长67.5厘米。裤呈椭圆形,较粗大(图二:4;图三:3)。

耙　一件。锻制。仅存六根铁齿和两端的铁箍,铁齿上的横木已朽。出土时耙宽30、耙齿间距5、齿长17厘米(图七)。

镰　一件。锻制。弧形刃,卷筒裤。头部已残。残长14.5、裤长6.5厘米。

垛叉　一件。锻制。二齿,圆筒深裤,可接长柄。长38厘米(图二:12;图三:17)。

铡刀　二件。锻制。直刃,圆筒深裤,刀

片镶入刀背,长鼻有插穿钉的圆孔。一件长鼻下折,圆裤与刀背平行,穿钉孔在长鼻的中部。长82、宽16厘米(图二:7;图三:4)。另一件长鼻向下弧形弯曲,圆裤上翘,穿钉孔靠前。刀片残缺。长76.5厘米(图二:5)。

鱼叉　二件。锻制。形制、大小略同。五齿,尖部已残。一件圆筒深裤,残长28厘米(图三:5)。另一件为方裤,残长28厘米(图二:11)。

牵引　一件。锻制。一端弯为钩状,另一端为椭圆形环,中间套接两节链条。全长38.5厘米(图三:12)

车辖　二件。铸造。外周为六棱形,内壁为圆形。一件外宽13、内径9.5、厚4.8厘米,重2公斤,另一件外宽18、内径14、厚5.7厘

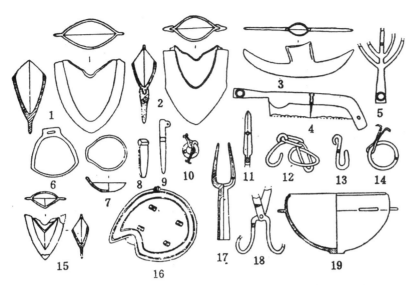

图三　1　Ⅲ式铁犁铧　2　Ⅰ式铁犁铧　3　铁铲　4　铁铡刀　5　铁鱼叉　6　铁马蹬　7　铁碗　8　铁楔　9　铁钉　10、14　铁环　11　铁矛　12　铁牵引　13　铁钩　15　铁耧铧　16　铁犁镜　17　铁垛叉　18　铁剪　19　铁锅（1、6、7、13、15 为 1/12，2、5、8—12、14、16、17、19 为 1/15，18 为 1/3，3、4 为 1/24）

米，重 5 公斤（图二，13）。

　　马蹬　三件。锻制。平面略呈半椭圆形，底部弧形上翘，两头窄，中间宽。平顶中间有长方孔。一件高 16 厘米，平顶凸出部分较高（图三，6）。另两件高 15 厘米，平顶略凸（图二，10）

　　马衔　一件。锻制。仅存一半，残长 16 厘米（图八）。

　　矛　一件。锻制。柳叶形，矛头锋利。残

长 20.5 厘米（图二，15；图三，11）。

　　刀　二件。锻制。一件长方形，刀面宽，安木柄。长 30.5、宽 5.5 厘米（图二，8）。另一件刀面窄，铁柄。长 28、宽 2.5—3.5 厘米（图二，9）。

　　锅　一件。铸造。子母口，微歛，鼓腹。腹上部外壁附有六个长方形平錾手，錾周围有一圈铸范接缝痕迹。锅底中央突出一平脐。口径 36、高 23.5、厚 0.8 厘米（图二，14；图三，19）。

　　此外，还有剪、碗以及大小钩、环、楔、钉等，共二十三件（图二，16；图三，7、8、9、10、13、14、18；图一○）。

图四　"大定通宝"线纹铜镜

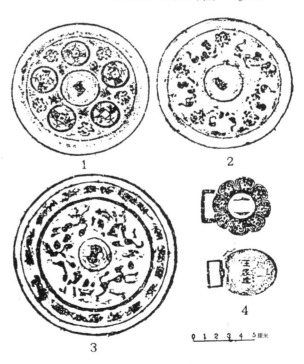

图五　1."大定通宝"钱纹铜镜拓片　2.孩童铜镜拓片　3."秦王"铜境拓片　4.铜带扣

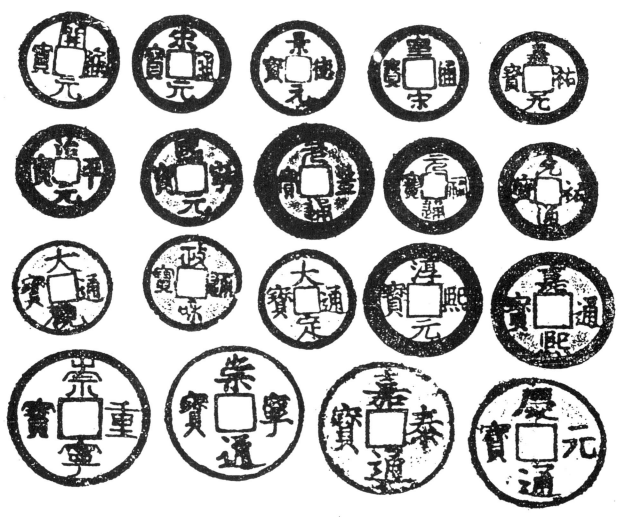

图六　铜　钱

（二）铜器

弓形饰件　共八十八件。弓形，两端穿孔。长9.5—10.5厘米。出土时与马镫、马衔等堆在一起，用途不明（图一二）

带扣　二件。一为椭圆形，扣眼和边环为长方形，正面铸有"王家造"的标记。长5.8、宽4厘米（图五，4下）。一为葵瓣形，长5.7、宽5厘米（图五，4上）。

镜　五件：

"大定通宝"钱纹镜一件。背面中心置弓纽，纽四周模印五枚"大定通宝"钱纹，钱纹之间填花卉。直径11.3厘米（图四；图五；1）。

"秦王"镜二件。直径13.8厘米。背面弓纽，素缘，纽周围浮雕四兽，兽外有一圈铭文。

铭文右旋："赏得秦王镜，判不惜千金，非关欲照胆，持是自明心"（图五，3）。

海兽葡萄镜一件。背面弓纽，花纹缘。纽周围浮雕海兽葡萄。直径13厘米。制作粗糙，系仿唐镜。

孩童镜一件。直径11厘米。背面弓纽，素缘。纽四周浮雕五个孩童像，作飞翔状，首足翘起，腹部低下，左手执花卉（图五，2）。

钱币　共搜集六十二枚，四十八种。计有：唐代的"开元通宝"；北宋的"宋元通宝"、"景德元宝"、"祥符通宝"、"景祐元宝"、"皇宁通宝"、"嘉祐元宝"、"治平元宝"、"熙宁元宝"、"元丰通宝"、"元祐通宝"、"绍圣元宝"、"圣宋元宝"、"崇宁通宝"、"崇宁重宝"、"大观

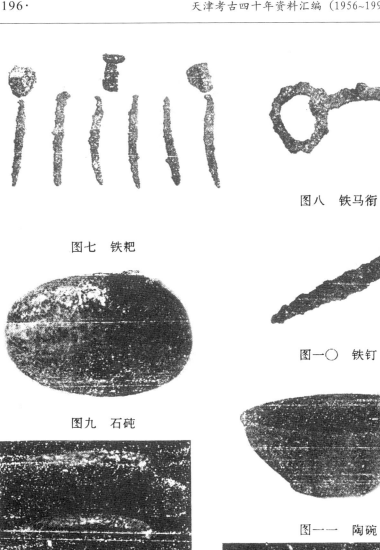

图七　铁耙

图八　铁马衔

图九　石砧

图一〇　铁钉

图一一　陶碗

图一二铜弓形饰

图一三　钧窑瓷碗

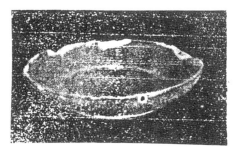

图一四　钧窑瓷盘

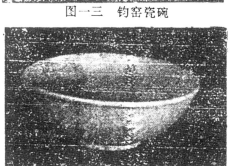

图一五　龙泉窑瓷碗

通宝""政和通宝"；金代的"大定通宝"；南宋的"淳熙元宝""庆元通宝""嘉泰通宝""嘉熙通宝""皇宋元宝""咸淳元宝"（图六）。

（三）瓷器

磁州窑双凤罐　一件。口径26.5、底径18、高50厘米。直领，广肩，小平底。白釉黑彩。腹部绘展翅双凤，两凤之间施祥云和羽纹。肩部饰弦纹和虚线纹，腹下部绘弦纹和波纹（图一七）。磁州窑白釉黑花盘　三件。大小、形制、花纹略同。其中一件口径18、底径8、高4厘米。敞口，圈足。盘内底绘牡丹花，周围三道弦纹（图一六）。

钧窑碗　三件。形制略同，大小不等。口径14.5—18、底径5—7、高6—8.3厘米。敞口，圈足，胎厚釉浓。碗内满施紫釉，外壁仅上部挂釉，近底部露白胎（图一三）。

钧窑盘　一件。口径15.5、底径9.5、高3.5厘米。敞口，圈足。盘内满施紫釉，外壁仅上部施釉，近底部露白胎（图一四）。

图一六　磁州窑白釉黑花盘

图一七磁州窑双凤纹罐

图一八　龙泉窑瓷洗

图一九　龙泉窑瓷盘

钧窑炉　一件。折沿，直领，园腹，圈底，三足。直领中部伸出两个立耳。紫釉，腹下部露白胎。口径11、残高11厘米。

龙泉窑碗　二件。皆敞口，圈足。内外挂全釉，釉色豆青。碗里底印有楷书"富"字。口径16、底径6.2、高6.5厘米（图一五；图二〇：1）。

龙泉窑菊瓣洗　三件。敞口，侈沿，圈足，呈菊瓣形。里外满施淡青釉。洗内底印菊花，花叶上有楷书"吉利"二字。口径13、底径6.5、高3.8厘米（图一八；图二〇：2）。

龙泉窑盘　一件。折沿，圈足。淡青釉。口径11.7、底径5.2、高2.8厘米（图一九）。

（四）陶器

碗　一件。泥质红陶。敞口，平底。口径17.5、底径8.5、高7.7厘米（图一一）。

（五）石器

砧子　二件。扁圆形，中部有圆孔，孔壁磨擦光滑。直径31、圆孔径7、厚9—12厘米。出土时两件在一处（图九）。

年代和遗址性质

小甸子遗址没有经过正式发掘，但从出土情况观察，遗址范围是清楚的，地层关系也较单纯，遗物基本上分布在同一文化层中。出土的犁镜与内蒙古包头市郊麻池元代遗址所出的铜犁镜范形制类似①。这里的马衔和马镫与辽宁新民县前当铺元代遗址出土的接近②。瓷器的窑系、造型、釉色和花纹皆为元代所常见。白釉黑花盘与鞍山陶官屯元代遗址出土相同③。磁州窑双凤罐与北京元大都出土的作风一致④。出土的钱币以南宋"咸淳元宝"为最晚，相当于元代至元年间。由此我们认为，小甸子遗址的年代当为元代前期。

共发现铁制农具及其附件三十五件，约

占铁器的百分之七十，这说明遗址的居民主

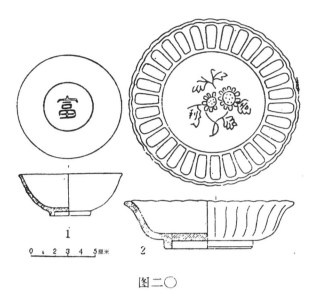

图二〇
1 龙泉窑瓷碗(1/6) 2 龙泉窑瓷洗(1/3)

要从事农业。出土的牛骨、猪骨、鱼骨、蚌壳、五齿鱼叉和铡刀等，是他们兼营家畜饲养和渔业的遗物。在面积不大的遗址中，出土这么多大型农具，一般农户不可能具备。这里三种窑系的瓷器，都是外地烧造的商品。其中体形较大而花纹生动流畅的磁州窑双凤罐与制作细致、造型美观并印有暗花和"吉利"款识的龙泉窑瓷洗等，应是富有者的生活用品。根据这些情况推测，这里可能是一处较小的地主田庄遗址。铁矛只发现一件，可能是保卫田庄的兵器。遗址中未见明显的房基痕迹，出土的大量农具和瓷器又多是完整的。这一现象，或许是因为靠近河道，遭到洪水泛滥的破坏所造成的。

关于出土农具的讨论

小甸子出土的农具，为研究我国古代农具的发展提供了新资料。这里发现的犁铧有三种型式，可能是为了适应不同的土质和耕作要求制作的。刃部尖锐的Ⅰ、Ⅱ式铧，入土深、起土省力，宜垦荒或耕坚硬的土壤；刃部弧度较平缓的Ⅲ式铧，适合耕土质松软的熟地。Ⅰ式铧是活刃，刃部用坏后还可锻接新

的，比较实用经济。犁镜背面有四个立纽，可用绳索系在犁架上，视土质的软硬调节其角度。出土的耧铧，体形小，凸脊高，应是开沟下种的条播器。石砘出土时两件在一起。这种双轮砘车适合于双行播种用，可沿着两脚耧车所开的沟垄碾土压实。铲的形制较为特殊，刃部细长，呈月牙形，颇似元代《王祯农书》所绘之"划"。该书说："划土而耕，草根既断，土脉亦通，宜种穬麦。凡草莽污泽之地，皆可用之。"[5]小甸子一带正是洼淀较多的地方，用此器铲芦苇或杂草是较为省力的。由于铲体较大，使用时可能如《农书》所说："插于犁底所置鑱处，其犁轻小，用一牛或人輓行。"六齿耙可用来平地、培土和作畦。弧形刃的手镰、二齿㙦叉和铡刀，是收获、加工器具。铡刀除了可给大牲畜铡饲草外，还可用来切成捆的禾穗。至于出土的牵引、车輨以及大小钩、环之类，则是犁具和车辆上的附件。

上述农具是从整地、播种、中耕、收获、加工，一直到运输，种类较为完备。其中，犁铧与犁镜连接一起的畜拉犁，用于除草的大型铲，以及耧车和砘车结合使用的下种器等，在机械构造、使用方法和生产效率上，是比较进步的。这说明当时农业生产力的水平已达到较高的程度，大体可以反映元代前期恢复和发展农业生产的一个侧面。

①《内蒙古包头市郊麻池出土犁镜铜范》，《考古》1965年第5期。

②王增新：《辽宁新民县前当铺金元遗址》，《考古》1960年第2期。

③《东北文物工作队一九五四年工作简报》，《文物参考资料》1955年第3期。

④张宁：《记元大都出土文物》，《考古》1972年第6期图版拾贰：3。

⑤《王祯农书》卷十三。

（原载《文物资料丛刊》第8期文物出版社1982年）

介绍天津发现的一批古代铜、铁权

刘幼铮

近年来,天津地区出土和在拣铜中发现了一批古代铜、铁权。为叙述方便,分三型介绍如下。

元权九枚。

Ⅰ型,扁六面体,共四件。

大德七年铜权(编号1)1976年武清县河西务公社东西仓村出土。方鼻纽,权身下部略大于上部。再下为束腰底座。通高10.5、底宽5.3厘米。实重775克。权底座六面铸缠枝纹,权身六面均铸阴文。正面中部为汉字两行"大德七年 大都路造",右侧为察合台文"量秤",左侧为回鹘式蒙古文"秤石(即砣)"。背面中部为汉字"二十五斤秤"和八思巴文"一斤锤",右侧为回鹘式蒙古文"二十五",左侧为察合台文"二十五"。其中"大德七年"的"七"字显系磨平原铸年号数字后,又錾刻上的(图一;图七:1)。

大德七年铜权(编号2)1978年拣铜时发现。形体与上权相同。通高11、底宽5.5厘米,实重883克。权底座六面铸缠枝纹,权身六面均铸阴文。正面中部为汉字两行"大德七年,大都路造",右侧为察合台文"什半锤",左侧为回鹘式蒙古文"秤石(砣)",背面中部为汉字"三十五斤秤"和八思巴文"斤半锤",右侧为回鹘式蒙古文"三十五",左侧为察合台文"量秤"(图七:2)。

铜权(编号3) 1979年拣铜中发现。形体同上。通高9.5、底宽5厘米,实重609克。权身磨蚀严重,字迹漶漫不清,仅识北面中部八思巴文"一斤锤"和右侧回鹘式蒙文"秤石(砣)"。

至正四年铜权(编号4) 1979年拣铜中发现。形体与前三权稍异,权身稍短,束腰细长,底座较薄。通高9.5、底宽5.3厘米,实重616.5克。正面錾刻汉字二行"保定路较勘相同",右侧小面錾刻"山三"。背面錾刻汉字二行"至正四年,官造"(图二;图七:3)。

Ⅱ型,扁圆束腰,一件。

至治元年铜权(编号5) 1979年武清县泗村洵村出土。方鼻纽,权身正立面呈上大下小的椭圆形,横截面为圆形,横截面为圆角扁六面体。权身下叠涩出圆角六面形底座,座较薄。通高10、底5厘米,实重492.5克。权身正、背面分别铸汉字"益都路""至治元年"(图三)。

Ⅲ型,圆形束腰,共四件。

至元二十四年铜权(编号6) 1978年天津拣铜中发现。方鼻纽,权身正立面呈上大下小的椭圆形,横截面为圆形,权身以下收作束腰,底座正立面近似三角形。束腰及底座上均施弦纹。通高11、宽4.9厘米,实重855克。正、背面分别錾刻汉字二行"大都路至元二十四年造""市令司发四十五斤秤"。

图一 "大德七年"铜权　　　图二 "至正四年"铜权

图三 "至治元年"铜权　　　图四 "济南路"铜权

图五 铁权　　　图六"南京"铜权

延祐二年铜权（编号7）　1978年天津北郊霍庄子公社芦新河村出土。形制同前。通高10.5、底径5厘米，实重892克。权身正、背面分别阴铸汉字二行"延祐二年七二""大都路□（较）同三十五斤秤"。

济南路铜权（编号8）　1979年天津拣铜中发现。形制同前。通高11、底径4.9厘米，实重652克。权身正、背面分别阴铸汉字"济南路""官较同"（图四；图七:4）。

铁权（编号9）　1976年武清县河西务公社东西仓村出土。形制与上权稍异，体形较矮，高度和宽度相近，方鼻纽宽大扁平，小圆孔，权身正立面近似圆形。束腰部分内收不十分明显。通高13.5、底径11厘米，重量3692克。通体无纹饰和文字。自鼻纽两外侧一线向下均有一道铸造时合模的凸棱（图五）。

此外，还有"南京"铜权两枚。形制为Ⅲ型。其中一枚（编号10）为1976年武清县河西务公社东西仓村出土。通高10.5、底径4.5厘米，实重850克（图六；图七:5）。另一枚（编号11）为1972年武清县黄庄公社城上村出土。通高12.5、底径5.8厘米，实重1464克。二权正背面公别阴铸汉字"南京""皇甫"，字体为工整的楷书。

上述十一枚权中，有四权为元大都路制造。元大都路，即今京津及河北省北部，为元朝京畿重地。初为燕京路，世祖至元元年改为中都，九年改大都，二十一年置大都路总管府。至元年号分别在元世祖和惠宗时使用过，但惠宗的至元仅历六年。因此至元均二十四年权应为世祖至元无疑。该权还铭"市令司发"。据《元史·百官志》记载，大都路之市令司，系至元十四年立"复实司辨验官，兼提举市令司。大德五年又分大都路总管府官属，置供需府。至顺二年罢之，立广谊司"，此权所铭铸造时间及发行单位与此相符。四枚大都路铜权应是该路政府制造并直接颁行于这一带使用的。

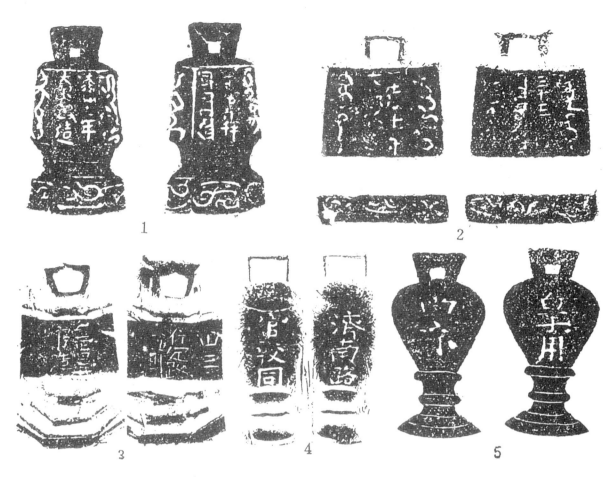

图七　1、2"大德七年"铜权　3　"至正四年"铜权　4　"济南路"铜权　5　:"南京"铜权

类似东西仓村出土铁权的资料，仅见于扬州一处。1951年扬州市城墙中发现一枚铁权，形同东西仓村铁权，通高18.6厘米，重量不详，铸文"至元十七年"（见《江苏省出土文物选集》）。东西仓村铁权出土于元代十四仓遗址中，应为元代遗物。又内蒙元集宁路遗址清理中出土一枚铜权，"方环纽，六楞形"（见《内蒙古文物资料选辑》）；1964年江西修水出土残铁权一枚，铸有"至治"年号（见《考古》1965年5期）。这两枚权均属Ⅰ型。这说明元时除铸Ⅲ型大铁权外，也铸Ⅰ型小铁权。

铸有"南京""皇甫"字样的铜权，过去仅见于内蒙乌盟四子王旗元净州路故城中出土的一枚，形制、铸文均与天津出土铜权完全相同，甚至字体也很接近（《内蒙古文物资料选

辑》）。考"南京"之名屡见于历史：

唐曾改蜀郡为成都府，建号南京，旋废。

契丹天显二年升辽阳为南京。又会同元年升幽州为幽州府，建号南京，开泰元年改称燕京，辖境包括今北京、天津、河北省北部及内蒙一部分。

宋大中祥符七年升应天府为南京，应天府位于今河南省开封地区。

金天辅七年改平州为南京，三年后即废，治所在今河北省卢龙县。贞元元年改汴京路为南京路，元因之，世祖至元二十五年改为汴梁路，治所在今开封。

明洪武年间曾一度称应天府为南京。

目前所知有确切出土地点的三个"南京"权均出土于燕山南北的辽境之内，其中两枚

分别出土于元代城址和十四仓遗址中；其形制与内蒙林西县辽饶州故城出土的铁权形制基本相同，唯后者为圆纽（《考古》1980 年 6 期），亦同元代Ⅲ型权。综合分析，铭文"南京"为辽朝幽州府的南京是可信的。这种权均造于南京城中，"皇甫"则是铸造者的姓。很可能这种权被金、元两代一直沿用。

这十一枚权中，五枚是拣铜发现的，虽出土地点不详，但收购地点为天津五县基层物资回收站，其出土地点不会很远。在较小的地域里出土这样一批权衡器，是值得注意的一个现象。

元朝建都大都，世祖忽必烈重视运河疏浚利用，打通了大都到直沽（今天津市）和直沽以南的御河，作为漕粮运输的通道。其后又辟海漕，从崇明北上入渤海，经直沽转运河抵大都。地处要津的直沽和河西务就成了空前繁忙的漕粮货物转运站。正是这个原因，世祖先"置都漕运司"。并在河西务"置总司"，至元二十五年又"内外分置漕司二，其外者河西务置司，领接海道粮事"（《元史·百官志》）。今河西务公社东西仓村有规模宏大的元代十四仓遗址，就是这一历史背景的旧迹。天津出土的权中有六枚均分布在运河一线，其中三枚又集中出于元代十四仓遗址，这分明是元代漕运在天津考古资料中的必然反映。而这些权衡器，则成为我们研究元代北方漕运和贸易往来的实物例证。元保定路、益都路、济南路均位于大运河附近，由这三个路颁行的铜权在天津地区发现的原因，也应与运河上下频繁往来的经济活动有关。

（本文所录少数民族古文字由民族研究所刘凤翥、照那斯图、道布、安瓦尔等同志释读，拓片由田凤岭、张安鸽、李光红、张玉衡等同志手拓，张一苓摄影，谨致谢意。）

（原载《文物资料丛刊》第 8 期）

清"太子陵"调查报告

邸　明

清"太子陵"，位于天津市蓟县东北约55华里的小港乡和孙各庄乡境内。北倚黄花山，东侧隔山与遵化县清东陵相望。东起丈烟台西至石头营分布着七座清代皇子园寝。1973年公布为县级文物保护单位（图1）。1981年6月，天津市考古队刘幼铮、邸明对陵园进行了勘查测绘。现将结果报告如下。

一、园寝分布及结构

黄花山南麓的支脉高地上，自东向西依次分布着荣亲王、理密亲王允礽、裕宪亲王福全、纯靖亲王隆禧、直郡王贝子品级允禔、恂勤郡王允䄉园寝。端慧太子永琏园寝在黄花

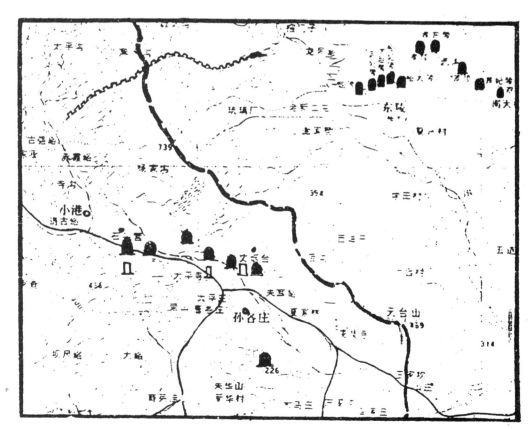

图一　清"太子城"位置图（1∶13200）

山南谷的朱华山高地上（图二）。

此外，顺治皇帝的悼妃曾葬于黄花山东南4里虻朱山下高地。于康熙五十七年迁至孝东陵。现今遗迹犹存。

1. 荣亲王园寝

荣亲王园寝位于清东陵西侧，风水墙外4华里处（参见图三）。园寝平面近似长方形。朱垣环绕，南北长114米，东西宽50米，东、西、南三面齐直，北墙为外弧形。墙内设有门楼、享殿、东西两座配殿和地宫。地面建筑现已坍塌残破，整个园寝的轮廓还清楚可辨。门楼东西长14米，南北宽8米。享殿东西长14米，南北宽11.2米，外设露台，御道与门楼相接。东西两侧各有配殿一间，南北长12.8米，东西宽5.4米。地宫呈方形，边长8.6米。墓门向南，宽2.3米，高2.25米，甬道长1.6米，墓门前东西向横墙一道，长6.1米，厚0.9米以封墓门（图四:1）

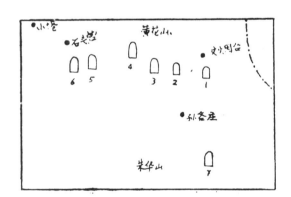

图二:清"太子陵"位置图（1:13200）

1. 荣亲王园寝　2. 理密亲王园寝　3. 裕宪亲王园寝　4. 纯靖亲王园寝　5. 直郡王园寝　6. 恂勤郡王园寝

2. 理密亲王园寝

理密亲王允礽园寝位于荣亲王园寝迤西84米。园寝平面形状和荣亲王园寝大体相同。南北长140米，东西宽40米。设有碑亭、前殿、东西殿、享殿和地宫。均为南向。地宫两侧均有陪葬墓。皆以朱垣环绕。碑亭东西长9.2米，南北宽8米。前殿平面呈正方形，边长16米。享殿平面亦作正方形，边长20米。后室地宫南北长10米，东西宽8米，皆用青石条砌成。顶部起南北向券。宝顶东侧有墓穴一座，南北长5.2米，东西宽4米。西侧有两座小宝顶（图四:2）。

3. 裕宪亲王园寝

裕宪亲王福全园寝位于理密亲王园寝迤西110米。园寝平面形状近似长方形，北墙外凸。南北长176米、东西宽63米，设有碑亭、前殿、东西配殿、享殿和地宫。均为南向。皆环以朱垣。碑亭为正方形，边长14米，前殿平面呈正方形，边长15米，东西两侧有隔墙，使整个园寝分为前后两个庭。前庭东西各有配殿一间。后庭设有享殿和地宫。享殿东西长22.4米，南北宽16米。殿前有露台，露台踏跺御道铺有大型石雕"龙凤石"，长5米，宽3米。地宫面积南北长14米，东西宽9.2米，用汉白玉砌成。地宫、宝顶另有环垣，呈里外垣（图四:3）。

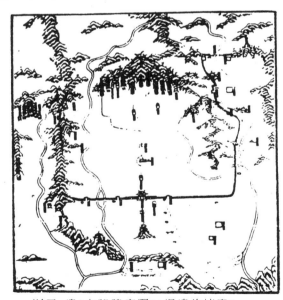

图三:清《东陵陵寝图》（据清代档案）

4. 纯靖亲王园寝

纯靖亲王隆禧园寝位于裕宪亲王福全迤西100米。园寝平面形状大体同前。南北长112米，东西宽48米，设有享殿、地宫，均为南向。皆环以朱垣。享殿东西长24米，南北

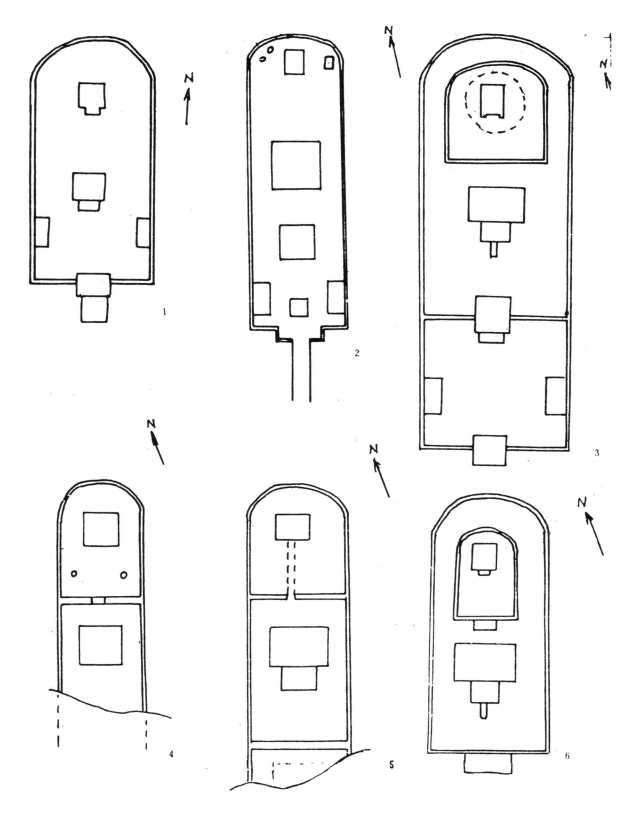

图四　园寝平面图(1/1600)1. 荣亲王园寝　2. 理密亲王园寝　3. 裕宪亲王园寝
4. 纯靖亲王园寝　5. 直郡王园寝　6. 恂勤郡王园寝

宽 14 米，露台踏御道铺有大型石雕"龙凤石"。地宫另有环垣，呈里外垣。另发现墓碑一通。碑亭面积不详（图四:4）。

5. 直郡王园寝

直郡王允禔园寝位于隆禧园寝迤西 150 米，园寝南部遭到破坏，平面近似长方形，北垣外凸。南北残长 120 米，东西宽 43 米。设有前殿、享殿、地宫，均为南向。环以朱垣。建筑之间设垣，形成前、中、后三庭。前殿地基毁掉，享殿东西和 24 米，南北宽 16 米，殿前有露台。地宫为长方形，南北宽 10 米，东西长 13 米，地宫六前有能道长 24 米，通中庭内（图四:5）。

6. 恂勤郡王园寝

恂勤郡王允禵园寝位于太子陵最西端，东距允禔园寝 60 米。园寝南部遭破坏，平面形状大体同前。南北长 116 米，东西宽 36 米。现存有享殿和地宫，均为南向。享殿平面呈正方形，边长 16 米。地宫亦呈方形，边长 12 米。地宫南端东西两侧各有一座陪葬墓。现存有墓碑一通。其它遗迹遭到破坏（图四:6）。

7. 端慧太子园寝

端慧太子永琏园寝位于朱华山南麓，北距荣亲王园寝 330 米，设有享殿、地宫和朱垣。平面形状和结构基本上和荣亲王、理密亲王园寝相同。

二、园寝及墓主人

清太子陵园寝依形制可分三类。

第一类园寝地面建筑以一周朱垣绕，朱垣平面近似"口"字形。这种类型墓有三座。墓主人分别为顺治帝子荣亲王，康熙帝子允礽，乾隆帝子永琏。

荣亲王为清世祖章皇临（顺治）与孝献章皇后栋鄂氏所生皇四子。生于顺治十四年丁酉十月初七日丑时。死于顺治十五年戊戌正月二十四日寅刻。[①]"未命名。死后追封为荣亲王。治丧视亲王加厚，葬黄花山园寝"。[②]荣亲王园寝出土的《皇清和硕荣亲王圹志》云：

"制曰和硕荣亲王朕第一子也"。[③]这一史实于史籍无载。顺治皇帝追封荣亲王为第一皇子是在废皇后博尔济锦氏为静妃，栋鄂氏由贤妃晋为皇贵妃以后，可能出于顺治帝对皇贵妃栋鄂氏宠爱，因此将其子追封为皇帝第一子。现今蓟县当地人称为"太子"。

允礽为清圣祖仁皇帝玄烨（康熙）与孝诚仁皇后赫舍里氏所生皇二子。生于康熙十三年甲寅五月初三日已时，死于雍正三月甲辰十二月。[④]"死后雍正皇帝追封为和硕理亲王谥密。"[⑤]

永琏为清高宗纯皇帝弘历（乾隆）与孝贤纯皇后富察氏所和皇二子。生于雍正七年，死于乾隆三年十月，年九岁。死后高宗谕曰："永琏乃皇后所生，朕之嫡子，……是虽未册立，已命为皇太子矣。今既死逝，一切典礼用皇太子仪注行"。旋册赠皇太子，谥端慧。[⑥]

以上三人，荣亲王、永琏二人为皇太子，是以推知第一类园寝为皇太子的园寝。那么，为什么理密亲王允礽也是这类园寝呢？康熙帝根据汉人立嫡长子的思想和传统作法，于康熙十四年十二月册立嫡长子允礽为皇太子。四十七年宣布废除皇太子，四十八年三月再次册立允礽皇太子。五十一年十月决定再行废黜[⑦]。在围绕储位皇子之间的斗争中，最终胤禛继位为雍正皇帝。因为允礽生前曾两次立为皇太子，所以死后雍正皇帝仍以皇太子葬之。

第二类园寝地面建筑环一周朱垣，地宫、宝顶再以内垣围护，朱垣平面近似"回"字形。这种类型有二座。墓主人分别为顺治帝子福全、子隆禧。

福全为世祖章皇帝福临（顺治）与宁愨妃栋鄂氏所生皇二子。生于顺治十年癸巳七月十七日丑时，死于康熙四十二年癸未六月二十六日酉刻。[⑧]康熙帝临福全丧，命御史罗占造坟建碑、谥曰宪。[⑨]

隆禧为世祖与庶妃钮氏所生皇七子，生

于顺治十七年庚子四月二十二日,死于康熙十八年己未七月十五日[⑩]。康熙帝临祭奠,命发帑修茔,加祭,予谥。[⑪]

这类"回"字型园寝为顺治时期皇子陵墓。

第三类园寝以朱垣分前、中、后三庭,平面近似"目"字形。这类墓葬有二座。墓主人分别为康熙帝子允禔、子允禵。

允禔为圣祖仁皇帝玄烨与惠妃纳喇氏所生,按照封建礼法称为庶出。在成年诸子中他年龄最大,生于康熙十一年壬子二月十四日午时,死于雍正十二年甲寅十一月初一日卯刻。[⑫]依固山贝子品级治丧。康熙三十七年三月封为直郡王。允禔深受康熙宠爱。后因企图谋取皇储地位,"四十七年十一月癸酉朔,削直郡王允禔爵,幽之。"[⑬]

允禵为圣祖仁皇帝与孝恭仁皇后所生皇十四子,生于康熙二十七年戊辰正月初九日酉时,死于乾隆二十年乙亥正月初六日酉刻[⑭]。初封为贝子,世宗即位后进为郡王。乾隆十三年正月进封恂郡王[⑮]。

这类"目"字型园寝为康熙时期皇子的陵墓。

三、"太子陵"布局

关于"太子陵"的整体布局,可概括为以下四点:

1. 就清东陵而言,"太子陵"位于皇陵之西。

2. 就皇太子陵而言,皇子陵位于皇太子陵之西。

3. 在皇太子陵这一层次内,顺治帝子居东,康熙子居西,乾隆帝子居南。

4. 在皇陵这一层次内,顺治帝子居东,康熙帝子居西;顺治帝子长者居东,幼者居西;康熙帝子之长者居东,幼者居西。

总之,"太子陵"的这种布局是清人以东为尊观念的直接反映。

四、保存情况

这处清"太子陵",自民国以来,由经济来源枯竭,本家族和看陵人开始拆殿卖木。1928年军阀孙殿英盗掘清东陵时,这里也遭洗劫。日伪时期又屡遭破坏和盗掘。

解放后受到政府的保护。但当地村民拆砖、拆石现象时有发生。1963年调查时,地面仍保留有围墙、享殿、地宫,多已钱破。在"十年浩动"期间,遭受进一步的严重破坏。1973年因殿残破过甚,经国家文物局批准,落架拆除,同时拆除围墙。至1981年,整个园寝地面建筑破坏殆尽,几乎夷为平地。仅存福全园寝的地宫和享殿前踏跺御道"龙凤石"以及隆禧园寝中的"龙凤石"及墓碑、允禔的地宫和恂郡王的墓碑。

注:

①荣亲王墓出土汉白玉圹志一合。墓志呈方形,长宽0.7米,厚0.19米,白色汉白玉。盖底均由汉满二种文字写成。

盖书:"皇清和硕荣亲王圹志"

底书:"制曰和硕荣亲王朕第一子也生於顺治十四年十月初七日卒於十五年正月二十四日盖生数月云爰稽典礼追封和硕荣亲王以八月二十七日窆於黄花山父子之恩群臣之义备矣呜呼朕乘乾御物勒天之命朝夕祗懔思祖宗之付托冀胤之发祥惟尔诞育克应休桢方思成立有期讵意厥龄不永兴言鞠育深轸联怀为尔卜其兆域爰识殿宇周垣奄窀穸之文武从古制追封之典载协兴情特述生殁之日月勒於贞珉尔其永妥於是矣。"

②《清史稿·世祖本纪》

③荣亲王墓出土《圹志》

④《清皇室四谱》

⑤《清史稿·雍正本纪》

⑥《清史稿·永珹列传》

⑦《清史稿·允礽列传》

⑧《清皇室四谱》

⑨《清史稿·康熙本纪》

⑩《清皇室四谱》

⑪《清史稿·隆禧列传》

⑫《清皇室四谱》

⑬《清史稿·康熙本纪》

⑭《清皇室四谱》

⑮《清史稿·允禵列传》

(原载《文物春秋》1992年1期)

蓟县下埝头、弥勒院新石器时代遗址

发掘时间:1988 年 3 月 9 日～7 月 24 日、
　　　　　1988 年 8 月 9 日～8 月 23 日
工作单位:天津市历史博物馆考古队、蓟县文
　　　　物保管所

　　下埝头遗址位于蓟县邦均镇东南约 500
米。遗址正北原有一座馒头状的小山,1970
年平整土地时将小山推成了近长方形的高台
地。新石器时代文化层主要分布在原小山下
南坡地,面积约 1000 余平方米。发掘面积
750 平方米。文化层堆积厚 30 厘米,发现房
址三座,灰坑二十九个。

　　房址均为半地穴式,多为单室。F₁ 里外
二室相连,两室均呈椭圆形。里室最大直径 2
米,地面平整。外室地面经火烘烤,有灰烬堆
积。外室另附一小坑。

　　灰坑有圆形、椭圆形和圆角长方形三类。
圆形灰坑较小,直径多在 1 米左右;椭圆形灰
坑最大直径一般为 1.5～2 米;圆角长方形灰
坑大小不一,最大直径在 1.25 至 2.35 米之
间。这种灰坑甚为规整,壁直、底平,有的发现
了柱洞。

　　出土器物有陶器和石器。陶器均为手制。
典型器类有罐、钵、盆等,每一器类均有多种
器形。如:陶钵有敛口曲腹、敞口斜腹及红顶
钵等器形,红顶钵的口沿外有的涂红彩。还出
有少量的器座、豆等器类。陶质以夹砂红褐陶
为主,泥质陶次之。泥质陶质地细腻,器表光
滑。夹砂陶器表多不平整,但内壁一般都打磨
光滑。夹砂陶以素面为主,有少量的凸弦纹、
指甲纹、压印纹等纹饰。石器有磨制的斧、磨
棒,有打制的圆饼状砍砸器及少量的刮削器
及石镞。

　　弥勒院遗址位于蓟县城东南约 16 公里,
遗址总面积约 2000 余平方米。共开探沟八
条,发掘面积 150 平方米。文化层堆积厚只有
10～25 厘米,呈零碎分布,不连成片。文化面
貌与下埝头遗址相同,同属新石器时代遗存。

(梁宝玲)

(原载《中国考古学年鉴》1989 年)

蓟县下埝头新石器时代遗址

发掘时间:1989 年 10～11 月

工作单位:天津市历史博物馆考古队

　　下埝头遗址位于蓟县县城西南约 15 公里,邦均镇东南约 500 米处。去年已发掘 750 平方米。本年度在去年发掘范围以西继续进行发掘,共开探方 93 个,发掘面积 2300 平方米。所获材料以新石器时代遗存为主。发现了房址 1 座、灶址 8 座、灰坑或窖穴 86 个、沟 2 条。出土器物有陶器和石器。陶器占大宗,多破碎。夹砂陶多褐色,器表粗糙不平,以素面为主,有饰弦纹、指甲纹、划纹、之字纹,附加堆纹等。夹砂陶多为罐和釜类残片。泥质陶有红陶和灰陶,以钵、盆类碎片为主,壶、豆、器座的残片较少,有少量带状红色彩绘陶;黑彩极少。共出土石器 70 余件,以磨盘和磨棒多见,斧、凿、镞、刮削器较少。

　　据初步整理,下埝头遗址新石器时代遗存,既有一定的独特风格,又与附近地区有关原始文化有着一定的内在联系。(梁宝铃　宋国)

　　(原载《中国考古学年鉴》1990 年)

天津市北郊和宝坻县发现石器

天津市文物管理处

天津市地区,在近几年兴修水利工程中,于北郊刘家码头和宝坻县北里自沽、张洪庄等地先后发现了石器。我处闻知后即前往发现地点进行了调查。

1974 年 11 月,在天津北郊刘家码头西南、靠子牙河北岸附近,距地表深 5.6 米的地层中,发现石斧两件、石磨棒一件。斧身平面均呈梯形,一件以板岩制成,通体磨光,棱角工整,刃部弧凸,长 15.7 厘米;另一件以玄武岩磨制,身略为扁平,刃部微凸稍斜,长 15 厘米。石磨棒以中基性喷出岩制成,横剖面呈不规则的三边形,磨面略凹,有磨蚀痕迹,长34.3 厘米(图一,1)。

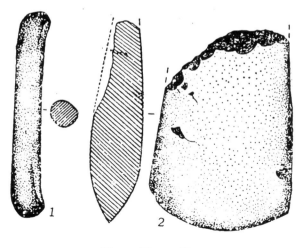

图 一 石 器
1. 磨棒(3/20)　2. 斧(3/5)

1971 年冬和 1975 年春,在宝坻县城东南约 30 公里、临潮白河故道两堤较近的北里自沽和张洪庄,距地表深 4—5 米的地层中也发现了石器。北里自沽村东南出土的一件石铲,以板岩打磨制成,器身扁平,上部打制,下部边刃磨光,前后两面均有使用磨蚀痕迹,长26.8 厘米(图二)。张洪庄东北出土的一件石斧,以燧石磨制,器身扁平呈梯形,刃部微弧,残长 8.2 厘米(图一,2)。与石斧同一地层中,还有四不象鹿角、兽骨和木头等。

以上所出土的石斧、磨棒,是我国各地所发现的新石器时代或稍晚的文化遗址中常见的器物。石铲的器形比较特殊在我国各地所发现的古文化遗址中,还是极为少见。中原地区陕西、河南、河北等地新石器时代遗址所出土的石铲,其器形为扁平长条形,刃部呈舌状。北方地区辽宁林西、赤峰以及河北北部靠近草原一带的新石器时代遗址所出土的石铲(曾称“犁”或“耜”),其器形比较窄长,呈桂叶形或束腰鞋底状。宝坻县北里自沽这件石铲,若同以上两个地区的石铲来相比较,均不相同。但从铲刃及其使用的特点上来看,则与北方地区的石铲(“犁”或“耜”)较为接近,而同中原地区河南陕县庙底沟仰韶文化遗址出土的舌形和杏叶状石铲,也有相近之处。所以,我们初步认为,这里当时同上述两个地区之间均有着程度不同的联系。

图二　石　铲

目前，从中原和北方地区所发现的新石器时代文化遗存来看，既有浓厚的地域性特征，又有互相影响的迹象。尤其在两者相接触交错的地带，这种迹象表现得更为显著。但是，表现在个别石制生产工具器形上的变化，尽管可以从邻近地区间互相交流或影响来解释，而其主要原因应是由于人类处于不同的地带，在长期生产劳动实践中，为了适应自然条件和生产的需要。鉴于上述这些情况，我们初步认为宝坻县北里自沽这件石铲的发现，正好说明处在中原和北方之间的天津地区，是新石器时代不同文化互相影响交错接触的地带。因此，它不仅具有比较明显的地域性，

同时，也可看出它与中原和北方之间在文化上有密切关系。这次出土的石器，均出在距地表深 4—5 米以下的地层中，土质松软，呈深灰色。在此层内及其附近周围，并无冲积流砂、卵石和其他遗迹。但在这层上面均有 2—3 米不等的淤积层，土质略微紧固，呈青灰色，内含有较比茂密的芦苇腐朽痕迹和一些零星蚌壳。从以上地层关系看，我们认为这些石器不是从远方冲积来的，也不是后期人为所致，而是当地原始居民的遗存。过去天津、宝坻两地的原始文化遗存发现甚少，是与当地的自然环境有关，因为此地靠近海滨，受自然地貌变化的影响，沉积较深，所以原始文化遗存不易被发现。根据这几处石器的发现，它已初步表明在天津市子牙河畔和宝坻县潮白河故道附近地带，早在新石器时代至商周时期，就有人类居住从事农业劳动。天津市北郊刘家码头出土的石器，是继 1956 年以来在天津东郊张贵庄、南郊巨葛庄等地发现战国时期文化遗存之后，又一重要发现。它进一步证明，在渤海湾西岸这个近代工业城市——天津地区，并非是人类开辟较晚的"海滨弃壤"。在社会主义建设事业中，今后还会有更多的古代文化遗存被发现。关于天津地区的远古文化面貌，也必将得到进一步揭示。

以上这几处所发现的石器，对我们研究天津市地区和相邻地带的远古文化发展和相互间的关系，以及进一步探索海岸线的变迁，均有一定的参考价值。

（原载《考古》1976 年 4 期）

蓟县邦均西周时期遗址和墓葬

发掘时间:1986 年 5 月 6 日—6 月 13 日、9 月
 9 日—10 月 30 日

工作单位:天津市历史博物馆考古部、蓟县文
 物保管所

邦均遗址位于蓟县邦均镇东南约 100 米的京唐公路和邦喜公路联接处,俗称"刘家坟",面积约 3 万多平方米,部分已遭破坏。3 月,出土铜簋和铜鼎各 1 件,铜簋的腹底有铭文"戈父丁"字。

这次发掘 2000 多平方米,在残存的文化堆积中。发现半地穴式的房址 2 座、灰坑 20 个、墓葬 26 座。

墓葬皆土坑竖穴,有南北向和东西向两种。南北向墓 22 座,只有 4 座墓内出土铜带钩、铜环、铜泡、料珠等不多的随葬品,年代约当春秋至战国。东西向墓 4 座,只有 1 座墓出土铜簋、铜鼎各 1 件,绿松石珠 4 颗,死者口中含有白石片 10 块。年代约当西周前期。这二种墓皆打破文化层,未见随葬陶制器皿。

遗址文化层厚 1 米左右。出土的陶器以夹砂灰陶和夹砂褐陶占多数,其次是泥质灰陶和泥质褐陶。纹饰以交叉绳纹为主,还有绳纹、绳纹加划纹、压印纹等,器形有鬲、甗、罐、盆、钵、鼎等。石器有石斧和石刀,另外还有铜镞和骨器等。所出陶器种类和器形,多与天津蓟县围坊遗址上层和张家园遗址上层的遗存相同。如陶鬲中多见花边鬲和叠唇深腹柱足鬲,纹饰中流行交叉拍印绳纹等,属西周时期燕山地区土著族遗存。但这里有较多的弧裆鬲、灰陶簋,不见甗、豆和细石器,周文化因素较上述遗址突出。部分泥质黑皮褐陶圈足簋,具有尖圆唇、束颈、腹饰绳纹加划纹的甗和罐等的某些特点,在天津地区夏家店下层文化能见到,表现了这遗址堆积的性质和特点。遗址的年代,主要相当于西周时期。(韩嘉谷 邱 明 赵文刚 张俊生 纪烈敏 于颖春 梁宝玲)

(原载《中国考古学年鉴》1987 年)

蓟 县 邦 均 周 代 遗 址

发掘时间:1987 年 3 月 28 日—6 月 1 日

工作单位:天津市历史博物馆考古队

遗址位于蓟县邦均镇东南方向约 100 米处,总面积约 3 万平方米。1986 年曾在遗址中部进行了抢救性发掘。这次在原发掘区以西的高地上开探方六十八个,发掘面积 1700 平方米。发现灰坑一个,墓葬二十六座。

墓葬皆土坑竖穴,有东西向和南北向两种。东西向墓三座,皆有单棺,有的墓底有涂朱痕迹,葬式为俯身直肢和仰身直肢,均无随葬品。南北向墓二十三座,大多数是单棺,有一座为一棺一椁。均为仰身直肢,头北脚南。绝大多数墓无随葬品,仅五座墓出土一或两件随葬品,有铜带钩、铜环、料珠和两件素面泥质灰陶三足器,这类墓葬去年发掘中也有发现,年代约当春秋至战国。

发掘区内文化层一般厚 1 米左右。但因普遍有密集的近代墓分布,文化层破坏较甚。

一般都是相当西周时期的文化堆积。只在发掘范围内的中部有部分春秋战国时期的堆积压在西周时期文化层上。出土的遗物主要是陶器,常见器形有:方叠唇深腹柱足鬲、鼎足、弧裆鬲、簋、无底罐(甑)、纺轮等。陶器中,周文化因素较为突出,细绳纹灰陶簋和弧裆鬲较常见。但大量的方叠唇柱足鬲、敛口钵等器物,仍表现了浓厚的地方特色。

出土物中,较为常见的双翼柱脊有铤铜镞,其形制与长安张家坡西周遗址、磁县下潘汪遗址出土的西周铜镞一致。泥质黑皮褐陶簋,大口深腹.下腹微张,圈足较高,腹饰较细的绳纹,这一特点与殷墟西区墓葬陶器第四期较为接近。该遗址采集的三个木炭标本所作的 ^{14}C 测定数据,年代多在公元前 1000—1200 年间。 （赵文刚 梁宝玲 邸明）

（原载《中国考古学年鉴》1988 年）

蓟县西门外青铜时代遗址

调查时间:1989 年 11 月

工作单位:天津市历史博物馆考古部

　　遗址位于天津市蓟县邦均乡西门外村北的高地上,弯曲的沙河由北往南流经遗址东侧,遗址面积为 22500 平方米。1989 年 11 月建筑大秦铁路工程取土时发现,因机械推土,有的地方已暴露出文化层。地表散布有较多的陶器残片及少量残石器。为了弄清文化层的堆积情况,在遗址南部进行了试掘,试掘面积达 80 多平方米。文化层厚 0.3 米,最厚处达 0.5 米,距地表深 1.2 米,包含物以陶器残片为主,可辨器形有鬲、盆、罐、纺轮等。多夹砂红褐陶、泥质陶较少。饰细绳纹、附加堆纹。也有少量残石斧、石磨棒等生产用具和加工工具,其文化面貌与 1965 年发掘的张家园遗址相似。(赵文刚)

　　　　　　　　(原载《中国考古学年鉴》1990 年)

蓟 县 常 州 古 遗 址

调查时间:1990 年 10～11 月

工作单位:天津市历史博物馆考古部

　　常州遗址位于蓟县长城以北 4 公里的常州村内。遗址坐落在洵河支流澜河东岸一狭长斜坡台地上,四周为蜿蜒起伏的燕山山脉。遗址南北长约 80 米、东西宽 30～40 米不等,面积约 2000 平方米,文化层厚约 0.6 米。采集到的遗物可分为两种遗存,A 种以夹砂红褐陶和泥质灰陶为主,可辨器形有鬲、罐,多饰绳纹或交叉绳纹。其文化面貌与天津围坊上层遗存基本一致。不同的是,A 种遗存较流行在器物的上腹部饰一周附加堆纹的做法。B 种遗存以饰粗绳纹鬲为代表,其器形和纹饰特点与过去蓟县张家园(1979 年发掘材料)H1、大厂大坨头 H3 等处出土的陶鬲较为相近,年代也应大致相当。需指出的是,过去天津地区零星见到的这种具有周文化因素的陶鬲均为夹砂灰陶;而常州遗址 B 种遗存的陶鬲却属夹砂红褐陶系。(梁宝玲)

　　　　　　　　(原载《中国考古学年鉴》1991 年)

天津东郊张贵庄战国墓第二次发掘

天津市东郊的张贵庄战国墓群,是1956年12月发现的(简报见《文物参考资料》1957年3期)。当时正值隆冬,天寒地冻,仅清理了两座墓葬,并将其余已暴露出的墓葬中的随葬器物加以收集,但未作清理。1957年3月,我们进行了第二次发掘,继续发现和清理了一批墓葬,原来从墓3等两座墓中收集的一些零星遗物,这次由于清理残墓时发现了这些器物上的碎片,从而也复原了坑位和组合关系。

两次发掘共清理了战国墓三十三座,皆为长方形竖穴土圹墓,座落在贝壳堤上,随贝壳堤作长条形分布。除二座墓葬为东西方向外,余皆南北向,在2—30°之间。墓圹最大的为3.36×2.44米,小的为2.15×0.84米,深0.11—1.4米不等。一般皆穿过贝壳层打入赭色生土。在三十座墓中发现了木质葬具痕迹,大的长2.33、宽1.3、高0.78米,小的长1.59、宽0.47、高0.22米。盖板用木料横列拼成,较大的墓在葬具下还有二根横放的垫木。

发现的墓全为单人葬,东西向的墓,人架头向东;南北向的墓,人架头向北。骨架多已腐朽,仅有六座墓尚可辨认为仰身直肢葬。出土随葬器物的有十八座墓,其中十一座墓随葬有陶器,其余七座仅有铜带钩、明刀币、象牙筓、水晶珠等小件器物(见墓葬登记表)。

陶器和第一次清理时所见的基本相同,有燕国鬲、鼎、壶、豆、三足器等。鼎三件,能复原的有两件。分二式:Ⅰ式有盖,盖顶隆起,饰三钮,深腹,圜底,直立方形双耳,三泥条形足略呈蹄状(图一,5);Ⅱ式缺盖,浅腹,双耳宽大外侈,三足扁平中折(图一,8)。壶有三式(图一,9—11),豆有二式(图一,6),灰陶三足器有三式(图一,1—3),还有燕国

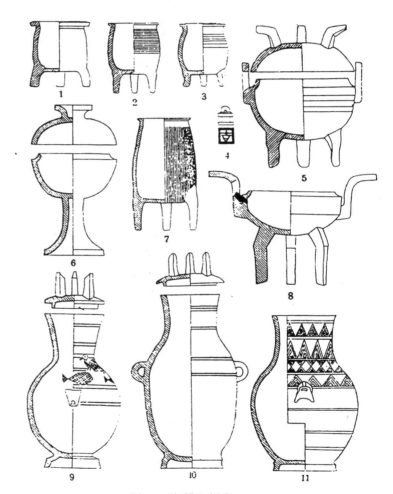

图一 陶器和铜印

1. Ⅲ式三足器(M6) 2. Ⅰ式三足器(M8:1) 3. Ⅱ式三足器(M4) 4. 铜印 5. Ⅰ式鼎(M10:1) 6. Ⅰ式豆(M4:4) 7. 燕国鬲(M1:1) 8. Ⅱ式鼎(M3:1) 9. Ⅰ式壶(M3:2) 10. Ⅲ式壶(M10:3) 11. Ⅰ式壶(M4:2) (4为2/5,余均为1/10)

鬲（图一,7）等。

此外，出土铜带钩二件，一件残，器身细长呈螳螂形，器表已腐朽。铜印一颗，印面正方，阳文一"吉"字（图一,4）。残明刀币四枚。象牙笄四件，一种作圆棍形，另一种将圆棍劈成三片。穿孔水晶珠十二颗，有扁圆和椭圆形二种。还有白色骨质细管七十颗、天兰色料珠四颗和铜珠二个。

张贵庄的战国墓地，是天津地区第一次发现的战国墓，这些墓葬对了解天津地区的成陆年代，战国时期这地区的经济发展情况，都有价值。从遗物看，均属于战国时燕国文化。墓中出土的燕国鬲、陶壶等，皆和易县燕下都、北京怀柔、半截塔等地出土的相同。但泥质灰陶三足器在上述地区未曾见过，Ⅱ式陶鼎却在山东平度战国墓中有类似的形制出土。这都反映了本地区的地方特点。全部随葬陶器可分成三种组合。第一种单出燕国鬲一件，年代可上溯至战国早期或春秋晚期。第二种为鼎、豆、壶，年代在战国中期。第三种墓出土泥质灰陶三足器，其中墓25打破出明刀币的墓26，是这类墓年代上限的依据，同样的器物也见于第二种墓，故第二、三种墓的年代应当彼此接近。

（天津市文化局考古发掘队　云希正　韩嘉谷）

天津东郊张贵庄战国墓登记表

墓号	方向(度)	墓圹长	墓圹宽	深	长	宽	高	随葬器物
1	8			1.6				燕国鬲
2	25	2.7	1.58	1.2	2.26	0.9	0.86	
3	20	3.6	1.9	1.2				Ⅰ式鼎、Ⅰ式壶2、三足器
4	25			1.53	2.1	0.6	0.7	鼎、Ⅰ式豆2、Ⅰ式壶、Ⅱ式三足器
5	5	2.46	1.04	1.2	2.06	0.58	0.89	
6	17	3.36	2.44	1.12	2.36	1.02	0.54	Ⅱ式三足器2
7	30	3.05	1.74	1.35	1.35	1.02	0.56	燕国鬲、料珠4
8	20	3.17	2.16	1.3	2.31	1.04	0.44	三足器2
9	22	3.08	1.93	1.36	2.21	0.84	0.54	象牙笄
10	26	3.1	2.13	1.18	2.18	0.94	0.51	Ⅰ式鼎、Ⅱ式壶2
11	20	2.15	0.84	1.5				
12	25	3.05	1.95	1.25	2.2	0.96	0.58	
13	25	2.17	0.92	0.11	1.82	0.45		
14	27	3	1.7	1.5	232	1.09	0.61	Ⅰ式三足器2
15	20	2.2	0.9	1.2	1.68	0.55		
16	25	2.3	0.98	0.5	1.92	0.60	0.33	
17	2	2.4	1.02	1.4	1.92	0.62	0.2	
18	15	2.24	0.88	1.3	1.83	0.48	0.2	
19	28	2.48	1.14	1.3	1.82	0.6	0.29	铜带钩、铜珠、铜印、水晶珠12、骨管70
20	22	2.27	0.96	1.2	1.77	0.44	0.26	铜珠2
21	27	2.27	0.81	0.28	1.59	0.48	0.22	
22	15	2.23	0.91	0.38	1.91	0.60	0.36	
23	22	3.3	1.9	0.45	2.33	1.3	0.78	鼎盖钮饰、豆、足器2
24	29	3.3	1.91	0.45	2.01	0.88	0.55	
25	18	3.6	2.44	0.7	2.6	1.2		产器2
26	18	3.06	1.68	0.55	2.18	1.08	0.55	象牙笄、明刀币4
27	29	3.16		0.61	2.3	1.1	0.44	象牙笄
28	20	3.2	1.72	0.5	2.24	1.18	0.46	铜带钩
29	17	3.1	1.84	0.47	2.35	1.2		
30	14	3.15	1.74	0.5	2.18	0.84		三足器2
31	17	3.1	1.83	0.2	2.04	0.83		象牙笄
32	100	2.52	0.85	0.33	1.94	0.54		
33	104	2.7	1.6	0.27	2.02	0.74		

注：随葬器物未注明质料的均为陶器。4、11、14、15、21、22六墓，葬式为仰身直肢。

（原载《考古》1965年2期）

天津北仓战国遗址清理简报

天津市文物管理处

1965 年春,在天津北郊北仓发现古遗址一处。遗址位于引河北岸,西距京津公路 1500 米。面积约一万平方米。

(一)地层及遗迹

清理时,开 6×8.5 米探方一个,遗址的地层情况如下:第一层,耕土层,厚 15—20 厘米;第二层,黄土层,厚 1.15 米,黄土层又可分为二层,上层颗粒较粗,砂性大,厚 0.5 米,下层颗粒细,粘性大,厚 0.65 米,皆无文化遗物;第三层,黑土层,厚 0.2 米,含腐朽植物质较多,无文化遗物;第四层,灰色土,为文化层,厚 0.3—1 米不等。文化层下为浅灰色生土(图一)。

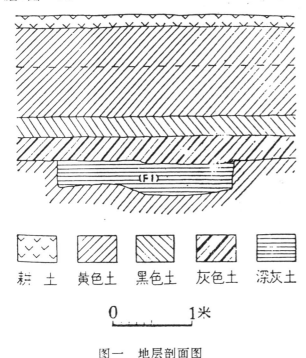

图一　地层剖面图

遗址中发现房子遗迹一处和灰坑七个。房子分门道和主室二部分。门道长 1.25、宽 1.28、深 0.4 米;近入室处有对称的柱洞二个,其中 1 号柱洞口径 35、底径 20、深 30 厘米;2 号柱洞口径 30、底径 16、深 18 厘米。主室稍低于门道,略呈椭圆形,长 2.26、宽 1.87 米;靠后壁亦有柱洞二个,略浅小(图二)。室内填土含烧土和草木质较多,当系草木结构。

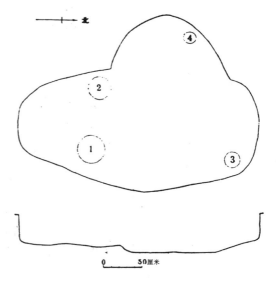

图二　F1 平、剖面图

灰坑,除一个已被破坏外,其余六个中,有圆形的三个,直径皆 1.4 米左右,深 0.26—0.6 米不等,坑壁垂直或略呈坡状,底平整。椭圆形的二个,其中编号 H3 的长 1.32、宽 0.92、深 0.35 米,编号 H2 的长 1.4、宽 0.8、深 0.3 米,底亦平整。长方形的一个,长 4.3、宽 2.15、深 0.4 米;底中央低,四周高,铺

出土遗物九十余件，有陶、铁、铜、骨、象牙及炭精等。以陶器居多。另有一部分自然遗物。

1.陶器 按陶质可分夹砂和泥质两大类。夹砂陶皆红色，以云母屑作羼和料，饰细绳纹。器形仅见釜一种，作折沿、敞口、深腹、圜底，沿缘内折成钩状（图四，1；图五，4）。

泥质陶多灰色，红色极少。纹饰以细绳纹为主，另有弦纹和划纹；部分陶器上刻有记号（图三，左），一豆把上印有戳记（图三，右）。器

图三 陶器上的记号及戳记

蚌壳一层。

（二）出土遗物

图四 战国遗址出土遗物

1.陶釜 2.Ⅰ式陶罐 3.Ⅲ式陶罐 4.象牙器 5.陶轮 6.Ⅳ式陶罐 7.陶盆 8.铜镈
9.炭精 10.Ⅰ式陶豆 11.Ⅲ式陶豆 12.陶篝 13.骨饰（自左起由上至下）

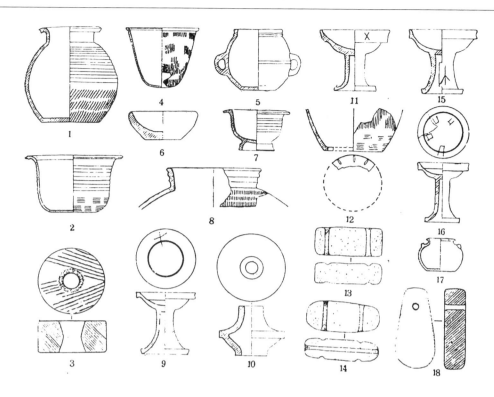

图五

1. I 式罐 2. 盆 3. 穿孔陶片 4. 釜 5. Ⅲ式罐 6. 碗 7. 簋 8. Ⅱ式罐 9、16. Ⅲ式豆 10. 陶轮 11、15. I 式豆 12. 甑 13、14、18. 网坠 17. Ⅳ式罐（1、5、7—12、15—17 为 1/8，2、4 为 1/16，3、14 为 1/2，6、13、18 为 1/14）

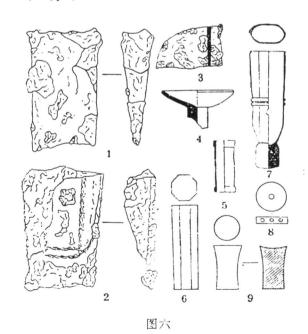

图六

1. 铁斧 2. 铁镬 3. 铁镰 4. 铜剑首 5. 铜冒 6. 炭精棒 7. 铜镈 8. 骨饰 9. 象牙器（1—3、7 为 1/4，余均 1/2）

形有罐、盆、豆、簋甑、碗、网坠和纺轮等。

罐 分四式：I 式二件，折沿，矮领，鼓腹，平底。一件通体绳纹；另一件上腹部饰弦纹，下部饰绳纹（图四，2；图五，1）。Ⅱ式未复原，从残片看，为直沿，鼓腹，沿外饰弦纹（图五，8）。Ⅲ式一件，直沿，鼓腹平底，有对称双耳（图四，3；图五，5）。Ⅳ式一件，折沿，矮领，浅腹，平底，有对称乳突状耳（图四，6；图五，17）。

盆 1件。卷沿，敞口，平底，腹上部饰弦纹，下部饰绳纹，口径 50、高 28.8 厘米（图四，7；图五，2）。

簋 2件。皆作折沿，敞口，圜底，圈足，饰弦纹（图四，12；图五，7）。

甑 无复原器，饰绳纹，平底，箅孔作细长条形（图五，12）。

豆 8件。皆作敞口，浅腹，喇叭形圈足，

多刻划记号。分二式：Ⅰ式五件，盘较深，把略粗矮（图四，10；图五，11、15）Ⅱ式三件，盘较浅，把略高（图四，11；图五，9、16）。

碗 1件。敞口，浅腹，平底，壁较厚（图五，6）。

网坠 22件。分二式：Ⅰ式二十件，作扁平长方形或椭圆形，两端有凹槽，部分侧面亦有凹槽（图五，13、14）；其中有一件用陶片磨制，较小。Ⅱ式二件，穿孔，形如锤。一件作扁平椭圆形（图五，18）；另一件似方锥形。

纺轮 3件。扁平圆形，中穿一孔。

轮形器 1件。直径16.8厘米（图四，5；图五，10）。

穿孔陶片 15件。分二式：Ⅰ式十件，圆形穿孔，直径3—7.8厘米不等（图五，3）。Ⅱ式五件，形状不规则，有长方形、椭圆形等，孔居中或偏一旁。这些穿孔陶片，除Ⅰ式中的部分可作纺轮外，其余都可能作网坠。

圆陶片 19件。其中一件系专门烧制，其余皆陶片磨成，直径8—2.8厘米不等。

板瓦 仅一残片，面饰绳纹，略饰菱形方格纹。

2. 铁器 数量较多，但多锈残，可辨形制者有：

镢 2件。一件镢身作楔形，横断面作长方形，背面上部鼓出，有方形銎（图六，2）。另一件镢身作长方形，上部稍宽厚，横断面略呈三角形。

斧 1件。平面作长方形，纵断面作楔形（图六，1）。

镰 1件。已残一半，作半月形，弧背直刃（图六，3）。

3. 铜器

镈 1件。长13.4厘米，口略呈椭圆六角形，中饰弦纹二道（图四，8；图六，7）。

剑首 1件。喇叭形，直径4.2厘米（图六，4）。

铜冒 1件。管状，直径1.2、长3厘米（图六，5）。

4. 其它

骨簪 1件。圆柱形，长4、直径0.4厘米。

骨饰 1件。扁平圆形，穿孔，周饰圆点纹（图四，13；图六，8）。

象牙器 2件。圆柱形，略束腰。一件长2.5、一端内凹；另一件长3.1厘米，一端略呈椭圆（图四，4；图六，9）。

炭精器 1件。八角柱形，长4.8、直径1.5厘米（图四，9；图六，6）。

此外还有蚌壳，鹿角等。蚌壳多为河蚌，数量较多。

（三）小结

天津地区战国居住遗址的清理，这是继巨葛庄（见《考古》1965年1期）以后的第二次。遗物中的夹砂红陶釜，是战国时燕国文化特有的遗物；豆、盆和Ⅰ式罐等器物，为一般战国遗存中所常见。但像Ⅱ式罐的形制，又和汉代陶罐接近。因此，遗址年代约当战国，下限或已进入汉初。

战国时期的建筑遗迹，在天津地区已发现多处，像这类窝棚式的建筑，还是第一次发现。遗物中数量较多的铁农具、网坠和纺轮，都反映了这个地区的经济特点。

战国和西汉时期的遗址，在天津滨海平原上已发现四十余处，这表明当时居民点已相当密集。但这些遗址的年代下限都只延续到西汉前期，文化层上多腐植质的黑土层，东汉时期的遗物只在南郊窦庄子发现一座瓮棺葬（见《文物资料丛刊》第一辑204页，1977年），这一现象是值得注意的。

（韩嘉谷）

（原载《考古》1982年2期）

静海县西钓台战国、汉代城址

发掘时间:1983 年秋

工作单位:天津市历史博物馆考古队、静海县文化馆

西钓台故城位于静海县南 15 公里,西钓台村西北 400 米。东靠津浦铁路和南运河,城垣平面呈方形,周长 2055 米。北城垣外侧分布有古代墓葬和古井。战国墓有瓮棺葬、土坑墓和贝壳墓三种,分布在城址东侧。瓮棺葬发现二十余座,分布集中,瓮棺内均葬幼儿骨架一具,无随葬品。土坑墓和贝壳墓发现二十余座,多为仰身直肢葬。少数墓内随葬青铜剑、戈、环等。均为战国中、晚期常见遗物。贝壳墓一座,内有男性骨架一具,底铺贝壳,四壁经火烧,呈黑色。墓壁发现木板痕迹,用贝壳封顶。墓中随葬遗物有泥质灰陶壶、罐、豆、盆等。

西汉墓分土坑木棺墓和砖室墓二种。土坑木棺墓一座,以稍作修整的柏木板拼接成棺,并无榫卯结构,出土时保存尚好。墓内出土西汉早期的彩绘鼎、盘、盉、灶等陶器。砖室墓大部分集中在城址西侧,均由斜坡墓道、墓门、墓室三部分构成,墓内主要随葬西汉中晚期的日用陶器和陶制明器。部分陶器表面施绿釉,以绳纹或弦纹及兽面作装饰。

唐宋时期的砖室墓共发现七座,规模较小,随葬品亦不丰富,出土有唐代白瓷器和宋代白釉刻花瓷枕等物。

发现的战国、汉代井共五十多口,以城址北侧分布最为密集,井距仅 3—5 米。战国井分陶圈井和土井两种,陶圈井一般由四至七节井圈构成。井内出土最多的是战国中晚期常见的方唇矮领圜底罐或平底罐,也有浅盘高柄豆、盆、钵、纺轮、"明刀"钱和铁镢等物。

西汉井分陶圈井、砖井和土井三种,均为圆形,口径 1—1.2 米,深 2—3.5 米。其中有一口井在距井底 1.63 米处,接有一条伸入井内的陶管道。井内遗物多为直口长颈罐、盆、钵及砖瓦残片。

西钓台遗址的延续时间较长,应是西汉的东平舒。这次发现较丰富的战国遗物,对研究古城及附近地层提供了新资料。

(赵文刚)

(原载《中国考古学年鉴》1984 年)

宝坻县歇马台战国遗址

发掘时间:1984 年 10 月

工作单位:天津市历史博物馆考古部

歇马台遗址位于宝坻县城西南 4 公里的一条依稀可辨的古河道北侧,面积约 5 万平米。大部分被民舍覆盖,只有村西是空地。近年村民取土,破坏严重,故对该遗址进行了保护性清理,发掘面积 200 平米,获得三种文化堆积。

第一种为战国遗存。地层在整个遗址都有分布,但在发掘区内只有零星发现,出土物有加砂红陶釜、明刀币等战国文物。发现七座竖穴土圹墓和一座瓮棺葬。随葬品有五种情况:一是两个加砂红陶直腹平底柱足鬲(燕国鬲),年代可早至春秋晚期;二是一或两个灰陶三足器,同出战国型铜带钩;三是鼎、豆、壶、盘、匜加一个底部削成三足状的灰陶小罐,战国常

见;四是一或二个三足状小罐;五是一铜带钩。

古河道岸坡上的一条探沟内,在一座汉代瓮棺下,发现互相叠压的六座小墓和二座陶窑,二座小墓在窑上,二座在窑下。陶窑似专烧网坠。小墓圹穴浅而窄小,随岸坡倾斜,皆无随葬品,近似乱葬。

第二种是张家园上层类型遗存,文化层最厚处1米,未发现居住遗迹。出土陶器群有两个特点:一、较多流行交叉拍印绳纹和方唇外迭口沿,器形硕大的高裆袋足平跟鬲十分引人注目。二、夹杂较多中原文化系统的西周陶鬲残片,表明了这类遗存的年代。

此层下有一座东西向的墓葬,与南北向的战国墓不同,随葬玉、铜等质料的圆环八个,具有戎狄文化的特点。

第三种是张家园下层类型遗存,文化层最厚处1.35米。清理出不规则的灰坑三个,略呈椭圆形,圜底,共同特点是坑内堆积都由一层黑灰土一层黄土叠压堆成。陶器流行竖行细绳纹和黑衣磨光,常见器类有敛口鼓腹袋足鬲和折肩锥足鬲等。器物有早晚差别,和大厂大坨头 F_1、F_2 相类。出土双翼青铜镞一件。

上述分别和张家园上、下层相似的两类遗存,皆不见细石器,和蓟县张家园、围坊、大厂大坨头、宝坻牛道口等常见细石器的情况有异。（韩嘉谷　梁宝玲　沈　勇）

（原载《中国考古学年鉴》1985年）

蓟县西北隅战国至辽代墓地

发掘时间:1988年6月
工作单位:天津市历史博物馆、蓟县文物保管
　　　　　所

蓟县西北隅墓地位于县城以西1公里,分布范围约1平方公里,在此范围内多次发现汉代至辽代墓葬。由于该墓地靠近县城,基本上被民房覆盖。为了配合部队基建工程在近8000平方米的范围内进行了钻探,发现战国墓一座。此墓为土坑竖穴,长2、宽1.3、深0.4米。墓内骨架已朽,出土一组陶器,包括鼎、豆、壶、盘、匜、罐等。汉代砖砌单室和多室墓各一座,两墓均被扰乱,单室墓中仅见五铢钱,多室墓由前、后和耳室构成,随葬品有:壶、盘、俑和猪、狗等陶质生活用品和明器,从墓室结构和随葬品看,均属东汉时期的墓葬。辽代墓葬两座,均为单室墓,以常见的辽代长方形沟纹砖砌筑而成。墓室内未见随葬品。

该墓地墓葬数量多,出土文物比较丰富,时代延续较长,特别是战国墓中出土的一组陶质礼器,在本地区是少见的。它对于较系统地研究天津古代埋葬习俗提供了资料。（邸明）

（原载《中国考古年鉴》1989年）

蓟县辛西战国、汉、辽墓葬

发掘时间:1988年3月～1989年12月
工作单位:天津市历史博物馆考古部

墓地位于白涧乡辛西村西北高地上。自1988年配合"大秦"铁路建设工程以来,先后在此进行了3次发掘,共清理古墓72座。其中3座竖穴土坑墓,6座瓮棺墓,63座砖室墓。砖室墓中,5座双室墓,1座单室双耳室墓,56座单室墓,1座砖椁墓。砖室墓中墓顶基本全部

崩塌,仅存一墓中的后室保存较好。这批墓葬只有 10 余座未被盗,其余均被盗或受到不同程度扰乱。

72 座墓中除双室墓规模较大外,其余均属中小形墓。砖室墓中普遍采用斜坡式墓道。各墓随葬品参差不齐。多者达 40 余件, 少者 2～3 件或无随葬品。多数墓中随葬陶质生活器皿。有盆、罐、盘、耳杯、勺等,少数殉有井、仓、厕所、猪圈及猪、马、车等。个别墓内殉有铁镰、铜镜、耳珰等。7 座墓内殉有羊、鸡。6 座墓中铺地砖下有椭圆形或不规则的坑。这批墓中合葬墓占 26 座,下葬后被火焚烧的有 24 座。

据考古现场和随葬品推断:3 座竖穴土坑墓中,2 座属东西向埋葬,出土铜带钩一件,时代在春秋——战国之际;1 座为南北向埋葬,并被汉代墓叠压,年代在东汉以前。61 座砖室墓中,除 1 座为东西向,其余均为南北向。墓室结构和建筑特点,与天津地区两汉时期的墓葬相似。在发掘区北部还清理了 2 座辽代墓葬,1 座圆形,1 座长方形,墓内随葬品有罐、腰饰等。

在现有发掘材料中,该墓地汉代墓中明显存在着两种不同葬俗,即"土葬"和"焚烧"。而具体归属和分期,还有待于进一步整理。(赵文刚　梅鹏云　邸　明)

（原载《中国考古学年鉴》1990 年）

宝坻县秦城

发掘时间:1989 年 10～11 月
工作单位:天津市历史博物馆考古部

秦城是天津市文物保护单位,位于天津宝坻县辛务屯村南 250 米处。城垣平面呈不规则的四边形,北垣长 916 米,东垣长 660 米,西南城角被潮白河切去,西垣已毁,南垣残长 310 米。为探明其年代和性质,今年首次进行试掘,发掘面积 113 平方米。

在东北城角豁口处,开 2 条探沟,对城墙结构进行了解剖,了解到城墙经 4 次夯筑而成,全宽约 14 米。先建的主城墙呈梯形,底宽 4.20 米,收分 15°,夯层厚 0.2～0.3 米,圆形夯窝,直径 0.05～0.06 米,夯筑坚实。3 次加固皆在城墙外皮,亦夯筑。第 1 次加宽 1.10 米,第 2 次加固时略削去第 1 次加固的外皮,又加宽 2.8 米;第 3 次加固在外坡挖 0.3 米基槽后,又加宽 4.70 米。夯土内发现少量战国时期的细绳纹灰陶片,城墙下压有西周文化层。

城墙上和城墙内侧,共发现 6 座墓葬。4 座瓮棺葬、2 座土坑墓。其中 3 座瓮棺打破城墙,葬具为夹砂红陶釜和灰陶绳纹大瓮,1 座瓮棺在城墙内坡上,葬具亦为灰陶大瓮,年代皆不晚于西汉早期。2 座土坑墓,方向北偏东,其中 1 座随葬铁带钩 1 枚。根据出土遗物和地层关系,初步判断此城在战国时期兴建,西汉初年即告废弃。

在城内东西部各开一个探方。东部探方包含战国早期和秦汉两个时期的堆积,西部探方只有西周时期文化堆积。城内采集到秦代印章和唐、元瓷器,城东出土较多战国晚期明刀币和辽墓,城内堆积延续时间较长,对于城的性质尚需继续查勘。(韩嘉谷　纪烈敏　张俊生　李寿祥)

（原载《中国考古学年鉴》1990 年）

宝坻县秦城遗址

发掘时间：1900 年 4～6、10～11 月

工作单位：天津市历史博物馆考古部

今年继续试掘，主要清理了东、北 2 座城门口，城内 3 处夯土基址，6 座土坑墓，43 座瓮棺。发掘面积约 800 平方米。

东城门保存完好，门口宽 3 米。门外有瓮城，基本成正方形，东西长 14、南北宽 15 米，门向左开，出口宽约 7 米。瓮城墙亦夯筑，东西长 26、南北长 42、宽 12～14 米，高 5.3 米，与东城墙等，由东城墙外侧接出。瓮城内和两侧城墙上出土大量细绳纹板瓦片及双兽纹半瓦当，知墙上原有建筑。在紧靠城门口的南侧城墙上，清理了一座西汉初期的儿童瓮棺葬，打破夯土城墙。

3 处夯土基址均在城内偏西北的高地上，其中 2 处成前后排，间距 6～7 米，方向东南，东西长约 13 米，南北宽约 9 米，仅存夯土台基，残厚 0.3 米。于其上灰土层中出土大量筒、板瓦及半瓦当，瓦当图案有山字形卷云纹、兽面纹、虎纹、绳纹、双兽纹等，多具战国晚期特征。陶器较少，有红陶釜和灰陶瓮、罐等器。有 6 座西汉土坑木椁墓，打破夯土基址。故其年代应与城墙相当，属战国末年或稍后。

城内地势北高南低，高差一般为 1 米余，文化层主要分布于北部，主要堆积属夯土建筑基址时期，但少而薄，只零星分布，知城内使用时间极短。略晚于夯土基址的有西汉文化层和位于东门口内侧的儿童瓮棺葬，也分布在一些高地上。城内在西汉以后曾有较长一段时间为水浸淹，普遍形成较厚的水渍层，至唐才恢复居住。

根据城内出土物和地层堆积情况以及出土过 2 枚秦印判断，此城极可能建于秦，西汉初期废弃，成为聚落。至于遗址是否与《水经·鲍邱水注》的秦右北平郡城有关，尚需进一步证实。（纪烈敏）

（原载《中国考古学年鉴》1991 年）

武清县兰城战国及汉代遗址

发掘时间：1991 年秋

工作单位：天津市历史博物馆考古队

兰城遗址位于武清县兰城村南，面积东西 700、南北 600 米，略高出周围平地。遗址的西面和南面有明显的土埝，东南约 100 米处，出土了东汉雁门太守鲜于璜墓以及汉阙等规格较高的遗物，因此该遗址曾被认为是东汉雍奴故城。此次试掘即为弄清该遗址的性质和年代。

试掘前在渠边、养鱼池边和沟坡上都刮了剖面，重点钻探了遗址的四边和有迹象的地方，并配合开探沟，均未发现夯土痕迹，西边和南边的土埝皆是沙垄，文化层分布的边缘亦不规则，故此，该遗址不能肯定为城址。

发掘面积 380 平方米，主要集中在遗址的中部和东部，文化层多埋藏在距地表 1.5 米以下，其上为后期沉积的沙土层。早期以 T23④灰沟为代表，出土灰陶绳纹罐、豆、盆、甄和双兽纹、山字纹、饕餮纹半瓦当、明刀币等战国晚期遗物，并有"十年"、"廿五年"等纪年陶片多件。中期以 T24③为代表，出土灰陶豆、盆、罐、绳纹筒板瓦、卷云纹瓦当及五铢钱

等汉代遗物。晚期主要出土花边瓦、素面瓦、"大乐昌富"瓦当等遗物,约当汉魏之际。（韩嘉谷 纪烈敏 张俊生）

（原载《中国考古学年鉴》1992 年）

蓟县西北隅战国至辽墓地

发掘时间:1992 年 5～6 月

工作单位:天津市历史博物馆考古部

墓地位于蓟县城西北隅砖厂内的高台上。在全面铲探的基础上,发掘了 2 座汉墓、4 座辽墓、6 座儿童瓮棺,并清理了 3 座战国墓。

两座汉墓皆为小型砖室墓,南北向,长方形麻纹青砖垒砌,墓壁砌法二横一竖。M2 分前后两室,前室近方形,宽 3.04 米;后室长方形,宽 2.1 米;总长 6.16 米。出土有陶罐、奁、灶、井、盘和鸡、鸭、猪等陶动物,为东汉时期墓葬。M6 为长方形单室,长 3.9 米,宽 2.5 米,南面开券门,有长 4 米的斜坡甬道,出土有陶罐、奁、耳杯、灶等,为西汉时期墓葬。

4 座辽墓皆为圆形单室,直径 2.5～3 米不等,墓壁以沟纹砖三横一竖垒砌。按墓葬形制可分两种。一种以 M1 为代表,墓壁即以砖砌成,无装饰,券顶,室内西半部砌出棺床,门向东。在棺床下,门道东边,摆放着陶罐、漆盘、铜勺、三彩双耳罐等文物。另一种以 M5为代表,墓室为砖仿木结构,墓壁上用砖砌出门、窗、圆柱、斗拱、斗拱上支撑着券顶。地面北半部设棺床,南面开甬道,通过甬道在门外建有一门楼。门楼中间做小券门,可进入室内,券门上砌出五组斗拱承托小飞檐,檐椽脊具备。整个墓室的异形砖精心磨制,作工考究。墓室早年被盗,尚残存"开元通宝"钱数枚。从墓室结构和出土文物来看,其年代应为辽代中期以后。

6 座儿童瓮棺葬,皆土坑穴,南北向,东西排列,以夹砂红陶釜、夹砂灰陶瓮或灰陶盆口对口对套,组成棺,内葬幼儿尸骨,已朽。无发现随葬品。从器物形制分析,瓮棺葬应为战国时期。

清理的 3 座战国墓,皆长方形土坑竖穴,1 座墓出土陶礼器鼎、豆、壶。另 2 座墓皆出土一对燕国鬲。由此可知,此处从战国至辽,一直做为墓地。这与近在咫尺的蓟县县城历史不无关系。（纪烈敏）

（原载《中国考古学年鉴》1993 年）

天 津 蓟 县 发 现 青 铜 短 剑

梁宝玲

1985 年秋,蓟县翠屏山乡西山北头村民挖菜窖时,在距地表 140 厘米的土层中,发现 1 件青铜短剑。据发现者讲,短剑出土时完好,后从剑格处折断,剑身丢失,现只存剑柄,残长 8 厘米。柄首扁圆形,中间饰镂空图案似双角倒卷,角下有斜格交叉,镂空处原来似有镶嵌,现已脱落。剑茎扁圆、中空,上镂 3 行共 18 个长方孔(见图)。

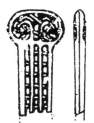

从目前已发表的考古资料看,在北京市延庆县军都山东周山戎墓地[1]、河北省滦平县营房大腰子和丰宁县四岔口土坑墓葬中[2],均出土过与上述青铜短剑完全相同之物。这种形式的剑,一般通长 25～27 厘米,剑身单脊,两侧直刃,横剖面作菱形。属直刃匕首式青铜短剑系统,其年代约当春秋中、晚期。从地望上看,北京延庆、河北丰宁和滦平及天津蓟县等地正是春秋时期山戎盘踞之地。

在天津宝坻牛道口和歇马台及蓟县邦均等地东周时期的墓葬中,曾先后出土过铜刀、铜泡、圆环、骨串珠、铃形小铜器等一批具有北方青铜文化特点的遗物,却从未发现青铜短剑。因此,蓟县青铜短剑的发现,对探索东周时期活动于冀北山地的山戎部族的分布范围及相关历史提供了线索。

(原载《北方文物》1993 年第 2 期)

①北京市文物研究所、山戎文化考古队:《北京延庆军都山东周山戎墓地部落墓地发掘纪略》,《文物》1989 年第 8 期。
②郑绍宗:《中国北方青铜短剑的分期及形制研究》,《文物》1984 年第 2 期。

宝 坻 、武 清 古 遗 址

调查时间:1992 年 5 月
工作单位:天津历史博物馆考古部

为进行"西汉末年渤海海面波动"专题研究,今春对武清、宝坻、宁河三县的部分遗址进行调查,并取土样作分析,其中三处遗址的现状如下。

大宫城城址 位于武清县后岗乡大宫城村。古城平面近方形,边长约 500 米,城垣西墙和东南角保存较好,地上夯土部分,高出周围农田 1～1.5 米左右,垣宽约 10 米,黄土筑成,夯层明显,厚约 10 厘米。津蓟铁路、津围公路和黄沙河从城内穿过。城址北部为大宫城村,村南原为一片耕地。现在除黄沙河西和被铁路割开的东南角外,其余都被挖成了深 2～3 米的养鱼坑,文化层被破坏。城墙被用作养鱼池堤坝保存了下来。从城内东南角渠边可见地表下 85 厘米是汉代文化层,厚 40～50 厘米,内含夹砂红陶、绳纹灰陶残片等遗物。

桥头遗址 位于宝坻县高庄子乡桥头村西，现为窑厂，地面可见零星战国、汉及辽代陶瓷片。从南壁剖面见到两层文化层，即1～1.5米为辽代遗存，夹有白瓷片，卷沿灰陶罐等。2～2.4米为战国至汉代文化层，辽和汉代文化层之间是一层黑粘土，含有红陶釜残片、蚌片等遗物。在深4米处，又有一层绿黑色土层，此层内窑厂取土时，曾出土过成排的树根，并采集有石磨棒、石斧、圆饼状石器等

遗物。现在遗址的主要部位多遭破坏，只存边缘部分。

程泗店遗址 位于宝坻县尔王庄乡程泗店村东，略高出周围平地，原面积约10万平方米以上，现仅存一半。文化层裸露，厚约40厘米，地面暴露陶片极多，有夹砂红陶釜、灰陶罐、盆、豆等，及大量建筑材料，包括绳纹筒板瓦和双龙纹、卷云纹半瓦当，皆属战国遗物。（韩嘉谷）

（原载《中国考古学年鉴》1993年）

蓟县发现了几处汉墓群

1956年3月，通县专署给河北省文管会的报告称：蓟县在农业增产运动中发现古墓葬，出土陶、铜器若干件。4月份文管会派员赴该县调查，结果在该县的邦均、别山两镇发现了规模很大的汉代墓葬群。

邦均镇在蓟县城西15公里，古墓群在镇的正北面，多年前这一带修路挖沟就曾发现过大批的绳纹砖，在郭家坟一带仍存有一、二个高大的封土冢。本年3月农民在这一带打井发现古墓40多座，连同过去露头的古墓一共有70多座。这些墓葬的形制不一，墓室多长方形，单室多，复室少，拱形或穹窿式顶。用青灰色一面绳纹砖砌筑，墓内一般有1—2副骨骼，墓室顶距现在地面1—2米，墓与墓之间的距离2—3米，有个别的间隔一米。墓内出土各种殉葬瓦器，有灶、奁、耳杯、壶、鼎、勺、井、盘、陶俑、陶猪、熊（？）、五铢钱等。

墓群的面积，东起邦均镇东口，西至镇西口，北至郭家坟一带，东西长约1公里，南北宽约0.75公里，若按每墓间隔三尺算，在这一范围内可有墓葬400—500座。

墓群的时代，根据遗物判断，可能是东汉初期。

别山在蓟县城关东南15公里，在镇西面

的弥勒院、楼上乡、二里店子这区域内分布着不少的东汉前后期的古墓群。这些古墓在地面上的一些象征是起伏丘陵状的高大封土冢，有的顶部已开垦为台状耕地，有的则上面又埋了近代坟墓，又有的由于常年取土，封土不存变成了平地。乡民传说：二里店有七十二台子，就是专指这些古墓说的。除以上三个地方外，往西一直到王扛庄都有古墓发现。

古墓分布地点以楼上乡为中心，分布在2公里的范围内，有的三、五自成一群，似是一种关系较密切的族葬。封土一般高度在6米左右，直径约20米，大都经过夯筑。在二里店一座墓的封土中夹杂着一些战国式陶器破片。从楼上乡已挖毁的数座古墓观查，墓以青灰色砖砌成，拱状室顶，多室，一般墓门向南。出土物有常见的东汉绿釉陶器，如屋、耳杯、灶、灯等。在弥勒院的一座墓葬中发现了铜辟邪和圆柱状盛颜料用的盖桶等。

所谓"七十二台子"的传说，根据这里在多年前有72座大形古墓这次调查时还剩下30多座的情况看，估计地面下的墓葬还可能大量存在着。

蓟县城关区西北制砖厂去年在取土修窑时发现了汉墓多座，出土各种陶制明器，有

灶、釜、甑、盆、耳杯、三足鼎、扁壶、瓶、盘等。这一带也是一个小型古墓群，明器的制作较邦均汉墓所出为粗糙，可能是东汉时期的。

（郑绍宗）

（原载《文物》1956 年 9 期）

蓟县电厂汉代墓葬

发掘：1992 年春

工作单位：天津市历史博物馆、蓟县文管所

　　墓群位于蓟县电厂生活区施工工地。这次发掘 60 余座，分土坑墓、砖室墓两种。土坑墓 41 座，分布集中，均为南北向，一般长 4.5、宽 2～3 米、深 4 米左右。大部分墓底建有排水设施。均有木质葬具，大多为一椁一棺，有的为一椁双重棺，并设有头箱和边箱。木棺置椁室东南部，棺内外髹黑漆，内葬 1 人。器物一般陈放在头箱内，有铜、陶、玉石、漆、蚌器及铜钱等。铜镜、玉器、宝石、玛瑙串珠、银戒指等随葬佩带。腰部和头前放置以细布包裹的铜钱数十枚，最多达 3500 枚，以西汉五铢和王莽时期的货泉、大泉五十为主。漆器有盘、案、盒、耳杯、奁等，有的漆器上装饰鎏金铜铺首、泡钉、器足、铜镶口等饰件。

　　砖室墓 20 余座，皆南北向。以单室墓最多，一般是两墓并列一组，相隔 0.5 至 1 米，为夫妇异室而葬，葬具为木棺。随葬品除壶、罐、盒、盘外，还有灶、井、鸡、鸭等明器。

　　据出土物及墓葬结构分析，这批墓葬的时代当在西汉晚期至东汉中期。（据《中国文物报》1992 年 6 月 14 日）

蓟县东关汉墓

发掘时间：1991 年 4～7 月

工作单位：天津市历史博物馆考古部

　　在蓟县城东小毛庄村以西，燕山南麓的台地上，有一条东西向的小河，墓葬就集中在河两岸。共发掘 60 余座。其中土坑墓 41 座，均为南北向。墓圹长方形，一般长 4.5、宽 2～3、深 4 米左右。大部分墓为一棺一椁，大些的墓为一椁双棺，并设有头箱和边箱。椁室由盖板、壁板、隔板、底板和枕木组成。随葬器物一般陈放在墓主人头前棺椁之间的头箱中和棺内。器物的种类有铜器、陶器、玉石器、漆器、蚌器等。铜镜、玉器、宝石、玛瑙串珠、银戒指等均随身佩带置于棺内。腰部和头前放置以细布包裹的铜钱数十枚，最多的达 3500 余枚，以西汉五铢和王莽时期的"货泉"、"大泉五十"为主。每座墓内都随葬一部分漆器，多置于头箱和边箱内，多为黑色漆器绘制红色图案，出土时色彩鲜艳。大部漆胎已粉朽，有的装饰有铜鎏金铺首、器足等饰件。可辨器类有盘、耳杯、案、盒、奁等。出土的铜镜保存较好，有乳钉纹和四神、昭明等种。墓内随葬陶器较多，主要器类有壶、罐、瓮、盘、盒等。部分陶器上还饰有彩绘花纹，有的陶器内残存鸡、猪、鱼骨和炭化的带壳谷物。少量墓内随葬铜炉、带钩、铜洗、铁剑、玉石饰器等。

　　砖室墓 20 余座，均为绳纹砖砌筑而成，与土坑墓错落分布，均为南北向，保存较好。以单室墓为主，一般是两墓并列，相隔 0.5～1 米，显然是夫妇异穴而葬。墓内有木棺一具已朽，随葬陶器除壶、罐、盒外，新增加了盘、碗、耳杯、奁、灶、井、鸡、鸭、猪、羊、狗等较多的明器。墓内也出土了五铢钱、"货泉"、"大泉五十"等钱币。

这批墓葬的年代当在西汉晚期至东汉中期,为研究我国北方地区汉墓分期提供了新资料。(赵文刚　邱　明　梅鹏云)

（原载《中国考古学年鉴》1992 年）

宁河县田庄坨汉墓

1979 年 5 月,天津市文物管理处考古队在宁河板桥公社田庄坨大队附近清理了一座西汉墓。该墓南北向,方向北偏东 20 度,为长方形土坑竖穴墓。坑长 2.56、北宽 1.60、南宽 1.40 米,墓底距地表 60 厘米。在墓底东部发现有棺钉和一些腐朽的棺木痕迹。骨骼已朽,系单人仰身直肢(图一)。

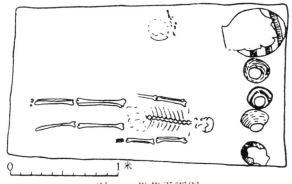

图一　墓葬平面图

随葬品有陶器五件,其中

瓮　一件(图二)。灰陶,羼蚌壳粉。口径 29、腹径 45、通高 50 厘米。小口,圆唇外折,短领,领外有凸弦纹一周,鼓腹,上印由绳纹组成的带状纹饰三周。

罐　四件,可分三式:

Ⅰ式一件(图三)。灰陶,羼蚌壳粉,方唇,口沿外缘有三周凸起的弦纹,唇下有短颈,鼓腹,小平底。肩、腹部有小方格纹组成的带状纹饰二周,腹下部有拍打的条纹,小平底饰交叉纹。 Ⅱ式二件(图四)。泥质灰陶,方唇,折腹,腹上部饰弦纹,下部和小平底印条纹。 Ⅲ

式一件(图五)。泥质灰陶,小口,圆唇短领,鼓腹。上部饰弦纹,下部和小平底有拍打的条纹。

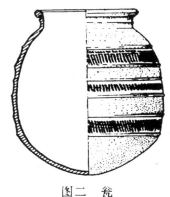

图二　瓮

五铢钱　四十五枚(图六)。

此外,在人骨架的右侧,发现漆盘残片,系麻胎,外髹黑漆,用朱砂绘卷云纹图案。

从随葬陶器分析,瓮和Ⅰ式罐的器型类似河北任邱西汉中期墓[①]和北京怀柔西汉晚期墓[②]出土的同类器物。出土的五铢钱,与洛阳烧沟汉墓的Ⅰ、Ⅱ型五铢相同,其年代下限应在新莽以前。目前,天津市西汉墓葬资料甚少。这座墓的发掘,为我们研究天津地区西汉考古文化增添了新的资料。

（邱　明）

（原载《文物资料丛刊》9 期）

①《河北任邱东关汉墓清理简报》,《考古》1965 年第 2 期。
②《北京怀柔城北东周两汉墓葬》,《考古》1962 年第 5 期。

图三　Ⅰ式罐

图四　Ⅱ式罐

图五　Ⅲ式罐

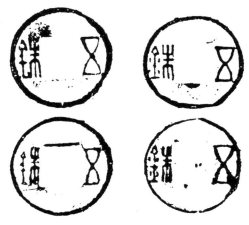

图六　五铢钱拓片（原大）

静 海 县 东 滩 头 汉 墓

发掘时间：1982－1985 年

工作单位：天津市历史博物馆考古队

　　墓地位于静海县西南 15 公里的东滩头村东侧，村西为南北流向的黑龙港河。1982 年发现，先后进行了三次发掘，共清理墓葬九座（汉墓七座、宋墓二座），出土文物二百余件。

　　墓葬早年被盗，地面封土皆已不存，有的墓室顶部坍塌或变形，墓室结构遭到不同程度的破坏。大部分墓葬坐北朝南，排列有序，一般间距为 5 至 14 米，均由墓道和砖砌墓室组成。按墓室多寡和结构异同，可分为砖砌微道墓、多室墓、单耳室墓三种形制。

　　砖砌微道墓一座，规模宏大，形制特殊，保存比较完整，南北长 39、宽 10.4 米，由四条墓道和二十二个墓室构成。墓室按庄园建筑的布局修成，在四周微道的包围中分前、中、主、后四室和左右耳室。均为四角攒尖顶，顶部砌成后灌注白灰浆和碎砖块,使其更加牢固。墓室间以过道,券门相沟通,墓道、券门和过道顶部大部分都有朱书或墨书题记,标明墓道方向和墓室用处。在围绕墓室四周"回廊"式建筑的券门上大部分墨书"徼道"等字。

多室墓两座,由一条墓道和前、中、主、后室和四、五个耳室构成,长13、宽6米左右。墓壁和券门顶部施黑、白、红色几何形彩绘,色彩鲜艳。

单室墓四座,结构比较简单,一般在墓室的一侧建一耳室,墓室狭窄,只能容一人,长2.7、宽0.6米左右。

各墓中出土的随葬品数量不等,徼道墓和多室墓内的随葬品,制作精致,种类繁多,器形高大。单室墓内的随葬品比较少,制作粗糙,有的根本无随葬品。出土的随葬品一般放置在前室或耳室内,少部分位于棺木的周围。随葬品主要是陶器,包括灰陶、红陶、彩绘陶和釉陶,规模比较大的墓以釉陶为主。器类有方形楼、扁楼、瓮、罐、壶、盆、盘、鼎、钵、熏炉、案、耳杯、勺、连支凤鸟灯、镂孔堆塑车马人物灯座、碓、井、水磨、灶、厨夫俑、鸡、鸭、鹅、狗、猪、猪圈等。另外在棺木的周围还出土"五铢钱"多枚以及骨簪、玉珠、铜泡、蚌片等装饰品。器物形制与已往东汉晚期墓中的遗物基本相似。(赵文刚)

(原载《中国考古学年鉴》1986年)

蓟县逯庄子乡东汉墓葬

发掘时间:1985年5月4日
工作单位:蓟县文物保管所

墓葬位于逯庄子乡境内,由苗圃场工人发现,为一座砖室墓。出土器物有陶灶、猪、狗、仓、香炉、奁等五十八件陶器和一百多枚汉代五铢钱。(摘自《天津日报》1985年5月17日)

蓟县辛西村汉墓

发掘时间:1988年12月、1989年元月
工作单位:天津历史博物馆考古队、蓟县文物
保管所

为配合大秦铁路建设工程,在蓟县白涧乡辛西村西北的高岗上,两次发掘汉墓十五座。均为中小型汉墓,而且绝大多数被盗。墓室均为砖室结构,形制分长方形单室、双室及十字型等三种形制。墓顶均已塌陷。从残存的结构看,大多数是单层起券,亦有双层起券的。墓壁采用二横一竖的砌法。墓底用砖单层漫地,一般呈人字形。墓门亦起券,分单层和双层两种。从墓向看,绝大部分为南北向,墓门除一座在北头外,其余均在南头,东西向的墓一座,墓门在东头。单室墓长度一般在3～4、宽2～3米。双室墓长7～8米。墓道为斜坡式,但均狭小。墓内有木炭痕迹和红烧土。除少量见有棺的残迹外,大部分不见棺痕。从残存骨架看,有双人的夫妻合葬,亦有单人葬。

随葬品大多置于墓室的前端和甬道处,所出的器物绝大部分为陶器,其组合一般为罐、壶、盘、灯、灶、耳杯、香炉、案、仓、猪圈、陶井、陶屋、鼎及陶猪、马、牛、羊、鸡、陶俑等。此外有大量五铢钱,及银戒指,耳珰等。有的墓

还殉葬有狗、牛骨等。

另外一座位于邦均镇北,为长方形单室结构,长3.6、宽1.9、残高2米,单层起券。底部为单层的砖漫地,呈人字形,墓向北,不见棺痕。葬一成年男性。随葬品有陶罐、盆、灯、方盒、陶井,盘口长颈壶、灶、盘、案等。还出有铜带钩及五铢钱。

从墓葬形制及随葬品看,为东汉时期的墓葬。(梅鹏云)

(原载《中国考古学年鉴》1989年)

蓟县别山汉代墓地

发掘时间:1988年3月
工作单位:天津市历史博物馆考古队

墓地位于蓟县别山镇西,面积近1平方公里,原地面有封土堆,号称"七十二台子",初步探明大型砖室墓二十一座。1979年试掘三座,墓室皆长达15米以上,分前、中、后三室和左右耳室。其中一座墓的后室,内砌石室,外套砖室,顶部修成长方形藻井,浮雕莲花,墓门和门楣皆用石制。墓内随葬石榻、石供桌,并出土了一批铜、玉、银、鎏金、琥珀、陶质珍贵文物,因此列为市级保护单位。

这次配合大秦铁路二期建设工程,在墓地北部进行了钻探发掘,共清理墓葬十一座。分布比较集中,间距一般为3~5米,由东向西排列,均为南北向。包括土坑墓和砖室墓两种形制。土坑墓两座,位于发掘区最北端。墓长2.6~3.2、宽1.2米。墓中葬棺一口,棺木已朽,仅存残余板灰,人骨亦化为黄色粉末,但经仔细拨除之后尚能辨识原来位置。从形迹观察为仰身直肢葬。头前置灰陶罐、盘、钵等。另于死者右肩部放置以丝织品包裹着的五铢钱。从出土物看,其年代为西汉中晚期。砖室墓九座,多为长方形单室,一般长4~6、宽2~4米。均坐北朝南。由墓道、墓门、墓室几部分构成。室内多葬一人,头北脚南,主要随葬品有罐、盆、盘、耳杯、案、勺、奁、灯、镰斗、灶、井、鸡、鸭、猪等陶质生活用具和明器。少数墓内随葬五铢钱。墓室结构和随葬品与以往发掘的东汉晚期墓相似。(赵文刚)

(原载《中国考古学年鉴》1989年)

蓟县西后街汉代墓地

发掘时间:1989年11~12月
工作单位:天津市历史博物馆考古部

墓地位于天津市蓟县邦均乡西后街村北的高地上,南邻邦均汉墓群。面积为1000平方米。建筑大秦铁路取土时发现。共清理汉墓10座、辽代墓1座,出土文物164件。

墓葬分布比较集中,有一定的规律,由南往北分成3组,每组由东向西排列,均为南北向,间距一般为3~5米。以单室墓为主,皆为绳纹砖砌成长方形墓室,一般长4~6、宽2~3米,由墓道、墓门、甬道、墓室部分构成。多双人葬,皆为仰身直肢,大部分人骨已朽,墓内多发现铁钉,有的保留有木棺痕迹,从残存板灰观察,木棺长2、宽0.6米。棺内一般都放置五铢钱数10枚,位于手部的五铢钱呈串状并用细纹布包裹,其余的散放在死者身下。主要随葬品集中在墓室南端或墓门处,包括瓮、罐、盆、勺、盘、案、奁、匝、耳杯、鼎、炉、仓、灯、井、鸡、猪、狗、羊、猪圈等陶质生活用具和明器。双室墓1座,保存较完整,由墓道、墓门、甬道、横前室、后室组成,墓道南部为斜坡状,近墓门处为竖井式。墓门上部用砖砌高0.9米的影壁墙。券门和穹窿顶用特制的刀形砖和楔形砖砌筑。墓室坚固,高3.15、长3.6米, 底部铺砖2层。随葬品集中在前室西部,随葬品器类与单室墓相似,器形较规整,烧制火候也比较高,制作精致。从墓葬形制及随葬品特点分析,与东汉中晚期墓相似。

在发掘区东侧,清理辽墓1座,为砖砌圆形墓室,直径2米。坐东朝西,顶部被毁。由墓门、甬道、墓室构成。室内砌一长方形棺床,上置较多的人骨灰。随葬品置墓门处和棺床南侧,包括3件灰陶罐和1件制作精致的白釉瓷碗。墓葬形制和随葬品特征及葬俗与以往发掘的辽代墓相同。(赵文刚 梅鹏云)

(原载《中国考古学年鉴》1990年)

蓟县吴家垯头村汉墓

发掘时间:1990年4～6月
工作单位:天津市历史博物馆考古部

墓地位于蓟县别山乡吴家垯头村东北,别山汉墓群的西部。蓟县电厂在施工中发现,随即进行了清理。共发掘墓葬11座,出土文物120余件。

因机械化施工,墓葬均遭到不同程度的毁坏,大部分墓顶坍塌。墓葬分布比较集中,有一定的规律。大多数墓为南北向,可分为三组,每组由1座多室墓为主墓,四周有三四座小型墓构成。多室墓一般由墓道、墓门、前室、后室和耳室部分组成。除墓道外均以青灰色绳纹砖砌筑,长14、宽10米左右。墓道为土坑竖穴斜坡状,从地表沿墓道直至墓室。墓门为拱券形,用砖封堵。前室为方形,后室为长方形。大部分人骨发现于后室内,多为双人葬,头北脚南,仰身直肢。头部出土铜发笄,发叉、琉璃耳珰等饰品,手部戴有银圈,随葬品放置在前室和耳室内,包括盆、罐、案、碗、卮、杯、盒、灯、井、灶等陶质生活用具和明器。小型墓长7米、宽3米左右,由主室和耳室组成。在主室的前端设斜坡状墓道。主室内葬两人,大部骨架已腐。头北脚南,骨架四周有较多的铁钉和朽木痕迹。墓底多有五铢钱,有的呈串状。随葬品放置在墓门处或耳室内,大部为陶器,器类与多室墓相同。出土的五铢钱和随葬器物及墓葬形制与以往发掘的东汉中晚期墓相似。(赵文刚)

(原载《中国考古学年鉴》1991年)

天津南郊窦庄子隋墓和汉代瓮棺墓

窦庄子在天津市南郊区北大港西南部。1973年3月,我处根据生产大队的报告和贫下中农提供的线索,先后在该村调查和清理了两座隋墓和一座汉代瓮棺墓(图一)。

一 隋墓

一号墓座落在村西一公里西南洼的高地上,是圆顶砖室墓(图二、图三)。墓顶距地表深0.35米。墓室平面略呈圆角长方形。墓底南北长3.16、东西宽2.8—2.88、高2.1米。墓室由单砖砌成。砖为长方形,单面绳纹,长28、宽14、厚5厘米。自墓底周壁向上,层层相叠,逐渐缩曲,收成圆顶。地面平铺一层砖。

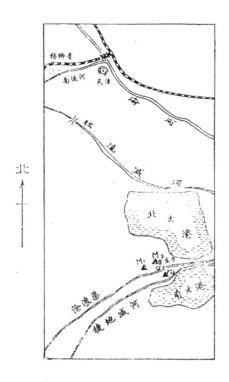

图一　窦庄子墓葬位置示意图

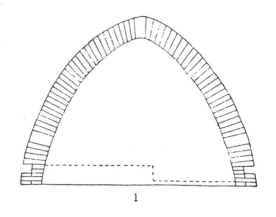

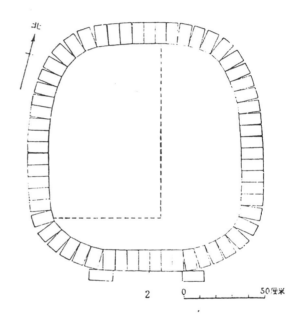

图三　一号隋墓平面图

图二　一号隋墓正面图

墓门在南壁，用单砖横铺砌成券门。墓向为南偏东10度。墓室内壁抹有一层白灰泥，厚约0.5厘米。砖缝用泥黏接。棺床在墓室西北部，西、北边与墓壁连接。用砖平铺，砌成长方形平台。南北长2.2、东西宽1.38、高0.2米。

棺床上有男性成年骨架一具，头向南。由于室内被泥水淤浸，葬具不明，但未见棺钉。

随葬品置于棺床下，靠近人架头部。泥质灰陶罐2件，均残。一为双耳罐，肩部有弦纹一道，鼓腹，平底。口径48、底径12、高25.8厘米（图四：1）。一为小口罐，肩部有五道锯齿纹。口径14、底径17、高42厘米（图四：2）。瓷碗1件，口略敛，口下有一道细弦纹。平底，底心微凹入。胎较厚重。釉色青黄，碗里满釉，外壁大部分施釉，近底部露白瓷胎。碗心有三个支烧痕（图四：3、图六）。

二号墓位于村北七里台，系长方形砖椁

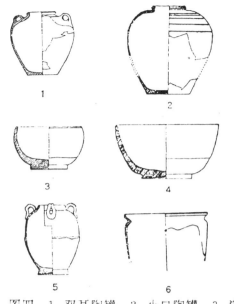

图四 1. 双耳陶罐 2. 小口陶罐 3. 瓷碗
4. 瓷碗 5. 四系瓷罐 6. 夹砂红陶瓮

图五 二号隋墓南部

图六 一号墓出土瓷碗

图七 二号墓出土瓷碗

图八 二号墓出土四系瓷罐

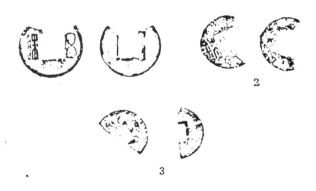

图九 1、2. 五株钱 3. 货泉

墓(图五)。墓口距地面深 0.22 米。土圹南北长 3.04、东西宽 1.58 米。砖椁南北长 2.2、东西宽 0.88、高 0.27 米,四壁与墓底用单面绳纹砖砌成。砖缝用泥黏接。东西壁为单砖平砌,南北两端各以两块立砖封口。墓底平铺一层砖。墓南部已扰乱。墓向为南偏西 4 度。墓内女性成年骨架一具,头向南、面向西、侧身直肢。左肱骨中部有一小块铁锈,深入骨质。未见棺钉和棺板痕迹。

随葬品在人架头部西侧。四系瓷罐一件,敛口,肩部四耳,鼓腹,平底,底心微凹入,腹中部有一道凸棱。青黄色釉,外壁上半部施釉,下半部及底露白瓷胎。腹部有一支烧痕。高 18.7、口径 6.9、腹径 15、底径 8 厘米(图四:5、图八)。瓷碗一件,扣在四系瓷罐上。敞口,平底,底心略凹入。胎较一号墓瓷碗薄。米黄色釉,碗内满釉,外壁挂半釉,下部及底露白瓷胎。口径 14、底径 6.8、高 7.3 厘米(图四:4、图七)。

一号墓的墓室结构和二号墓的四系瓷罐,与河南安阳琪村隋墓①出土的同物类似。一号墓和二号墓的瓷碗,其制法、器形接近河北磁县贾壁村隋青瓷窑址的三型碗②。因而这两座墓的年代应属隋至初唐。

只发现一座,编号为三号墓。距地面深约 0.8 米。瓮棺由三个“鱼骨盆”质的夹砂红陶瓮套合而成。方向为东西向。两端的瓮口对口,中间套接一个无底的瓮。陶质粗糙,陶土内羼入贝壳屑和砂粒。三件器形略同,大小不等。为折沿,大口,广肩,深腹,圆底。底部已残(图四:6)。两件口径 34、另一件口径 14.5 厘米。瓮棺内葬幼儿骨架一具,口含铜钱七枚,牙齿表面有一层绿锈。

铜钱中五铢钱五枚,货泉一枚(图九)。根据钱币的大小、形制和书体特点分析,出土的五铢钱接近洛阳烧沟汉墓③的第三型五铢钱。因此这座瓮棺墓的年代可定为东汉。

汉代瓮棺墓出随葬品者甚少,此墓出五铢钱较多,有助于瓮棺葬的断代。同时它进一步证明,在我国北方,用所谓“鱼骨盆”质的陶瓮作葬具埋葬幼儿,不仅战国时代流行,而且在汉代也有这种葬俗。(天津市文管处)

(原载《文物》资料丛刊》第 1 集)

①《河南安阳琪村发现隋墓》,《考古通讯》1956 年 6 期。
②冯先铭:《河北磁县贾壁村隋青瓷窑址初探》,《考古》1959 年 10 期。
③洛阳区考古发掘队:《洛阳烧沟汉墓》,科学出版社,1950 年。

静海县张村隋墓

调查时间:1990 年 8 月
工作单位:天津市历史博物馆考古部

墓葬位于静海县张村西北部的高地上,地表散布有战国时期的盆、罐、豆、釜等陶器残片。1982 年修路时曾出土过盘口青釉瓶、直口双系罐、假圈足青釉碗及五铢钱等隋代文物。今年 8 月,村民建房取土时又发现 2 座砖室墓。墓为单室圆角方形,坐北朝南,长约 3 米,以绳纹砖砌筑而成,墓室南端砌拱形券门和甬道。墓底距地表深约 3 米。因地下水位较高,人骨已腐,人骨四周有朽木痕迹和锈朽的铁钉。墓内随葬盘口长颈瓶、深腹平底碗、敛口平底钵各 1 件,均施青黄釉,施釉不到底。墓葬形制及随葬品特征与以往发掘的隋墓相同。(赵文刚)

(原载《中国考古学年鉴》1991 年)

蓟县白塔内包辽塔

发现时间:1983 年 3—5 月

工作单位:原天津市文物管理处考古队

　　蓟县白塔(原名渔阳郡塔,又名观音寺塔,辽建)重修工程中,发现塔中还另包一塔,残高 24.5 米,剥掉包砖得知,塔自第一层檐向上全经包砌,并且有二次包砖大修。第一次从覆钵向上包,重建十三天相轮。第二次包砌了第一层檐上的八面柱状体,又扒去覆钵东半部第一次包砖重包,在覆钵南面砌佛龛;并在塔身南面开门,改假门为真门,通下层塔室,在室内建佛坛,门道立碑,形成现在面貌。

　　被包砌部分的内容是,第一层檐的上面是砖雕,宽 40 厘米,八面,带状缠枝莲花。花带上出第二层檐。檐上做壶门,高 40 厘米,八面,每面三个,内各镶高浮雕戴宝冠的坐像一尊。壶门往上至覆钵间有 1.6 米因外皮剥落,情况不明。覆钵高 2.75 米,浮雕悬鱼八组,正南有门通上层塔室。覆钵上又作八面柱状体,每面置壶门二,内镶砖雕奔兽、花卉图案。中立瘿顶,转角立宝瓶。其上又出第三层檐,叠涩内收,八角皆挂风铎。檐上相轮部分已毁。

　　塔中空,分上中下三室,互不相通。上室方形,四角攒尖顶,出遗物八十余件,内有清宁四年石函一件。

　　此塔年代,文献无记载,从造型、用砖以及砌体内出土的"太平通宝"钱等方面看,始建年代与独乐寺重建时间相近。第一次包砌的时间,从内塔表面不见风化,包砌用砖的特点和砌体中出土的铜钱、瓷器看,距始建年代不远,即石函所记的清宁四年,包砌原因是由于清宁三年大地震的破坏。第二次包砌是门道小碑所记的明嘉靖十二年。

　　蓟县白塔原貌以及相关文物的发现,对了解该塔的历史和年代,与独乐寺的关系,以及辽代窣堵坡式塔的形制特点,都具有重要价值。(纪烈敏、张俊生、韩嘉谷)

　　(原载《中国考古学年鉴》1984 年)

蓟县抬头村早期辽墓

发掘时间:1984 年 12 月

工作单位:天津市历史博物馆考古部、蓟县文物保管所

　　蓟县穿芳峪乡抬头村村民挖菜窖时发现辽墓一座,该墓为砖砌圆形仿木构建筑,分墓门、甬道、墓室三部分。墓门南向(偏西 5 度),宽 0.7、高 1.3 米。甬道券顶,长 0.9 米,中间用方形和长方形浅沟纹砖封堵。墓室圆形,穹窿顶,顶部早期破坏。直径 3、残高 2.1 米。在墓壁上砌出二窗、四柱、四朵斗拱和一圈屋檐。窗在墓室的东西两侧,直棂式,高 0.8、宽 0.4 米。柱在门的两侧对称排列,相距 0.8 米,由三块竖砖砌出,宽 0.18 米。柱头各承托单抄单下昂五铺作斗拱一朵,斗歆出颐,拱有券杀。斗拱托屋檐一圈。檐上墓室由素面砖斜向平砌,逐渐内收成穹窿顶。此种造型为辽墓流行的形制。

　　随葬品仅见一组陶制明器,约三十余件。有注壶、长盘、莲花口杯、三足炉、陶剪、盏托、灯台、陶匣、钵、桶形罐等。封门砖内侧出一件残瓷碗。其中注壶盘口、长颈、短流,长盘为花瓣口均与辽代瓷注壶、长盘的造型相近。瓷碗

白釉显黄、大敞口直壁、厚圈足、平底，亦是宋辽早期的特征。（魏仲明　邸明　李经汉）

（原载《中国考古学年鉴》1985 年）

蓟县营房村辽墓

发掘时间：1986 年 5 月

工作单位：天津市历史博物馆考古部、蓟县文物保管所

墓葬位于蓟县城西北 12.5 公里，在营房村北 1 公里的盘山南麓，为砖砌仿木结构，由墓道、墓门、甬道和墓室组成。墓道为斜坡状，残长 2.25、宽 1.08 米，底部夯实后填满积石。墓门朝东南，呈拱形，宽 1.08、高 1.24 米，以长方形沟纹砖封堵。甬道长 1 米，两壁涂垩，无铺地砖，内填满大块石头，近门处出土铁铃 1 件。墓室为圆形，直径 3.94、高 3.47 米，穹隆顶，外侧灌注白灰浆。室内周壁砌出 4 根倚柱，砖的边棱经打磨呈半圆形，柱头各有一斗三升斗拱 1 朵。整个墓室保存完整，无盗掘迹象。室内无棺床，木棺直接按置在铺地砖上，棺木均已腐朽，从残存的数十枚棺钉位置看，棺长 2、宽 0.72 米。棺内葬一中年妇女，为仰身直肢葬，头向北，头部保留的部分头发已泛黄色。耳部有耳环及不同形制的耳坠，手带铜镯和指套，均为较精致的青铜鎏金制品。棺右侧以 4 块砖砌一小龛，内置羊头 1 具和 4 蹄骨。棺外左侧摆放绿釉鸡冠壶、白釉莲花水注、注碗、粉白釉白瓷杯、铁灯、小铁刀、铁剪、青铜荷花镜、骨笄、草编盒 40 余件。

该墓的墓室结构以及墓内出土的随葬品，如绿釉双穿带盖鸡冠壶、白瓷盂、白釉莲花水注、铁熨斗、青铜荷花镜均具有辽代早期的明显特点，墓葬年代亦当为辽代早期。墓室内小龛置羊头和蹄骨，显然与辽代的埋葬习俗有关。（邸明　赵文刚）

（原载《中国考古学年鉴》1987 年）

武清县辽赵氏夫人墓志

发现时间：1988 年 4 月

工作单位：天津市历史博物馆考古部

《燕京武清县张东周母天水郡故赵氏夫人之实录并序》墓志，发现于武清县高村乡李老村。青石，方形，边长 51、厚 11 厘米。志文二十行，共四百九十七字，楷书，辽应历十四年（964 年）刻。

志文记述赵氏家居燕京铜马坊，由于宋辽对峙，一家人分散各地不得团聚的情况。在宋地的有：长子东周在真定府，长女、次子和次女在均州（今湖北省均县）。在辽地的有：长孙澶守在儒州缙山县（今北京市延庆县）。次孙惟叙在定州，当时尚在辽控制之下。丈夫随长子在真定，死后难返故园，权葬元氏县。赵氏死后也只能返葬于武清李罗村故里。反映了宋辽对峙初期，战争给人民生活带来的影响。（纪烈敏）

（原载《中国考古学年鉴》1989 年）

宝坻县大千佛顶村辽代铜器

调查时间：1988 年 12 月

工作单位：天津市历史博物馆考古部

　　铜器发现于宝坻县南仁垺乡大千佛顶村王玉生家的宅院内，距地表深 0.5 米、南北长 5、东西宽 1 米的范围内，有较多沟纹砖和布纹瓦碎块。砖长 37、宽 18、厚 6 厘米。共发现铜器六件：包括云朵板耳洗两件，其中一件带流；素面钵两件，莲花口浅盘一件，胎较薄，莲花镂孔器座一件，子母口，钵形腹部为重莲，腰部镂孔内各有一如意头装饰，底部有五个云头状足，造型别致、新颖，制作精巧，为辽代文物中少见。

　　这些砖瓦和铜器均属辽代遗物。从器形的铸造精度以及所饰云朵、如意、莲花纹饰看，决非一般民间用具。据史料记载该村曾建有千佛寺庙一座，不知何时荒废。此次出土的铜器及沟纹砖、布纹瓦等建筑材料当与寺庙建筑遗存有关。（赵文刚）

　　（原载《中国考古学年鉴》1989 年）

蓟县小云泉寺金代遗址

调查时间：1989 年 5 月

工作单位：天津市历史博物馆考古部

　　遗址位于天津蓟县城东 7.5 公里的翠屏山南麓，面积约 5000 平方米。今春社员修路在此取土，暴露文化层堆积 1 米左右，最厚处达 1.5 米，距地表深约 0.5 米。出土完整的六耳铁锅 1 口，泥质红陶大瓮 1 个，白瓷小碗 1 个，铁斧 2 把，铁镰 1 把，以及大量的素面板瓦残片和泥质灰陶残片，并出土铜钱 438 枚，其中主要是宋钱，有宋元、太平、淳化、至道、咸平、景德、天禧、至和、熙宁、元丰、大观、政和、宣和等年号，亦有少量的正隆元宝、大定通宝等金代铜钱。据出土器物特征和铜钱年代分析，遗址为金代。

　　在该遗址西北约 250 米的山前台地上，曾发现金代墓地，面积约 1000 平方米，现在地面仍暴露较多的素面青砖及残石羊 1 个。1967 年出土墓志 2 方，其一上阴刻"大金□燕国夫人□□墓志铭"。这是天津地区发现较典型的金代遗址和墓地，为区别辽代遗存提供了线索。（纪烈敏　张俊生）

　　（原载《中国考古学年鉴》1990 年）

天津静海东滩头发现宋金墓

1982 年 7 月,静海县东滩头村民发现古墓,市文物管理处闻讯后即刻派人清理。墓葬位于该村东 500 米,共 10 座,其中东汉墓 7 座、宋墓 2 座、金墓 1 座。兹将宋、金墓简报于后。

两座宋墓,一座平面呈圆形,另一座呈长方形。圆形墓编号 M3,由墓道、墓门、甬道、墓室四部分组成。方向 175 度。斜坡墓道已被破坏,残长 1.5 米,墓门为拱形券门,宽 0.7、高 0.8 米,门口上砌有高 0.5 米的女儿墙,两侧涂有红彩。墓门用砖封堵,后连甬道,长 0.8 米,券顶。墓室平面呈圆形,直径 2.8 米,入口处有一片长 1、宽 0.7 米的地面与室外甬道齐平,其余部分都砌成高出地面 0.26 米的棺床。棺床侧面砌出叠涩檐和壸门,正面四个,两侧各三个。墓壁砌出倚柱、斗拱、门、窗等仿木结构装饰。倚柱三,柱头各砌出泥道拱、耍头和三个散斗,斗

上为橑檐枋承接墓顶。墓壁两侧有一直棂窗,高 0.4、宽 0.5 米。北壁正对墓门处有门户,由门额、立颊、地栿和版门构成,高 0.23、宽 0.3 米(图一)。

棺床上木棺已朽,仅见板木灰,有男性人骨一具,仰身直肢,旁边另有女性尸骨一堆,

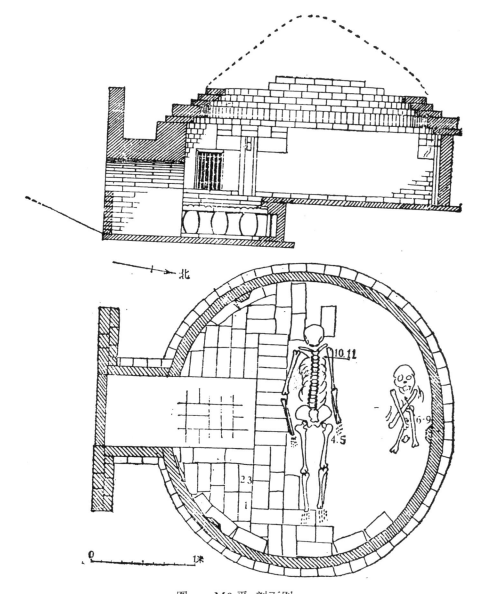

图一 M3 平、剖面图

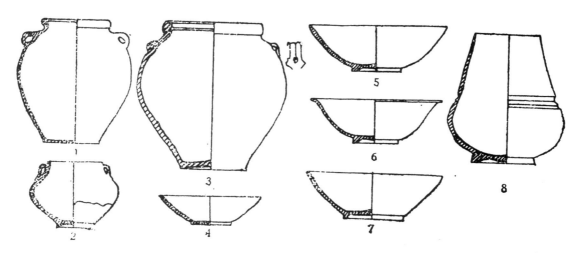

图二 出土器物

1. 陶罐(M4：1) 2. 黑釉双耳罐(M10：1) 3. 泥质红陶双系罐(M3：1) 4、7 瓷碗(M4：2、3)
5、6. 白瓷碗(M3：3、2) 8. 白瓷杯(M3：4)(1.1/10,2—4.1/8,8.1/2,余为1/4)

应属合葬时迁此。随葬器物有陶器、瓷器和铜钱。

泥质红陶双系罐 1件(M3：1)。高29.5、腹径29.6厘米。圆唇、敛口，鼓腹，肩有双耳，器底微凹(图二,3)。

白瓷碗 2件。敞口，浅腹，圈足。M3：2，沿外侈，高6.5、口径19.8厘米；M3：3，壁微弧，高4.5、口径14厘米(图二,5、6)。

白瓷杯 2件。M3：4，敛口，长颈，鼓腹，圈底，圈足，腹有两道凹弦纹。高6.7、腹径5.3厘米(图二,8)。

铜钱 6枚。有开元通宝2枚、光天元宝、淳化元宝、景德元宝、祥符元宝各1枚。

长方形单室墓编号M4，方向224度。单砖砌成，底宽上窄，逐渐收缩。长2.7、宽0.76—1米。无铺地砖(图三)。内有中年女性骨架一具，仰身屈膝。随葬品有陶罐、瓷碗和铜钱。

陶罐 1件(M4：1)。泥质红陶。圆唇，敛口，鼓腹，肩有双耳，溜肩，平底。高31、口径16、腹径28厘米(图二,1)。

瓷碗 2件。M4：2，尖唇，敞口，斜直壁，矮圈足。口径19.2、高5.8厘米。白釉，外壁釉不及底，胎较薄，泛灰色。M4：3，圆唇，敞口，斜直壁，平底，圈足，内底上凸。口径13.4、高4.5厘米，通体施

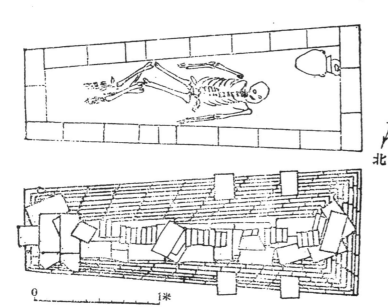

图三 M4平面图

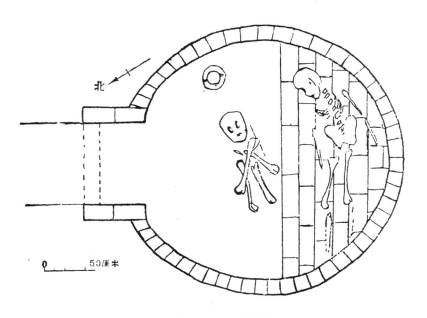

图四　M10平面图

浅黄色釉，均匀光洁（图二，4、7）。

铜钱　1枚。为开元通宝。

金墓一座（编号M10），椭圆形砖室，由墓道、甬道和墓室三部分组成，墓道长2、宽0.8米，呈斜坡状。墓道和墓室之间有甬道，长0.6、宽0.8米，方向22度。进入墓室处用四层侧砖封堵。墓室采用素面青砖平铺砌成，穹窿顶，南北径3.1、东西径2.7米。墓室北设一半圆形棺床，用两层平砖砌成。其余部分无砖。棺床上有女性骨架一具，棺已朽。棺床下另有男性人骨一堆，应为二次葬（图四）。

随葬品一件，为黑釉双耳罐（M10：1）。敛口，直领，鼓腹，圈足，小平底。肩有双耳。口径10、腹径17、高13.5厘米，外壁施半釉（图二，2）。

M3、M4两墓出土的铜钱最晚为祥符通宝，出土遗物及墓室结构也为宋墓所常见，当属宋代。M10出土的黑釉双系瓷罐同河北省唐山市陡河水库金墓所出相似，墓室呈椭圆状，具有金墓特征。

清理时发现在宋墓上面覆盖有一层40厘米厚的细黄土，质地纯净，呈水平状分布，这层黄土在静海一带分布较广。据考证，是政和七年（1117）河决时留下的遗迹，所以在当地常见复盖在宋墓上。而M10恰打破这层黄土，亦可作为几座墓断代的佐证。（邸　明）

（原载《考古》1995年1期）

武清县出土金元时代银铤

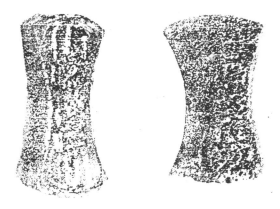

大赵庄出土银铤

1969年，天津市武清县东马圈公社大赵庄大队出土一笏银铤，亚腰形，表面微凹，周有波纹，长14.5、宽8.7厘米，重1974克。正面砸印"平阳路"、"伍拾两"、"张海"等字，錾刻"课税所"等字，背面铸"平阳"两个大字（见图）。同年又在双树公社小河大队出土八笏银铤。银铤长14.1～15.3、宽8.4～8.9厘米，重1965～2008克。正面多錾刻"行人"、"秤子"、重量以及砸印符号等。银铤均无纪年。大赵庄出土银铤砸印"平阳路"三字，据《元史·

地理志》："晋宁路……金为平阳府,元初为平阳路,大德九年(1305 年)以地震改晋宁路。"平阳路元初属中书省,即今山西临汾一带。此银铤当系元初之物。小河出土的八笏银铤,其形制、重量均与元或金的银铤相似,应为金元时代遗物。(天津市文物管理处　纪烈敏)

(原载《文物》1982 年 8 期)

大港区建国村金代窖藏铜钱

发掘时间:1986 年 3 月 29 日

工作单位:大港区文化科、天津市历史博物馆考古部

金代窖藏铜钱出土于渤海湾西岸的第二道贝壳堤,有灰土层,距地表 80 厘米,散装于 3 个陶罐中。铜钱总重约 150 公斤,共 2.2 万余枚。除锈蚀不清的 1000 余枚、残碎近 1000 枚外,余保存较好。年代上自西汉,下迄金代。按币形特点、币值大小、书体不同有 200 种左右。

在可辨认的钱中,有汉代的半两 4 枚、王莽时代的货泉 4 枚、两汉时期五铢 2 枚。隋代五铢 4 枚。唐代铜钱有 1300 多枚,除乾元重宝 64 枚外,余均为开元通宝。五代有前蜀的天汉元宝 1 枚、后汉的汉元通宝 2 枚、后周的周元通宝 1 枚、南唐的唐国通宝 35 枚。辽代的大安元宝 1 枚、天庆元宝 2 枚、重熙通宝 1 枚。北宋铜钱出土最多,有 1.8 万余枚,占全部铜钱的 80% 以上。有:宋元通宝、太平通宝、淳化元宝、至道元宝、咸平元宝、景德元宝、祥符通宝和祥符元宝、天禧通宝、天圣元宝、明道元宝、景祐元宝、皇宋通宝、庆历重宝、至和通宝和至和元宝、熙宁元宝和熙宁重宝、元丰通宝、元祐通宝、绍圣通宝和绍圣元宝、元符通宝、圣宋元宝、崇宁通宝和崇宁重宝、大观通宝、政和通宝、宣和通宝,共 20 多种。这批北宋铜钱以小平钱为主,其次是折二钱,也有折三、折五和当十钱。钱文的书法有篆、隶、真、行、草书等。一般每种年号钱至少有 2 种书体,钱文多为篆书与真书,或为篆书、隶书相配成对。南宋钱 3 种。有"建炎通宝"49 枚、"绍兴元宝"66 枚、"乾道元宝"3 枚。多为折二钱,小平钱较少。钱文多楷书,也有篆书。此外尚有金代的"正隆元宝"136 枚。(邱　明　张俊生　梁宝玲)

(原载《中国考古学年鉴》1987 年)

天津宝坻菜园村明墓群

墓群座落在大口屯镇菜园村南 0.5 公里,东临绣针河,隔河半里为长牌庄。由于墓地地势较高,当地群众经常在此取土。1962 年 4 月中旬取土时发现了一座明墓。经我队派人前往调查,于 5 月 31 日至 6 月 8 日清理了四座,连同前一座共为五座。墓 3 在北,墓 1 和墓 4 居中,余两座在南,墓 1 与其余四座的间距各约 5 米。

这些墓上的封土均已无存,距地表深 10～30 厘米即发现墓砖,其顶部结构均有不同程度的塌陷现象,室内充满淤土和碎砖。

根据墓形与结构的不同,可分三种类型。三座为四角攒尖砖室墓(墓 1、4、5),以墓 1 为例:方向 352°,顶部残高 1、壁高 0.4～0.5 米,墓门朝南,门券已坍落,残高 0.9、宽 1.1、门道长 0.35 米,内有横列之封门砖。墓底平

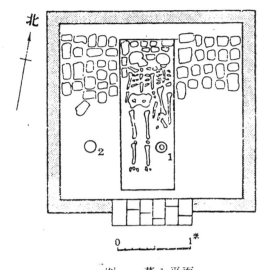

图一　墓 1 平面

1. 陶罐　2. 黄瓷碗

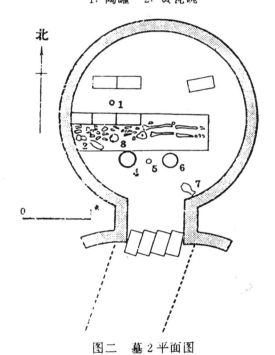

图二　墓 2 平面图

1. 白瓷碗　2. 釉陶瓶　3. 釉陶罐　4、6. 釉陶碗
5. 铜镜　7. 锡瓶

面为方形，边长 2.6、距地表深 2.35 米（图一）。一座为圆形攒尖砖室墓（墓 2），墓壁高 0.78 米，墓底平面圆形，直径约 2.65 米（图二）。墓门朝南，高 0.88—0.96 米，封门砖以两砖重叠斜向排列，一半砌在券门内，一半突

出门外。门道长 0.6、宽 0.8 米。连接墓门向两侧又砌出弧形墙二道，墓道呈斜坡形。另一座为竖穴土圹墓（墓 3）。五座墓中除墓 2 为单身葬，其棺东西向横陈外，余均为合葬墓。墓 4 因骨架已乱无法辨认，其余合葬者都有一具骨架为二次葬，其棺南北向放置；墓 1 的两具骨架置于一棺内；墓 3 直肢葬有棺，二次葬无棺。

一般随葬品多置于棺侧，铜钱置棺内，但有的墓在棺内放置陶罐或釉陶瓶。墓 2 在墓门外有殉葬狗架一具。五座墓共出土器物二十四件，铜钱一百六十五枚。分述如下：

陶器　有陶罐六件，三件为平底鼓腹罐，一为侈口，一为敛口，双系，涂黑衣，一为直领。另三件为小口，短颈，深腹，平底罐（图三，4、7—9）。釉陶瓶三件，小口，细颈，长腹，小平底，一高 24、口径 4.5 厘米（图三，10）。釉陶碗二件，白胎，褐釉，均碎破。

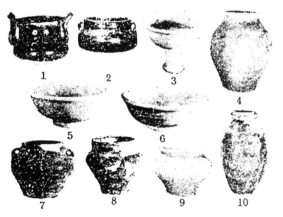

图三　陶、瓷器

1. 瓷炉　2. 瓷罐　3. 高足瓷杯　4、7—9. 陶罐
5、6. 青瓷碗　10. 釉陶瓶

瓷器　瓷炉一件，侈口，长颈，扁圆腹，圈足，双直耳微侈，施褐釉不到底，高 9.5、口径 10.2 厘米（图三，1）。瓷罐一件，直口，鼓腹，圈足，双系，施黑釉，下半露胎，高 12、口径 10.15 厘米（图三，2）。高足瓷杯一件，圆唇，细柄，青釉，有冰裂纹，高 6.5、口径 9 厘米（图三，3）。青瓷碗二件，唇突出凸棱，一件满

施豆青色釉,高 7.8、口径 16 厘米(图三,5);另一件外施灰青色釉,底部露胎,高 6.5、口径 16.2 厘米(图三,6)。黄瓷碗一件,已残,唇有凸棱,釉呈酱黄色,不到底,高 6.3、口径 18.3 厘米。白瓷碗一件,高 4、口径 9.7 厘米。

铜镜 2 件。一为双鱼纹,直径 12.9 厘米(图四,1);一为海水龙纹,直径 12.3 厘米(图四,2)。

铜钱 165 枚。包括魏、唐、宋、辽、金、元、明等时代的货币十七种,其中属明代的有洪武、永乐、宣德三个年号。

此外,还有残银饰一件,残锡瓶一件。铁器二件,一件器形不明,一件似大车轴瓦。

根据墓中出土的铜钱,可知为明墓,虽然有的墓未出明代铜钱,但各墓是顺序排列的,因之均为明代墓。四座砖室墓的墓室结构和随葬器物,可能代表着当时一般砖室墓的墓葬形制。我们曾在大厂回族自治县发现过两座圆形攒尖砖室墓,出土物也有双系灰陶罐、釉陶碗、釉陶瓶、釉陶罐、高足瓷杯、铜镜及铁车轴瓦等,与这里的相同。

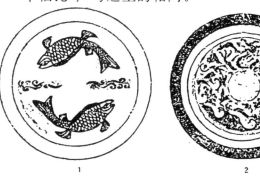

图四 铜镜拓本(3/10)

(天津市文化局考古发掘队 魏克晶)

(原载《考古》1965 年 6 期)

蓟 县 明 代 长 城

调查时间:1985 年 4 月

工作单位:天津市历史博物馆考古队

蓟县北部的明长城遗址,东接河北省遵化县马兰关,西接北京市平谷县将军关,总长约 40 多公里,部分城墙与河北省兴隆县接壤。这次调查关城一座,水关一座,墩台七十四座,烟墩八处二十七座。

黄崖关建在泃河西侧,建于明永乐年间。呈刀把形,北墙周长 858.5 米,东、西、南三面设门,北墙不设门,只有一城门洞。城内有一南北向子墙,长 211 米,将关城分成东西二部。东城墙外有一小瓮城,东墙已毁,南墙残长 47.5 米。瓮城北墙亦即边墙,设门,是关外进入关城的必经之道。城内路面多以丁字形排列,纵横交错,当地称作"八卦街"。

水关位于城东北角,控扼泃河,已毁,仅存河两岸敌台遗迹各一。

长城墙体有石砌和包砖二种类型。石墙居多,结构分干垒和白灰沟缝两种,使用天然石块,就地取材。石墙马道较窄,单面女墙。包砖墙主要在黄崖关两侧,初筑石墙,内填碎石及黄土夯筑,后包条石和青砖。在一些险要地段,除主体城墙外,另设外边墙,均石砌。在山势险峻之处,利用悬崖峭壁作天然屏障,不筑边墙。

墩台大部分跨墙而建,只有十六座远离边墙。跨墙墩台分实体和空心两种。空心敌台下部为数层条石筑成石基,其上用砖砌,部分用原墩台加高、加大,每面箭窗一至五个不等,顶部有女墙,有的建有铺房,多分布在黄崖关两侧。实体墩台散建于长城沿线,一般间隔几十米或百米,石砌较多,少数用砖包砌。离开边墙的墩台,多建于长城内侧的山脊上,均石砌。

黄崖关北 1 公里泃河谷地中的一小山上,有圆形空心敌台一座,名凤凰楼。直径

16.5 米,高 5 米,有石墙和边墙相连。原有一门、十一箭窗和铺房。

烟墩发现八组二十七座,每组二至四座不等,每座 2 平方米,高 1 米余,中空,四面各一点火孔,石砌。分布在长城沿线各制高点上。

清理长城墙基和墩台时,出土一些明代遗物,有铁剪、铁刀、顶针、青花瓷碗、酒杯、黑釉灯碗、象棋子及两尊铜炮等,并搜集到一批与长城有关的碑刻资料。(王同立)

(原载《中国考古学年鉴》1986 年)

蓟县城关镇明敦信墓

时间:1987 年 6 月 22—25 日
单位:天津市历史博物馆考古部、蓟县文物保管所

墓葬位于蓟县城关镇东北隅村东,地面封土已被铲平,由墓道和墓室两部分构成。墓室北偏西 30°,长方形券顶砖砌单室。墓室长 3.6、宽 2.56、高 2.5 米,墓道位于墓室南端,长 5.6、宽 3.2 米,呈斜坡状,墓道和墓室间有封门砖。墓底平铺砖两层,在墓室中部的棺下有一方形砖砌腰坑,边长 32 厘米,深 12 厘米,内有鸡骨。木棺两具,皆已朽散,棺前置灰陶素面双耳罐二个,还出土宋"崇宁重宝"三枚、"崇宁通宝"一枚、"景祐元宝"一枚。墓室北壁正中砌有一壁龛,宽 64、高 54、深 50 厘米,用砖砌封,内立墓志一盒,买地券一方。墓志底和盖用两道铁匝紧固在一起,正方形,边长 52、厚 10 厘米,志盖篆书"明故磁州学正敦信先生墓志铭"。志文楷书,记载了墓主人生平事迹和世系情况,风化较甚,字多不清。买地券为一正方形砖,边长 38 厘米,砵色楷书,记载墓地的面积、地望,以及镇魔去邪的吉祥语。

据墓志记载,墓主人敦信为顺天府蓟州人,生于明永乐十八年,正统十年中举人,景泰四年任山西绛州学正,天顺二年因父卒回乡,成化二年又出任磁州学正,卒于明弘治八年。《磁州志》记载:"敦信江南苏州人"。《顺天府志》和《蓟州志》皆记为蓟州人。今墓志出土,可证《磁州志》的"苏州"系"蓟州"之误。
(张俊生　敦承龙　赵文刚)

(原载《中国考古学年鉴》1988 年)

蓟县城关镇明墓

发掘时间:1987 年 10 月 5 日—9 日
工作单位:天津市历史博物馆、蓟县文物保管所

蓟县城关镇西北隅砖瓦厂在修整道路工程中发现明墓一座。该墓距西城墙约 200 米,是一长方形三室砖墓,平面作"四"形,面积 15 平方米。墓底和墓顶均用长 1.5、宽 1、厚 0.1 米左右的石板铺盖,共计二十四块。四壁用素面青砖垒砌。东西二室隔墙上都有象征性的一门二窗与中室相通。门圭形,叠涩砌成,高 46、宽 30 厘米。窗高 46、宽 20 厘米,西室北壁另有一正方形小龛,高 30 厘米。每室各葬棺椁一具,毁坏严重,中室棺尚可见墨漆描金痕迹。骨架经鉴定。中室为男性,东、西两室都属女性。

中室和东室仅发现铜钱五十八枚。西室

随葬品较多,骨架左手上发现金戒指三枚。錾有"长""命""贵"三字,发髻上有两枚银簪,簪帽饰鎏金螺旋纹。发髻上还插有银耳勺一枚。壁龛中放置泥质红陶双耳罐一个。

该墓出土铜钱一百二十四枚,年号从庆历至绍兴共十九种。陶罐形制和蓟县东关明弘治八年敦信墓出土的陶罐同,可定为明中叶。(张俊生　邱　明)

(原载《中国考古学年鉴》1988年)

天津市发电一厂工地发现明代文物

发掘时间:1984年11月
工作单位:天津市历史博物馆考古部

在天津市发电一厂施工工地西部,出土了一批古代文物。文物埋藏于地下7米多深的地方,分布范围约300平方米。出土物包括有制作细致的青花瓷碗、青花瓷杯,还有釉陶韩瓶、红陶钵、筒瓦、方砖、铁矛、船钉、铁菜刀、木梳等,以瓷器为多,其中完整瓷器六件。一起出土的还有人骨和兽骨。这里地处大直沽,元代以来即是天津的主要码头之一。从出土物和周围环境分析,应是一处古代遗址。据鉴定,其中的青花瓷一部分厚朴凝重,显具明末特点;一部纤巧精致,又有清初康熙的风格。结合其它文物特征可以断定,这批文物的时代当在明末清初。在天津市区内出土成批文物这还是第一次。(沈勇)

(原载《中国考古学年鉴》1985年)

天津市区出土大批清代铁钱

发现时间:1985年11月
工作单位:天津市历史博物馆考古队

天津市区海河以东(即原三岔河口附近地带),在修建工程进行中,距地表深1.8~2.2米处,发现大量的清代铁钱遗存。现场暴露铁钱堆积范围长7.6、宽6米,迭压厚度25~60厘米不等。据估计已出土的铁钱约达十吨左右。这批钱铁大部已锈蚀凝固成堆。初步观察该钱形质大致相同,多数为串可辨。正面钱文"咸丰通宝"。背面满文二字,均属咸丰年间福建"宝福"局所铸。(敖承隆)

(原载《中国考古学年鉴》1986年)

编　后　记

　　1956 年，天津东郊张贵庄战国墓的发现和发掘，标志着天津考古工作进入新阶段。

　　四十年来，在各级政府的关心支持下，经过考古工作者的共同努力，天津考古工作在田野调查、发掘以及资料整理方面都有了长足的进步，并取得可喜的成果。

　　为全面展示天津田野考古工作的成绩和水平，并向关心天津考古工作的专家学者提供地方考古资料，我们将历年来发表在《考古》，《考古学报》，《文物》等刊物上的报告、简报和简讯，以及近年《中国考古学年鉴》上刊载的报道汇编成册，谨供参考。因行政区划变化现已不属天津市的个别材料则未加收录。

1996 年 7 月